Tony Le Tissier · Durchbruch an der Oder

TONY LE TISSIER

DURCHBRUCH AN DER ODER

Der Vormarsch der Roten Armee 1945

ULLSTEIN

Gedruckt mit Unterstützung
des Stifterverbandes für die
Deutsche Wissenschaft

Die Deutsche Bibliothek – CIP-Einheitsaufnahme

LeTissier, Tony:
Durchbruch an der Oder : der Vormarsch der Roten Armee 1945
/ Tony le Tissier. [Ins Dt. übertr. von Irene Meyer und
Friederike Tribukait]. – Orig.-Ausg. – Frankfurt/M ; Berlin :
Ullstein, 1995
Engl. Orig.-Ausg. u.d.T.: LeTissier, Tony: Zhukov at the Oder
ISBN 3-550-07072-I

INHALT

TEIL 5 – NACH DEM DURCHBRUCH

ANHANG

KARTEN

HINWEISE

Die in der ehemaligen DDR üblichen Zusammenziehungen von Ortsnamen wie »Neu Lewin« zu »Neulewin« wurden nicht verwendet, sind aber in neueren Karten des entsprechenden Gebiets zu finden.

Die den sowjetischen Berichten zugrunde liegende Moskauer Zeit ist hier als deutsche (Kriegs-)Sommerzeit angegeben.

Ränge der Waffen-SS wurden als entsprechende Heeres-Ränge wiedergegeben, also z. B. »SS-Major« usw.

Die Darstellungen in diesem Buch sind durchgängig von Nord nach Süd und von Ost nach West angelegt.

Gewidmet
all jenen, die in diesen Schlachten kämpften,
die ihr Vaterland und Volk verteidigten,
die Rache nahmen für die Gewalt an den Ihren
und die auch Opfer sind,
Opfer von Zeit und Ort

Vorwort

Dieses Buch entstand in der Folge des Zusammenbruchs des Kommunismus, der Sowjetunion und der Deutschen Demokratischen Republik, wodurch wir nun Zugang zu Kenntnissen und Informationen erhalten, die der Öffentlichkeit bisher im Interesse der »political correctness« vorenthalten worden waren.

Bei meinen Nachforschungen zu den entscheidenden Vorgängen und Kämpfen im Oderbruch und um die Seelower Höhen stieß ich immer wieder auf faszinierende und bisher unbekannte Informationen. Während ich an Führungen für amerikanische, britische und deutsche Gruppen über die ehemaligen Schlachtfelder teilnahm, gelangte ich zu der Überzeugung, daß ich diese noch wenig bekannte Phase der neueren Geschichte schriftlich festhalten mußte. Erfreut nahm ich die von Kriegsteilnehmern und auch Wissenschaftlern, die auf diesem Gebiet arbeiten, bereitwillig zur Verfügung gestellten Informationen an. Leider sind einige, mit denen ich korrespondierte, noch während der Vorbereitungen zu diesem Buch verstorben. Doch ich hoffe, daß sie und ihre Zeitgenossen uns durch dieses Werk in Erinnerung bleiben werden.

Wenn wir auf jene Zeit zurückblicken, sollten wir bedenken, was diese Menschen durchgemacht haben und daß sie damals nicht im gleichen Maß wie wir heute Gewissensfreiheit kannten oder freie Entscheidungen treffen konnten, denn ihre Welt war geprägt von starrem Konformismus und aufgezwungener Disziplin.

TEIL 1

DIE FRONT AN DER ODER

Marschall Georgij K. Schukow, stellvertretender Oberster Befehlshaber der sowjetischen Streitkräfte

Das Artilleriefeuer, mit dem die »Operation Berlin« begann, war von einer bislang beispiellosen Intensität. Eine knappe halbe Stunde dauerte das Getöse, nachdem Tausende von Geschützen, Granat- und Raketenwerfern aller Kaliber gleichzeitig das Feuer eröffnet hatten. Jede verfügbare Waffe, ob auf ein vorher definiertes Ziel gerichtet oder nicht, war an diesem gewaltigen Eröffnungsschlag beteiligt.

Das gewaltige Bombardement ließ in weitem Umkreis die Erde erbeben. Noch in Berlin, gut 60 km entfernt, sprangen Telefonhörer von der Gabel, fielen Bilder von den Wänden.

Initiator dieser unbeschreiblichen Aktion war Georgij Konstantinowitsch Schukow, Marschall der Sowjetunion und stellvertretender Oberster Befehlshaber der sowjetischen Streitkräfte. Unter seinem direkten Befehl als Kommandeur der 1. Weißrussischen Front standen über eine Dreiviertelmillion Soldaten. Zweimal war er bereits als »Held der Sowjetunion« ausgezeichnet worden, und er war zweifellos die herausragende Persönlichkeit auf sowjetischer Seite während des Zweiten Weltkriegs – des Großen Vaterländischen Krieges 1941 bis 1945, wie er von den Sowjets genannt wurde.

Wer war Schukow?

Leider gestatten uns die Praktiken der stalinistischen Ära nur wenig Hinweise auf seine wahre Persönlichkeit. Oftmals werden lediglich seine heldenhaften Taten und Auszeichnungen erwähnt. Anscheinend war er zweimal verheiratet und hatte drei Töchter, doch blieb ihm wohl angesichts des Ehrgeizes, mit dem er seine Karriere verfolgte, wenig Zeit für seine Familie. Auch seine eigenen Aufzeichnungen (»Erinnerungen und Gedanken«[1] sind wenig aufschlußreich in dieser Hinsicht.

Schukow, geboren am 19. November 1896 in dem kleinen Dorf Strelkowka im damaligen Gouvernement Kaluga, kam aus ärmlichen bäuerlichen Verhältnissen. Sein Vater arbeitete als Schuster, die Mutter verdingte sich für einen Hungerlohn auf den Feldern oder als Kärrnerin. Schukow hatte eine zwei Jahre ältere Schwester; ein jüngerer Bruder starb noch im ersten Lebensjahr. Die dreijährige Grundschule des Dorfs verließ er im Alter von zehn Jahren mit hervorragenden Leistungen und einem unersättlichen Wissensdrang. Kurz vor seinem zwölften Geburtstag begann er bei seinem Onkel in Moskau eine viereinhalbjährige Kürschnerlehre. Der Onkel hatte sein Geschäft aus eigenen Kräften aufgebaut und erwartete von den Angestellten und Lehrlingen – auch von seinem Neffen –, daß sie elf Stunden täglich arbeiteten. Schukow, der seit seiner Grundschulzeit mit Begeisterung las, ging nach etwa einem Jahr auf die Moskauer Abendschule. Nachdem er Ende 1912 seine Kürschnerlehre abgeschlossen hatte, arbeitete er weiter bei seinem Onkel.

Nach Ausbruch des Ersten Weltkriegs wurde Schukow im August 1915 zur Kavallerie eingezogen. Er absolvierte die Grundausbildung samt ihren Lektionen in brutalster Disziplin, qualifizierte sich für die Unteroffiziersausbildung und wurde schließlich mit einer Abteilung des 10. Dragoner-Regiments an die Front geschickt. In dieser Zeit wurde Schukow zweimal mit dem Sankt-Georgs-Kreuz ausgezeichnet, einmal für die Gefangennahme eines deutschen Offiziers, das andere Mal für einen Aufklärungseinsatz, bei dem er infolge einer Minenexplosion eine Gehirnerschütterung erlitten hatte.

Schukow erlebte dann den Zusammenbruch der Zarenarmee unter dem Druck der Revolution, bevor er im August 1918 in das 4. Kavallerieregiment der 1. Moskauer Kavalleriedivision der Roten Armee eintrat. Zu jener Zeit stand die neugebildete, noch nicht gefestigte Sowjetregierung unter der Bedrohung sowohl durch antikommunistische Gruppierungen wie auch durch Truppen, die von den Regierungen Deutschlands, Frankreichs, Großbritanniens, der USA und Japans ins Land geschickt wurden. An dem nun folgenden Bürgerkrieg nahm Schukow aktiv teil, wobei ihm besonders sein Dienst in den Eliteverbänden der Kavallerie unter dem Befehl von Timoschenko, Budjonny und Woroschilow zugute kommen sollte, die später alle dem engsten Kreis Stalins angehörten. Im September 1919 wurde er von Handgranatsplittern verwundet, die in seine linke Körperhälfte und den Oberschenkel eindrangen. Im Lazarett infizierte er sich mit Typhus und war erst nach längerer Genesungszeit wieder einsatzbereit. Anschließend nahm er als Hauptfeldwebel an einer Kommandeurs-Schulung teil. Wieder im Dienst, rückte er während des Bürgerkriegs zum Kompanie- und Schwadronführer auf. Als ihm im Jahr 1921 an einem Tag im Kampf zwei Pferde zwischen den Beinen weggeschossen wurden, wurde er mit dem Rotbannerorden geehrt.

Nach dem Bürgerkrieg, im Mai 1923, wurde er als 26jähriger zum Kommandeur des 39. Busuluker Kavallerieregiments ernannt. Neben dem zwölfstündigen Dienst in seinem Regiment, das intensiv auf die moderne Kriegführung umgestellt werden mußte, begann er in weiteren 3-4 Stunden täglicher Arbeit ein Selbststudium in Militärwissenschaft. Im darauffolgenden Jahr wurde er für ein Jahr zur Weiterbildung auf die Höhere Kavallerieschule in Leningrad abkommandiert, wo er mit Bagramjan, Rokossowskij und Jeremenko zusammentraf, die später ebenfalls »Marschall der Sowjetunion« wurden. Nach Wiederaufnahme seines Dienstes befehligte er das neue 39. Melekess-Pugatschow-Kavallerieregiment der 7. Samaraer-Kavalleriedivision. Im Mai wurde Schukow zum Kommandeur der 2. Kavalleriebrigade dieser Division ernannt.

Ende 1929 nahm Schukow an einem Auffrischungskurs für höhere Kommandeure in Moskau teil, und zwar zu einer hochinteressanten Zeit, als es infolge der geheimen Zusatzklauseln des 1922 abgeschlossenen und 1926 durch den Berliner Vertrag erweiterten Rapallo-Vertrags zur Aufnahme diplomatischer und wirtschaftlicher Beziehungen sowie zum Austausch militärischen Fachwissens zwischen dem Deutschen Reich und der Sowjetunion kam. Nach Ablauf eines Jahres wurde er zum Adjutanten des Kavallerie-Inspekteurs der Roten Armee unter dem berühmten Marschall Budjonny ernannt, wo er in enger Zusammenarbeit mit der Verwaltung Gefechtsausbildung für die Kavallerie-Gefechtsausbildung zuständig war. Besonderes Augenmerk lag hierbei auf der Entwicklung moderner Ausrüstung, vor allem aber auch auf der Schaffung des neuen Typs des Panzersoldaten sowie auf dem Zusammenwirken von mechanisierten Einheiten, Panzer-, Kavallerie- und Infanterie-Einheiten auf dem Gefechtsfeld.

Ab 1932 befehligte Schukow die 4. Kavalleriedivision in Weißrußland. Diese erreichte in den folgenden drei Jahren unter seiner

Führung einen so außergewöhnlich hohen Leistungsstand, daß Schukow selbst sowie seiner Division der Leninorden verliehen wurde. Ein Jahr später, 1936, wurde die Division in 4. Donkosakendivision umbenannt, und nach einem weiteren Jahr übernahm Schukow zunächst für kurze Zeit das 3. Kavalleriekorps, dann das 6. Kosakenkavalleriekorps. Auch in dieser Zeit betrieb er seine militärischen Studien weiter, wobei er sich auf den Einsatz der Kavallerie innerhalb einer mechanisierten Reiterarmee konzentrierte, denn ihm war klar, daß die Zukunft in einer Mischung aus gepanzerten und mechanisierten Formationen lag. Von den radikalen Säuberungsaktionen der Jahre 1936 und 1937, der zahlreiche Armeebefehlshaber zum Opfer fielen, blieb er verschont, möglicherweise weil er das Wohlwollen des »Kavallerieklubs« der engsten Vertrauten Stalins genoß. Allerdings soll er danach stets für den Fall einer plötzlichen Verhaftung Vorsorge getroffen und einen Koffer bereitgehalten haben. Ende 1938 erhielt Schukow den Posten des stellvertretenden Befehlshabers des Weißrussischen Militärbezirks, wo er die Ausbildung der Kavallerieeinheiten und Panzerbrigaden leitete. Im Kriegsfall sollte er den Befehl über eine mechanisierte Reitergruppe übernehmen, die aus vier bis fünf Kavalleriedivisionen und drei bis vier selbständigen Panzerbrigaden bestand.

Anfang Juni 1939 wurde Schukow vom Volkskommissar für Verteidigung nach Moskau beordert und über den Einfall japanischer Truppen in die Mongolei unterrichtet, wo das sowjetische 57. Selbständigen Korps der mongolischen Armee zur Seite stand. Von Moskau wurde er direkt zum Kriegsschauplatz geflogen, um über die Situation Bericht zu erstatten. Seine Lageberichte brachten ihm den Befehl über das Korps ein, und in der Folge erhielten die Sowjettruppen in der Mongolei als 1. Armeegruppe massive Verstärkung. Mit diesen Einheiten führte Schukow erstmalig einen Krieg moderner Art, und Ende August errang er in der Schlacht von Chalchin-Gol einen überwältigenden Sieg, durch den die Japaner über die Grenze zurückgedrängt wurden. Die Verluste auf japanischer Seite beliefen sich auf 50 000 Mann, darunter 18 000 Gefallene, denen lediglich 9000 sowjetische Opfer gegenüberstanden. Dieser Sieg brachte Schukow die erste Auszeichnung als »Held der Sowjetunion« ein.[2]

Einer der Armeekommandeure, die aus der Situation, wie Schukow sie vorfand, nicht besonders rühmlich hervorgingen, war Iwan Stepanowitsch Konjew, ein ehemaliger Politkommissar der Roten Armee. Schukows Erfolg nährte Konjews Haß- und Neidgefühle und legte den Grundstein für die bittere Rivalität, die sich in den folgenden Jahren zwischen den beiden Männern entwickelte und die von Stalin bewußt und eigennützig geschürt wurde. Boris Nicolaevsky führt in seinem Buch *Power and the Soviet Elite* aus, daß Stalin

> »... sich sehr schnell ein Bild von Konjew machte und dessen Gefühle gegenüber Schukow zielstrebig nutzte. Verfolgt man die Behandlung dieser beiden Militärs durch Stalin seit 1941, ihre Beförderungen und Auszeichnungen, so kann man unschwer feststellen, daß Stalin den ›Polit-Soldaten‹ Konjew fortgesetzt gegen den ›Nur-Soldaten‹ Schukow ausspielte. Das war typisch für Stalin. Schukow wurde nur dann geehrt, wenn es sich nicht mehr vermeiden ließ – Konjew dagegen wurden selbst dann Ehrungen zuteil, wenn eigentlich kein Grund dafür vorlag. Stalin schien ein solches Vorgehen für notwendig zu halten, um eine Art Gleichgewicht zwischen dem unentbehrlichen Organisator des Sieges, Schukow, und dem noch unentbehrlicheren politischen Gegengewicht, Konjew, zu wahren.«[3]

Schukows Einsatz in der Mongolei ersparte ihm das Debakel, das die Rote Armee im Winter 1939/40 gegen Finnland erlitt. Im Mai 1940 wurde Schukow zurück nach Moskau beordert und traf dort zum ersten Mal auf Stalin. Er wurde zum Befehlshaber des Kiewer Besonderen Militärbezirks ernannt, des größten der Sowjetunion, und war nun Armeegeneral in der neuen Rangstruktur der Roten Armee. Die beiden Männer machten bei diesem Treffen zweifellos einen guten Eindruck aufeinander. Stalin entwickelte Vertrauen zu Schukow und respektierte seine militärischen Fähigkeiten. Zwischen ihnen entwickelte sich ein relativ enges persönliches Verhältnis, wenn auch Stalin von Natur aus mißtrauisch gegen jeden war. Schukow sollte die Autorität Stalins stets uneingeschränkt akzeptieren, und er zeigte ihm gegenüber denselben totalen Gehorsam, den er auch seinen eigenen Untergebenen abverlangte.

Am 1. Februar 1941 wurde Schukow zum Chef des Generalstabs

ernannt. Die Rote Armee war dringend reformbedürftig und – wie der Finnlandkrieg gezeigt hatte – besonders auf Qualitätsverbesserungen der Kommandeursebene angewiesen. Vor allem machte Schukow gegen das Prinzip der dualen Führung Front, das sich durch die Politkommissare ergab. Eine Armee brauchte nach seiner Einschätzung Disziplin, Effizienz, eine straffe Organisation und größtmögliche Entscheidungsfreiheit der Kommandeure – bei minimaler politischer Einflußnahme. Doch die Zeit für Reformen war zu kurz. Am 22. Juni überfielen deutsche Truppen in einem Überraschungsangriff die Sowjetunion, drängten die Rote Armee mit Leichtigkeit zur Seite und stießen bis weit ins Landesinnere vor.

Eine der sowjetischen Gegenmaßnahmen angesichts dieses Desasters war die Einrichtung des »Stawka«, Hauptquartier des Oberkommandos der Roten Armee, der aus einer Gruppe auserwählter Personen mit Beratungs-, aber auch Entscheidungsfunktion bestand und es Stalin ermöglichte, klare Entscheidungen in Fragen der Kriegsführung zu treffen. Der Stawka war unabhängig sowohl von dem für alle Kriegsangelegenheiten der Sowjetunion zuständigen Staatskomitee für Verteidigung als auch vom Generalstab des Oberkommandos.

Die Zusammensetzung des Stawka, der zumeist nur sieben Mitglieder zählte, änderte sich mehrmals im Verlauf des Krieges. Zu Beginn gehörten dazu neben Stalin seine alten Kameraden Marschall Kliment J. Woroschilow und Marschall Semjon M. Budjonny, ferner der Stellvertreter Stalins und Volkskommissar für Auswärtiges Wjatscheslaw M. Molotow sowie Schukow als Chef des Generalstabs Es schälte sich ein System heraus, wonach Mitglieder des Stawka zur Lagebeurteilung, Beratung und gegebenenfalls auch Überwachung der befehlsgemäßen Ausführung der Instruktionen direkt vor Ort eingesetzt wurden. Schukow eignete sich für diese Aufgabenbereiche besonders und war während des »Großen Vaterländischen Krieges« mindestens 15mal als Vertreter des Hauptquartiers im Einsatz.

Operationspläne der einzelnen Fronten (oder Armeegruppen) mußten dabei zunächst vom Generalstab genehmigt und dann dem Stawka vorgelegt werden, der im Einzelfall auch seine eigenen Reserven zuweisen konnte, um den Erfolg der jeweiligen Operation sicherzustellen. So konnte ein Operationsplan niemals einem einzelnen Befehlshaber zugeordnet werden.

Andererseits stärkte dieses System Stalins Selbstbewußtsein als Oberster Befehlshaber immer mehr, so daß Schukow seinen Einfluß bei Stalin trotz der eigenen außergewöhnlichen Leistungen im Verlauf des Krieges allmählich verblassen sah.

Ende Juni 1941 wurde Schukow nach Kiew und Tarnapol entsandt, wo er die Südwestfront in Augenschein nehmen sollte. Seine Empfehlung, Kiew aufzugeben, versetzte Stalin in solche Wut, daß er Schukow auf der Stelle vom Posten des Chefs des Generalstabs enthob. Er blieb jedoch Mitglied des Stawka sowie stellvertretender Volkskommissar für Verteidigung und wurde zum Oberbefehlshaber der Reservefront ernannt, die sich östlich Smolensk formierte. Unmittelbar darauf errang er in der Schlacht um Jelnja den ersten sowjetischen Sieg seit Ausbruch des Zweiten Weltkriegs.

Kurze Zeit später erhielt Schukow den Auftrag, die Verteidigung Leningrads zu organisieren. Dazu übernahm er von dem vollkommen überforderten Woroschilow die Befehlsgewalt über die dortige Front und die Baltische Flotte. Innerhalb eines Monats hatte er ein sicheres Verteidigungssystem errichtet und die Kampfmoral der Soldaten wieder gehoben. Die Deutschen wurden vor Leningrad aufgehalten, das sie aushungern wollten, während sie weiter auf Moskau vorrückten. Am 6. Oktober wurde Schukow zur Reservefront vor Moskau zurückgeholt, das mittlerweile direkt bedroht wurde. Vier Tage später wurden die Reserve- und Westfront zur neuen Westfront zusammengeschlossen und seinem Befehl unterstellt. Der abgelöste Befehlshaber Konjew hatte gerade im Kessel von Wjasma/Bryansk den Verlust einer halben Million Soldaten hinnehmen müssen[4], aber Schukow wollte dennoch Konjew als Stellvertreter behalten, was dieser allerdings nur für eine Woche blieb. Es war das erste Mal, daß die beiden Kontrahenten zusammenarbeiteten – mit großem Erfolg. Es folgte die Winterschlacht um Moskau, die sich bis zum April 1942 hinzog und den sowjetischen Truppen einen entscheidenden Sieg über die Invasoren bescherte.

Wie prekär Schukows Position gegenüber Stalin als »Generalissimus« (diesen Titel führte er seit dem 8. August 1941) war, zeigte sich deutlich Anfang des Jahres 1942, als Stalin nach den Erfolgen sowjetischer Truppen in Moskau eine konzertierte Gegenoffensive an allen Fronten anordnete. Schukow wandte ein, daß für eine solche Unternehmung die Kräfte nicht ausreichend seien, und schlug statt dessen eine Konzentration auf seine eigene Front vor, wo er einen gewissen Erfolg garantieren konnte, während die anderen Fronten lediglich hinhaltenden Widerstand leisten sollten. Stalin setzte sich jedoch über diesen Einwand hinweg und drückte seinen Plan durch. Pflichtgemäß ging Schukow nun gegen die Heeresgruppe »Mitte« vor und konnte durch den geschickten Einsatz von Kavallerie und Fallschirmjägern beachtliche Breschen in die rückwärtigen Operationsgebiete des Gegners schlagen. Inzwischen wurden aber auf Befehl Stalins Soldaten aus Schukows Front zur Verstärkung anderer Fronten abgezogen, so daß dieser sein Operationsziel, die Zerschlagung der deutschen Heeresgruppe, nicht erreichen konnte.

Stalin blieb bei der Überzeugung, daß Hitler mit seiner Sommeroffensive abermals auf Moskau vorrücken wollte, obwohl alles darauf hindeutete, daß eher im Süden mit einem Angriff zu rechnen war, und im März drängte Stalin erneut zur allgemeinen Gegenoffensive. Erst als die gegnerischen Truppen sich in Richtung Stalingrad und Kaukasus in Bewegung setzten, erkannte Stalin, daß seine militärische Fehleinschätzung katastrophale Folgen hatte. Schukow wurde am 26. August nach Moskau zurückgerufen, zum stellvertretenden Obersten Befehlshaber ernannt und direkt nach Stalingrad geschickt, um größeres Unheil abzuwenden. Vor seiner Abreise erwirkte er Stalins Zustimmung zur Wiederherstellung des Prinzips der militärischen Alleinführung. Damit wurde der Einfluß der Politkommissare gestutzt, die in der Panik der Invasion im vorangegangenen Jahr eingeführt worden waren, die Kommandostruktur wurde wesentlich vereinfacht. Innerhalb von drei Monaten nach Schukows Ankunft konnten die Sowjets massive Gegenangriffe auf die Flanken der deutschen Frontausbuchtung führen. Die deutsche 6. Armee wurde völlig eingekreist und sah sich schließlich am 29. Januar 1943, nach einer der vernichtendsten Niederlagen in der deutschen Geschichte, zur Kapitulation gezwungen. Am 19. Januar, dem Tag, an dem die deutsche Blockade Leningrads aufgebrochen wurde, erhielt Schukow den Rang eines

Marschalls der Sowjetunion. Zu dieser Zeit untersuchte er aber bereits einen Mißerfolg Konjews, der bei der von Stalin befohlenen Eliminierung einer feindlichen Frontausbuchtung versagt hatte. Schukows Beförderung erfolgte zeitgleich mit der Wiedereinführung der Schulterstücke mit Rangabzeichen in der Sowjetarmee und der Anerkennung eines gesonderten Offiziersstatus. Einen Monat später erhielt Schukow den Suworoworden 1. Klasse für seinen Sieg bei Stalingrad.

Als nächstes wurde Schukow mit der Planung, Vorbereitung und Führung der Schlacht von Kursk betraut. Man vermutete zu Recht, daß die Deutschen zu Beginn ihrer Sommeroffensive versuchen würden, den sowjetischen Frontbogen um Kursk mit Hilfe ihrer eigenen, nördlich und südlich der Stadt befindlichen Frontvorsprünge zu begradigen. Hier konnte vor allem Schukow den Stawka dazu bewegen, erhebliche Reserven zur Gefechtsunterstützung bereitzustellen.

Der deutsche Angriff am 4. Juli wurde unmittelbar mit einem vernichtenden Artillerie-Sperrfeuer und einem so dichten Netz panzerbrechender Verteidigungswaffen gekontert, daß während der ersten Woche der Kampfhandlungen nach sowjetischen Angaben auf deutscher Seite 3000 Panzer vernichtet und 70 000 Soldaten getötet wurden. Die Sowjets hatten sogar noch höhere Verluste, konnten sie aber besser verkraften. Am 27. August waren die deutschen Frontvorsprünge eliminiert, und die Sowjets standen kurz davor, die Dnjepr-Barriere zu überwinden und die Ukraine zu befreien.

Stalin drängte nun auf die Rückeroberung der sowjetischen Gebiete und beauftragte Schukow mit der Beaufsichtigung der Woronescher Front sowie der von Konjew befehligten Steppenfront, welche kurz darauf in 1. und 2. Ukrainische Front umbenannt wurden. Brückenköpfe jenseits des Dnjepr wurden errichtet und Kiew zurückerobert, während die sowjetischen Truppen nach Westen drängten.

Als der Befehlshaber der 1. Ukrainischen Front verwundet wurde, mußte Schukow dessen Posten übernehmen und gab damit zwangsläufig die Beobachterrolle bei der 2. Ukrainischen Front auf. Damit war er im März 1944 zum erstenmal Seite an Seite mit Konjew Befehlshaber an der Front. Schukow führte nun einen Angriff, der seine Front innerhalb von fünf Wochen 350 km voranbrachte – eine Leistung, für die er den ersten Siegesorden erhielt.

Anschließend wurde Schukow kurzfristig nach Moskau zurückgerufen, wo er an einem Plan für eine Sommeroffensive zur Rückeroberung Weißrußlands mitarbeitete, der den Codenamen »Operation Bagration« trug. Währenddessen stand die 1. Ukrainische Front kurzfristig ebenfalls unter Konjews Befehl. Ende Mai wurde Schukow mit der Beaufsichtigung der 1. und 2. Weißrussischen Front, in der zweiten Phase der Operation auch der 1. Ukrainischen Front beauftragt. Die Offensive startete am 23. und 24. Juni, und bis Mitte August war die Rote Armee bis zur Weichsel bei Warschau vorgerückt und errichtete bereits Brückenköpfe weiter südlich der Stadt. Nach diesem Erfolg wurde Schukow zum zweitenmal mit dem Orden »Held der Sowjetunion« ausgezeichnet.

Als nächstes begleitete er den Angriff der 3. Ukrainischen Front auf Bulgarien, der eher ein Spaziergang war, denn das bulgarische Volk empfing die sowjetischen Soldaten mit offenen Armen und brachte von selbst die faschistische Regierung zu Fall.

Schukow kehrte Ende September 1944 als Stawka-Beauftragter zur 1. und 2. Weißrussischen Front zurück, wurde aber schon einen Monat später erneut nach Moskau zurückbeordert. Dort erfuhr er von Stalin, daß sich die Westfront im Verlauf ihres Vormarsches so sehr verkürzt und damit die Zahl der einzelnen Fronten verringert habe, daß sie von nun an als Ganzes dem Kommando des Stawka direkt unterstellt sein würde. Schukow sollte die auf Berlin vormarschierende 1. Weißrussische Front befehligen und weiterhin den Titel des stellvertretenden Obersten Befehlshabers tragen, der jedoch, wie beide wußten, eigentlich bedeutungslos war. Marschall Rokossowskij wurde von der 1. zur 2. Weißrussischen Front versetzt, während Marschall Konjew weiterhin die 1. Ukrainische Front befehligte.

Schukow muß von diesen Beschlüssen tief enttäuscht gewesen sein, denn er hatte im Rahmen der »Operation Bagration« als Stawka-Beauftragter bei der Beaufsichtigung der drei beteiligten Fronten große Erfahrung gesammelt und eigentlich erwartet, daß Stalin sich auf die bevorstehenden Operationen in Ungarn konzentrieren würde, wo gerade eine große Zahl der restlichen deutschen Kräfte zur Verteidigung der lebenswichtigen Ölfelder zusammengefaßt wurden. Doch dies sollte nicht sein; Schukow sollte wieder als Frontkommandeur dienen. Tatsächlich war diese Versetzung für ihn ein erniedrigender Rückschlag, da er ihn wieder mit seinem Erzrivalen und früheren Untergebenen Konjew auf die gleiche Stufe stellte.

Bereits im Juli 1944 konnte man aus Äußerungen Stalins schließen, daß er den Krieg gegen das Deutsche Reich bereits für gewonnen hielt. Und er hatte auch schon mögliche politische und militärische Konsequenzen erwogen. Im Herbst machte er entsprechende Pläne, wobei politische Faktoren seine Überlegungen stärker bestimmten als militärische. Was dies für Schukow bedeutete, wird sich im Verlauf dieses Buches zeigen, denn seine Führungsqualitäten waren in der Endphase des Krieges besonders gefragt.

Schukow legte größten Wert auf Disziplin und Kompetenz in der Roten Armee insgesamt sowie auf Qualität und Professionalität auf Offiziersebene. Obwohl er seit 1919 der Kommunistischen Partei angehörte, stand er der Einbeziehung von Politkommissaren in die militärische Befehlsstruktur der Roten Armee offen feindselig gegenüber – eine gewagte Position angesichts des damaligen politischen Klimas. Sein Rivale Konjew kam aus diesem politischen Kreis, doch sein Freund Konstantin Konstantinowitsch Rokossowskij diente ihm als stete Mahnung daran, wie unsicher die Position eines jeden von ihnen war. Als Opfer Stalinscher Säuberungsaktionen war Rokossowskij grausam gefoltert und zum Tode verurteilt, später wieder freigelassen und rehabilitiert worden, um seine Führungsqualitäten im Großen Vaterländischen Krieg unter Beweis zu stellen, wobei aber das Todesurteil als dauernde Drohung bestehen blieb.

Über Schukows strategische Fähigkeiten schrieb Marschall A. M. Wassilewskij, der als Mitglied des Stawka in ähnlicher Funktion wie Schukow tätig war:

> »Wir brüteten viele schlaflose Nächte über den Anweisungen des Obersten Befehlshabers. Mehr als einmal saßen wir Seite an Seite und gingen die wichtigsten Punkte durch, oder wir arbeiteten zusammen mit anderen Offizieren und Generälen an den verschiedensten Aktionen. Und jedesmal trug er mit seiner Kreativität, Vorstellungskraft und mit innovativen Ideen entscheidend zu Form oder Inhalt dieser Aktionen bei. Für mich war G. K. Schukow ein bril-

lanter, hochtalentierter General. Er war der geborene militärische Führer. Von all den Generälen, die an der endgültigen Zerschlagung der Armeen von Nazi-Deutschland beteiligt waren, war er der herausragendste.
In allen Kriegsphasen, in strategischen, taktischen wie auch organisatorischen Belangen, glänzte Schukow stets durch seinen Scharfsinn, seine Durchsetzungskraft und Konsequenz bei Entscheidungen, durch gewandtes Auftreten, durch seine kluge Voraussicht und die Wahl des richtigen Zeitpunkts für einen Entscheidungsschlag. Schicksalsträchtige Entscheidungen traf er erstaunlich besonnen und überlegt. Mut und Selbstbeherrschung zeichneten ihn aus. Nervosität oder Niedergeschlagenheit waren ihm fremd – selbst in kritischen Augenblicken. Gerade dann arbeitete er noch energischer, noch resoluter und noch konzentrierter.«

Zu Schukows 1. Weißrussischer Front gehörten Generalleutnant K. F. Telegin als sein »Mitglied des Kriegsrates« und Generalleutnant S. F. Galadzew als sein »Leiter der Politischen Abteilung«, die unter seinen Führungskräften eine herausragende Stellung einnahmen.[5]

Zu Beginn seiner Karriere als Befehlshaber war Schukow bekannt für seine Entschlossenheit und den fairen Umgang mit seinen Leuten, von denen er nicht mehr verlangte als von sich selbst, wobei seine eigene Kondition, Reitkunst und allgemeine Kompetenz höchsten Ansprüchen genügten. Mit zunehmendem Alter und zu höherem Rang aufgestiegen, konnte er Inkompetenz seiner untergeordneten Offiziere und Kommandeure immer weniger tolerieren. Seine Leibgarde soll ihm zugleich als mobiles Kriegsgericht und Exekutionskommando gedient haben. Er war bekannt für sein aufbrausendes Temperament und seine Rücksichtslosigkeit gegenüber den Untergebenen, von denen er gleichermaßen gefürchtet und respektiert wurde. Bei den Soldaten jedoch hatte er stets den Ruf eines Siegers, und alle wußten, daß auch er nur durch harte Arbeit so weit nach oben gelangt war.

Schukow galt als ein Mann, der seine Ziele mit äußerster Entschlossenheit und Skrupellosigkeit, ohne Rücksicht auf personelle Verluste erreichte und dessen Befehlen unmittelbar und unbedingt Folge zu leisten war. In einem Millionenheer konnte man nur mit Strategie, Logistik und Entschlossenheit erfolgreich sein, und Schukow meisterte alle diese Disziplinen mit Bravour. Er legte großen Wert auf persönliche Erkundungen und präzise Anweisungen. Nachdem er sich um die Planung und Ausstattung von Operationen mit angemessenen militärischen Ressourcen gekümmert hatte, überließ er die Durchführung seinen Untergebenen und stellte sicher, daß sie ihre Ziele erreichten, koste es, was es wolle.

In diesen Punkten zeigt sich deutlich der Unterschied zu den westlichen Alliierten. Diesen widerstrebte aufgrund ihrer Erfahrungen im Ersten Weltkrieg jeder verschwenderische Umgang mit menschlichem Leben zutiefst. In Stalins Sowjetunion aber, in der Millionen Menschen durch Aushungern, Deportation und willkürliches Niedermetzeln geopfert wurden, zählte das Leben des einzelnen wenig. In sowjetischen Militärberichten wurden die gegnerischen Verluste stets aufgeführt, um die Opfer in den eigenen Reihen kümmerte man sich wenig. So ordnen russische Historiker heutzutage von den über 20 Millionen ursprünglich dem Großen Vaterländischen Krieg zugeschriebenen sowjetischen Opfern nur noch weniger als 10 Millionen dem Tod auf dem Schlachtfeld oder in deutscher Gefangenschaft zu.[6]

Die Sowjets

Zu Beginn des Jahres 1945 standen den etwa 6 Millionen Soldaten an der sowjetischen Westfront etwa 2,1 Millionen Soldaten des Deutschen Reichs und seiner Verbündeten gegenüber. Doch die Sowjets verteilten ihre Kräfte nicht gleichmäßig entlang der Front, sondern unterhielten ein System von Reserven des Stawka, die bei Bedarf an kritischen Punkten konzentriert werden konnten, so daß die Überlegenheit der Sowjets an Menschen und Material dann schwerpunktmäßig noch gewaltiger war.

Die Rote Armee wurde einerseits von der auf Hochtouren laufenden sowjetischen Industrie, andererseits im Rahmen des Leih-Pacht-Systems von den Westalliierten mit Kriegsmaterial versorgt. Nahezu zwei Drittel aller Militärfahrzeuge der Sowjets waren in dieser Phase des Krieges amerikanischen Ursprungs, und ein großer Teil der sowjetischen Truppen war mit Schuhwerk und Kleidung amerikanischer oder britischer Herstellung ausgestattet. Selbst die Verpflegung der sowjetischen Streitkräfte bestand fast ausschließlich aus amerikanischen Nahrungsmittelkonzentraten. Infolge der Verwüstung ihres Kernlands war die Sowjetunion nicht mehr in der Lage, eine so riesige Zahl von Menschen an der Front ohne fremde Hilfe zu unterhalten, und die Fahrzeuge verliehen den Sowjetarmeen den für einen erfolgreichen Kampf gegen die Achsenmächte notwendigen Grad an Mobilität. Auf deutscher Seite betrachtete man daher die Ankunft eines Alliierten-Konvois in Rußland als sicheres Indiz für die nächste Offensive.[1]

Trotz aller Schwierigkeiten gelang es der sowjetischen Industrie 1944, 29000 Panzer und Sturmgeschütze auf Selbstfahrlafetten, 122500 Feldgeschütze und Granatwerfer, 40 300 Flugzeuge und 184 Millionen Granaten, Minen und Bomben zu produzieren.[2]

Für die Versorgung waren die Sowjets auf ein Eisenbahnnetz angewiesen, das die Rüstungs- und Produktionszentren sowie die Häfen mit der Front verband. Die Entfernung etwa zwischen den Industriezentren des Ural und der Weichsel betrug gut 3000 km. Hinzu kam, daß fast die Hälfte des von den Vereinigten Staaten gelieferten Materials von den Pazifikhäfen über Sibirien an die Front gebracht werden mußte. Da die russische Breitspur nicht mit der europäischen Spurweite übereinstimmte, waren umfangreiche Bauarbeiten erforderlich, um die Strecke während des Vormarsches durch Polen anzupassen. Es mußten frontnahe Entladestationen eingerichtet werden, von denen die Versorgungsgüter aller Art dann per Motor- und Pferdetransport in die umliegenden Gebiete gebracht wurden.[3]

Die Zusammensetzung der verschiedenen Infanterie-, Panzer- und mechanisierten Verbände der Roten Armee ist im Anhang aufgeführt, wobei anzumerken ist, daß die Truppenstärke oftmals nicht voll erreicht wurde und daß eine Division der Roten Armee auch bei voller Gefechtsstärke nur halb so viele Soldaten wie ihr deutscher Gegenpart zählte.

Die Qualität der Soldaten in den verschiedenen Waffengattungen läßt sich am System der Verteilung der Rekruten ermessen. Diese wurden je nach Bewertung ihrer Intelligenz der Luftwaffe, der Artillerie, den Pionieren, der Panzerwaffe und schließlich der Infanterie zugeteilt. Als sich allmählich ein personeller Notstand abzeichnete, wurden auch entlassene Kriegsgefangene und Zwangsarbeiter bewaffnet und den Infanterieverbänden zugewiesen, was sich nicht unbedingt positiv auf deren Qualität auswirkte.

Einheiten innerhalb der oben genannten Waffengattungen oder Verbände, die unterschiedliche Waffengattungen in sich vereinten, waren wiederum in verschiedene Kategorien eingeteilt. Die Elite bildeten die Garde-Verbände. Diese Bezeichnung wurde Regimentern oder Großverbänden verliehen, die sich im Kampf ausgezeichnet hatten, so zum Beispiel Tschuikows 62. Armee, die nach der Schlacht von Stalingrad in 8. Gardearmee umbenannt wurde. Dieser Titel brachte den Angehörigen solcher Verbände besondere Privilegien, etwa in Form einer besseren Verpflegung. Es wurde allerdings auch verlangt, daß sie in Ausbildung, Disziplin und Kampfgeist immer den höchsten Standards entsprachen. Garderegimenter und -verbände wurden in der ersten Angriffswelle eingesetzt. Waren sie zu Armeen zusammengefaßt, so verfügten sie in der Regel über größere Feuerkraft als andere Verbände, auch war ihre Sollstärke höher.[4]

Kavallerieformationen bestanden seit dem Bürgerkrieg durchweg aus Elite-Verbänden, sie trugen alle den Titel »Garde-« und waren in der Zwischenkriegszeit durch mechanisierte Einheiten erweitert worden. Die Kavallerie stellte gerade in dem weitläufigen und oft unerschlossenen Gelände eine wichtige Ergänzung zu den Militärfahrzeugen und Fußsoldaten dar. Kleinere berittene Sonderkommandos wurden auch in ihrer traditionellen Rolle als Spähtrupps oder für Kurierdienste der Infanterie eingesetzt.

Die Luftstreitkräfte waren der Armee unterstellt und in strategische, taktische und Transportverbände gegliedert. Die strategischen Luftwaffenkräfte verfügten über Langstreckenbomber, ihre Maschinen waren aber am wenigsten im Einsatz und verzeichneten die geringsten Erfolge. Die taktischen Kräfte dagegen verfügten über eine große Auswahl von Kampfflugzeugen und wurden als eine Art Artillerieunterstützung an der Front eingesetzt. Im Prinzip handelte es sich in erster Linie um eine weitere Waffe für das Schlachtfeld, also ohne großes strategisches Gewicht.[5]

Für Bodenangriffe wurde hauptsächlich der Il-2 Schturmowik-Jagdbomber eingesetzt. Ende 1944 wurden den Hauptquartieren der Armeen, Korps und führenden Brigaden Luftwaffen-Verbindungseinheiten zugeordnet, um die Funkverbindung zwischen Boden und Luft zu verbessern. Und als Reserve bei Funkausfällen der Luftwaffen-Verbindungseinheiten war es technisch immer noch möglich, über die Funkgeräte der Panzer zu kommunizieren.[6]

Für Beobachtungs- oder Aufklärungszwecke der Artillerie kamen auch offene zweisitzige Doppeldecker-Flugzeuge vom Typ PO-2 zum Einsatz. Hauptsächlich aber wurden damit im Stil des Ersten Weltkriegs Nachteinsätze geflogen, bei denen leichte Bomben oder Bündel von Granaten vom Beobachter per Hand abgeworfen wurden. Die oftmals von komplett weiblichen Besatzungen geflogenen Aufklärer wurden von den Deutschen wegen ihres Motorengeräusches etwas abschätzig »Nähmaschinen« genannt, ihre nächtlichen Überraschungsangriffe versetzten den Feind aber immer wieder in Unruhe.

Pioniere hatten die Aufgabe, Übergänge über Wasserläufe zu bauen. Sie waren an der Front konzentriert, wurden aber auch von weit in feindliches Gebiet vorstoßenden mobilen Einheiten für den Brückenbau herangezogen. Zum Beispiel benötigte etwa eine Panzerarmee drei oder vier Trägerbrücken, zwei davon mit einer Traglast von 60 Tonnen, dazu kamen noch die Erfordernisse ihrer Unterstützungswaffen.[7]

Den höchsten Stellenwert bei der Sowjetarmee hatte die Artillerie. Sie kam besonders dann in außerordentlicher Konzentration zum Einsatz, wenn Stawka-Reserven zur Unterstützung spezieller Operationen bereitgestellt wurden. Die schlagkräftigsten Waffen der Artillerie waren 7,6- und 12,2-cm-Kanonen. Daneben gab es selbständige Artillerie-Regimenter mit noch schwereren Artilleriewaffen, etwa den auf offenen Kettenfahrzeugen montierten 15,2-cm-Haubitzen. Auch schwere 12-cm-Granatwerfer gehörten zu den Artilleriewaffen.

Ein besonders schlagkräftiges Element der Artillerie bildeten die gepanzerten Selbstfahrlafetten (Sfl) SU-76, SU-85, SU-100 sowie JSU-122 und JSU-152. Sie trugen Kanonen des diesen Bezeichnungen entsprechenden Kalibers, waren auf Panzerfahrgestellen montiert, die alle – außer der SU-76 – vollständig geschlossen waren, und bildeten jeweils selbständige Regimenter. Die SU-76, das gebräuchlichste Geschütz dieser Kategorie, bestand aus dem Unterbau eines ehemaligen T-70-Jagdpanzers und trug einen Geschützturm mit einer 7,62-cm-Kanone und 60 Schuß Munition. Da sich die SU-76 nicht mehr als Jagdpanzer eignete, wurde sie als leichtes Sturmgeschütz zur Infanterieunterstützung eingesetzt und war in Bataillonen mit drei Batterien zu je vier Geschützen organisiert. Die SU-122-Selbstfahrlafette beruhte auf einem Kliment-Woroschilow- oder KW-Panzer, war in Sfl-Regimenter mittlerer Größe mit je 16 Geschützen zusammengefaßt und wurde zur Unterstützung von Infanterie-Divisionen herangezogen. Weitere schwere Sturmgeschütze waren die SU-152, ebenfalls auf KW-Basis, sowie die ISU-122 und ISU-152 auf »Stalin«-Panzer-Fahrgestellen. Alle drei Kaliber bildeten schwere Sfl-Garde-Brigaden mit zwölf Batterien und insgesamt 65 Geschützen.[8]

Dieses Waffenarsenal wurde gekrönt von dem auf Lkw-Pritschen montierten »Katjuscha«-Raketenwerfer, der von den Deutschen »Stalinorgel« genannt wurde. Die ursprüngliche Version bestand aus 36

Rohren vom Kaliber 8,2 cm und besaß eine Reichweite von 6000 m. Eine schwerere Nachfolgeversion führte 16 Rohre mit einem Kaliber von 13,2 cm und einer Reichweite von 9250 m. Die größten Raketen hatten ein Kaliber von 31 cm. Diese Waffe wurde an die Gardeeinheiten der NKWD-Truppen ausgegeben.[9]

Weiterhin verfügten die Sowjets über umfangreiche Flugabwehr-Artillerie-Einheiten zum Schutz von Truppen und Einrichtungen.

Sehr gut waren die sowjetischen Panzertruppen. Infolge der Konzentration auf nur wenige vereinfachte Modelle hatten die Sowjets einige der besten Kampffahrzeuge der Welt produziert, so zum Beispiel den neuen 60 Tonnen schweren »Stalin«-Panzer JS-2 mit einer 12,2-cm-Kanone und 28 Granaten mit separater Treibladungshülse. Auch das Kernstück der sowjetischen Panzertruppen, der 36 Tonnen schwere T-34/85 mit einer 8,5-cm-Kanone und 76 Schuß Munition, war eine furchterregende Kampfmaschine. Der leichte T-70 mit seiner 4,5-cm-Kanone wurde hauptsächlich zum Schutz taktischer Kommandostellen auf dem Gefechtsfeld eingesetzt. Lediglich die Funkausrüstung der sowjetischen Panzer ließ zu wünschen übrig; nur das Fahrzeug des Kommandeurs eines Verbandes war mit einer Funkanlage ausgerüstet. Dadurch war die Kommunikation im Gefecht erschwert. Die Garde-Panzerarmee verfügte meist über die neuesten »Stalin«- und T-34/85-Panzer. Die 2. Garde-Panzerarmee dagegen war mit amerikanischen Modellen ausgerüstet, so mit »Sherman«-Panzern, die aufgrund des Pacht-Leih-Vertrages in der 7,6-cm-Version zusammen mit einigen britischen »Valentines« zu Tausenden ins Land gebracht worden waren. Allein 1944 produzierten die Sowjets 29 000 Panzer und Selbstfahrlafetten, darunter 2000 JS-2, 11 000 T-34/85 und über 3000 Sfl-Geschütze vom Kaliber 10, 12,2 und 15,2 cm.

Als Sturmgeschütze dienten auf sowjetischer Seite SU-85- und SU-100-Geschütze mit 48 bzw. 34 Schuß Munition, die auf T-34-Chassis montiert waren. Die SU-85 waren in Abteilungen zu je 21 Geschützen zusammengefaßt, beim SU-100 bildeten je 65 Geschütze eine Garde-Sfl-Brigade.[10]

Unterstützt wurden die Panzerarmeen durch einen ausgeklügelten Bergungs- und Reparaturdienst, der beschädigte Fahrzeuge in Sammelstellen auffing und zu über 50 Prozent wieder kampfbereit machte.[11]

Die Infanterie am unteren Ende der Skala war in allgemeine, Stoß- und Gardearmeen unterteilt. Die Garde-Schützen- und Stoßarmeen waren als gemischte Einheiten organisiert, d. h. mit jeweils drei Infanterie- und einem Panzerkorps. Aufgabe der mit stärkeren Artilleriekräften ausgerüsteten Stoßarmeen war es, zu Beginn einer Offensive vor allem gegen gut befestigte Abschnitte des Gegners vorzugehen.[12]

Allgemeine Armeen hatten generell einen viel geringeren Kampfwert. Obwohl gut mit leichten Waffen ausgerüstet, waren sowohl ihre Artillerie als auch der Nachschub auf Pferde angewiesen. Mit niedrigster Priorität bei der Zuteilung von Verpflegung und Bekleidung waren diese Verbände im Grunde gehalten, sich aus dem Land zu versorgen. In oft zerlumpten Uniformen, Vieh und anderes Plünderungsgut im Troß mit sich führend, boten sie ein Bild, das an asiatische Einfälle vergangener Jahrhunderte erinnerte. Die Ausbildung war minimal, ihre Disziplin schlecht, und die Autorität der Offiziere konnte oft nur mit vorgehaltener Waffe aufrechterhalten werden.[13]

Menschenleben wurden in der Sowjetarmee allgemein geringgeachtet, doch nirgends geringer als in den Strafbataillonen. Jeder Front waren bis zu drei solcher Bataillone zugeordnet, jeder Armee fünf bis zehn Strafkompanien. Stabsoffiziere und Generäle wurden den Strafbataillonen, niedrigere Dienstgrade den Strafkompanien zugeteilt, alle als einfache »Strafsoldaten«, die entweder nach ausgezeichneter Führung oder posthum als Gefallene oder nach ihrer Genesung von einer Kriegsverwundung rehabilitiert werden konnten. Solche Einheiten kamen vorzugsweise bei den schwierigsten und gefahrvollsten Einsätzen zum Zug, etwa um Feindstellungen durch das bloße zahlenmäßige Übergewicht zu überrennen oder um als erste durch Minenfelder vorzugehen und so den Weg für die anderen Einheiten frei zu machen. Diese Maßnahmen dienten nicht nur der Disziplinierung, sondern sie waren auch ein bequemes Mittel, um die Reihen von tatsächlichen oder potentiellen Gegnern des Regimes zu säubern.[14]

Die 1. Weißrussische Front hatte ein Bataillon für die chemische Kriegsführung, ausgerüstet mit Giftgas, das sie zwar mit sich führte, das aber nicht zum Einsatz kam. Andere Verbände dieser Art spezialisierten sich darauf, Nebelwände zu legen, um geplante Operationen zu tarnen.

Die Disziplin in der Roten Armee war von Einheit zu Einheit sehr verschieden, aber wo immer Alkohol im Spiel war, brach jede Ordnung zusammen, und es kam zu Gewalttätigkeiten. Im allgemeinen hatte der sowjetische Soldat ein gutes und enges Verhältnis zu seinen Offizieren. Davon ausgenommen blieben meist die Politkommissare, denen auch die sonst einfältigen Soldaten mit angeborenem Mißtrauen begegneten. Die Wesensart des Sowjetsoldaten war die des russischen Bauern. Er zeichnete sich insbesondere durch Patriotismus, Hartnäckigkeit, Zähigkeit, Ausdauer und Schläue aus. In seinen Stimmungen allerdings schien er unberechenbar. Er konnte durchaus apathisch, mürrisch oder auch aufsässig sein. Intellektuell schwerfällig und vorsichtig, mangelte es ihm keineswegs an Mut.[15]

Jeder sowjetischen Armee gehörten je nach Lage ein bis drei NKWD-Regimenter an. Diese Einheiten wurden nicht als kämpfende Truppe eingesetzt, vielmehr bestand ihre Aufgabe darin, im rückwärtigen Gebiet der Armee die Ordnung aufrechtzuerhalten, Fahnenflucht zu unterbinden und die Zivilbevölkerung in Schach zu halten.[16]

Die Rolle der Frauen in den sowjetischen Streitkräften darf nicht unterschätzt werden. Sie waren vor allem den Rückwärtigen Diensten aller Art zugeteilt, dienten aber auch bei Kampfeinheiten im Funkverkehr oder Sanitätsdienst, im politischen Bereich, in Panzer-, Infanterie- oder Pioniereinheiten. Manche waren sogar als Scharfschützen ausgebildet. Frauen saßen teilweise auch am Steuer jener Amphibienfahrzeuge, die bei Sturmangriffen zur Überwindung von Flüssen eingesetzt wurden, und es gab die ganz aus Frauen bestehenden Fliegerstaffeln, welche die bereits erwähnten nächtlichen Bombereinsätze mit dem PO-2 Doppeldecker flogen.[17]

Unter sowjetischem Kommando waren an den Kämpfen auch die seit 1943 formierte 1. und bald darauf auch die 2. polnische Armee beteiligt, ferner das 1. polnische gemischte Luftkorps mit 390 Kampfflugzeugen, dazu verschiedene andere polnische Einheiten einschließlich einer Panzer- und einer Kavalleriebrigade. Diese Truppen rekrutierten sich ursprünglich aus Kriegsgefangenen, die beim Überfall der Sowjets auf Polen 1939 in russische Hand geraten und seither einer langen politischen Umerziehung unterworfen worden waren. Später wurden sie durch Partisanen und solche Rekruten verstärkt, die zu den

Fahnen gerufen wurden, nachdem ihre Heimat von den Sowjets »befreit« worden war.[18]

In der Roten Armee war das Offizierskorps stärker als das in anderen nationalen Armeen dafür zuständige Unteroffizierskorps an der Aufrechterhaltung der Disziplin beteiligt. Für die Kampfmoral waren die Kommissare und Politarbeiter der Politischen Abteilung zuständig. Die höhere Kommandostruktur, vom Stawka unter Stalin koordiniert, wurde bereits an anderer Stelle beschrieben. Waren die Operationspläne auf dieser Ebene genehmigt, blieb den Befehlshabern der Fronten dennoch ein gewisser Entscheidungsspielraum bei der Interpretation der allgemeinen Vorgaben. Die Kommandeure der nachgeordneten Kommandoebenen bildeten Militärräte mit eigenen Stabschefs und Kommissaren (letztere nannten sich einfach »Mitglied des Militärrats«); sie waren ermächtigt, bei der Befehlsausführung zum Teil eigene Initiativen zu entwickeln. Auf Einheitsebene wurde jedoch unter Androhung der Todesstrafe die unmittelbare und bedingungslose Befehlsausübung verlangt.[19]

Der Kampfstil der Sowjetarmee verlangte noch immer den massiven Einsatz von Fußsoldaten, die in mehreren Angriffswellen, meist Schulter an Schulter, auf dem Gefechtsfeld vordrangen und ohne Rücksicht auf Verluste in den eigenen Reihen immer wieder neue Vorstöße unternahmen. In den letzten Kriegsmonaten wurden auch Panzer nach diesem Prinzip massiv eingesetzt, wenn der Weg erst einmal durch intensiven Artillerie- und Raketenbeschuß geebnet war, der die Erde im weiten Umkreis erzittern ließ. Solche Attacken stellten auch für den erfahrensten Frontsoldaten des Gegners eine enorme nervliche Belastung dar.

Die Deutschen

Während die Sowjets den Krieg mit klaren Organisationsstrukturen führten, herrschte auf deutscher Seite beträchtliches Durcheinander. Adolf Hitler, Führer des Dritten Reiches und Oberbefehlshaber der Deutschen Wehrmacht, hielt sich vorwiegend in entlegenen Kommandostellen – seinem jeweiligen »Führerhauptquartier« – auf. Er hatte sich mehr und mehr von der Wirklichkeit entfernt, in der die Bevölkerung lebte, litt, kämpfte und starb. Am 16. Januar 1945 bezog er den Befehlsstand im Bunker der Reichskanzlei in der Wilhelmstraße.[1]

In den Jahren der nationalsozialistischen Herrschaft war Hitler zum absoluten Diktator geworden, der seinen Willen der Nation durch Führerbefehle und -erlasse kundtat, während sich die übrigen nationalsozialistischen Machthaber hinter den Kulissen einen Kampf um die Macht lieferten. Hitlers physischer und psychischer Zustand hatte unter den Anstrengungen des Amts, dem Mangel an Bewegung und möglicherweise unter der Behandlung seines persönlichen Arztes, Professor Morell, gelitten; an dessen Behandlungsmethoden wurde später Kritik geübt. Das Attentat vom 20. Juli 1944 war auch nicht geeignet gewesen, seinen Zustand zu bessern. Von diesem Zeitpunkt an hatte sich ein unheilvolles Mißtrauen gegenüber dem Generalstab – sowie auch gegenüber Göring und seiner Luftwaffe – zu seinem größenwahnsinnigen und blindwütigen Despotismus gesellt.[2]

Hitler war der Überzeugung, daß allein seine Anwesenheit in Berlin für eine erfolgreiche Verteidigung genüge und daß alle Rückzugsbefehle, wenn auch noch so gerechtfertigt, unweigerlich zur Katastrophe führen müßten. Er glaubte bis zuletzt, daß die Lage sich zu seinen Gunsten ändern werde, und knüpfte diesen Glauben zum einen an die neuen Geheimwaffen, zum anderen an die Überzeugung, daß es zu einem Bruch zwischen den Alliierten kommen werde, wenn die angloamerikanischen mit den sowjetischen Armeen zusammenträfen, und nicht zuletzt auch an seinen »Guten Stern«.[3]

Seine Umgebung tat alles, um ihn in diesem Glauben zu bestärken, und nichts, um eine Spur von Realität in das Klima zu bringen, das in den letzten Kriegstagen im Führerbunker herrschte. Wären die Konsequenzen nicht so drastisch gewesen, die Ereignisse im Bunker hätten alle Elemente einer Farce gehabt. In der bedrückenden Atmosphäre des Bunkers – feuchte Betonwände, eine geräuschvolle Klimaanlage und kein Unterschied zwischen Tag und Nacht – wurden Intrigen gesponnen, wurde schlecht über Abwesende geredet und die Wahrheit voreinander verborgen. Ungeachtet seines offensichtlichen Verfalls schaltete Hitlers Anwesenheit bei allen Vernunft und Urteilsvermögen aus.[4]

Der Generalstab, einst ein starker Widerpart im Kampf um die Macht, war nach der Säuberung im Gefolge des mißlungenen Attentats völlig gebrochen und redete Hitler nach dem Munde wie alle anderen. Lediglich Generaloberst Heinz Guderian, nach dem Attentat zum Chef des Generalstabs im Oberkommando des Heeres (OKH) avanciert, vermochte Hitler zu widersprechen, was aber zu endlosen Auseinandersetzungen und schließlich zu Guderians Beurlaubung führte. Im Bunker der Reichskanzlei anwesend war stets Generalfeldmarschall Wilhelm Keitel, nominell Chef des Oberkommandos der Wehrmacht (OKW) mit Hauptquartier in Berlin-Dahlem, in Wahrheit aber Hitlers persönlicher Stabschef, der nur Befehle in Hitlers Namen weitergab. Generaloberst Alfred Jodl, Chef des Wehrmachtführungsstabes (WFSt), und Guderian verbrachten einen Großteil ihrer Zeit damit, zwischen dem Führerbunker in Berlin, wo sie an den täglichen Lagebesprechungen teilnahmen, und dem geheimen Hauptquartier des Heeres Maybach I/II, 30 Kilometer südlich von Berlin in Zossen/Wünsdorf gelegen, hin und her zu fahren.[5]

Adolf Hitler übernahm im Dezember 1941 den Oberbefehl des Heeres selbst und führte damals aus:

> »Das bißchen Operationsführung kann jeder machen. Die Aufgabe des Oberbefehlshabers des Heeres ist es, das Heer nationalsozialistisch zu erziehen. Ich kenne keinen General des Heeres, der diese Aufgabe in meinem Sinne erfüllen könnte. Daher habe ich mich entschlossen, den Oberbefehl über das Heer selbst zu übernehmen.«

Die Kommandostruktur wurde noch komplizierter, als Hitler die Operationen an der Ostfront ausschließlich über das Oberkommando des Heeres (OKH) führte. Die Verantwortung an den anderen Fronten wurde dagegen dem OKW übertragen. So ergab sich die Situation, daß OKW und OKH um die Ressourcen für ihre Verantwortungsbereiche konkurrieren mußten.[6]

Seine Einstellung gegenüber dem Generalstab, dessen Entscheidungen zu genehmigen er sich bis ins letzte Detail vorbehielt, zeigt sich deutlich in dem folgenden Anpfiff Guderians:

> »Sie brauchen mich nicht zu belehren! Ich führe seit fünf Jahren die deutschen Heere im Felde und habe in dieser Zeit so viel praktische Erfahrungen gesammelt, wie die Herren vom Generalstab sie nie sammeln können. Ich habe Clausewitz und Moltke studiert und alle Aufmarschpläne Schlieffens gelesen. Ich bin besser im Bilde als Sie!«[7]

Generaloberst Guderian weist in seinem Buch auf die wachsende Intoleranz Hitlers gegenüber dem Generalstab hin und auf den Druck, dem er selbst ausgesetzt war. Im Januar 1945 zum Beispiel, als die Sowjets mit ihrer Weichsel-Oder-Operation begannen und der Fall Warschaus unmittelbar bevorstand, wurden die Angehörigen von Guderians Operationsplanungsabteilung, ein Oberst und zwei Oberstleutnants, verhaftet und von der Gestapo verhört. Obwohl Guderian die volle Verantwortung für seine Untergebenen übernahm und sich selbst an ihrer Stelle für das Verhör zur Verfügung stellte, wurden die beiden Oberstleutnants nach zeitraubenden und kräftezehrenden Verhörsrunden freigelassen, der Oberst aber in verschiedenen Konzentrationslagern interniert, bevor er in amerikanische Kriegsgefangenschaft kam. Der Kern des Problems lag einerseits in dem Widerspruch zwischen Hitlers Führerprinzip, das heißt seinem Anspruch auf blinden Gehorsam gegenüber seinen Befehlen, und dem im Generalstab üblichen Prinzip des gegenseitigen Vertrauens und Ideenaustauschs, andererseits aber auch in Hitlers Klassenbewußtsein und – als Folge des mißlungenen Putsches – ausgeprägtem Mißtrauen gegenüber dem Generalstab.[8]

Hitlers letztes Hauptquartier im Bunker der Reichskanzlei war, im Gegensatz zu allen früheren Führerhauptquartieren, die er im Verlauf des Krieges anderswo in Europa eingerichtet und benutzt hatte, eine Befehlszentrale ohne die gewohnten Nachrichteneinrichtungen. Diese Situation hatte sich durch die Raumnot im Bunker ergeben, wäre aber durchaus vermeidbar gewesen, wenn man rechtzeitig die Räumlichkeiten des bombensicheren Bunkers unter der neuen Reichskanzlei mit einbezogen hätte. So bestanden die Nachrichtenverbindungen im Führerbunker aus einer Ein-Mann-Telefonvermittlung, einem Funkgerät und einem Radiotelefon, das von einem über dem Führerbunker verankerten Fesselballon abhängig war.[9]

Der einst so selbstsichere Reichsmarschall Hermann Göring, Oberbefehlshaber der Luftwaffe, war nach deren vielfachem Versagen berechtigterweise in Mißkredit geraten. Dennoch erschien er hin und wieder im Bunker, nahm, um dem Führer seine Loyalität zu beweisen, an den Lagebesprechungen teil und bemühte sich um Martin Bormann, der letztlich mitverantwortlich für den »Sturz« Görings gewesen war.[10]

Joseph Goebbels vereinigte, wie andere Parteigrößen auch, mehrere Verantwortlichkeiten, die er im Kampf um die Macht übernommen hatte, in seiner Person. Obwohl allgemein als Reichsminister für Volksaufklärung und Propaganda bekannt, war er auch immer noch (seit 1926) Gauleiter (seit 1944 auch »Stadt-Präsident«) von Berlin. Außerdem war er Reichsverteidigungskommissar für den Wehrkreis III (Berlin) und nach dem 20. Juli 1944 von Hitler zum »Reichsbevollmächtigten für den totalen Kriegseinsatz« ernannt worden. Um der wirtschaftlichen Misere und Mutlosigkeit entgegenzuwirken, veröffentlichte sein Ministerium unermüdlich Propagandamaterial, mit dem die Deutschen aufgefordert wurden, bis zum Ende durchzuhalten. Gleichzeitig kündigte er Höchststrafen für Verrat und Defätismus an.

Als Gauleiter von Berlin war Goebbels für die Aufstellung des »Volkssturms« in Berlin zuständig. Der Volkssturm, dessen Bildung Hitler im Herbst 1944 angeordnet hatte, sollte ursprünglich der Heimatverteidigung und dem Bau von Befestigungen dienen. Er umfaßte alle Männer von 16 bis 60 Jahren, die nicht zur Wehrmacht einberufen worden waren, aber doch eine Waffe tragen konnten. Die Mehrheit der

Männer war in fortgeschrittenem Alter, teilweise Teilnehmer des Ersten Weltkrieges. Die Einheiten des Volkssturms waren, ohne feste Sollstärke, in Bataillonen und Kompanien im Heimatort organisiert. Berliner Volkssturmeinheiten wiesen eine Personalstärke von 600 bis 1500 Mann auf, die Führer der Einheiten wurden von der Partei ernannt. Einige dieser Männer hatten militärische Erfahrung und ein hohes Pflichtbewußtsein, andere waren lediglich Parteimitglieder. Das einzige gemeinsame Kennzeichen der Männer war eine Armbinde, Uniformen waren weder einheitlich noch vorgeschrieben – sogar erbeutete britische Kampfanzüge wurden benutzt. Die Ausbildung des Volkssturms erfolgte grundsätzlich an den Wochenenden und nach Arbeitsschluß, soweit keine Bauarbeiten anfielen. Mehrere dreitägige Ausbildungskurse wurden in SA-Lagern abgehalten, trotzdem erreichte keine der Volkssturmeinheiten das Ausbildungsniveau, das von ihnen im Kampf um ihre Heimat erwartet wurde. Die Wehrmacht hatte dem Volkssturm gegenüber keinerlei Verpflichtungen. Dieser sollte vollständig aus örtlichen Beständen bewaffnet, ausgerüstet und verpflegt werden. Lediglich die Einheiten, die später an die Ostfront geschickt wurden, mußten von der Wehrmacht übernommen werden.[11]

Als Reichsverteidigungskommissar und »Reichsbeauftragter für den totalen Kriegseinsatz« zeigte Goebbels ein reges Interesse an den Vorgängen an der Ostfront, die er mehrmals besuchte, um sich ein Bild über die Lage zu machen und mit den Frontkommandeuren direkt zusammenzuarbeiten.

Hitlers Führungsstil, vor allem aber die Lage des Reichs in dieser Phase des Krieges, spiegelte sich im Zustand der Wehrmacht wider. Besonders verwirrend wirkte sich aus, daß Korps- und Armeestäbe aus der Reserve unter ihrer alten Bezeichnung reaktiviert wurden, um ihnen neue Truppen ohne Rücksicht auf deren Zusammensetzung und Funktion zu unterstellen. Zum Beispiel unterstanden dem V. SS-Gebirgskorps lediglich eine SS-Formation und überhaupt keine Gebirgstruppen mehr, und das XI. SS-Panzerkorps bestand im wesentlichen aus Infanterie-Divisionen.[12]

Die Grundstruktur der deutschen Landstreitkräfte war immer noch die der Wehrmacht, doch war diese nach dem Attentat vom 20. Juli 1944 durch die großen Säuberungen unter den Offizieren und durch das Mißtrauen der nationalsozialistischen Führer den Überlebenden gegenüber ernsthaft geschwächt. NS-Führungsoffiziere waren allen Führungsstäben zugeteilt worden, sowohl zur Verbreitung nationalsozialistischen Gedankenguts als auch, um mögliche Dissidenten zu ermitteln. Himmler, Reichsführer SS, Polizeichef, Reichsinnenminister und Reichsbevollmächtigter für die Reichsverwaltung, war nach dem 20. Juli 1944 Befehlshaber des Ersatzheeres und Chef der Heeresrüstung geworden, ein Amt mit erheblichem Einfluß, da es auch die gesamte Rekrutierung, Ausbildung, Entwicklung und Verteilung der Ausrüstung umfaßte. Seitdem waren alle neu eingezogenen Rekruten den neugeschaffenen Volksgrenadierdivisionen und Volks-Artillerie-Korps zugewiesen worden. Diese Einheiten sollten den Kern einer starken, politisch zuverlässigen Nachkriegsarmee (»Volkswehr«) bilden. In der Ausrüstung hatten sie Vorrang gegenüber der Wehrmacht, die deshalb unter einem Mangel an wichtigem Gerät litt, während die »Volkswehr«-Einheiten es aus Mangel an Kampferfahrung vergeudeten.

Die Waffen-SS, obwohl formal eine völlig getrennte Organisation, stand operationsmäßig unter dem Kommando der Wehrmacht. Sie setzte sich zusammen aus Panzer-, Panzergrenadier- und Gebirgseinheiten sowie ausländischen Freiwilligen-Verbänden, wie den Divisionen »Nordland«, »Wallonien«, »Nederland« und »Charlemagne«. Diese Verbände waren durch ihren harten Einsatz drastisch in ihrer Stärke reduziert. Mit Vorrang in der Ausrüstung gegenüber der Armee und als Teil von Himmlers ausgedehntem Herrschaftsbereich verfügten sie über eigene Versorgungsquellen aus SS-Zwangsarbeiterfabriken. Die Waffen-SS durfte man jedoch, wie viele NS-Organisationen, nicht nach dem äußeren Anschein beurteilen. Ihre neuartigen Ausbildungsmethoden fußten auf einer Sturmtruppen-Taktik, die gegen Ende des Ersten Weltkriegs entwickelt worden war. SS-General Felix Steiner hatte sie eingeführt. Die Waffen-SS war bekannt für die unwiderstehliche Härte ihrer Angriffe und ihre Gleichgültigkeit gegenüber Verlusten. Mit Fortgang des Kriegs wurde sie zahlenmäßig erheblich vergrößert, erlitt aber auch fürchterliche Verluste bei ihren ständigen Angriffen in vorderster Front. Da die Einberufungsvorschriften sie gegenüber der Wehrmacht benachteiligten, mußte sie anderweitig rekrutieren und war daher mit ausländischen, nicht deutschstämmigen Freiwilligen durchsetzt und deshalb gleichgültig gegenüber den Zielen der höheren Führung. Gleichzeitig wurde ein arroganter Elitegeist gepflegt. So bildete die Waffen-SS, der Fremdenlegion merkwürdig ähnlich, eine geschlossene Gesellschaft mit eigenen Regeln und eigener Loyalität. Im Jahr 1945 war das Vertrauen der SS-Generäle in Hitler erschüttert, sie glaubten nicht länger an den Endsieg. Beeinträchtigt durch zweitklassigen Personalersatz, angesichts einer Identitätskrise wegen ihrer ausländischen Freiwilligen, war die Waffen-SS ein Opfer ihrer ideologischen Zweifel geworden und folgte Führern, deren Loyalität dem Staat gegenüber zweifelhaft war.[13]

In seiner Eigenschaft als Innenminister schuf Heinrich Himmler die sogenannten Marschbataillone, die ihre Mannschaften aus den Reihen der Polizei, der Feuerwehr, des Zolls und der Grenzpolizei rekrutierten. Bewaffnet mit Handfeuerwaffen, wurden diese Verbände unter ihren eigenen Offizieren infanteristisch eingesetzt.

Abgesehen von der Luftunterstützung, die im Bereich der Heeresgruppe »Mitte« von der 6. Luftflotte (Generaloberst Ritter von Greim) gestellt wurde, war die Luftwaffe mit drei Verbandstypen am Endkampf beteiligt.[14]

Zunächst waren da die Fallschirmjäger. Obwohl viele der Angehörigen dieser Waffengattung schon früher aus Bodeneinheiten der Luftwaffe zusammengesucht worden waren und nie eine Fallschirmjäger-Ausbildung erhalten hatten, waren sie doch in der Tradition dieser Truppe ausgebildet und erzogen worden. Diese Verbände wurden schon seit langem als Sturminfanterie beim Heer eingesetzt. Ihre Verluste wurden in der Endphase des Krieges jedoch mit von überall her rekrutiertem Personal ohne ausreichende Gefechtsausbildung aufgefüllt, so auch aus Flugzeugbesatzungen, die kein Flugzeug mehr hatten.

Zweitens ist die Flak zu nennen, die 90 Prozent der deutschen Flugabwehr stellte. Sie war in allen Armeeteilen bis hinunter zu den Divisionen vertreten und hatte ihre eigene Kommandostruktur. Außer dem Schutz von Stäben, Versorgungseinrichtungen und Nachrichteneinheiten wurde die Flak häufig erfolgreich als bewegliche Artillerie gegen befestigte Stellungen eingesetzt. Ihre 8,8-cm-Kanonen waren außerdem wirkungsvolle panzerbrechende Waffen. Im Gegensatz zur Flak anderer Länder war sie von Anbeginn eine Eliteeinheit und blieb es bis zum Schluß. Einzelne Batterien fochten oft heldenhaft, bis sie überrannt oder vernichtet wurden.

Zuletzt gehörten dazu die Luftwaffenfelddivisionen, die 1942 erstmals aufgestellt wurden und eine Stärke von 200 000 Mann erreichten, zehn Prozent der gesamten Luftwaffe. Die Mannschaften dieser Divisionen wurden im wesentlichen aus dem Bestand der Bodentruppe der Luftwaffe rekrutiert und infanteristisch eingesetzt. Im April 1945 waren sie nahezu aufgerieben. In diesen letzten verzweifelten Tagen des Krieges wurden neue Luftwaffenfelddivisionen aufgestellt, was durch die Gliederung des Bodenpersonals in Kompanien und Bataillone erleichtert wurde. Diese Einheiten verfügten nur über Handwaffen, hatten keine Kampferfahrung und waren daher von begrenztem Wert.

Dennoch war die Widerstandskraft der Wehrmacht nicht zu unterschätzen. Sie beruhte größtenteils auf ihren taktischen Fähigkeiten, der frontnahen Führung und der Flexibilität auf allen Ebenen, sich neuen Gegebenheiten schnell anzupassen. Immer wieder errangen die deutschen Streitkräfte trotz zahlenmäßiger Überlegenheit des Gegners begrenzte Erfolge, die sie ihrem größeren Geschick verdankten. Ein Schwachpunkt hingegen war die deutsche Panzerabwehr-Philosophie, die an anderer Stelle näher erläutert werden wird.

Die Stäbe auf dem Gefechtsfeld waren bewußt klein und führten frontnah. Das ermöglichte entsprechend der Lage rasche Befehlsausführung auf untergeordneter Kommandoebene. Die Verbindung zwischen der Front und den Stäben wurde von erfahrenen Offizieren aufrechterhalten. Die Stabsoffiziere waren gut ausgebildet und in der Lage, schnelle Entscheidungen zu treffen, denn gerade unvorhergesehene Ereignisse, so die Philosophie der Stabsoffiziere, erforderten entschlossene Reaktionen. So herrschte in der Kommandostruktur ein hohes Maß an persönlichem Kontakt und gegenseitigem Vertrauen. Bei dem praktizierten System der »Auftragstaktik« blieb es dem jeweiligen Offizier überlassen, wie er den Befehl ausführte. Dies machte es möglich, auf jede Situation mit größtmöglicher Flexibilität zu reagieren.[15]

Die Zusammensetzung einer deutschen Infanteriedivision in dieser

Kriegsphase ist im Anhang IV dargestellt. Bemerkenswert ist die immer größere Zahl der Panzernahbekämpfungsmittel, bekannt als »Panzerschreck« und »Panzerfaust«. Sie waren nicht nur preiswert in der Herstellung, sondern auch im Einsatz äußerst wirkungsvoll, überall verfügbar und sogar bei dem sowjetischen Gegner ein begehrtes Beuteobjekt. Aufgrund ihres Einsatzes auch auf sowjetischer Seite wurden Wanne und Turm deutscher Panzer oft mit zusätzlichen, an der Seite anhängbaren Stahlblechen, sogenannten Schürzen, ausgerüstet, damit auftreffende Geschosse detonierten, bevor sie in die Wanne des Panzers eindringen konnten. Eine weitere Abwehrmaßnahme im Nahkampf war der Anstrich mit »Zimmerit«, einer antimagnetischen Paste zur Vorbeugung gegen Magnetminen und -zünder.

Die deutsche Wehrmacht verfügte über verschiedene Typen von Panzern, Selbstfahrlafetten und Jagdpanzern, doch bedeutete die Anfang 1945 erreichte verzweifelte Lage, daß die verschiedenen Einheiten mit dem ausgerüstet wurden, was jeweils gerade verfügbar war. Vom Panzer IV gab es während des gesamten Zweiten Weltkriegs zehn verschiedene Versionen. Gegen Kriegsende wurde er mit einer 7,5-cm-Kanone L/4816 ausgestattet, um mit der Feuerkraft des sowjetischen T-34/85 mithalten zu können. Spätere Modelle waren dem T 34 nachempfunden, der sich bei der ersten Konfrontation 1941 als so überlegen erwiesen hatte. Der erste Panzer dieser Art war der Panzer V »Panther«, 44,8 Tonnen schwer mit einer 7,5-cm-KWK (Kampfwagenkanone) 42 L/70 und 79 Granatpatronen. Als nächstes wurde der 56,9 Tonnen schwere Panzer VI »Tiger« mit einer 8,8-cm-KWK 36 L/56 und 92 Granatpatronen gebaut, gefolgt vom »Tiger II« oder »Königstiger«. Er wog 68,8 Tonnen und hatte eine 8,8-cm-KWK 43 L/71, die Menge der mitgeführten Granatpatronen war auf 84 erhöht. Der »Königstiger« war bei richtiger Handhabung nahezu unschlagbar und konnte es mit beliebig vielen T-34-Panzern aufnehmen, ohne selbst nennenswerte Schäden davonzutragen. Obwohl er damit der stärkste Panzer war, der im Zweiten Weltkrieg gebaut wurde, hatte er Schwachstellen in seiner immensen Größe, seinem Gewicht und der mechanischen Zuverlässigkeit.

Spezielle Panzerversionen ohne Geschützturm kamen als Jagdpanzer oder Panzerzerstörer zum Einsatz. Dazu gehörten der Jagdpanzer

IV/70 mit einer 7,5-cm-Pak 42 L/70, der Jagdpanzer namens »Jagdpanther« mit einer 8,8-cm-Pak 43/3 L/71, ferner der Jagdpanzer VI, »Jagdtiger«, eine Variante des »Königstigers« mit der 12,8-cm-Pak 44 L/55. Älteren Modellen wie den Jagdpanzern »Ferdinand« oder »Elefant« begegneten die Sowjets noch bei Müncheberg und in Berlin.[16]

Leichtere Versionen waren die Jagdpanzer »Hetzer« und »Marder«, beide auf erprobten tschechischen LT-38-Fahrgestellen montiert. Der 16 Tonnen schwere »Hetzer« führte die 7,5-cm-Pak 39 L/48, die in der Kugelblende im Aufbau integriert war, beim »Marder III« war die 7,5-cm-, zuweilen auch eine erbeutete sowjetische 7,62-cm-Feldkanone, von einem nach oben und hinten offenen Schutzschild verdeckt.

Neben Panzern gab es auf deutscher Seite eine Reihe von Geschützen auf Selbstfahrlafette, darunter das Sturmgeschütz III auf dem Panzer-III-Fahrgestell mit 10,5-cm-Feldhaubitze. Des weiteren wurden gepanzerte Flak-Fahrzeuge eingesetzt, der Flakpanzer IV »Möbelwagen« mit einer einzelnen 3,7-cm-Flak L/60 sowie der Flakpanzer IV »Wirbelwind« mit einem 2-cm-Vierling L/55 im oben offenen Drehturm, dessen Schlagkraft besonders wirkungsvoll gegen die feindliche Infanterie war.

Die deutsche Rüstungsindustrie war durch Bombenangriffe der Alliierten stark beeinträchtigt, die Produktion rückläufig. Auch die Eisenbahnverbindungen waren erheblich beschädigt. Verheerend wirkte sich die Treibstoffknappheit in allen Bereichen aus, ebenfalls ausgelöst durch gezielte Bombenangriffe seitens der Westalliierten. Von allen strategischen Zielen erwies sich der Beschuß der Raffinerien am folgenschwersten, doch wurde dies von den Alliierten erst ziemlich spät erkannt: Die konsequente Störung der Treibstoffversorgung setzte erst 1945 richtig ein. Schon Monate zuvor waren kritische Versorgungsengpässe entstanden, und dies hatte sich überall deutlich auf die Operationen der Wehrmacht ausgewirkt.

Weniger bekannt und vielleicht auch weniger dramatisch war die Tatsache, daß auch die Knappheit von Rohstoffen wie Zink und Kupfer die Produktion von Messingpatronen für kleine Feuerwaffen bremste. Munition aus einem Ersatzmetall, das durch Lackieren rostbeständig gemacht wurde, führte zu Ladehemmungen, sobald sich die Waffen erhitzten. Die Läufe der Maschinengewehre mußten daher nach jedem Feuerstoß ausgetauscht und gereinigt werden, und die Gewehrschützen mußten nach jedem Schuß das Schloß gewaltsam mit Bajonett oder Spaten aufklopfen, wodurch sich ihre Feuergeschwindigkeit auf diejenige früherer Musketiere reduzierte.[17]

TEIL 2
DIE BRÜCKENKÖPFE

Die Weichsel-Oder-Operation

In ihrer Sommeroffensive von 1944 waren die Sowjets durch Weißrußland, Ost- und Zentralpolen bis zur Weichsel vorgerückt und hatten dort drei große Brückenköpfe am Westufer errichtet. Der nächste Vorstoß war für Mitte Januar 1945 geplant. Schukow hatte sich bereits Ende Oktober bis Anfang November intensiv an der Planung beteiligt, bevor er am 16. November 1944 den Oberbefehl über die 1. Weißrussische Front übernahm.

Unter anderem wurde die Aufstellung und Truppenstärke der sowjetischen Streitkräfte für die Einnahme Ostpreußens und Kurlands an der Nordflanke der »Berliner« Frontengruppe festgelegt, d. h. der 1. Weißrussischen und 1. Ukrainischen Front, die nach Berlin marschieren sollten. Sowohl Schukow als auch der stellvertretende Generalstabschef Antonow planten, die 2. Weißrussische Armee mit einer zusätzlichen Feldarmee zu verstärken, doch Stalin lehnte dies ab – eine folgenschwere Fehleinschätzung, wie sich später herausstellen sollte. Die Zerschlagung der in Ostpreußen konzentrierten deutschen Truppen erwies sich als weitaus langwieriger als der Vormarsch der »Berliner« Fronten nach Westen. So öffnete sich zwischen der 1. und 2. Weißrussischen Front eine gefährliche Lücke.

Die Rote Armee operierte nun außerhalb ihres Hoheitsgebiets und konnte daher nicht mehr von der Aufklärungsarbeit und Unterstützung ihrer Partisaneneinheiten profitieren. Tarnung und Täuschung, im Russischen unter dem Begriff *Maskirowka* zusammengefaßt, gewannen für die sowjetischen Operationen immer mehr an Bedeutung und bildeten deshalb einen wesentlichen Teil der Operationsplanung.

Ein anderes Problem war das barbarische Verhalten der sowjetischen Soldaten, das sie nach Verlassen heimischen Bodens an den Tag legten. Bei der Einnahme eines ostpreußischen Dorfes war die gesamte Zivilbevölkerung massakriert worden, bevor das Dorf von den Deutschen zurückerobert wurde. Diese Greuel wurden von Goebbels gezielt dazu benutzt, den Widerstand der Wehrmacht bei der Verteidigung des Vaterlands zu stärken. In Polen übten die Sowjetsoldaten zwar etwas Zurückhaltung, doch die Politische Abteilung hatte alle Mühe klarzustellen, daß die sowjetischen Soldaten als Befreier, nicht als Eroberer gekommen waren. Es war wohl nur allzu verständlich, wenn das Verhalten gegenüber der deutschen Bevölkerung nicht eher unter Kontrolle gebracht werden konnte, als bis die Kämpfe vollständig beendet waren, denn die von den Nazis am russischen Volk verübten Grausamkeiten hatten die Rachegefühle der Sowjetsoldaten zu sehr aufgepeitscht, als daß sie durch bloße Propaganda hätten unterdrückt werden können.

Der Operationsplan Warschau–Lodz, wie er zunächst genannt wurde, sah vor, daß die 1. Weißrussische Front, von ihren beiden Brückenköpfen ausgehend, die deutschen Truppen zwischen Warschau und Radom zerschlagen und über Lodz bis Posen vorrücken sollte. Die Frontlinie sollte sich dann im Norden bis Bromberg und im Süden bis Breslau erstrecken, wo der Plan das Zusammentreffen mit der 1. Ukrainischen Front vorsah, die inzwischen Oberschlesien eingenommen haben sollte. Auf eine detailliertere Planung über diesen Zeitpunkt hinaus wurde verzichtet, da sich der Erfolg der angestrebten Durchbruchstaktik nicht exakt vorausberechnen ließ.

Schukow beabsichtigte, die Operation nacheinander mit einem massiven Aufklärungsvorstoß und einem halbstündigen Artilleriefeuer zu eröffnen. Zeigten sich die Deutschen hinreichend gelähmt, so sollte darauf der Hauptangriff unmittelbar folgen. Hierfür waren Infanterieeinheiten vorgesehen, unterstützt von Panzerarmee, Sturmgeschützen und Luftwaffe. Gelang es, die vordersten Verteidigungslinien zu durchbrechen, sollten Panzerkeile in die operative Tiefe stoßen, die überlebenden deutschen Gruppierungen auseinandertreiben und auf die nächste Verteidigungslinie zurückdrängen.

Konjew begann seine Offensive mit der 1. Ukrainischen Front am 12. Januar, gefolgt von der 2. Weißrussischen Front unter Rokossowskij am 13. und schließlich Schukows 1. Weißrussischer Front am 14. Januar. Als Schukow angriff, war die ihm gegenüberliegende 9. Armee bereits in voller Alarmbereitschaft, doch viel nutzte ihr das nicht. Am Abend des 15. Januar brach die deutsche Verteidigung zusammen, und Schukows 1. und 2. Garde-Panzerarmee befanden sich bereits bis zu 100 km vom Ausgangspunkt entfernt auf dem Vormarsch. Auch Konjews Truppen konnten weiter südlich ähnliche Erfolge verbuchen und schnell vorrücken.

Hitler reagierte auf den Zusammenbruch der Weichselfront mit der Entlassung der Befehlshaber der Heeresgruppe »A« und der 9. Armee und ersetzte sie durch Generaloberst Ferdinand Schörner bzw. General der Infanterie Theodor Busse. Die Heeresgruppe »A« wurde in Heeresgruppe »Mitte« umbenannt, die 9. Armee wurde der Heeresgruppe »Weichsel« angegliedert. Am 22. Januar übernahm Heinrich Himmler den Befehl über die Heeresgruppe »Weichsel« und fuhr sogleich in seinem luxuriösen Privatzug nach Deutsch-Krone in Pommern, ohne jedoch über eine direkte Verbindung zum Funknetz des Wehrmacht-Kommandos oder Kartenmaterial zu verfügen (eine einzige Karte hatte vier Tage später zufällig der neue Einsatzoffizier bei sich). Kaum hatte Himmler seine ersten Befehle erteilt, wurden seine Truppen auch schon durch den sowjetischen Vormarsch nach Westen zurückgedrängt. Eine Fehlbesetzung war auch sein Stabschef SS-Brigadeführer Lammerding, der am 27. Januar ohne jede Stabserfahrung seinen Dienst aufnahm.[1]

Bodenfrost, gefrorene Wasserläufe und geringe Schneefälle begünstigten den sowjetischen Vormarsch. So konnten auch schwere Infanterie- und leichte Artilleriewaffen Wasserläufe passieren und befestigte Ortschaften leicht umgangen werden. Die Sowjets kamen unerwartet schnell voran und trafen die deutschen Verteidigungsstellungen oft unvorbereitet oder sogar unbesetzt an. Am 17. Januar, als die beiden »Berlin«-Fronten gleichzogen und Warschau fiel, erhielt Schukow deshalb von Stalin den Befehl, am 2. oder 4. Februar auf die Linie Bromberg–Posen vorzustoßen.

Der Vormarsch ging schneller voran als erwartet. Am 22. Januar wurde Posen erreicht, am 23. fiel Bromberg, eine Woche vor Plan. Schwieriger gestaltete sich die Einnahme des wichtigen Verkehrsknotenpunkts Posen, wo sieben Bahnlinien und sechs wichtige Straßen zusammenliefen. Posen war eine echte Festungsstadt des 19. Jahrhunderts mit einer Zitadelle als Kern und einem Ring von acht Forts, die mit etwa 60 000 Soldaten verschiedener Art bemannt waren. Posen

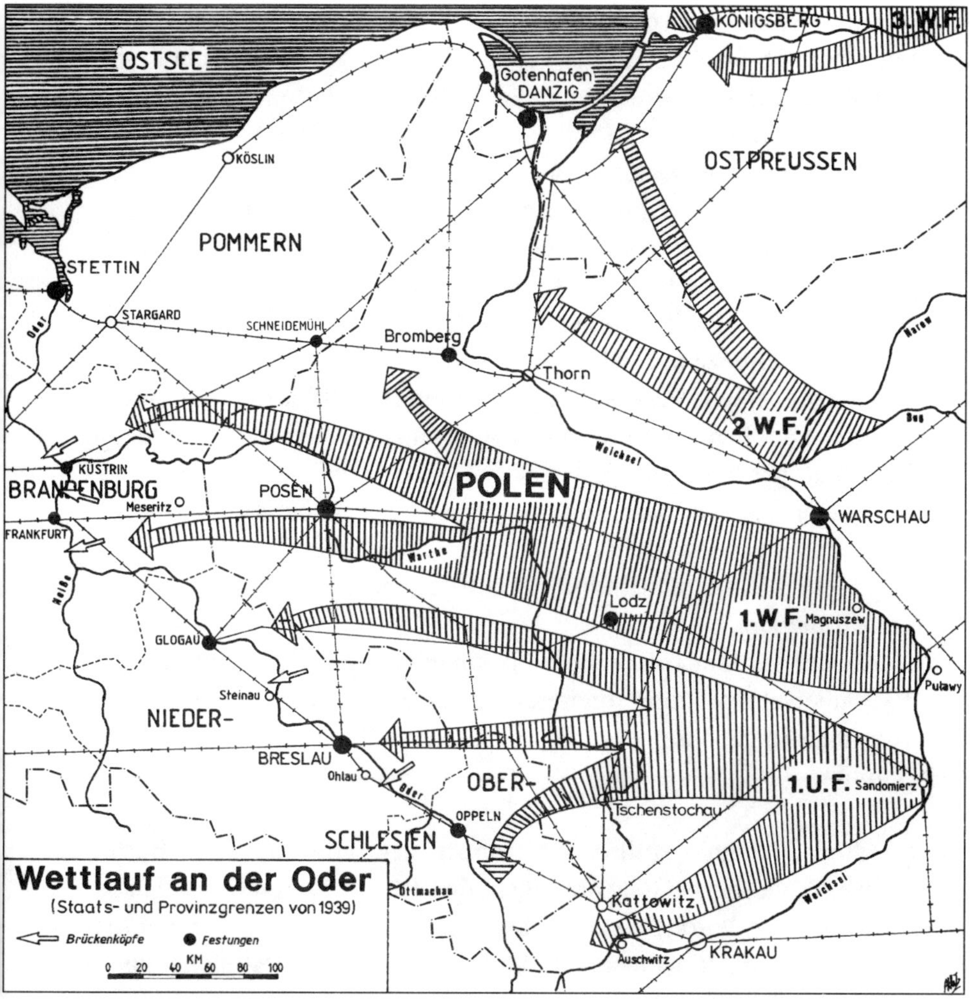

durfte den sowjetischen Vormarsch nicht aufhalten, daher marschierten die führenden Truppen einfach weiter, während General Tschuikow, Befehlshaber der 8. Gardearmee, dazu abgestellt wurde, die Einnahme der von Hitler zur »Festung« erklärten Stadt durch vier seiner Divisionen sowie zwei Divisionen der langsamer vorrückenden 69. Armee, die später hinzukam, zu beaufsichtigen. Die Belagerung dauerte bis zum 23. Februar und wurde auf deutscher Seite als wichtiges Hindernis für den sowjetischen Vormarsch betrachtet.[2]

Himmler als Oberbefehlshaber der Heeresgruppe »Weichsel« erteilte dem SS-General Krüger vom V. SS-Gebirgskorps, das in Frankfurt an der Oder stationiert war, den Befehl, den Vormarsch der Roten Armee auf Berlin nach Möglichkeit aufzuhalten. Das V. SS-Gebirgskorps war ein gemischter Verband, zu dem damals unter anderem die Panzergrenadier-Division »Kurmark« und die 21. SS-Gebirgs-Division gehörten. Letztere wurde umgehend in Richtung Osten in Marsch gesetzt, um die Volkssturm-Einheiten zu übernehmen, die an den Befestigungen des Tirschtiegel-Riegels an der ehemaligen deutsch-polnischen Grenze in Stellung gebracht werden sollten, und alle deutschen Truppenteile zu absorbieren, die auf dem Rückzug dort vorbeikamen. Die Panzer-Aufklärungs-Abteilung »Kurmark« wurde am 22. Januar per Bahn zum Entsatz der Garnison in Posen in Marsch gesetzt, aber kurz vor dem Ziel abgefangen. Sie mußte sich den Rückweg schließlich freikämpfen und erreichte Ende des Monats nach zahlreichen Scharmützeln mit der Sowjetarmee die Oder in der Nähe von Grüneberg.

Als am 26. Januar Schukows Truppen die deutsche Ostgrenze von 1939 überschritten, unterbreitete er einen Plan, der am folgenden Tag vom Stawka genehmigt wurde und den er selbst folgendermaßen beschreibt:

> »Zum 30. Januar sollten die Truppen der Front die Linie Berlinchen–Landsberg–Grätz erreichen, ihre Rückwärtigen Dienste nachziehen, ihre Vorräte ergänzen und am Morgen des 1. und 2. Februar die Offensive fortsetzen, um die Oder aus der Bewegung heraus zu überwinden. Weiter wurde geplant, eine zügige Offensive in Richtung Berlin zu entfalten, wobei die Hauptkräfte konzentriert werden sollten, um Berlin von Nordosten, Norden und Nordwesten zu umgehen.«[3]

Am 27. Januar erging dann von Schukow unter anderem folgender Befehl:

> »Allem Anschein nach führt der Gegner eilig Kräfte heran, die im Vorfeld der Oder Verteidigungsstellungen beziehen sollen. Haben

> wir das Westufer der Oder in der Hand, wird die Operation zur Einnahme von Berlin voll garantiert sein.
> Um diese Aufgabe zu lösen, hat jede Armee ein verstärktes Schützenkorps abzustellen und es unverzüglich vorauszuschicken, damit es die Panzertruppen bei der Einnahme und Behauptung eines Abschnittes am Westufer der Oder unterstützt.«[4]

Am nächsten Tag hatte Schukow weitere Operationsdetails ausgearbeitet. Die 5. Stoßarmee sollte in Richtung Bernau nordöstlich Berlins, die 8. Gardearmee in Richtung Buckow, Alt Landsberg und Weißensee vorstoßen, die 69. Armee in Richtung Frankfurt an der Oder, Booßen und Herzfelde. Das Operationsgebiet war im Norden durch den Finow-Kanal, im Süden durch die Spree begrenzt.

Nach Schukows Anweisungen vom 27. Januar fächerten die sowjetischen Truppen ihren Vormarsch in Richtung Oder auf. Jeder Armee, jedem Korps und jeder Division wurden starke Vorhuten vorausgesandt. Da Tauwetter zu erwarten war, beschleunigten die Sowjets ihr Marschtempo nochmals in der Hoffnung, daß das Eis noch halten würde, bis sie die Oder erreichten, um die Flußüberquerung zu erleichtern. Eine Medaille, die im Jahr zuvor für solche Kommandeure geprägt worden war, denen es gelang, einen Brückenkopf zu errichten, diente zweifellos als zusätzlicher Anreiz.

Jede der gepanzerten Vorausabteilungen der Korps bestand aus einer verstärkten Brigade, die 30 bis 40 km vor der eigentlichen Truppe operierte. Die Schützenarmeen schickten gepanzerte und motorisierte Truppenteile bis zu 60 km voraus, wobei die Entfernungen natürlich schwankten. Da die Vorausabteilungen die eigentlichen Kampfhandlungen mit dem Gegner übernahmen, konnte die Masse der Truppen in Marschordnung folgen und brauchte sich nur zum Kampf zu formieren, wenn sie auf größeren feindlichen Widerstand stieß. Dadurch kam die Infanterie fast im gleichen Tempo voran wie die gepanzerten Einheiten.

Dieser aufgefächerte Vormarsch hatte zur Folge, daß die Frontlinie an zwei Stellen unterbrochen war, nämlich am Warthebruch und weiter zurück bei der Festung Posen, wo die rückwärtigen Verbindungen unterbrochen waren. Die Vorausabteilungen hatten deshalb Glück, daß sie bei ihrem Vorpreschen auf keinerlei organisierten Widerstand trafen.

Sowohl die 2. Garde-Panzerarmee, mit Ausnahme eines Panzerkorps, das bereits zur Deckung der offenen Nordflanke abgestellt worden war, als auch die 5. Stoßarmee passierten am 30. Januar Landsberg nördlich des Warthebruchs und erreichten am 31. Kienitz an der Oder.

Die 1. Garde-Panzerarmee und die nicht an der Belagerung Posens beteiligten Truppenteile der 8. Garde- und 69. Armee fächerten südlich des Warthebruchs aus, die 33. Armee noch weiter südlich an der äußersten linken Flanke der Front. Die 44. Garde-Panzerbrigade, Vorausabteilung des 11. Garde-Panzerkorps (1. Garde-Panzerarmee), durchbrach den nach Art der Maginot-Linie befestigten Tirschtiegel-Riegel bei Meseritz aus dem Marsch heraus, noch ehe die dortigen Befestigungen, deren Geschütze schon vor Jahren zum Atlantikwall verbracht worden waren, angemessen bemannt werden konnten. Die 21. SS-Gebirgsdivision, die ihnen entgegenkam, hatte das Pech, gleichzeitig mit der sowjetischen Panzerwaffe in Zielenzig einzutreffen, ihr Befehlshaber wurde verwundet und gefangengenommen. Die sowjetische Vorhut marschierte sodann entlang der Linie Tauerzig–Polenzig–Göritz weiter und erreichte am 2. Februar die Oder. Den Hauptverbänden gelang es jedoch nicht, an den Erfolg ihrer Vorhut anzuknüpfen; sie brauchten zwei ganze Tage, den 30. und 31. Januar, um die alten deutschen Grenzbefestigungen zu durchbrechen, und rieben dabei die 21. SS-Gebirgsdivision vollständig auf.[5]

Die ersten Einheiten der 1. Weißrussischen Front, die am 31. Januar um 6.00 Uhr früh über die zugefrorene Oder setzten, waren das 2. und 3. Bataillon des 1006. Schützenregiments (266. Schützendivision, 26. Garde-Schützenkorps) der 5. Stoßarmee unter General Nikolai Erastowitsch Bersarin. Völlig überraschend überquerten sie in den frühen Morgenstunden das Eis, nahmen das Dorf Kienitz, das gleichnamige Gut (Amt Kienitz) sowie weitere Gehöfte im Umkreis und errichteten einen vier Kilometer breiten und zwei Kilometer tiefen Brückenkopf – und dies alles innerhalb einer Stunde. Wegen der zu dünnen Eisdecke konnten weder Fahrzeuge noch schwere Artillerie über den Fluß setzen. Lediglich fünfzehn 7,6-cm-Kanonen des 507. Pak-Regiments und die sechzehn 12-cm-Granatwerfer des 2. Bataillons des 489. Gra-

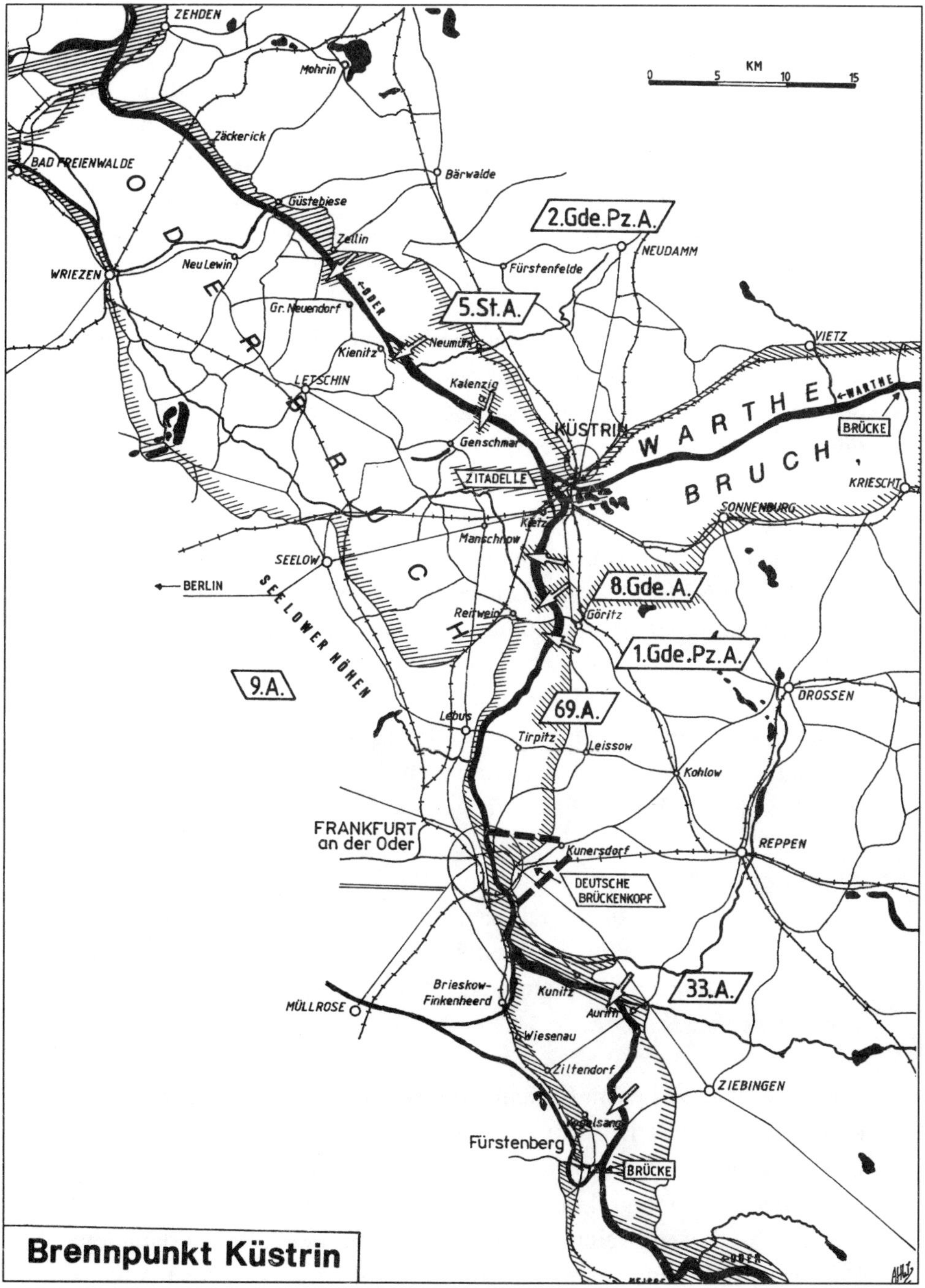

Brennpunkt Küstrin

natwerfer-Regiments konnten zur Verstärkung des Brückenkopfs ans Westufer geschafft werden.[6]

Alle übrigen Kanonen, Panzer und Sturmgeschütze mußten am Ostufer zurückbleiben, so daß sich die Vorausabteilung zunächst nur mit der Hälfte ihrer Stärke im Brückenkopf einrichten konnte. Erst nachdem die Tragfähigkeit des Eises an den Überquerungspunkten verstärkt worden war, konnten 184 weitere Geschütze und Granatwerfer hinübergebracht werden.[7]

Im Verlauf dieses ersten Tages erreichten weitere Einheiten des 26. Garde-Schützenkorps die Oder, außerdem die 219. Panzerbrigade des 1. (mech.) Korps, 2. Garde-Panzerarmee. Das 283. und das 286. Garde-Schützenregiment der 94. Garde-Schützendivision wurden unmittelbar zur Verstärkung der Brückenkopfverteidigung eingesetzt, was seine Erweiterung auf sechs Kilometer Breite und zweieinhalb Kilometer Tiefe ermöglichte. Der Brückenkopf umfaßte nun das Dorf Groß Neuendorf im Norden und reichte bis kurz vor die Ortschaft Sophienthal im Süden, was die Umstände für seine Verteidigung erheblich verbesserte, denn jetzt konnte man mit größeren Truppenstärken und erweiterter Ausrüstung feindlichen Angriffen besser trotzen. Darüber hinaus konnte der Fluß nun überquert werden, ohne der direkten Feuereinwirkung des Feindes ausgesetzt zu sein.[8]

Schukows oft zitierte Aufzeichnungen zu diesen Ereignissen stehen in erstaunlichem Kontrast zur Wirklichkeit:

> »Als die Vorausabteilung in Kienitz eindrang, spazierten deutsche Soldaten in aller Ruhe durch die Straßen, während Offiziere im Restaurant ein Trinkgelage abhielten. Die Züge zwischen Kienitz und Berlin verkehrten fahrplanmäßig, die Telefonverbindung funktionierte normal.«[9]

Wie Schukow zu diesem Bericht kam, ist unklar, denn Kienitz war lediglich ein kleines Dorf an einer Schmalspur-Nebenstrecke, die die Dörfer des Oderbruchs an Wriezen im Nordwesten und Fürstenwalde im Südwesten anband. In einem deutschen Dokumentarfilm, der Jahre später zu diesen Ereignissen gedreht wurde, berichtet der damalige Bäcker, er habe, zusammen mit seinem Gehilfen, als einziger Augen-

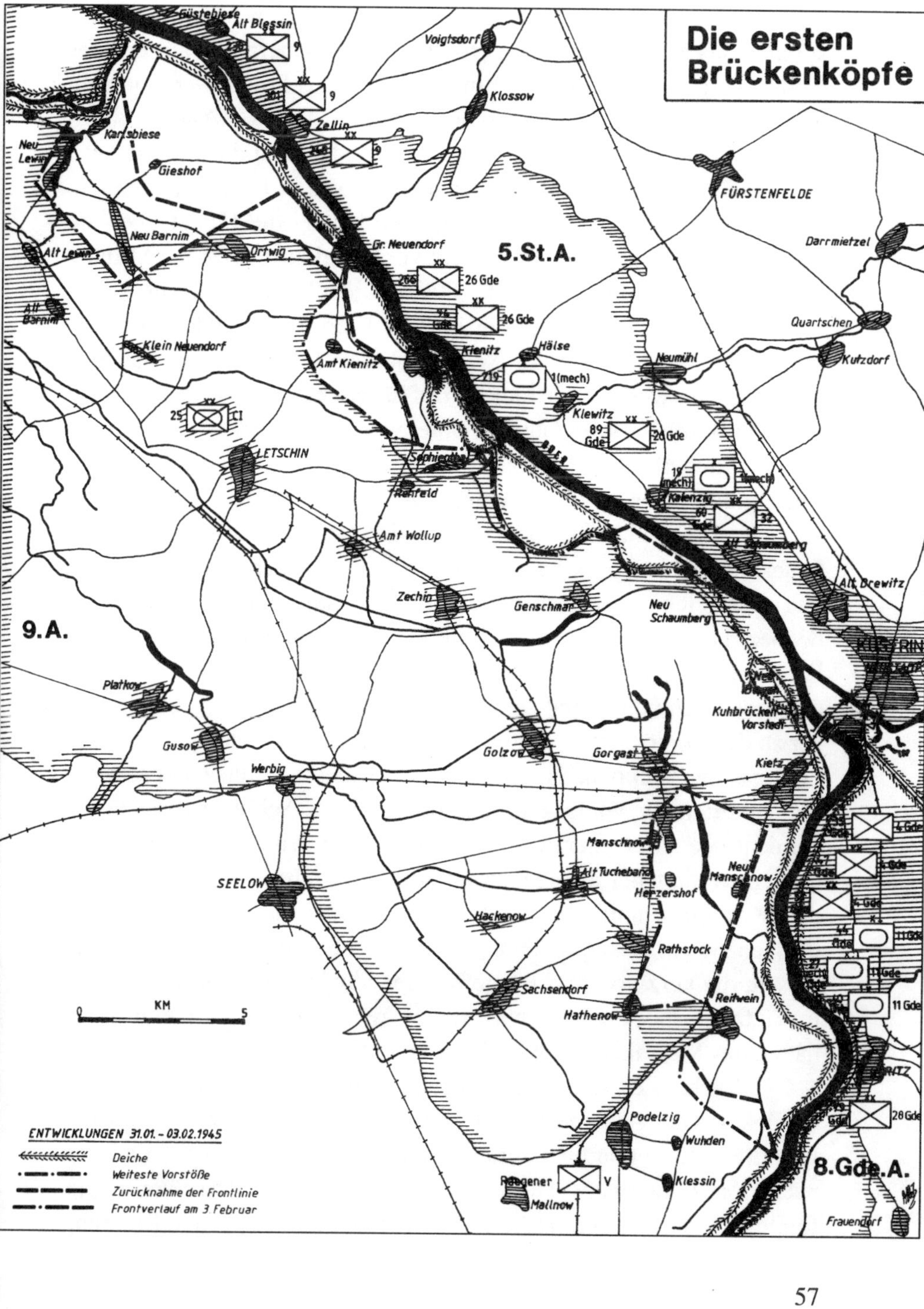

Die ersten Brückenköpfe
5.St.A.
9.A.
8.Gde.A.
Güstebiese
Alt Blessin
Voigtsdorf
Klossow
Zellin
Karlsbiese
Neu Lewin
Gieshof
FÜRSTENFELDE
Neu Barnim
Alt Lewin
Ortwig
Gr. Neuendorf
Darrmietzel
Alt Barnim
Klein Neuendorf
Quartschen
Kutzdorf
Amt Kienitz
Kienitz
Hälse
Neumühl
1(mech)
Klewitz
26 Gde
LETSCHIN
Sophienthal
Kalenzig
Amt Wollup
Alt Drewitz
Zechin
Genschmar
Neu Schaumberg
Platkow
Gusow
Kuhbrücken Vorstadt
Golzow
Gorgast
Kietz
Werbig
Manschnow
Alt Tucheband
Neu Manschnow
SEELOW
Herzershof
Hackenow
Rathstock
Sachsendorf
Reitwein
Hathenow
KM
0
5
Podelzig
Wuhden
Klessin
Mallnow
Frauendorf
ENTWICKLUNGEN 31.01.–03.02.1945
Deiche
Weiteste Vorstöße
Zurücknahme der Frontlinie
Frontverlauf am 3. Februar

zeuge mit angesehen, wie die Sowjetsoldaten in den frühen Morgenstunden das Eis überquerten, gefolgt von den Bauern, die am Ostufer Feuerholz gesammelt hatten. Ein Zug mit sechs Flugabwehrkanonen und einigen noch schlafenden Reichsarbeitsdienst-(RAD-)Soldaten wurde an der Bahnstation des Orts ohne Widerstand der Insassen (13 Offiziere und 63 Jugendliche) von den Sowjets in Besitz genommen. Nur einigen leicht bekleideten Personen gelang die Flucht über die Felder nach Wriezen, wo ihr Bericht von den diensthabenden Militärs ungläubig aufgenommen wurde. Die Sowjets befreiten ferner 57 sowjetische Kriegsgefangene, die in Amt Kienitz als Feldarbeiter beschäftigt gewesen waren. Im Wehrmachtbericht vom 31. Januar hieß es fälschlicherweise, der Brückenkopf bei Kienitz sei von Panzern und etwa 2000 Infanteriesoldaten errichtet worden.[10]

Generaloberst S. I. Bogdanows 2. Garde-Panzerarmee war mit der Entsendung eines motorisierten Schützenbataillons der 219. Panzerbrigade am 31. Januar ebenfalls an der Verstärkung des Kienitzer Brückenkopfs beteiligt. Seine Panzer konnten jedoch nicht übersetzen und sondierten daher nach Süden hin das Ostufer, bis sie in den Außenbezirken von Küstrin auf erbitterten Widerstand stießen. Sechs der Panzer drangen bis auf den Marktplatz von Küstrin-Neustadt vor. Vier davon wurden vom Feind zerstört, bevor sich die übrigen beiden Panzer an den nordöstlichen Stadtrand zurückziehen konnten.[11]

Die ersten Truppen, die südlich des Warthebruchs die Oder erreichten, gehörten zur Vorausabteilung des 4. Garde-Schützenkorps der 8. Gardearmee von Generaloberst Wassilij Iwanowitsch Tschuikow. Sie erreichten die Oder am 1. Februar auf der Landstraße über Schwerin und Kriescht unmittelbar südlich von Küstrin. In Sonnenburg entdeckten sie ein Gestapo-Gefängnis mit den Leichen von über 700 Insassen, die kurz vor dem Eintreffen der Sowjets auf grausame Weise im Gefängnishof exekutiert worden waren. Nur vier der Gefangenen hatten das Massaker durch Zufall überlebt.[12]

Zu gleicher Zeit war die 20. (mech.) Garde-Brigade vom 8. (mech.) Gardekorps der 1. Garde-Panzerarmee unter Generaloberst M. I. Katukow etwas weiter südlich auf der Route Meseritz–Zielenzig–Drossen nach Göritz unterwegs. Die 1. Garde-Panzerbrigade desselben Korps folgte dem Verlauf der Straße von Schwiebus und Reppen in Richtung

Frankfurt an der Oder. Östlich Reppen stieß sie am 27. Januar auf Einheiten der Panzergrenadier-Division »Kurmark« und drängte die Deutschen bis Kunersdorf zurück. Wegen Kraftstoffmangels blieb sie fünf Kilometer vor der Oder liegen, genau auf dem Gelände des Schlachtfeldes, wo 1759 die verbündeten Russen und Österreicher Friedrich den Großen besiegt hatten. Die Division »Kurmark« war erst einen Monat zuvor aufgestellt worden, allerdings aus Veteranen der Panzergrenadier-Division »Großdeutschland«, und Katukow beschrieb die Kämpfe bei Kunersdorf als die heftigsten, die während der Weichsel-Oder-Operation stattgefunden hätten. Die Deutschen zogen sich später etwa einen Kilometer weit zurück und bildeten um die Dammvorstadt von Frankfurt am Ostufer der Oder einen Brückenkopf. Dieser hielt sich bis zur Nacht vom 21. auf den 22. April, als sich die Verteidiger befehlsgemäß zurückzogen und die Oderbrücke gesprengt wurde.[13]

Noch weiter südlich erreichte die 33. Armee über Ziebingen die Oder bei Aurith und errichtete am Westufer bei Vogelsang, unmittelbar nördlich von Fürstenberg, einen weiteren Brückenkopf. Die deutschen Bewohner wurden umgehend aus dem von den Sowjets eingenommenen Gebiet evakuiert. Deutsche Alarmeinheiten wurden in verzweifelte Gegenangriffe geworfen, konnten die sowjetischen Truppen aber nicht aus dem Brückenkopf verdrängen. Von den 135 Soldaten einer Kompanie junger Wehrmachtsrekruten waren nach einer Woche nur noch 13 am Leben.[14]

Den Sowjets kam es vor allem darauf an, die Brückenköpfe am Westufer der Oder zu errichten, bevor der Gegner dieses natürliche Hindernis besetzen und verteidigen konnte. Dies verlangte allen sowjetischen Einheiten, die an dieser Operation beteiligt waren, den Einsatz ihrer letzten Kräfte und ihres gesamten Mutes ab, denn das Eis war bereits so dünn, daß der Übergang nur noch unter großem Risiko und auch nicht mehr für schwere Ausrüstung möglich war.[15]

Als Tschuikow erkannte, daß seine Truppen in dieser Situation extrem schlecht vor Luftangriffen geschützt waren, erwirkte er die Überstellung der 16. Fla-Artillerie-Division aus der Frontreserve. Diese Formation wurde jedoch wegen Kraftstoffmangels aufgehalten und traf erst am Morgen des 3. Februar am Einsatzort ein.

Tschuikow beschreibt die Situation folgendermaßen:

»Am 2. Februar kam ich gegen 10 Uhr zur Beobachtungsstelle des Kommandeurs des 4. Garde-Schützenkorps, die sich südostwärts von Küstrin in den Ruinen eines Forts bei Säpzig befand. Glasunows Truppen hatten sich schon auf dem Deich zwischen Küstrin und Göritz entfaltet und bereiteten sich auf das Forcieren vor. Das Eis war so dünn, daß selbst die Schützen es nicht ohne Gefahr betreten konnten. Da strukturmäßige Übersetzungsmittel fehlten, hatten sich die Gardisten Stangen, Bretter und Reisigbündel beschafft, Stege und kleine Brücken gebaut. An einigen Stellen gelang es sogar, Panzerabwehrkanonen über den Fluß zu bringen. Die Soldaten stellten sie auf selbstgebastelte Gleiter und schoben sie über das Eis.

Leider dauerte die Freude nicht lange. Am Himmel erschienen Jagdflugzeuge. In mehreren Staffeln kamen die Focke-Wulf im Tiefflug herangesaust, warfen Bomben und schossen aus ihren Bordwaffen. Wie sehr fehlte uns jetzt die Flakdivision von General Seredin! Doch von ihr war nichts zu sehen, auch nichts von unseren Jagdfliegerkräften, denn die verlegten gerade auf neue Flugplätze näher an der Oder; obendrein litten sie an Kraftstoffmangel. Die gegnerischen Flieger aber spielten mit uns regelrecht Katz und Maus, sie flogen so tief, daß unsere Kämpfer glaubten, von den Propellern getroffen zu werden. Als unsere Panzerbüchsenkompanie und unsere MG-Schützen eingriffen, stürzten zwei Focke-Wulf brennend über unseren Linien ab. Ein gefangengenommener Pilot sagte aus, sie hätten die Aufgabe, unsere Truppen nicht über die Oder zu lassen.

Das war ihnen zunächst auch gelungen. Noch vor Einbruch der Dunkelheit mußten wir das Forcieren einstellen. Zwar setzten wir es in der Nacht fort, doch inzwischen war es noch schwieriger geworden, da die Bomben die ohnehin nicht sehr stabile Eisdecke an vielen Stellen aufgerissen hatten.

Obwohl am Tage nur schwache Einheiten auf das Westufer gelangt waren, hatten sie inzwischen dennoch kleine Brückenköpfe bilden können.«[16]

Im Verlauf des 2. Februar gelang es Teilen der 35. und 47. Garde-Schützendivision (4. Garde-Schützenkorps), befehlsgemäß einen kleinen Brückenkopf in der Nähe von Neu Manschnow zu errichten, ohne auf Widerstand zu treffen. Ein Spähtrupp, der wie üblich die Gegend erkundete, nahm auf der Straße Küstrin–Seelow zwei deutsche Stabsoffiziere gefangen, die ihnen bestätigten, daß der deutsche Generalstab keine Kenntnis der jüngsten Entwicklung in dem Gebiet gehabt habe. (Tatsächlich hatte sich General Busses Gefechtsstand bis zum 30. Januar bei Golzow befunden.) Die Überraschung war gelungen. Ein weiterer kleiner Brückenkopf entstand südöstlich von Reitwein. Er wurde von der 79. Garde-Schützendivision des 28. Garde-Schützenkorps errichtet. Ein Spähtrupp erreichte um 16.00 Uhr die Ortschaft Reitwein und drängte ein Bataillon des Reichsarbeitsdienstes auf ein jenseits des Ortes gelegenes Gut zurück. (Diese 200 jungen Leute vom Reichsarbeitsdienst waren kaum bewaffnet. Sie sollten die von Göritz kommenden Flüchtlinge betreuen, ein infanteristischer Einsatz war nicht vorgesehen.)[17]

Um 15.00 Uhr erreichten die mechanisierten Verbände der 20. Garde-Brigade vom 8. (mech.) Garde-Korps der 1. Garde-Panzerarmee in der Nähe von Göritz die Oder. Zu ihnen stieß gegen Abend die 40. Garde-Panzerbrigade (11. Garde-Panzerkorps der 1. Garde-Panzerarmee), deren Befehlshaber, Oberst A. Kh. Babadschanjan, sofort die Überquerung der Oder vorbereitete. Unterstützt wurde er dabei von dem um 19.00 Uhr eintreffenden 20. Ponton-Bataillon.[18] Das 273. Bataillon seiner 27. (mot.) Garde-Schützenbrigade überwand den Fluß mit zufällig vorgefundenen Booten und stieß nordöstlich von Reitwein zu Teilen der 57. Garde-Schützendivision. Sieben Panzer waren bereits über den Fluß zu den beiden Brückenköpfen nahe Göritz übergesetzt worden, als am folgenden Tag Befehl zur Verlegung der Panzerarmeen kam und die Panzer ans Ostufer zurückgeschafft werden mußten.[19]

Die nunmehr umgetaufte Weichsel-Oder-Operation erwies sich als außerordentlich erfolgreich, schaffte aber gleichzeitig neue Probleme. Die an der Nordflanke operierende 2. Weißrussische Front unter Rokossowskij konnte nicht Schritt halten, da ihr nicht ausreichende Kräfte zur Verfügung standen. Genau dies hatten Schukow und Antonow im vergangenen Herbst Stalin vorausgesagt, und nun mußte Schukow einen beträchtlichen Teil seiner Streitkräfte umgruppieren, um der Bedrohung durch deutsche Verbände zu begegnen, die sich nördlich bei Stargard formierten. Schukows Befehl vom 26. Januar zufolge sollten die 3. Stoß- und die 1. Polnische Armee zur ersten Angriffswelle aufrücken und dort die 61. Armee unterstützen. Am 31. bat er Stalin dringend um die Entsendung von Rokossowskijs 70. Armee, um die entstandene Lücke schließen zu helfen, doch vergebens; er erhielt nicht einmal eine Antwort. Zu dem Zeitpunkt schien der Stawka mit der Entwicklung des Geschehens auf dem Gefechtsfeld nicht mehr recht vertraut zu sein. Möglicherweise war man dort zu sehr auf die Vorbereitungen zur Jalta-Konferenz fixiert, die vom 4. bis 11. Februar stattfinden sollte.[20]

Das rasche Vorrücken der Vorauseinheiten hatte auch zur Folge, daß die Versorgung mit Nachschub stockte und Fahrzeuge wegen Kraftstoffmangels vorübergehend liegenblieben. Die Verpflegungskolonnen mußten ungeheure Entfernungen überwinden, da sie von der Weichsel aus operierten, wo man in aller Eile die Eisenbahnbrücken wiederaufbaute. Auf dem Rückweg mußte sogar jedes zweite Fahrzeug geschleppt werden, um Kraftstoff zu sparen. Sogar erbeutete Alkoholvorräte wurden als Kraftstoffzusatz eingesetzt. Bei der Munition gab es ebenfalls in allen Bereichen gefährliche Engpässe, so daß sich Tschuikows 8. Gardearmee gezwungen sah, auf deutsche Waffen und Munition zurückzugreifen, die man Kriegsgefangenen abgenommen hatte. Da gefallene Soldaten nicht ersetzt wurden, waren zahlreiche Verbände unterbesetzt und bei ihrer Ankunft an der Oder bereits erheblich geschwächt. Mit dem Einsetzen des Tauwetters erwiesen sich die unbefestigten Rollfelder der Roten Luftstreitkräfte zunehmend als unbrauchbar, so daß die sowjetischen Bodentruppen kaum noch auf Luftunterstützung gegen die deutsche Luftwaffe rechnen konnten, die zumeist von betonierten Rollbahnen aus operierte. Zahlreiche Straßen und Felder waren von Schmelzwasser überflutet und für schwere Ausrüstung kaum passierbar.[21]

Daß auch die Disziplin zu wünschen übrigließ, zeigte sich, als sowjetische Truppen die deutsche Grenze überschritten und ihren Rachegefühlen freien Lauf ließen. Während des Marsches kam es zu Plünderungen, Vergewaltigungen, Raub und Mord.[22]

Doch Schukow verlor sein vorrangiges Ziel nicht aus den Augen. Am 4. Februar veröffentlichte er folgende »Orientierung«, wie er es nannte:

»An die Kriegsräte aller Armeen, die Befehlshaber der Waffengattungen und an den Chef der Rückwärtigen Dienste der Front. Hiermit werden folgende Voranschläge für die nächste Zeit und eine kurze Beurteilung der Lage mitgeteilt.
1. Der Gegner verfügt vor der 1. Weißrussischen Front vorläufig über keine großen Gruppierungen für Gegenangriffe.
Der Gegner hat auch keine durchgehende Verteidigungsfront. Er deckt gegenwärtig einzelne Richtungen und ist an mehreren Abschnitten bemüht, durch aktive Handlungen die Aufgaben der Verteidigung zu lösen.
Nach vorläufigen Angaben hat der Gegner vier Panzerdivisionen und fünf bis sechs Infanteriedivisionen von der Westfront abgezogen und sie an die Ostfront verlegt. Zugleich verlegt er Truppen aus dem Baltikum und Ostpreußen.
Offenbar wird der Gegner in den nächsten sechs bis sieben Tagen die aus dem Baltikum und Ostpreußen eintreffenden Truppen an der Linie Schwedt–Stargard–Neu-Stettin konzentrieren, um Pommern zu decken, uns nicht an Stettin heranzulassen und unseren Durchbruch zur Pommerschen Bucht zu verhindern.
2. Die Truppen der Front haben den Auftrag, in den nächsten sechs Tagen durch aktive Handlungen die erzielten Erfolge zu festigen, alle zurückgebliebenen Kräfte nachrücken zu lassen, Vorräte bis zu zwei Treibstoffauffüllungen und zwei Kampfsätzen zu schaffen, um durch einen zügigen Vorstoß am 15. und 16. Februar Berlin zu nehmen.
Zum Ausbau der erzielten Erfolge, das heißt in der Zeit vom 4. bis 8. Februar, hat zu erfolgen:
a) Die 5., die 8., die 69. und die 33. Armee haben Brückenköpfe auf dem Westufer der Oder zu bilden. Dabei ist es wünschenswert, daß die 8. Gardearmee und die 69. Armee einen gemeinsamen Brückenkopf zwischen Küstrin und Frankfurt haben. Gelingt das, so wäre es gut, die Brückenköpfe der 5. und der 8. Armee zu vereinigen.

b) Die 1. Polnische Armee, die 47., die 61., die 2. Panzerarmee und das 2. Kavalleriekorps sollen den Gegner hinter die Linie Ratzebuhr–Falkenberg–Stargard–Altdamm–Oder zurückwerfen, einige Deckungstruppen zurücklassen, bis Armeen der 2. Weißrussischen Front diesen Raum erreicht haben und sich inzwischen vor der Oder zu einem Durchbruch umgruppieren.
c) Am 7. und 8. Februar ist die Liquidierung der Gruppe von Posen/Schneidemühl zu beenden.
d) Die Verstärkungsmittel für den Durchbruch bleiben in der Hauptsache dieselben, die den Armeen jetzt zur Verfügung stehen.
e) Die Panzertruppen und die Sfl-Einheiten haben bis zum 10. Februar die laufende und mittlere Instandsetzung zu beenden und die Technik wieder einsatzbereit zu melden.
f) Die Fliegerkräfte haben ihre neuen Standorte einzunehmen und mindestens sechs Auffüllungen auf den Flugplätzen zu lagern.
g) Die Rückwärtigen Dienste der Front, der Armeen und der Verbände müssen bis zum 9. und 10. Februar vollständig für die entscheidende Etappe der Operation gerüstet sein.

Schukow, Telegin, Malinin«[23]

Die 5. Stoßarmee instruierte er folgendermaßen:

»An den Kriegsrat der 5. Stoßarmee, an die Kommandeure der Korps und Divisionen dieser Armee.
Die 5. Stoßarmee hat einen besonders verantwortlichen Auftrag. Sie soll den Brückenkopf am Westufer der Oder halten und ihn auf mindestens 20 Kilometer Breite und 10 bis 12 Kilometer Tiefe erweitern.
Ich bitte Sie alle, die historische Verantwortung für diesen Auftrag zu erkennen, Ihren Mannschaften davon zu berichten und von der Truppe äußerste Standhaftigkeit und Tapferkeit zu verlangen.
Leider können wir Ihnen noch nicht mit unseren Fliegerkräften beistehen, da alle Flugplätze aufgeweicht sind und die Flugzeuge nicht starten können. Der Gegner benutzt die Berliner betonierten Rollfelder. Ich empfehle:
1. sich tief zu verschanzen;

2. ein massiertes Flakfeuer zu organisieren;
3. zu nächtlichen Handlungen überzugehen und jedesmal ein begrenztes Objekt anzugreifen;
4. tagsüber die Angriffe des Gegners abzuschlagen. In zwei, drei Tagen wird der Gegner erschöpft sein.
Ich wünsche Ihnen und den von Ihnen geführten Truppen einen historisch bedeutsamen Erfolg, den zu erkämpfen Sie nicht nur imstande, sondern auch verpflichtet sind.

G. Schukow«[24]

Vor den Sowjets befanden sich Massen von fliehenden Zivilisten. In der beißenden Kälte dieses Winters schlugen sie sich per Eisenbahn, teilweise in offenen Güterwaggons, und in sonstigen verfügbaren Gefährten, oft auf eigenen Pferde- oder Ochsengespannen durch. Die Dörfer, die auf dem Fluchtweg lagen, waren hoffnungslos überfüllt, nach kurzer Rast mußte man den nachdrängenden Flüchtlingen Platz machen. Viele alte Leute und Kinder kamen vor Kälte oder Erschöpfung um. Noch zahlreicher waren die Verluste in den Kolonnen ausgezehrter Kriegsgefangener und ehemaliger KZ-Häftlinge, die gemeinsam evakuiert wurden.[25]

Der Kampf um die Brückenköpfe beginnt

Eine neue Lage

Schauplatz der Operationen im Zusammenhang mit der Errichtung von Brückenköpfen waren das Oderbruch, eine von zahlreichen Wasserläufen durchzogene Niederung westlich der Oder, sowie das Sumpfland des Warthebruchs, das sich im Osten fast im rechten Winkel anschloß. Die Oder selbst war ebenfalls von Marschland gesäumt. Sie war 200 bis 300 m breit und 2,5 bis 4,5 m tief, mit einer Strömungsgeschwindigkeit von 0,6 bis 1,3 m pro Sekunde.[1]

Ende Januar 1945 und in den ersten Februartagen war die Oder von einer etwa 40 cm dicken Eisschicht bedeckt, die mit Einsetzen des Tauwetters jedoch immer dünner wurde. Die Schneeschmelze ließ den Fluß auf eine Breite von bis zu 380 m anschwellen, das Wasser überflutete die Uferböschungen bis zu den Deichen. Die Deichanlagen bestanden zumeist aus zwei durch einen Graben getrennten Dämmen, auf denen Straßen oder Eisenbahngleise verliefen.[2]

Es gab im Gebiet der Brückenköpfe eine Personen- und neun Autofähren über die Oder, die aber nicht mehr in Betrieb waren. Außer der Straßen- und Eisenbahnbrücke in Frankfurt gab es nur noch bei Küstrin Brückenübergänge. Drei Brücken überspannten die Warthe zwischen Küstrin und der Landzunge am Zusammenfluß von Warthe und Oder, auf der sich die Zitadelle befand. Zwei davon führten weiter über die in der Biegung der Oder liegende Insel hinüber zum Westufer und stellten so die Eisenbahn- bzw. Straßenverbindung von Küstrin in Richtung Berlin her. Die Oder-Insel, ebenso wie Küstrin-Neustadt am Ostufer der Warthe, waren eiligst zur Verteidigung eingerichtet und befestigt worden und bildeten insgesamt ein mächtiges Hindernis für den sowjetischen Vormarsch.

Westlich des Flusses erstreckt sich das Oderbruch zehn bis fünfzehn Kilometer weit ins Hinterland und stößt dann auf die ausgewaschenen Steilhänge der Seelower Höhen am Ostrand der Lebuser

Hochebene. Im Norden reicht das Oderbruch bis Bad Freienwalde, im Süden bis Frankfurt an der Oder. Eine kleine Erhebung zieht sich in Richtung Nordosten bis zur Ortschaft Reitwein, die knapp unterhalb des höchsten Punktes liegt. Der Höhenunterschied zum Marschland des Oderbruchs beträgt dort zwischen 40 und 60 m, so daß man das Bruch gut überblicken kann.

Das Oderbruch selbst ist offenes, neun bis zehn Meter über dem Meeresspiegel gelegenes Flachland, das sich nach Nordwesten hin bis auf vier Meter über Meereshöhe absenkt. Abgesehen vom bewaldeten Reitweiner Sporn gab es damals im Bruch nur vereinzelt Wald oder Baumreihen, meist entlang der Wasserläufe und spärlicher noch als heute. Das Marschland mit seinen zahlreichen Kanälen, kleinen Flüssen, Bächen und dem Flußlauf der Alten Oder bildete ein natürliches Hindernis, das militärisches Vorgehen erheblich beeinträchtigte.

Wegen des hohen Grundwasserspiegels, des Schmelzwassers und starker Regenfälle war der Untergrund aufgeweicht und das Ausheben von Schützengräben und Stellungen nahezu unmöglich. Selbst zu Fuß konnten die Soldaten sich mit ihrer Ausrüstung nur unter Mühen fortbewegen, und Fahrzeuge brachen außerhalb der wenigen Wege und Dämme völlig ein.

Insgesamt kamen diese natürlichen Gegebenheiten der Verteidigung sehr zugute. Die vielen Gräben und Wasserhindernisse und der durchwegs aufgeweichte Boden behinderten Angriffe auf die Brückenköpfe ebensosehr wie deren Ausweitung.

In diesem Marschland mußte jeder Sichtschutz so schnell wie möglich auch als Feuerschutz genutzt werden, denn ein Angreifer war von weitem sichtbar und konnte, mit Ausnahme selbstangelegter Schützengräben, auf keinerlei Bodendeckung zählen. Hinzu kam der Frühnebel, der sich aufgrund der hohen Luftfeuchtigkeit bildete und bei den Kämpfen im Oderbruch eine fast alltägliche Erscheinung war.

Die Ortschaften im Oderbruch waren unterschiedlich strukturiert. Es gab Haufendörfer, die sich meist um einen Gutshof gruppierten, aber auch weit zerstreute Ortschaften. Jedes einzelne Gebäude war für die Verteidigung von großem Nutzen, zumal alle auf Fundamenten aus hartem eiszeitlichem Felsgestein aufgebaut waren.[3] Ganze Dörfer wie auch einzelne Gehöfte, Scheunen und Schuppen konnten deshalb leicht in befestigte Stützpunkte verwandelt werden.

Für die Sowjets galt es an erster Stelle, die Panzerabwehrkräfte zu organisieren. Hierzu dienten die Geschütze, die bereits in die Brückenköpfe hinübergeschafft worden waren. Des weiteren war eine Flugabwehr erforderlich, da die Brückenköpfe und die Flußübergänge den ständigen Angriffen der Luftwaffe ausgesetzt waren.

Die sowjetischen Vorauseinheiten hatten zwar die Stellen zu besetzen versucht, an denen ein Fährbetrieb unterhalten wurde, doch sie konnten die Fähren wegen des Eises nicht benutzen, auch führte die erste Angriffswelle kein Brückengerät mit. Lediglich die 1. Garde-Panzerarmee setzte am 2. Februar einige Panzer und Selbstfahrlafetten über, mußte aber sowohl die Panzer als auch die Pontonbrücken noch am selben Tag wieder ans Ostufer schaffen. Der Fluß war für schweres Gerät vorerst ein unüberwindbares Hindernis, so daß die Brückenköpfe nur bis zu einer Tiefe von vier Kilometern ausgebaut werden konnten, der Distanz etwa, die von der am Ostufer verbliebenen Artillerie verteidigt werden konnte.

Nun mußten die Deutschen reagieren. In dieser Kriegsphase waren ihnen durch Hitlers Führer-Befehl vom 19. Januar 1945 die Hände jedoch stark gebunden:

»1. Die Oberbefehlshaber, Kommandierenden Generale und Divisionskommandeure sind mir persönlich dafür verantwortlich, daß mir
a) jeder Entschluß zu einer operativen Bewegung,
b) jeder beabsichtigte Angriff von Divisionsverband an aufwärts, der nicht im Rahmen von allgemeinen Weisungen der obersten Führung liegt,
c) jedes Angriffsunternehmen an ruhigen Fronten über die normale Stoßtrupptätigkeit hinaus, das geeignet ist, die Aufmerksamkeit des Gegners auf diesen Frontabschnitt zu ziehen,
d) jede beabsichtigte Absetz- oder Rückzugsbewegung,
e) jede beabsichtigte Aufgabe einer Stellung, eines Ortstützpunktes oder einer Festung so frühzeitig gemeldet wird, daß mir ein Eingreifen in diese Entschlußfassung möglich ist und ein etwaiger Gegenbefehl die vordersten Truppen noch rechtzeitig erreicht.

2. Die Oberbefehlshaber, Kommandierenden Generale und Divisionskommandeure, die Chefs der Generalstäbe und jeder einzelne Generalstabsoffizier oder in Führungsstäben eingesetzte Offizier sind mir dafür verantwortlich, daß jede an mich unmittelbar oder auf dem Dienstweg erstattete Meldung die ungeschminkte Wahrheit enthält. Ich werde künftig jeden Versuch einer Verschleierung, sei sie absichtlich oder fahrlässig oder durch Unachtsamkeit entstanden, drakonisch bestrafen.
3. Ich muß darauf hinweisen, daß das Halten der Nachrichtenverbindungen, vor allem bei schwierigen Kampfhandlungen und in Krisenlagen, die Voraussetzung für die Führung des Kampfes ist. Jeder Truppenführer ist mir dafür verantwortlich, daß diese Verbindung sowohl zu der vorgesetzten Kommandobehörde als auch zu der untergeordneten Kommandostelle nicht abreißt und daß unter Ausschöpfung aller Mittel und unter Einschalten der eigenen Person die ständige Nachrichtenverbindung nach oben und unten in jeder Lage sichergestellt ist.«[4]

Dementsprechend wurden Angriffe im Oderbruch, die Einheiten von Divisionsgröße aufwärts betrafen, ausnahmslos von Hitler über das Oberkommando des Heeres befohlen, ohne daß die dazwischengeschalteten Kommandostellen Einfluß nehmen konnten. Resigniert mußten diese zusehen, wie die von oben befohlenen Angriffe aus Unkenntnis grundlegender örtlicher Gegebenheiten im Sande verliefen und dennoch viele Menschenleben kosteten. Major von Lösecke, Kommandeur des Panzergrenadier-Regiments 90, schrieb später:

»So wurden durch die beiden Nachtangriffe vom 24. und 27. 3. vom Pz.Gr.Rgt.90 zuerst das III. und dann das II. Batl. durch hohe Verluste an Offizieren, Unteroffizieren und Mannschaften sehr stark mitgenommen. Wenn der Ausfall vieler tapferer Soldaten zu beklagen war, so war doch der Verlust von gutem Führungspersonal ganz besonders schmerzlich und überhaupt nicht wieder zu ersetzen. Das Vertrauen der Truppe wurde durch jeden Mißerfolg erneut erschüttert. Die Schuld an diesen Versäumnissen trugen weder Division noch Korps, sondern lediglich höchste Dienststellen, die vom grünen Tisch aus Dinge befahlen, die sehr oft der kämpfenden Truppe gegenüber nicht mehr zu verantworten waren. Beklagte man sich verbittert über diese Dinge, so war die Antwort nur jedes Mal das eine Wort ›Führerbefehl!‹«[5]

Am 2. Februar erhielt die Heeresgruppe »Weichsel« den folgenden Befehl:

> »Aufgabe der Heeresgruppe ist es, das Vorgehen des Feindes beiderseits der Warthe in Richtung Berlin an der Oder zum Erliegen zu bringen und mit allen verfügbaren Kräften eine durchgehende Frontbesetzung der Oder-Linie bis Schwedt aufzubauen.«[6]

Die bereits als Verteidigungslinie geplante und teilweise errichtete »Nibelungen-Stellung« sollte als neue Frontlinie entlang des gesamten Ostufers verlaufen und die befestigten Brückenköpfe Küstrin und Frankfurt einschließen.[7]

Zu Beginn der Operationen war die Truppenstärke der 9. Armee, abgesehen von den beiden Festungen Küstrin und Frankfurt, sehr gering. Die verfügbaren Kräfte waren erst kurz zuvor rekrutiert worden und bestanden aus Volkssturm-Einheiten, deren Führung sich als äußerst schwierig erwies, da es in den Korps- und Divisionsstäben an qualifiziertem Personal und auf allen Ebenen an geeigneter Funkausrüstung mangelte.[8]

Im Abschnitt zwischen der Reichsstraße 1 Küstrin–Berlin und Frankfurt an der Oder, der dem V. SS-Gebirgskorps unterstand, waren die einzigen deutschen Streitkräfte ein bunt zusammengewürfelter Haufen von Einheiten unter dem Befehl von Generalmajor Adolf Raegener. Dieser war am Morgen desselben Tages von seinem Posten als Kommandant von Küstrin, den er gerade mal eine Woche innegehabt hatte, durch einen Kandidaten Himmlers abgelöst und zum Kommandeur der Division »Raegener« berufen worden. Angeblich waren sowjetische Einheiten in der Nähe von Göritz gesichtet worden, doch als Raegener gegen Mittag in Reitwein eintraf, schossen die sowjetischen Panzer bereits vom Ostufer der Oder herüber. Er errichtete seinen Gefechtsstand in Podelzig auf dem Reitweiner Sporn und scharte einen

Kommandostab um sich, der sich aus älteren lokalen Grundbesitzern zusammensetzte, die sich noch einmal in ihre Reservistenuniformen gezwängt hatten. Er verfügte weder über eine Funkausrüstung noch über andere Hilfsmittel und mußte seine übergeordnete Kommandobehörde über das öffentliche Fernsprechnetz von seinen Entscheidungen unterrichten. Seine Division setzte sich zusammen aus:

»1 Volkssturm-Bataillon (den 7./108. Franken), und
1 RAD-Bataillon in Lebus,
1 Potsdamer Volkssturm-Bataillon in Klessin,
1 Feld-Ersatz-Bataillon des SA-Regiments ›Feldherrnhalle‹ in Wuhden,
1 Alarm-Bataillon in Podelzig,
1 RAD-Bataillon bei Reitwein,
Die III. Abteilung des SS-Artillerie-Lehr-Regiments in Mallnow.«[9]

Der Nachschub an Einheiten, die bei Rückeroberung des Oder-Abschnitts mitwirken sollten, ging dennoch sehr schnell vonstatten, und auch die Zahl der Panzer und Selbstfahrlafetten der 9. Armee nahm rasch von 289 am 12. Februar auf 390 am 28. Februar zu.[10] Allerdings waren die Einsatzmöglichkeiten der Motorfahrzeuge aufgrund der Kraftstoffknappheit äußerst beschränkt.

Vom Oberkommando der Luftwaffe (OKL) wurden vier aus je drei schweren Flakbatterien bestehende Abteilungen für die Panzergrenadier-Division »Kurmark«, die 303. Infanterie-Division »Döberitz« und die 309. Infanterie-Division »Großberlin« zur Verfügung gestellt. Als Ausgleich für den Mangel an Artillerie-Einheiten wurde Flak aus verschiedenen Städten abgezogen und an die Oder-Front verlegt. So waren dort bis zum 28. Februar über 300 schwere sowie 96 mittlere und leichte Flak-Batterien eingetroffen, die als 23. Flak-Division mit fünf motorisierten Flak-Regimentern zu insgesamt 82 Batterien organisiert waren und sowohl für Boden- als auch Flak-Einsätze zur Verfügung standen.[11]

Auch die für diesen Frontabschnitt zuständige 6. Luftflotte wurde massiv verstärkt und wuchs trotz Kampfverlusten von 364 Maschinen am 6. Januar auf 1838 Maschinen am 3. Februar.[12] Hauptaufgabe der

Luftwaffe war die Zerstörung der Übergangspunkte. In einem Befehl des Oberbefehlshabers der 6. Luftflotte, Generaloberst Ritter von Greim, vom 6. März hieß es:

> »Brückenschläge über Oder und Neiße sind ausschlaggebende Voraussetzungen für jede feindliche Großangriffsführung gegen Berlin und das Herz des Reiches. Ihre rechtzeitige laufende Zerstörung durch die Kampfmittel aller Wehrmachtteile ist daher von schlachtentscheidender, möglicherweise kriegsentscheidender Bedeutung.«[13]

Da die deutsche Luftflotte von betonierten Rollfeldern im Großraum Berlin aus operierte, konnte die Zahl der täglichen Lufteinsätze von den üblichen fünf- bis sechshundert auf ein- oder gar zweitausend erhöht werden. Sie führten zu großen Verlusten unter den Sowjettruppen, da die sowjetischen Maschinen aufgrund der Wetterbedingungen oder aus Treibstoffmangel nicht von ihren provisorischen und schlecht versorgten Stützpunkten aufsteigen konnten.[14]

Nachdem die Luftwaffe mit verschiedenen Fliegerbomben experimentiert hatte, die wegen ihrer geringen Treffsicherheit wenig Wirkung hatten, ging sie zu einer Waffe über, die erst einmal zuvor – mit mäßigem Erfolg – gegen die künstlichen »Mulberry«-Häfen vor den Stränden der Normandie eingesetzt worden war. »Mistel« war die Einwegversion des Bombers JU 88, die anstelle der Kanzel eine 1,5- oder 3,5-t-Hohlladung mit einem »Elefantenrüssel« genannten Distanzzünder trug und auf der ein Jagdflugzeug des Typs Focke-Wulf Fw 190A oder Messerschmitt Bf 109 aufsaß. Der Pilot des Jägers startete mit den beiden Motoren des Bombers, richtete diesen in der Luft auf das gewünschte Ziel aus, dann erst ließ er seinen eigenen Motor an und koppelte sich zum Heimflug ab, während sich die »fliegende Bombe« auf ihr Ziel herabstürzte. Der erste Einsatz dieser Waffe erfolgte am 8. März mit vier Maschinen auf die Brücken bei Göritz. Eine der Maschinen war wegen Manövrierunfähigkeit gezwungen, zu früh abzukoppeln, zwei trafen ihr Ziel, die vierte verfehlte es nur knapp und zerstörte statt dessen mehrere sowjetische Flak-Stellungen. Doch trotz ihres gewaltigen Zerstörungspotentials erwies sich die Treffsicherheit

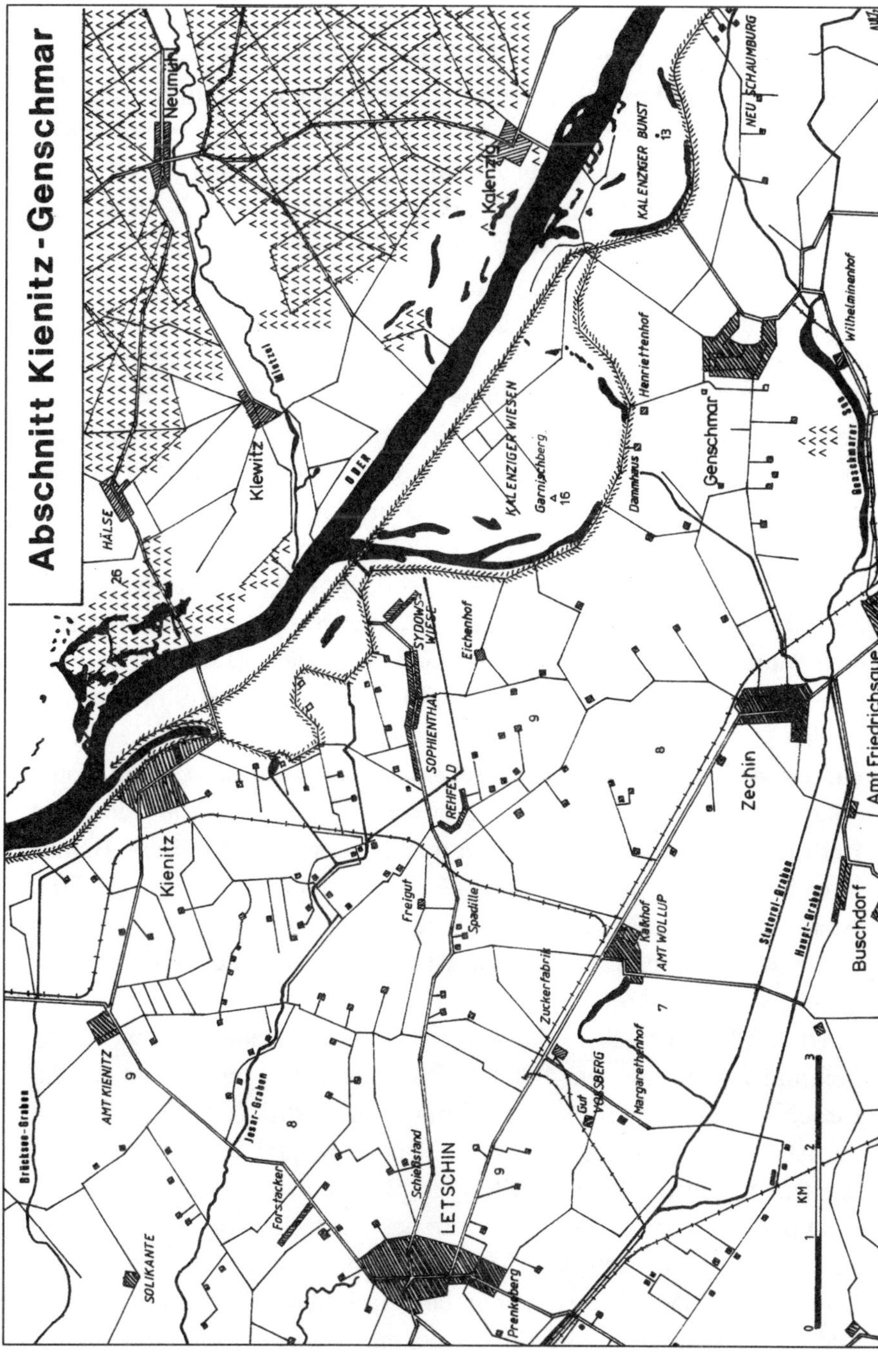

Abschnitt Kienitz - Genschmar
Kalenzig
KALENZIGER BUNST
NEU SCHAUMBURG
Wilhelminenhof
Genschmar
Henriettenhof
Dammhaus
KALENZIGER WIESEN
ODER
Klewitz
HÄLSE
Eichenhof
SOPHIENTHAL
REHFELD
Zechin
Amt Friedrichsaue
Buschdorf
Kienitz
Freigut
Spadille
Kalkhof
AMT WOLLUP
Zuckerfabrik
Margarethenhof
AMT KIENITZ
LETSCHIN
SOLIKANTE
KM

dieser Waffe in der Praxis als höchst ungenau, denn der Pilot hatte beim Zielanflug mit massivem Flugabwehrfeuer zu kämpfen. Insgesamt kamen wohl nur etwa zehn solcher Waffen hier zum Einsatz.[15]

Neben Flugzeugen und Artillerie wurden auch Froschmänner, Treibminen und ähnliches zur Zerstörung der sowjetischen Übergänge eingesetzt, allerdings nur mit geringem Erfolg, denn die Holzkonstruktionen konnten rasch wieder instandgesetzt werden.

Der Kienitzer Brückenkopf

Als Sowjetsoldaten die Oder in den Frühstunden des 31. Januar zum ersten Mal überquerten, stand am Westufer kein nennenswerter Truppenverband bereit, ihnen entgegenzutreten. Um 13.00 Uhr desselben Tages erhielt Major Weikl, Kommandeur eines nordkaukasischen Infanterie-Bataillons in Küstrin, den Befehl, das Küstriner Alarm-Bataillon 345 aus der Stadt herauszuführen, zum Berliner Alarm-Bataillon 203 zu stoßen, aus beiden eine Kampfgruppe zu formieren und sich dann bei Oberst Schimpff im Gefechtsstand in Letschin zu melden. Die Landstraßen westlich von Küstrin waren überfüllt mit flüchtenden Menschen, so daß Major Weikl erst gegen 16.00 Uhr in Zechin auf das von Hauptmann Bohl geführte Alarm-Bataillon 203 traf. Bohls Alarm-Bataillon war erst am Tag zuvor in Spandau formiert und mit Berliner Stadtbussen nach Zechin transportiert worden. Beide Bataillone bezogen dann im Schutz der Dunkelheit Stellung, das 203. Alarm-Bataillon übernahm die Verteidigung zwischen Sophienthal und Sydowswiese, das 345. Alarm-Bataillon im weiteren Verlauf des Westufers bis Küstrin.

Um 1.00 Uhr nachts erhielt das 203. Alarm-Bataillon von Oberst Schimpff den Befehl, um 4.00 Uhr früh beiderseits der Landstraße von Letschin nach Amt Kienitz anzugreifen und auf Kienitz selbst vorzurücken. Unterstützung sollten sie von der Schule des Nationalsozialistischen Kraftfahrkorps (NSKK) in Wriezen in Form einiger Fahrschulpanzer erhalten. Zufällig traf der deutsche Angriff auf einen gleichzeitigen sowjetischen Angriff von Kienitz aus, was zur Folge hatte, daß das deutsche Bataillon, dessen Soldaten sich kaum kannten und nur mit Gewehren bewaffnet waren, wieder an seine Ausgangs-

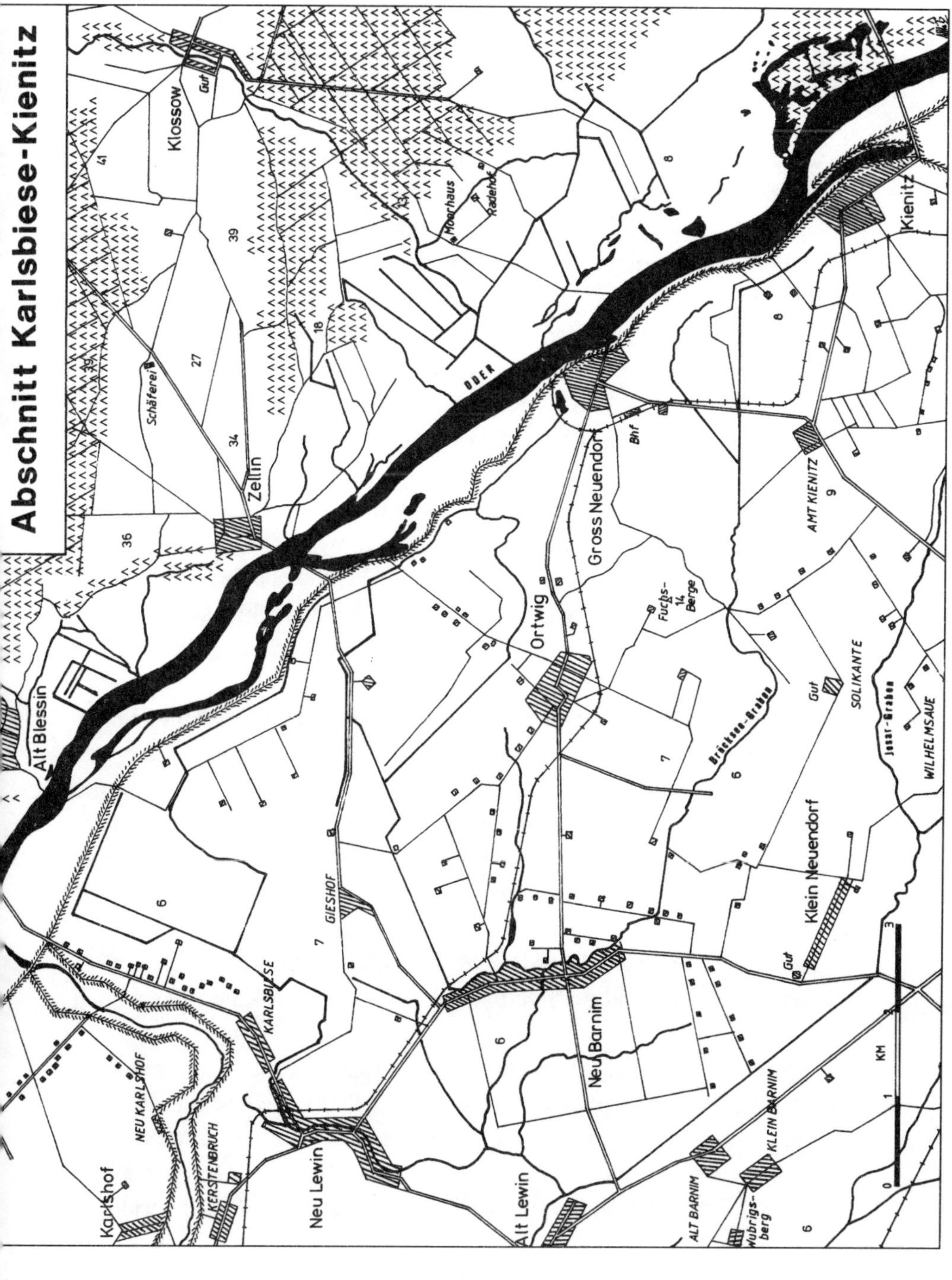
Abschnitt Karlsbiese-Kienitz
Klossow
Gut
Zellin
Schäferei
Moorhaus
Radehof
ODER
Alt Blessin
Kienitz
Gross Neuendorf
Bhf
Ortwig
Fuchs-Berge
AMT KIENITZ
Gut
SOLIKANTE
Jesar-Graben
WILHELMSAUE
Klein Neuendorf
Gut
GIESHOF
KARLSBIESE
NEU KARLSHOF
KERSTENBRUCH
Karlshof
Neu Lewin
Neu Barnim
Alt Lewin
KLEIN BARNIM
ALT BARNIM
Wubrigsberg
KM

stellung bei Sophienthal zurückgetrieben wurde. Binnen sechs Tagen war die Hälfte des Alarm-Bataillons entweder gefallen oder verwundet, während der Rest die Stellung hielt, bis er am 17. Februar entsetzt und anderen Einheiten zugeteilt wurde.[16]

Trotz starker Bewölkung flog die berühmte Stuka-Panzerjagdstaffel unter Oberst Rudel an diesem ersten Tag vom nördlich von Fürstenwalde gelegenen Neuendorf im Sande aus massive Angriffe mit Bomben, Kanonen und Maschinengewehren auf die sowjetischen Stellungen in Kienitz, wodurch sich die Sowjets gezwungen sahen, schleunigst Flak nach vorn zu bringen und ans Westufer der Oder zu schaffen.[17]

Zur Verstärkung der Ostfront waren die 25. Panzergrenadier- und die 21. Panzer-Division bereits von den Kämpfen gegen Amerikaner und Franzosen im Elsaß abgezogen worden, und die 25. Panzergrenadier-Division war in der Tat schon auf dem Schienenweg nach Küstrin unterwegs, um den sowjetischen Vormarsch noch vor der Oder zu stoppen. Die in der Südpfalz operierende 21. Panzer-Division erhielt am 31. Januar um 18.35 Uhr ebenfalls Marschbefehl nach Küstrin, doch die dafür notwendigen 27 Eisenbahnzüge erreichten ihr Ziel erst vier bis sechs Tage darauf.[18]

Weiterhin wurde dem hochdekorierten Generalmajor Werner Mummert die aus Überresten erfahrener Einheiten nahe Müncheberg neu formierte Panzer-Division »Müncheberg« unterstellt. Die materielle und personelle Ausstattung dieser neuen Division wurde vorrangig behandelt, und später wurden ihre Verluste sowohl an Fahrzeugen wie an Soldaten immer wieder ausgeglichen. Im Gegensatz zu anderen Divisionen aber wurde die Division »Müncheberg« bis Anfang März in voller Stärke an der wichtigsten Zufahrtsroute in Richtung Berlin als Reserve gehalten und griff erst Anfang März in das Kampfgeschehen ein.[19]

Als erste Teile der 25. Panzergrenadier-Division am 31. Januar in Küstrin eintrafen und der Divisionsstab in Küstrin-Neustadt ausstieg, stand der Bahnhof, auf dem sich flüchtende Menschen drängten, bereits unter sowjetischem Panzerbeschuß. In der von Oberstleutnant Professor Erwin Boehm verfaßten Divisionsgeschichte wird berichtet:

»Daher mußte bei der Ankunft des Transportzuges der I./AR 25 zuvorderst ein Panzervernichtungstrupp tätig werden. Er schoß unter Uffz. Sommer drei sowjetische Panzer mit der Panzerfaust ab. Erst dann konnte man an das Ausladen gehen. Auf dem Bahngelände herrschte ein allgemeines Durcheinander. Die Geschütze mußten mit Menschenkraft von den Waggons gehoben werden. Sie griffen dann sofort mit in den Kampf ein. Nachdem sich der deutsche Widerstand vertieft hatte, setzten sich die Russen auf den nordostwärtigen Stadtrand ab. Abends gingen die in Küstrin ausgeladenen Teile der Division befehlsgemäß auf das Westufer der Oder zurück.«[20]

Tatsächlich handelte es sich bei den im Verlauf dieser Aktion zerstörten Panzern um einen britischen Valentine Mark III sowie zwei amerikanische Sherman-Panzer der 2. Garde-Panzerarmee.[21]

Der Gefechtsstand der 25. Panzergrenadier-Division zog sich dann nach Gusow zurück, die einzelnen Einheiten wurden nach ihrer Ankunft Zug um Zug am Westufer der Oder verteilt.

Beim Entladen zweier Batterien des Artillerie-Regiments der Division sowie des II. Bataillons des Panzergrenadier-Regiments 119 in Golzow kam es zu einem Zwischenfall, als in Panik geratene Soldaten der Versorgungseinheiten das hohe militärische Lagergebäude direkt neben dem Gleis in Brand steckten und damit sowjetisches Artilleriefeuer anzogen. Das Bahnhofspersonal brachte sich in Sicherheit, und den Zugführer konnte man nur durch Gewalt dazu bringen, die Waggons einzeln durch die Flammen zu manövrieren, damit Soldaten sie an der einzig verfügbaren Rampe des Bahnhofs entladen konnten. Der Bataillonskommandeur mußte die sofortige Besetzung und Verteidigung der Ortschaft anordnen und ließ nur eine Handvoll Männer zum Entladen am Bahnhof zurück. Kurz darauf kam der Befehl, unverzüglich nach Letschin zu verlegen.[22]

Das I. (SPW) Bataillon des Panzergrenadier-Regiments 119 war inzwischen in Werbig mit Entladen beschäftigt, wo es wegen Kraftstoffmangels bis zum folgenden Abend festsaß.[23]

Am 1. Februar um 4.00 Uhr wurde von der 6. Batterie des Flak-Regiments 211, das als Feld-Artillerie eingesetzt wurde und dessen Geschütze von 16- bis 17jährigen Schülern aus Berlin-Tegel bedient wurden, das Feuer auf Kienitz eröffnet. Die erste Unterbrechung des Artilleriefeuers war das verabredete Zeichen für den deutschen Angriff.[24]

Sowjetischen Berichten zufolge führte eine von Panzern unterstützte Kampfgruppe in Regimentsstärke westlich und nördlich der Ortschaft Ortwig einen Angriff, während eine größere, ebenfalls von Panzern begleitete Kampfgruppe von Letschin in Richtung Amt Kienitz vorstieß; beide Vorstöße wurden abgewehrt. Aus deutschen Quellen geht hervor, daß die 6. Kompanie des II. Bataillons des Panzergrenadier-Regiments 119 am selben Tag von Letschin gegen Groß Neuendorf vorging und die sowjetischen Truppen in die Ortschaft zurückdrängte, jedoch am Friedhof gestoppt wurde. Deutsche Flugzeuge flogen danach Angriffe auf Kienitz, zwei von ihnen wurden von sowjetischer Flak abgeschossen. Die Luftangriffe wurden fortgesetzt, und sobald die Flugzeuge wieder abdrehten, nahm die 25. Panzergrenadier-Division ihren Angriff erneut auf.

Während dieser Kämpfe erreichte das 9. Schützenkorps an der rechten Flanke der 5. Stoßarmee die Oder und erkämpfte mit der 248. und 230. Schützendivision das Westufer gegenüber Zellin bzw. Alt Blessin. So konnte der sowjetische Brückenkopf zeitweise auf eine Breite von sieben Kilometern und eine Tiefe von vier Kilometern ausgebaut werden.[25]

Am gleichen Abend rückte das I. (SPW) Bataillon des Panzergrenadier-Regiments 119 mit Teilen der am gleichen Tag eingetroffenen Panzer-Abteilung 5 von Werbig in Richtung Ortwig aus. Sie erreichten ihr Ziel in den frühen Morgenstunden des 2. Februar, kurz nachdem örtliche Volkssturm- und RAD-Einheiten einen sowjetischen Nachtangriff auf die Ortschaft abgewehrt hatten.[26]

Im Morgengrauen des 2. Februar nahmen zwei Luftwaffen-Divisionen mit mehreren Flugzeugen den Angriff auf den Kienitzer Brückenkopf und sowjetische Stellungen am Ostufer der Oder wieder auf. Aufklärungsflüge ergaben, daß das Eis auf dem Fluß vielerorts unpassierbar war; es hatte zu regnen begonnen, und die Tagestemperaturen stiegen auf bis zu 8 Grad Celsius an.[27]

Um 7.30 Uhr trugen das I. (SPW) Bataillon des Panzergrenadier-Regiments 119 und die Panzer-Abteilung 5 mit acht »Hetzer«-Panzern einer Heeres-Jagdpanzer-Einheit zu beiden Seiten der Landstraße Ortwig–Groß Neuendorf über offenes Gelände mit Luftunterstützung einen Angriff vor. Trotz schweren panzerbrechenden Gegenfeuers aus vereinzelten Gehöften gelang es ihnen, unter beiderseits hohen Verlusten das 895. Schützenregiment (248. Schützendivision) aus seinen Kampfstellungen zu vertreiben und bis in die Ortschaft Groß Neuendorf vorzudringen, wo ihnen die Gefangennahme mehrerer sowjetischer Soldaten gelang. In der Schlußphase griff zusätzlich das inzwischen vollständige II. Bataillon von Südwesten her an, und so drangen die Deutschen mit insgesamt sieben Panzern bis zur Dorfkirche vor, bis sie nach Ausbruch von Häuserkämpfen wieder zur Verteidigung übergehen mußten.[28]

Für die Sowjets war dies ein schwerer Rückschlag, denn sie waren durch den Gegenangriff bis zum Oderdeich und zum Ortsrand von Groß Neuendorf teilweise sogar zurück ans Ostufer gezwungen worden. Schukow beschreibt, wie die etwa 1500 Soldaten im Kienitzer Brückenkopf schwere Verluste erlitten und ihre Geschütze eins nach dem anderen ausgeschaltet wurden. Die letzte 4,5-cm-Pak wurde von Oberfeldwebel Nikolai Belsky und zwei seiner Soldaten in eine Scheune gerettet, wo sie sich acht herannahender deutscher Panzer erwehren mußten. Mit ihren letzten 13 Granatschüssen zerstörten sie fünf der deutschen Panzer aus 500 m Entfernung und schlugen die restlichen drei in die Flucht. Belsky erhielt später für seinen mutigen Einsatz den Rotbannerorden. Insgesamt hat das 902. Schützenregiment nach eigenen Angaben an jenem Tag fünfzehn deutsche Panzer zerstört, gefestigt aber wurde die an vielen Stellen durchbrochene sowjetische Stellung erst in den folgenden Tagen durch das Eintreffen der 301. Schützendivision und nach weiteren erbitterten Kämpfen.[29]

Am Vormittag des 2. Februar erreichte das Gros des 1. (mech.) Korps der 2. Garde-Panzerarmee die Oder; einem Schützenbataillon der 19. (mot.) Brigade gelang es, einen weiteren kleineren Brückenkopf nahe Genschmar in der Kalenziger Bunst zu errichten. Das neu eingetroffene I. Bataillon des Panzergrenadier-Regiments 35, das diesen neuen Brückenkopf unverzüglich angriff, konnte die sowjetischen Soldaten zwar bis zum Oderdeich zurückdrängen, den Brückenkopf aber nicht vollständig freikämpfen. In mehreren sich anschließenden sowjetischen Gegenangriffen auf Genschmar verloren die Sowjets vier Panzer.

Die 303. Infanterie-Division »Döberitz« unter Generalleutnant Dr. Rudolf Hübner und die 309. Infanterie-Division »Großberlin« unter Generalmajor Heinrich Voigtsberger wurden gleich nach ihrer Ankunft an der Oder südlich der 25. Panzergrenadier-Division in die Front eingegliedert. Auch wenn dies schubweise mit jedem ankommenden Zug geschah, glich sich das Kräfteverhältnis doch nach und nach aus.

An jenem 2. Februar überquerten die Sowjets die Oder jedoch auch noch bei Güstebiese und errichteten einen weiteren Brückenkopf mit einer Tiefe von etwa zehn Kilometern, der für die Nordflanke der 25. Panzergrenadier-Division eine neue große Gefahr darstellte.

Das Gros der restlichen Einheiten der 25. Panzergrenadier-Division traf am 3. Februar im Oderbruch ein. Sie wurden ausnahmslos dem Stab des CI. Armeekorps unter General Wilhelm Berlin unterstellt, das aus dem Stab von Oberst Schimpff gebildet worden war.

Das I. (SPW) Bataillon des Panzergrenadier-Regiments 119 wehrte am Morgen des 3. Februar vier sowjetische Angriffe auf Groß Neuendorf ab, bevor es vom II. Bataillon abgelöst und nach Ortwig zur Abwehr der Bedrohung durch den neuen sowjetischen Brückenkopf bei Güstebiese beordert wurde. Dieser Brückenkopf erwies sich als so gefährlich, daß das II. Bataillon ebenfalls zurückgenommen wurde und eine neue Verteidigungslinie nördlich von Letschin bilden mußte, während das zur Verstärkung angerückte III. Bataillon des Panzergrenadier-Regiments 35 von Ortwig aus einen Angriff in nördlicher Richtung unternahm. Diese Umgruppierung führte zu einer gewissen Abschwächung des Drucks auf die Sowjets, was ihnen Gelegenheit gab, die Brückenköpfe von Güstebiese und Kienitz zu vereinigen und mit der 301. Schützendivision zu verstärken. Am Abend des 3. Februar umfaßte der Brückenkopf der 5. Stoßarmee das gesamte Westufer der Oder von der Höhe von Güstebiese bis gegenüber Kalenzig.[30]

Am 4. Februar stellte die 25. Panzergrenadier-Division eine gepanzerte Kampfgruppe auf, gebildet aus der Panzer-Abteilung 5, dem I. (SPW) Bataillon des Panzergrenadier-Regiments 119 und der Jagd-Panzer-Abteilung 25, die um 18.15 Uhr von Neu Barnim aus einen

Angriff auf Giesdorf unternahm. Das von dieser Offensive überraschte 1054. Schützenregiment floh und ließ den Deutschen eine Nachschubkolonne zurück, die sie einkassieren konnten. Noch in derselben Nacht wurde die Panzer-Kampfgruppe in Giesdorf durch das neu eingetroffene III. Bataillon des Panzergrenadier-Regiments 119 entsetzt.

Inzwischen hatten mit etwa 40 Panzerabwehrkanonen bewaffnete sowjetische Einheiten das III. Bataillon des Panzergrenadier-Regiments 35 in einem Gutshof nordöstlich von Ortwig eingeschlossen. Es konnte jedoch, unterstützt von der Divisionsartillerie, die Stellung bis zum Einbruch der Dunkelheit halten und dann im dichten Schneegestöber entkommen. Weiter südlich blieb ein Angriff des II. Bataillons des Panzergrenadier-Regiments 119 auf Groß Neuendorf wiederum ohne Erfolg, während das I. Bataillon des Panzergrenadier-Regiments 35 zwischen Genschmar und den Uferdeichen in erbitterte Stellungskämpfe verwickelt war.[31]

Sowjetische Aufklärungstrupps, wahrscheinlich der 8. Gardearmee, wurden bereits an der Landstraße Golzow–Tucheband gesichtet.[32]

Zwischen dem 4. und 6. Februar entluden Teile der 21. Panzer-Division nach ihrer Ankunft auf offener Strecke zwischen Langsow und Golzow und begannen sich im Gebiet zwischen Golzow, Gorgast und Manschnow zu formieren. Die komplette 21. Panzer-Division, eben erst mit neuesten Kampfmitteln ausgestattet, umfaßte:

Panzer-Regiment 22	– 18 Panzer IV
	– 29 Panzer V Panther
Jagd-Panzer-Abteilung 200	– 15 Jagdpanzer IV
Panzergrenadier-Regiment 125	– 2 Bataillone
Panzergrenadier-Regiment 192	– 2 Bataillone
Panzer-Aufklärungs-Abteilung 21	
Panzer-Artillerie-Regiment 155	– 3 Abteilungen

Die Panzergrenadier-Bataillone erreichten etwa 90 Prozent ihrer Sollstärke, die der Artillerie-Abteilungen 79 bis 93 Prozent.[33]

Am 5. Februar um 16.00 Uhr unternahm die Panzer-Kampfgruppe der 25. Panzergrenadier-Division zusammen mit der 303. Infanterie-

Division »Döberitz« nördlich von Neu Barnim einen Angriff. Die Panzer besetzten ihr Ziel, den Weiler Kerstenbruch, doch der begleitende Infanterieangriff war zeitlich schlecht abgestimmt und verlief deshalb unkoordiniert. Dennoch war bis zum Abend der nördliche Teil des Brückenkopfs auf etwa drei Kilometer Tiefe entlang der Linie Karlsbiese–Gieshof–Ortwig reduziert, und die Panzer-Kampfgruppe konnte zu ihrer Basis nach Ortwig zurückkehren.

Die 5. Stoßarmee versuchte inzwischen verzweifelt, zur Verstärkung des Brückenkopfs Panzer über die Oder zu schaffen. Mehrere brachen durch das Eis, aber vier T-34-Panzer erreichten das Westufer und ermöglichten es den Sowjets, ihren Brückenkopf bei Genschmar bis zu einer Linie auszubauen, die mitten durch den Ort verlief.[34]

Am Nachmittag des 6. Februar wurde die 21. Panzer-Division vom CI. Armeekorps angewiesen, mit einer Kampfgruppe aus den bereits eingetroffenen Einheiten eine Offensive von Manschnow in Richtung Kietz zu eröffnen, nach Norden abzudrehen und eine Front entlang der Oder bis Genschmar freizukämpfen, wo das Panzergrenadier-Regiment 35 der 25. Panzergrenadier-Division in schwere Kämpfe verwickelt war. Gleichzeitig sollte die 21. Panzer-Division Kietz freikämpfen und einer Nachschubkolonne zur Festung Küstrin Geleitschutz geben. Die Aufstellung zum Angriff gestaltete sich schwierig, da der Abschnitt der Reichsstraße 1 von Küstrin nach Seelow durch den Strom von westwärts ziehenden Flüchtlingen verstopft war und die Sowjets gleichzeitig nach Norden hin angriffen, die Eisenbahntrasse Küstrin–Seelow erreichten und Gorgast einnahmen.[35]

Die Sowjets versuchten weiterhin, ihre Brückenköpfe auszubauen und zu vereinigen. Im Norden wurde am 7. Februar ein Angriff auf Letschin vom II. Bataillon des Panzergrenadier-Regiments 119 abgewehrt. In Groß Neuendorf blieb ein Versuch der Deutschen, mit Panzerunterstützung einen im Bahnhof eingeschlossenen Zug des 1. Bataillons zu befreien, erfolglos; der gesamte Zug wurde eliminiert.[36]

Im mittleren Frontabschnitt unternahm die 21. Panzer-Division unter Oberst Hans von Luck um 3.30 Uhr trotz Regens und schlechter Sicht einen Angriff, dem sich die Sowjets vom besetzten Gorgast aus erbittert widersetzten. Die Angreifer scheiterten, obwohl sie zunächst zwei Gehöfte nördlich der Ortschaft einnehmen, sechs schwere Pak erbeuten oder untauglich machen und einen sowjetischen Panzer zerstören konnten.[37]

Der Brückenkopf bei Göritz

Südlich Küstrin setzte die 8. Gardearmee nach Eintreffen der 16. Flakdivision am 3. Februar bei Tagesanbruch die Überquerung der Oder fort. Da die Luftwaffe bei ihrem ersten Angriff drei Maschinen verlor, änderte sie ihre Taktik und flog von nun an nur noch Einzel- statt Masseneinsätze. Die restlichen Infanterie-Divisionen des 4. Garde-Schützenkorps und die 79. Garde-Schützendivision des 28. Garde-Schützenkorps konnten daher die Oder mit geringen Verlusten und unter Mitführung ihrer Artilleriebeobachter überschreiten. Die Geschütze mußten allerdings vorerst am Ostufer zurückbleiben, da die Vorhut der 8. Gardearmee keinerlei Brücken- oder Fährgerät mit sich führte.[38]

An diesem Tag konnten die Sowjets rasch und nahezu unbehelligt drei kleine Brückenköpfe ausweiten und miteinander verknüpfen. Die 35. Garde-Schützendivision besetzte anschließend den Südteil von Kietz und Teile des Geländes westlich der Ortschaft, die 47. Garde-Schützendivision nahm gegen Mittag Neu Manschnow ein und machte sich an die Sperrung der Reichsstraße 1 Küstrin–Seelow in Manschnow selbst.

In der Nacht zuvor hatte die 6. Kompanie des 220. Garde-Schützenregiments die einzigen in diesem Talabschnitt stationierten deutschen Einheiten – ein RAD-Bataillon in Reitwein, das zur Betreuung von Flüchtlingen abgestellt war – mit einem Überraschungsangriff in die Flucht geschlagen. Im weiteren Verlauf eroberte das 220. am folgenden Tag Punkt 81,5 m auf dem bewaldeten Reitweiner Sporn zurück, so daß die Sowjets aus dieser dominierenden Stellung in etwa 70 m Höhe die gesamte Talsohle überblicken konnten. Das Gros der 57. und der 79. Garde-Schützendivision nahm die Ortschaft Reitwein ein und drang unter Umgehung des Guts Reitwein, wo die verbliebenen Teile des RAD-Bataillons in Kompaniestärke die Stellung hielten, bis Hathenow vor. Den Rotarmisten fehlte es nun jedoch an Substanz; sie waren ohne die Unterstützung durch Panzer, Artillerie oder Luftwaffe zu ungeschützt. Oberstleutnant a. D. von Wittich, Gutsherr von Reitwein und Stabsoffizier der Division »Raegener«, unterstützte mit einem Infanterie-Zug aus Podelzig die RAD-Einheiten bei der Verteidigung seines Guts.[39]

Die Besetzung Reitweins durch die Sowjets bewirkte am 4. Februar massive Gegenangriffe durch Stuka-Bomber und die deutsche Artillerie, die jetzt eine Batterie in Sachsendorf stationiert hatte, wo die Straßen weiterhin mit unzähligen Flüchtlingen, Kriegsgefangenen und ehemaligen KZ-Häftlingen verstopft waren.[40]

An diesem Tag entsprach der damalige Befehlshaber des V. SS-Gebirgskorps, SS-General Friedrich-Wilhelm Krüger, der von Generalmajor Raegener über das öffentliche Fernsprechnetz vorgebrachten Bitte um Unterstützung durch die Überstellung von Major Hans-Joachim von Hopffgarten, dem designierten Ia (Einsatzoffizier) der Panzergrenadier-Division »Kurmark«. Am selben Nachmittag wurde das RAD-Bataillon aus Reitwein hinaus- und zurück auf den Reitweiner Sporn gedrängt, knapp 400 m vom Divisions-Gefechtsstand entfernt, wo man um 16.15 Uhr von der Besetzung des höchsten Punkts durch ein sowjetisches Infanterie-Bataillon erfuhr. Der Gefechtsstand mußte daraufhin an einen Platz bei Libbenichen verlegt werden.

Inzwischen hatte Major von Hopffgarten die Entsendung des I. Bataillons des Panzergrenadier-Regiments »Kurmark« und der II. Abteilung des Panzer-Regiments »Brandenburg« für einen Gegenangriff erwirkt, der um 17.00 Uhr erfolgen sollte. Es war geplant, mit Einheiten der Division »Raegener«, des SA-Regiments »Feldherrnhalle« und Alarm-Bataillonen den Gipfel des Reitweiner Sporns von feindlichen Truppen zu säubern, während das Panzergrenadier-Bataillon zur Rechten und die Panzer-Abteilung zur Linken beiderseits der Anhöhe das Oderbruch räumen und den Feind wieder ans östliche Oderufer werfen sollten.[41]

Das Vorhaben wurde jedoch durch schlechte Sicht, leichten Schneefall und Unkenntnis des Geländes in allen Phasen behindert. Außerdem besaß die Division »Raegener« keine Kommunikationsmöglichkeit im Feld, so daß der Nachteinsatz auf dem bewaldeten Bergrücken unkoordiniert ablief. Die Sowjets reagierten unmittelbar mit der Verstärkung ihrer Stellungen und heftiger Gegenwehr. Das Alarm-Bataillon auf der linken Seite kam bis auf 500 m an den bewal-

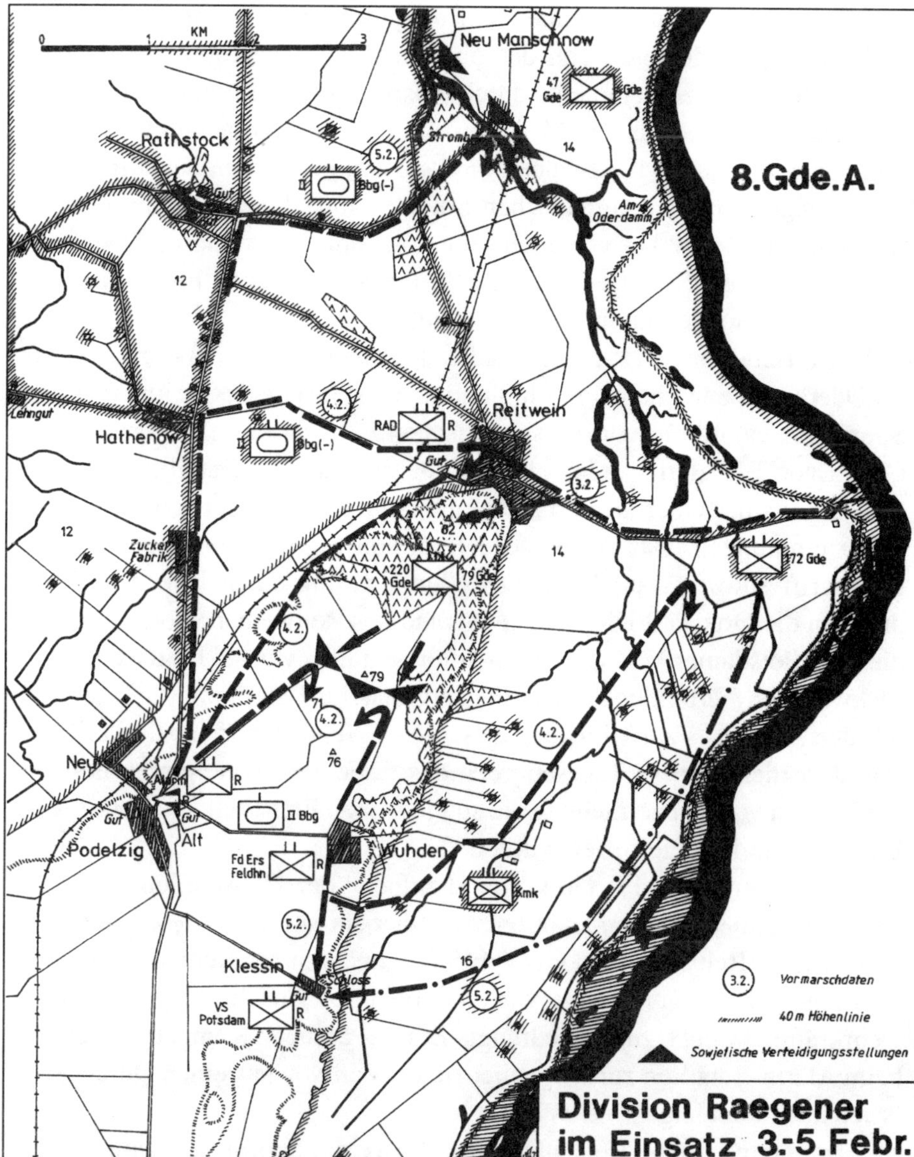

deten Gipfel des Sporns heran, mußte sich dann aber eingraben. Auf der rechten Flanke gerieten die »Feldherrnhalle«-Einheiten nur 500 m vor Wuhden in einen sowjetische Angriff und waren ebenfalls gezwungen, sich einzugraben. In dem erbitterten Kampf, der wiederum auf für beide Seiten unbekanntem Terrain geführt wurde, soll sich der Gardist Sergej Mostovoi von der oben erwähnten 6. Kompanie des 220. Garde-Schützenregiments durch beispielhaften Mut ausgezeichnet haben, indem er, als ihm Munition und Granaten ausgegangen waren, nur mit seinem MG-Zweibein und seinem Feldspaten bewaffnet, weiter angriff und einen deutschen Soldaten mit bloßen Händen gefangennahm. Sowohl er wie auch sein Kompanieführer, Garde-Oberleutnant Afanasij Saweljew, wurden für ihren nächtlichen Einsatz als »Helden der Sowjetunion« ausgezeichnet.[42]

Das I. Bataillon des Panzergrenadier-Regiments »Kurmark« rückte im Oderbruch zwischen dem Fluß und den Osthängen des Reitweiner Sporns bis ca. 400 m vor der sowjetischen Behelfsbrücke gegenüber Göritz vor. Erst dort wurden sie von einem Infanterie-Bataillon, das von jenseits der Oder artilleristisch unterstützt wurde, mit schwerem Feuer empfangen. Das sowjetische Bataillon führte dann einen Gegenangriff südwärts am Flußufer entlang, schlug einen Haken und drang in die Ortschaft Klessin am Ostrand des Reitweiner Sporns ein, die vom Potsdamer Volkssturm-Bataillon gehalten wurde. Da dies die rückwärtigen Verbindungen des Panzergrenadier-Bataillons stark gefährdete, wurde es zur Divisions-Reserve in Wuhden zurückbefohlen. Von dort rückte es bei Tagesanbruch des 5. Februar von Norden her auf Klessin vor und vernichtete die sowjetischen Einheiten, die dort in Bataillonsstärke angetroffen wurden.[43]

Inzwischen hatte das Gros der »Panther« der II. Abteilung des Panzer-Regiments »Brandenburg« die Sowjets aus Hathenow nordwestlich des Reitweiner Sporns vertrieben und war bis Reitwein vorgedrungen. Dort wurden sie von massiven sowjetischen Panzerabwehrkräften wieder zurückgedrängt. Eine »Panther«-Kompanie war beim Alarm-Bataillon zurückgeblieben, um den Sowjets einen Durchbruch nach Podelzig zu verwehren.[44]

Jetzt zeigte sich die Bedeutung des Reitweiner Sporns, als nämlich beiden Seiten der tatsächliche Stellenwert dieser umkämpften Erhebung klar wurde. Nachdem sie einmal Fuß gefaßt hatten, setzten die Sowjets alles daran, die Stellung zu halten, und für die Deutschen war es ebenso wichtig, sie wieder zurückzuwerfen. Die Ortschaften Klessin und Wuhden und die alte Fischerstadt Lebus am Osthang über dem Flußtal sowie Podelzig und Mallnow auf der Nordseite wurden zu Schlüsselpositionen bei den erbitterten Kämpfen, die nun folgten.

Am 5. Februar führte die II. Abteilung des Panzer-Regiments »Brandenburg« mit ihren »Panthern« von Rathstock aus einen Angriff in Richtung Neu Manschnow, doch kam dieser an der Alten Oder zum Erliegen, die von den Sowjets bereits stark verteidigt war. Daraufhin bildeten die Panzer einen Riegel zwischen Herzershof und Rathstock.[45]

Am selben Tag erreichte eine Abteilung des Infanterie-Regiments »KS Potsdam« Sachsendorf, dessen Einwohner erst am Tag zuvor evakuiert worden waren.[46]

Die Situation an der Südflanke war besonders prekär. Dort mußte das in der vorausgegangenen Nacht eingetroffene Infanterie-Regiment »KS Dresden« einen vom Reitweiner Sporn ausgehenden Angriff der Sowjets auf Podelzig abwehren. Dank des unmittelbaren Gegenangriffs des Regiments konnten sich die Deutschen einen Kilometer vor Podelzig in eine neue Verteidigungslinie eingraben, doch aus der allgemeinen Situation in der Gegend ergab sich dann, daß das I. (SPW) Bataillon des Panzergrenadier-Regiments 119 (25. Panzergrenadier-Division) zur Unterstützung der Division »Kurmark« entsandt wurde, unter deren Kommando es bis zum 24. des Monats verblieb.[47]

Daß die 9. Armee nicht in der Lage war, die Sowjets aus ihren engen, relativ schwach bewehrten Brückenköpfen im Oderbruch zu vertreiben, sollte sich von Anfang an als entscheidender Faktor für die spätere Schlacht um Berlin erweisen.

Die Südflanke

Frankfurt an der Oder war am 26. Januar offiziell zur »Festung« erklärt worden – mit allen Konsequenzen, die sich daraus ergaben. General Busse war gebürtiger Frankfurter und sollte ein persönliches Interesse an der Verteidigung seiner Vaterstadt zeigen.

Weiter südlich boten die Aktionen der 69. und 33. Armee ein unterschiedliches Bild. Der deutsche Brückenkopf am Ostufer der Oder bei Frankfurt bildete sich gegenüber der ursprünglichen Ausbuchtung bei Kunersdorf, wo die Panzergrenadier-Division »Kurmark« den sowjetischen Vormarsch aufgehalten hatte, etwas zurück, war aber immer noch erstaunlich groß. Und die 33. Armee konnte zwar am Westufer zwischen Brieskow und Fürstenberg einen eindrucksvollen Brückenkopf bilden, der aber war taktisch von nur geringem Nutzen. Im Rückblick scheint der Hauptzweck des sowjetischen Aufmarsches an dieser Südflanke einfach darin gelegen zu haben, deutsche Kräfte zu binden.

Unmittelbar südlich von Frankfurt setzte in der Nacht vom 4. zum 5. Februar ein Spähtrupp der 69. Armee über die Oder und gelangte in den Eichwald unter der Eisenbahnbrücke, doch erst am 8./9. Februar trafen weitere Truppen zum Ausbau des Brückenkopfs ein, allem Anschein nach die 77. Garde-Schützendivision des 25. Schützenkorps. Der dichte Eichwald liegt wie ein breites »J« auf einem rechteckigen Stück flachen Marschlands am Flußufer, das im Norden und Westen von hohen Eisenbahndämmen, im Süden und Osten vom Fluß begrenzt wird. Der Wald stößt mit den beiden Enden des »J« an die Bahndämme, während in dem Bogen unten das Gasthaus »Buschmühle« liegt, vor dem Krieg ein beliebtes Ausflugsziel. Für einen Brückenkopf war das Gebiet nicht sonderlich geeignet. Die Odermarsch war häufig überflutet, so daß die Sowjets ihre Stellungen und Unterkünfte im dichten Holz auf Pfählen errichten oder sich seitlich in den Bahndamm eingraben mußten. In der weiteren Entwicklung hielten die Deutschen den nördlichen und westlichen Bahndamm bis zur Stellung »Buschmühle« und im weiteren Verlauf die Höhen über der Bahnlinie Frankfurt–Brieskow, mit Ausnahme einer kleinen Ausbuchtung über den Bahndamm nahe der Ziegelei unmittelbar südlich der Stellung »Buschmühle«. Die jeweiligen Stellungen wurden von beiden Seiten durch Auslegen von Minenfeldern gesichert. Das offene Marschland und die Flußübergänge lagen voll im Schußfeld der im Halbrund etwa 40 bis 50 m über der Talsohle gelegenen deutschen Stellungen vor Güldendorf und Lossow. Daher konnten die Sowjets die Lieferung von Nachschub zu ihrem Brückenkopf nur im Schutz der Dunkelheit abwickeln und keinerlei Brücken in dem Gebiet errichten. Um den 14. Januar lösten Soldaten der 33. Armee die Einheiten der 69. Armee in diesem Brückenkopf ab.[48]

Am 2. Februar hatte die 33. Armee von ihrem Brückenkopf bei Aurith aus überraschend die Ortschaft Vogelsang eingenommen. Ernst-

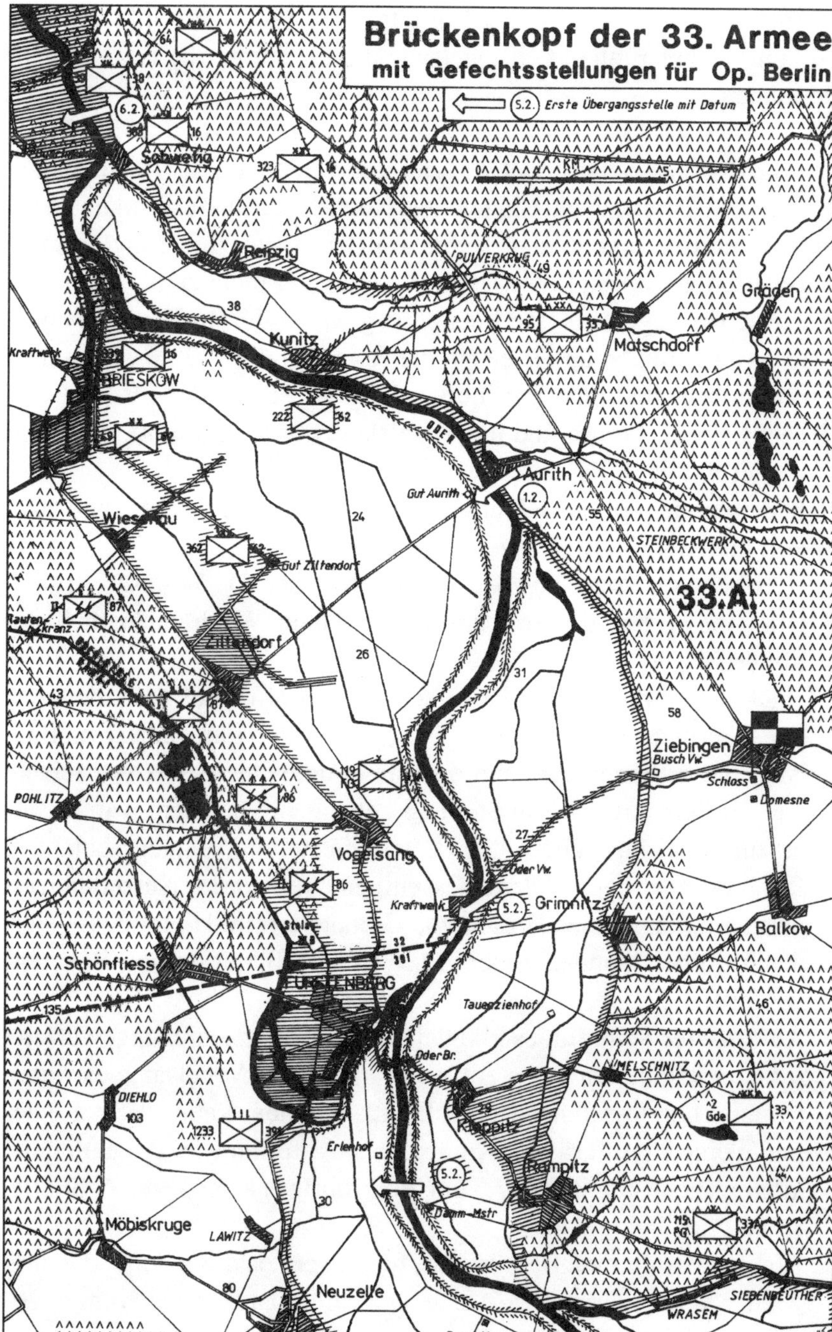
Brückenkopf der 33. Armee
mit Gefechtsstellungen für Op. Berlin
5.2. Erste Übergangsstelle mit Datum
Schwetig
Reipzig
Pulverkrug
Grädden
Matschdorf
Kunitz
Kraftwerk
BRIESKOW
ODER
Aurith
Gut Aurith
Steinbeckwerk
33.A.
Wiesenau
Gut Ziltendorf
Ziltendorf
Ziebingen
Busch Vw.
Schloss
Domesne
POHLITZ
Vogelsang
Oder Vw.
Kraftwerk
Grimnitz
Balkow
Schönfliess
FÜRSTENBERG
Tauentzienhof
Oder Br.
Melschnitz
DIEHLO
Erlenhof
Rampitz
Möbiskruge
LAWITZ
Damm-Mstr
Neuzelle
Siebenbeuther
WRASEM
Bruch Vw.

Christian Gädtke, Schütze der Kampfgruppe »Schill«, schilderte nach Ankunft seiner Einheit bei Vogelsang am 7. Februar die Lage folgendermaßen:

»Die Russen saßen, sicher sehr unbequem, in der flachen und feuchten Odermarsch. Ein leichtes Hochwasser hätte sie ohne Mühe dort herausgebracht, aber leider war der Winter milde und trocken gewesen, so war auf eine Überschwemmung nicht zu hoffen.
Zwischen Vogelsang und Fürstenberg waren die Russen etwas weiter vorgedrungen und sperrten die Reichsstraße 112 zwischen dem nördlichen Stadtrand von Fürstenberg und dem Südteil des Dörfchens Vogelsang. In und um Vogelsang wurde gekämpft, die Front verlief mitten durch den Ort.
In dem umkämpften Gebiet sollte es Kohlengruben geben, und auch dort hatten sich die Russen festgesetzt.
Nördlich von Vogelsang war die Reichsstraße 112 in unserer Hand, und hier verlief unsere Linie entlang dem Waldrand östlich der Straße.
Noch hatten die Russen keine schweren Waffen auf dem diesseitigen Oderufer; jedoch war eine Brücke nördlich Fürstenberg im Bau. Auf dem östlichen Ufer, auf und hinter dem Oderdeich, war leichte und mittlere Artillerie in Stellung gegangen, vor allem waren Panzer und Sturmgeschütze in Hinterhangstellung eingegraben. Die fehlende Artillerie auf dem diesseitigen Ufer wurde ersetzt durch eine ständig zunehmende Zahl von Granatwerfern. Hinter dem Oderdeich drüben standen zudem noch etliche Batterien von Raketenwerfern: die hochgeschätzten ›Stalinorgeln‹.
Auf unserer Seite sah es kläglich aus. Einige zusammengewürfelte Infanterieeinheiten lagen am Waldrand und in Vogelsang, es waren zumeist Landesschützen oder Ersatzeinheiten, kaum daß an einer Stelle eine kampfkräftige Kompanie anzutreffen war. Bis auf einige kümmerliche, alte l. IG (7,5 cm, kurzrohrig) gab es keine Artillerie, keine Flak, keine Pak.
Ab und zu fuhr eine Batterie auf, feuerte ein paar Salven und wurde wieder verlegt. Irgendwo weiter im Hinterland standen einige 20-cm-Haubitzen, die ballerten alle paar Tage mal in Richtung Oder

und versuchten, die entstehende Brücke zu treffen. Die Luftwaffe trat ein- oder zweimal mit einer Kette Ju-87 in Erscheinung, und einmal erschienen zwei oder drei Me-109.
Unsere vier abgetakelten, ausgeleierten Kurzrohr-Sturmgeschütze, seit mindestens vier Jahren nicht mehr fronttauglich, stellten keine überzeugende Streitmacht dar; sie sollten es in der Tat auch nicht mehr lange machen.
Außer uns gab es eine Batterie 10,5-cm-Sturm-Haubitzen, und ein paar Tage später sollte noch eine Panzerjäger-Abteilung mit Sturmgeschützen IV (7,5 cm Langrohr) hinzukommen. Aber auch dann waren wir nicht sehr überzeugend.«[49]

Horst Wilke dagegen, SS-Funkfeldwebel der 32. Freiwilligen-Grenadier-Division, berichtete über seinen im Gegensatz zu den offiziellen Verbindungen wirksameren »Buschtelegraphen«, auf deutscher Seite hätten am 4. Februar in diesem Frontabschnitt folgende Artilleriekräfte zur Verfügung gestanden: eine Batterie 15-cm-Kanonen, eine Flak-Abteilung der Luftwaffe mit doppelläufigen 8,8-cm-Kanonen, eine Reichsarbeitsdienst-Batterie mit 8,8-cm-Kanonen, mehrere Flak-Batterien mit 3,7-cm- und 8,8-cm-Kanonen und eine weitere mit 12-cm-Kanonen sowie die 1. Batterie des Granatwerfer-Regiments 360 in der Nähe von Diehlo. Die Versorgung mit Munition war allerdings sehr problematisch, mit Ausnahme der Flak-Munition, die jederzeit aus Berlin angefordert werden konnte, sofern sich genügend Kraftstoff für entsprechende Transportfahrzeuge fand.[50] Die wichtige Oderbrücke südlich von Fürstenberg wurde am Nachmittag des 4. Februar gesprengt, dabei wurde ein deutscher Pionier getötet.[51]

Der 33. Armee gelang am 5. Februar direkt südlich der ehemaligen Brücke die Überquerung der Oder und die Bildung eines kleinen Brückenkopfs um das Vorwerk Erlenhof.[52]

Der Kampf um die Brückenköpfe geht weiter

Die deutsche Führungsebene
Wie verzweifelt die Lage für die Wehrmacht zu diesem entscheidenden Zeitpunkt bereits war, zeigte sich besonders eindringlich, als Volkssturm-Bataillone direkt an die Front geschickt wurden, um die Lücken vor Ort zu stopfen. Ein Offizier berichtete, er sei am 10. Februar in Frankfurt zum Kommandeur des Volkssturm-Bataillon 7/108 Franken ernannt worden. Die Männer waren gerade dem Zug entstiegen, der sie aus ihren Heimatorten Rothenburg ob der Tauber, Ansbach, Weißenburg und Dinkelsbühl herangebracht hatte, und sie waren in solcher Eile aufgestellt, mit Ausrüstung versehen und auf die Reise geschickt worden, daß einige von ihnen nicht einmal Zeit gehabt hatten, sich von ihren Familien zu verabschieden. Sie waren mit Wüstenstiefeln ausgestattet worden, die nicht wasserdicht waren, und in ihren braunen Uniformen und langen Mänteln hoben sie sich allzu deutlich gegen den Schnee ab und zogen fatalerweise sogar das Feuer der eigenen Truppen auf sich, weil man sie für Sowjetsoldaten hielt. Gewehre waren ihre einzigen Waffen, abgesehen von einigen Granaten, für die keine Zünder zu bekommen waren. Obwohl 40 Prozent von ihnen im Ersten Weltkrieg gedient hatten, waren sie für die ihnen zugedachte Aufgabe, nämlich die Linie von der Mühlental-Schlucht südlich von Lebus bis zum Burgwall, der den nördlichsten Punkt der Festung Frankfurt bildete, zu halten, vollkommen unzureichend ausgebildet, zumal sie wiederholt sowjetischen Angriffen standhalten mußten.[1]

Als eines dieser Volkssturm-Bataillone, das lediglich mit italienischen Gewehren ausgerüstet war, in einem sowjetischen Angriff seine Stellungen verlor, befahl General Busse die standrechtliche Erschießung des 60jährigen Bataillonskommandeurs. Oberst Langkeit, der die Division »Kurmark« befehligte, weigerte sich, den Befehl auszuführen, und erteilte dem Mann lediglich einen Verweis, doch General Busse blieb hart und bestand darauf, den Mann im Armeehauptquartier vor das Kriegsgericht zu stellen. Glücklicherweise kam dieser Fall im Chaos der sowjetischen Offensive nie zur Verhandlung.[2]

Am 11. Februar gab General Busse folgenden Tagesbefehl zur Vernichtung der sowjetischen Brückenköpfe an die 9. Armee heraus:

»XI. SS-Panzerkorps: Beseitigen des Brückenkopfes Lebus/Kietz Dringlichkeitsfolge:–
1. Besitz Reitweiner Nase und Höhenrand zwischen Lebus und Küstrin.
2. Freikämpfen der Straße Müncheberg–Küstrin einschließlich Aufräumen Gelände Alte Oder bei Küstrin.
3. Vorrücken HKL auf Oderdamm von Nordrand Küstrin bis linke Korpsgrenze.
4. Zerschlagung der Feindkräfte im Oderbruch vorwärts Höhenstufe Lebus–Reitwein und Vorverlegen HKL an westliches Oderufer.
CI. Armeekorps:
1. Wegnahme Loose und Durchstoß zum Oderufer.
2. Vernichtung des Feindes zwischen Lewin und Loose einschließlich Vorverlegen HKL an Westufer der Oder.
3. Beseitigung Brückenkopf Kienitz.
4. Herstellen fester Oderfront von rechter Korpsgrenze bis Kienitz.«[3]

In der zweiten Februarhälfte stellten jedoch selbst Angriffe der 9. Armee in beträchtlicher Stärke keine ernsthafte Gefährdung der Brükkenköpfe mehr dar. Die Stellungen am Westufer der Oder waren fest in der Hand der Roten Armee.

Fritz Kohlase, damals im Unteroffiziers-Reserveaufgebot der 303. Infanterie-Division »Döberitz«, schrieb hierzu:

»Die Kämpfe waren, nicht zuletzt durch den vom Tauwetter grundlos gewordenen schweren Boden des Oderbruchs, hart und verlustreich. Wir hörten davon, wenn nachts die Trosse von der Frontversorgung zurückkehrten und oft Tote mitbrachten. ... Die deutschen Gegenangriffe zeitigten wenig Erfolg. Neu Lewin und Neu Barnim konnten wohl zurückerobert werden, an anderen Stellen jedoch dehnten sich die sowjetischen Truppen aus. Als es den Russen dann auch noch gelang, Panzer auf das Westufer der Oder zu bringen und Unter-Wasser-Brücken über die Oder zu bauen, deren dauerhafte Zerstörung von deutscher Seite fehlschlug, war es klar, daß wir den Brückenkopf nicht mehr zerschlagen würden. Der Befehl zur Einstellung kleinerer deutscher Gegenangriffe erging aber erst am 9. März.«[4]

Um den 23. Februar ließen sich dann auch die Auswirkungen der von Himmler als Oberbefehlshaber der Heeresgruppe »Weichsel« eingeführten drastischen Maßnahmen zur Aufrechterhaltung der Disziplin hinter den Linien erkennen: zahlreiche am Straßenrand zwischen Seelow und Alt Tucheband an provisorischen Galgen erhängte Soldatengestalten. Oberst Willy Langkeit, Befehlshaber der Panzergrenadier-Division »Kurmark«, lehnte es rundweg ab, derartigen Befehlen in seinem Divisionsbereich Folge zu leisten.[5]

Die Lage an der Oderfront spitzte sich dermaßen zu, daß Hitler am Samstag, dem 3. März, der 9. Armee einen Überraschungsbesuch abstattete. Dies war erst sein zweiter Frontbesuch seit Kriegsbeginn. Er traf sich mit General Busse im Gefechtsstand des CI. Armeekorps auf Schloß Harnekop zur Lagebesprechung und besuchte anschließend die Gefechtsstände der 309. und der 606. Infanterie-Division. Die Nachricht von dem hohen Besuch trug beträchtlich zur Hebung der Kampfmoral der dortigen Truppen bei, doch wie Hitlers Fahrer berichtete, wirkte Hitler auf der Rückfahrt nach Berlin ungewöhnlich in sich gekehrt.[6]

Der Brückenkopf von Kienitz

Am 8. Februar nahm die 21. Panzer-Division ihre Angriffe mit großer Hartnäckigkeit wieder auf und traf auf ebenso hartnäckigen Widerstand bei den Sowjets. Ein Vorstoß auf den Ort Herzershof unmittelbar südlich von Manschnow schlug fehl, und ein vom wiedergewonnenen südlichen Teil von Gorgast ausgehender Angriff auf Nord-Manschnow kam 500 m vor der Kreuzung mit der Reichsstraße 1 zum Erliegen, wo das alte, auf einer leichten Anhöhe liegende Fort, das jetzt von den Sowjets besetzt war, alle Anfahrtswege beherrschte.[7] Ein weiterer Vorstoß von Gorgast in östlicher Richtung brachte kaum Geländegewinn. Am Abend desselben Tags gelang jedoch einem Teil des Panzer-Regiments 22 der Durchbruch nach Alt Bleyen, wodurch der Kontakt zur belagerten Garnison Küstrin wiederhergestellt und der Nachschubkonvoi durchgeschleust werden konnte. Bei diesem Angriff, dessen Erfolg nicht zuletzt der Unterstützung durch Oberst Rudels panzerjagende Stukas zu verdanken war, sollen die Sowjets nach Berichten der Division vier Panzerabwehrkanonen, vier schwere Maschinengewehre und 95 Mann verloren haben.[8]

Am 9. Februar konnte die 21. Panzer-Division ihren Korridor zur Garnison von Küstrin auf insgesamt zwei Kilometer rechts und links der Straße Gorgast–Alt Bleyen erweitern. Bei den erbitterten Gefechten mußten die Sowjets nach deutschen Angaben den Verlust von 37 Geschützen verschiedener Art, 15 schweren Maschinengewehren, 20 Fahrzeugen und 200 Mann hinnehmen. Da aber Hitler die sofortige Verlegung dieser Division zur 4. Panzerarmee der Heeresgruppe »Mitte« befohlen hatte, begann um 20.00 Uhr die 303. Infanterie-Division »Döberitz« die 25. Panzergrenadier-Division an der Front abzulösen, damit diese am folgenden Tag die Verantwortung für den Küstrin-Korridor übernehmen konnte. Der 25. Panzergrenadier-Division wurden sogleich die drei Alarmbataillone unterstellt, die bereits am Korridor in Stellung waren. Unterstützungsangriffe der Stukas endeten damit, daß Oberst Rudel selbst abgeschossen wurde; er konnte noch direkt hinter der deutschen Frontlinie, nur 900 m nordwestlich des Lebuser Bahnhofs, notlanden, wo man ihn bewußtlos aus dem brennenden Flugzeugwrack barg.[9]

Nach Übernahme des Korridors durch die 25. Panzergrenadier-Division drang das II. Bataillon des Panzergrenadier-Regiments 119 am 12. Februar bei einem nächtlichen Überraschungsangriff bis zur Haupt-Eisenbahnlinie bei Kietz vor, wurde dann aber durch heftiges Artilleriefeuer unter großen Verlusten auf seine Ausgangslinie zurückgeworfen.[10]

Inzwischen wurde die in Döberitz aufgestellte 309. Infanterie-Division »Berlin« auf dem Schienenweg nach Werbig in Marsch gesetzt, wo sie am Morgen des 13. Februar eintraf und unmittelbar nach Ankunft in die Frontlinie Letschin–Genschmar eingegliedert wurde.[11]

Im nördlichen Frontabschnitt kam es am 13. und 14. Februar erneut zu schweren Kämpfen, wo zwei neu hinzugekommene Infanterie-Divisionen, die 303. und 309. (erstere ohne das Grenadier-Regiment 300), der 266. und der 248. Schützendivision bei Kienitz gegenüberstanden. Im weiteren Verlauf des Monats wurden jedoch die Aktivitäten beider Seiten in diesem Abschnitt durch starken Regen und hoffnungslos aufgeweichten, morastigen Untergrund stark beeinträchtigt.[12]

Doch dann, am 2. März gegen 9.00 Uhr, führte die 8. Gardearmee, nach dem Fall Posens nun wieder vollständig, von der Bahnlinie zwischen Neu Manschnow und Reitwein einen größeren Angriff westwärts auf Rathstock und Hathenow. Einer »Feuerwalze« folgte das 11. Panzerkorps mit schätzungsweise 120 Panzern, darunter T-34/85, KW-2 und der JS-1-»Stalin«-Panzer, auf breiter Front. Das Sperrfeuer zerstörte die deutsche Frontlinie, aber die Deutschen antworteten ebenfalls mit einem Sperrfeuer, wodurch es ihnen gelang, die sowjetische Infanterie von ihren Panzern zu trennen. Die sowjetischen Panzer überquerten nun die Reichsstraße 112 zwischen Manschnow und Podelzig und rückten weitere zwei Kilometer vor, bevor sie gegen 11.00 Uhr auf deutsche Panzerabwehr stießen. Dabei wurden etwa zehn sowjetische Panzer zerstört, in denen die I. (»Hetzer«-)Abteilung des Panzer-Regiments »Brandenburg« Seite an Seite mit einer Kompanie von General Andrej A. Wlassows antisowjetischen russischen Truppen kämpfte, die mit Panzerfäusten bewaffnet waren und sich in diesen Kämpfen besonders auszeichneten. Die sowjetische Infanterie wurde währenddessen von deutschem Artilleriefeuer östlich der Straße niedergehalten.

Die II. (»Panther«-)Abteilung des Panzer-Regiments »Brandenburg« trug, unterstützt von zwei Kompanien mit Schützenpanzerwagen der Panzer-Aufklärungs-Abteilung »Kurmark«, am selben Nachmittag einen Gegenangriff vor, der aber von sowjetischer Artillerie zum Stehen gebracht wurde, so daß die Sowjets ihre am Morgen erkämpften Stellungen größtenteils halten und ausbauen konnten.[13]

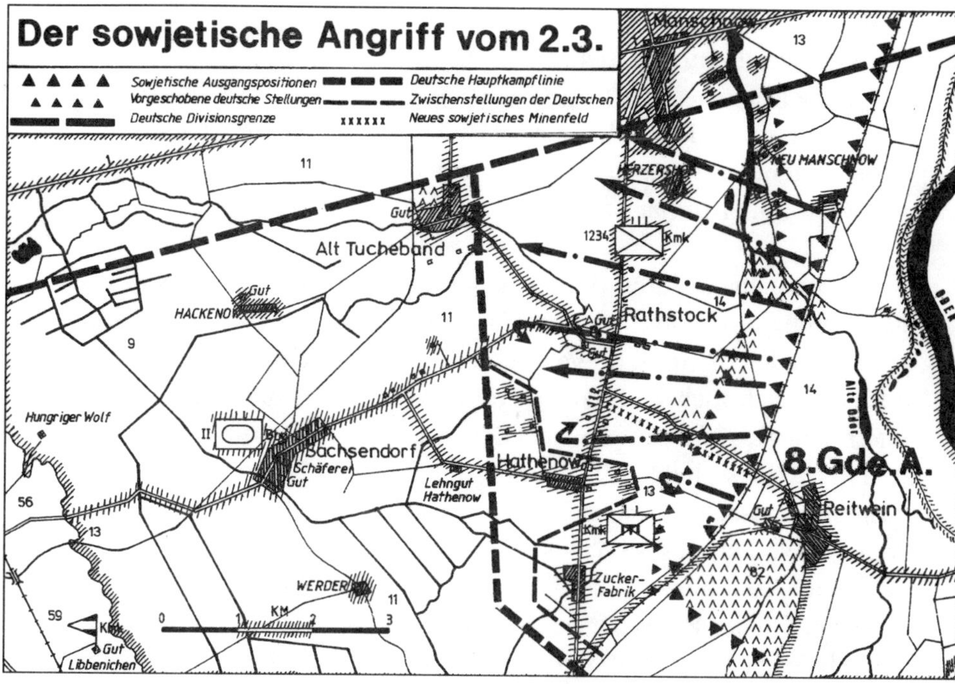

Der Reitweiner Sporn

Im Zuge einer Reorganisation innerhalb der 9. Armee, die am 7. Februar in Kraft trat, wurde die Panzergrenadier-Division »Kurmark‹ unter Oberst Willy Langkeit dem XI. SS-Panzerkorps unterstellt, das von dem tatkräftigen, schneidigen SS-Obergruppenführer und General der Waffen-SS Mathias Kleinheisterkamp befehligt wurde, und dem etwa 30 km langen Frontabschnitt zwischen Kietz und dem Burgwall, einer alten Burgbefestigung auf einem Hügel unmittelbar nördlich von Frankfurt, zugeteilt. Der Divisionsgefechtsstand befand sich im Gut Libbenichen, etwa 500 m östlich der Bahnlinie Dolgelin–Schönfließ. Der ursprüngliche Bestand der Division von

- 1 Panzergrenadier-Regiment (2 Bataillone)
- 1 Panzer-Regiment (»Brandenburg«)
- I. Abteilung mit 35 »Hetzer«-Jagdpanzern
- II. Abteilung mit ca. 50 »Panther«-Panzern

– 1 Panzer-Aufklärungs-Abteilung
  1 Panzer-Pionier-Bataillon
– 1 Nachrichten-Abteilung
– 1 Panzer-Artillerie-Regiment (1 schwere Abteilung, 1 leichte Abteilung, 1 leichte Flak-Batterie)
  Versorgungstruppen

wurde umgehend durch die Einheiten der Division »Raegener« ergänzt und wurde damit Anfang März eine Zeitlang zur stärksten Formation an der Ostfront. Im Verlauf der folgenden zehn Tagen erhielten nach und nach auch die Infanteriekräfte weitere Verstärkung, und zwar durch vier Regimenter, die aus Offiziers- und Unteroffiziers-Anwärtern der Kriegsschulen (KS) in Dresden, Potsdam, Wien und Wetzlar zusammengesetzt waren und am 6., 10. bzw. 17. Februar eintrafen. Im weiteren Verlauf des Monats kamen noch zwei Baubataillone der Organisation Todt hinzu.[14]

Generalmajor Raegener bezog Stellung in dem Gebiet unmittelbar südlich der Festung Frankfurt, wo er aus Resten der 433. und 463. Infanterie-Division, Volkssturm-Bataillonen aus Würzburg und Oberösterreich sowie diversen Alarmeinheiten von Polizei- und Heeresangehörigen die 286. Infanterie-Division formierte.[15]

Währenddessen konnte die Division »Kurmark« ihrem Auftrag nur mit Mühe gerecht werden. Zum Beispiel fehlten ihr am 8. Februar für die Zerschlagung der Feindkräfte am Reitweiner Sporn und an den Oderübergängen bei Göritz immer noch die nötigen Infanterie- und Artilleriekräfte, so daß an einen Angriff nicht einmal zu denken war. Gegen 23.00 Uhr wurde dann schweres Infanterie-Feuer aus dem Gebiet südlich von Lebus gemeldet, das von einem Volkssturm-Bataillon gehalten wurde. Wie sich herausstellte, hatten dort zwei Kompanien der 69. Armee den zugefrorenen Fluß überschritten, um in der Mühlental-Schlucht, die zu dem Weiler Wüste Kunersdorf führte, einen Brückenkopf zu bilden.

Das II. Bataillon des Panzergrenadier-Regiments »Kurmark« wurde mit der Säuberung dieses Brückenkopfes beauftragt, während ein Teil der Panzer-Aufklärungs-Abteilung »Kurmark« das Gebiet zwischen diesem und der Festung Frankfurt zu kontrollieren hatte. Durch

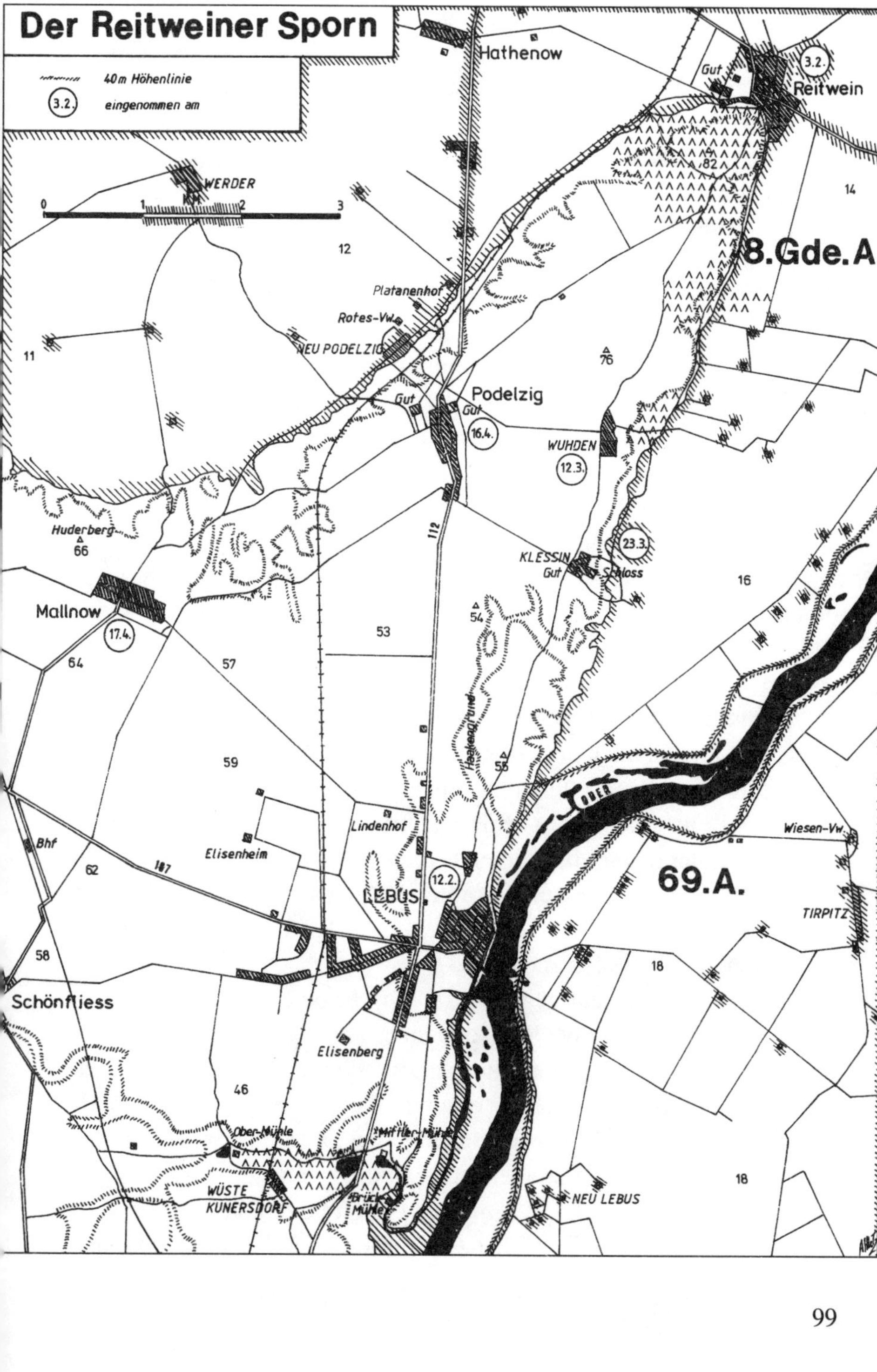
Der Reitweiner Sporn
40m Höhenlinie
3.2. eingenommen am
Hathenow
Reitwein
Gut
3.2.
WERDER
82
14
12
8.Gde.A.
Platanenhof
Rotes-Vw.
NEU PODELZIG
11
76
Podelzig
Gut
16.4.
WUHDEN
12.3.
Huderberg
66
23.3.
KLESSIN
Gut
Schloss
16
Mallnow
17.4.
54
53
64
57
112
59
55
ODER
Lindenhof
Wiesen-Vw.
Bhf
Elisenheim
62
167
12.2.
69.A.
LEBUS
TIRPITZ
58
18
Schönfliess
Elisenberg
46
Ober-Mühle
Mittler-Mühle
WÜSTE
KUNERSDORF
Brück-Mühle
NEU LEBUS
18

den Angriff, der um 4.00 Uhr morgens begann, wurden die Sowjets ans Ostufer der Oder zurückgetrieben. Weitere Versuche, die Oder zu überqueren, wurden in diesem Abschnitt nicht festgestellt.

Dies war jedoch der erste Zusammenstoß mit der 69. Armee westlich der Oder gewesen, und deren Anwesenheit wies auf eine neue Gefahr für die rechten Flanke der »Kurmark« hin. Um dieser Gefahr zu begegnen, mußte nunmehr eine Umgruppierung der Division ins Auge gefaßt werden. Obwohl die Sowjets die ganze Nacht über an der Nordspitze des Reitweiner Sporns beträchtliche Aktivitäten bis zu Kompaniestärke entwickelten und die deutschen Linien dort derzeit nur schwach besetzt waren, wurde auf deutscher Seite die stärkste Bedrohung bei Lebus gesehen. Das II. Bataillon des Grenadier-Regiments »KS Dresden« wurde daher zur Ablösung des RAD-Bataillons nach Lebus verlegt, um den Abschnitt zwischen der Linie Südrand Bahnhof Schönfließ – Lindenhof – Punkt 55 – Wiesen Vorwerk im Norden und der Linie Schönfließ – Südrand Elisenberg – Oder im Süden abzudecken, während dem II. Bataillon des Panzergrenadier-Regiments »Kurmark« der Abschnitt des Volkssturm-Bataillons im Mühlental zugewiesen wurde, wobei die Volkssturmmänner gleich in das Panzergrenadierbataillon übernommen wurden.[16]

Die Ankunft des Infanterie-Regiments »KS Potsdam« am 10. Februar ermöglichte noch am selben Abend einen Angriff, der, von einer Kompanie »Panther« unterstützt, bis an den Waldrand an der Nordspitze des Reitweiner Sporns gelangte, bevor er zum Erliegen kam.[17]

So wogte der Kampf im Gebiet des Reitweiner Sporns besonders an dessen Osthang in einer Reihe erbitterter Angriffe und Gegenangriffe hin und her, bei denen sich beide Seiten die jeweils vorteilhaftesten Positionen zu erkämpfen suchten.

Dann, am 12. Februar gegen 16.00 Uhr, begann die 69. Armee ohne Vorwarnung durch Artilleriefeuer mit etwa zwei Schützendivisionen einen massiven Überraschungsangriff über die noch zugefrorene Oder nach Lebus hinein und zersprengte die dort nur spärlich verteilten Elemente des Grenadier-Regiments »KS Dresden«, in dessen Abschnitt der Ort lag. Die sowjetischen Spitzen brachen sogar bis zur Bahnlinie Küstrin–Frankfurt durch und überquerten sie an mehreren Stellen. Etwa 30–50 T-34/85-Panzer wurden über den Fluß geschafft und beteiligten sich an der Erweiterung des Brückenkopfs nördlich und südlich der Stadt.

Während der Nacht verstärkte die 8. Gardearmee mit Angriffen in Bataillonsstärke ihren Druck auf den Raum Podelzig/Wuhden/Klessin in dem offensichtlichen Versuch, die Reserven der »Kurmark« zu binden, doch die Artillerie der »Kurmark« konnte diese Kräfte in Schach halten. Dies war auch bitter nötig, denn Oberst Langkeit hatte beschlossen, Lebus erste Priorität einzuräumen, und deshalb seine einzige Reserve, das II. Bataillon des Panzergrenadier-Regiments »Kurmark«, von Podelzig abgezogen, um das sowjetische Vordringen durch Besetzung des Westteils von Lebus aufzuhalten. Dort nahm das Bataillon das Elisenheim und warf die Sowjets über die Bahnlinie zurück. Zwischen dem II. Bataillon und dem I. Bataillon in Klessin war jedoch eine zwei Kilometer breite Lücke entstanden, durch die die Stellungen der beiderseits von Mallnow stationierten Divisionsartillerie exponiert wurde. Deshalb erhielt das I. Bataillon den Auftrag, diesen Raum unter Beobachtung zu halten.

Die Panzer-Reserve der Division, die II. »Panther«-Abteilung des Panzer-Regiments »Brandenburg«, stand in Sachsendorf, unmittelbar hinter einem dünnen Infanterie-Schirm im Oderbruch – je einem Bataillon des Infanterie-Regiments »KS Potsdam« und des Pionier-Bataillons »Kurmark« – und hätte Mallnow frühestens um 19.00 Uhr erreichen können. Ein Angriff im Dunkeln und ohne Infanterie-Unterstützung wäre aber wenig erfolgversprechend gewesen. Die »Hetzer«-Kompanien der anderen Abteilung desselben Regiments aber waren zur Unterstützung der Infanterie-Bataillone einzeln auf dem Reitweiner Sporn verteilt und standen daher für einen Gegenangriff nicht zur Verfügung.

Um 17.30 Uhr wurde der Kontakt zum Infanterie-Regiment »KS Dresden« wiederhergestellt. In der ganzen Gegend leisteten kleine Nester des Regiments erbitterten Widerstand, aber zu vielen Zügen war der Kontakt verlorengegangen, und die Verluste waren unbekannt. Die Untereinheiten, zu denen noch Verbindung bestand, befanden sich vor allem südwestlich von Lebus. Oberst Langkeit unterstellte das II. Bataillon des Panzergrenadier-Regiments »Kurmark« dem »KS Dresden« und schickte eine »Hetzer«-Kompanie zur Unterstützung in dessen südwestlichen Abschnitt. Artilleriefeuer wiederum konnte aufgrund der verworrenen Lage nur gegen die sowjetischen Flußübergangspunkte östlich von Lebus gerichtet werden.

Am frühen Morgen des folgenden Tages wurde ein Fahrschulpanzer, ein »Tiger I« der Divisions-Feldwerkstätten, zur Eisenbahnlinie nördlich des II. Bataillons des Panzergrenadier-Regiments »Kurmark« geschickt, um die Lücke zu schließen. Er führte zwar nur fünf Granaten für seine 8,8-cm-Kanone mit, dafür aber reichlich MG-Munition. Das Regiment »KS Dresden« konnte sich im Lauf des Tages neu formieren und bekam zur Unterstützung die SPW-Kompanie der Aufklärungs-Abteilung sowie die 11. (I.G.) Kompanie des Panzergrenadier-Regiments »Kurmark« zugeteilt. Später am Tag kam noch die neu eingetroffene Werfer-Abteilung als Verstärkung hinzu. Die 69. Armee griff mit Panzern und Infanterie von Lebus aus in nordwestlicher Richtung mit Panzern und Infanterie an, doch hielt die Verteidigung stand. Deutsche Gegenangriffe blieben gleichermaßen erfolglos. Zwar hatte die Artillerie der 69. Armee am Ostufer zurückbleiben müssen, doch wurden die Truppen am Westufer durch Pak und Granatwerfer wirksam unterstützt.

In einer Lagebeurteilung hielt der Stab der »Kurmark« am 16. Februar fest, daß sich die Sowjets offenbar nicht der prekären Lage der deutschen Division bewußt gewesen waren, und die vermutete Feindabsicht, die Division vom Reitweiner Sporn zu vertreiben, sei dadurch gescheitert, daß es der 1. Weißrussischen Front nicht gelungen sei, die Aktionen der 8. Gardearmee und der 69. Armee wirksam zu koordinieren. Die Nahtstelle zwischen diesen beiden Armeen verlief dem Anschein nach südlich von Klessin.

Um Mitternacht übernahm die neu gebildete 712. Infanterie-Division den Abschnitt Wüste Kunersdorf / Burgwall und nahm damit etwas Druck von der »Kurmark«.[18]

Das noch unverbrauchte Grenadier-Regiment »KS Wetzlar« stieß am Abend des 16. zur »Kurmark« und ermöglichte kleinere Umgruppierungen innerhalb der Division. Angriffe, die am 17. von dem erschöpften Panzergrenadier-Regiment »Kurmark« gemeinsam mit der II. »Panther«-Abteilung des Panzer-Regiments »Brandenburg« am nördlichen Rand von Lebus unternommen wurden, brachten keinen

Erfolg, da konzentriertes sowjetisches Artilleriefeuer sie jedesmal zurücktrieb. Am nächsten Tag wurden die Infanterie-Elemente in diesen Angriffen durch das Grenadier-Regiment »KS Wetzlar« mit folgendem Auftrag abgelöst:

»... beiderseits der Straße Podelzig–Lebus bis zur Straßenkreuzung in Lebus durchzustoßen und den feindlichen Brückenkopf aufzuspalten.
Der Angriffsschwerpunkt wurde ostwärts der Straße gelegt, und dort wurden auch die Panzer eingesetzt.
Die Vorbereitung und Unterstützung des Angriffs erfolgt durch die Masse der Artillerie und Granat-Werfer der Panzergrenadier-Division ›Kurmark‹, sowie durch eine Staffel Me-109.«

Der Angriff begann um 10.00 Uhr am 18. Februar mit einer 30minütigen Artillerievorbereitung, die von den Sowjets sofort mit einem noch stärkeren Artilleriefeuer beantwortet wurde. Die Infanterie mußte sich eingraben, die Panzer drangen etwa 1500 m vor, bis sie auf starke Panzerabwehrkräfte stießen. Unter diesen Umständen sah sich Oberst Langkeit dazu gezwungen, den Angriff abzublasen, und die Truppen kehrten wieder in ihre Ausgangsstellungen zurück.

Noch am selben Abend erfolgte ein Gegenangriff der 69. Armee in Regimentsstärke. Er überrollte die Stellungen des Grenadier-Regiments »KS Wetzlar« und resultierte in der Einnahme des Lindenhofs. Am folgenden Morgen ging die »Kurmark« erneut zum Angriff über. Das in der Nacht verlorene Gebiet wurde wieder zurückerobert, sowjetische Verstärkungen verhinderten jedes weitere Vordringen.[19]

Inzwischen hatten die Sowjets 50–60 Fischerkähne aufgetrieben, die im Ort gelagert waren, und benutzten sie zur Errichtung einer Pontonbrücke über die Oder, nachdem sie das Eis aufgebrochen hatten, das am 16. ohnehin bereits zu schmelzen begonnen hatte. Als der sowjetische Nachschub nun Tag und Nacht darüber zu fließen begann, wurde die Brücke für die Deutschen zum wichtigsten Zielobjekt.

Die der Division »Kurmark« zur Verfügung stehenden Artilleriekräfte wurden in der zweiten Februarhälfte und Anfang März beträchtlich verstärkt, so durch eine 10-cm-Kanonen-Abteilung, ein schweres Flak-Regiment als Panzerabwehr- und Feld-Artillerie, eine Werfer-Abteilung, zwei Haubitzen-Batterien, ein schweres Granatwerfer-Bataillon mit 36 12-cm-Werfern, zwei 28-cm-Fernkampf-Eisenbahnkanonen »K5« sowie einige schwere Sfl-Einheiten. Mit der Abrufmöglichkeit des örtlich aufgestellten Volks-Artillerie-Korps 404 konnte die Division »Kurmark« schließlich auf maximal 250 Rohre zu ihrer Unterstützung zählen, und die Zusammenarbeit bei der Bereitstellung von Artillerieschutz für die Infanterie funktionierte ausgezeichnet. Außerdem war sie aufgrund der außergewöhnlich reichen Munitionsvorräte in der Lage, eine Fläche von 11 000 m^2 mit bis zu 8000 Granaten zu belegen, um einen Infanterie-Angriff zu unterstützen bzw. abzuwehren. Nach Einschätzung einiger Veteranen des Ersten Weltkriegs war die Situation am Reitweiner Sporn in bezug auf die Schlagkraft der Artillerie beider Seiten vergleichbar mit der Situation 1916 um das Fort Douaumont im Festungsgürtel von Verdun.

Für die Zerstörung der Brücke bei Lebus wurden zwei schwere Granatwerfer-Batterien eigens herbeigeschafft, von denen eine mit zwei 21-cm-, die andere mit zwei französischen 20-cm-Granatwerfern ausgestattet war. Große Mühe wurde darauf verwandt, die Sowjets an ihrer Lokalisierung zu hindern. Drei Tage wurden benötigt, um sie in den Eisenbahn-Durchstichen 1,5 km westlich von Lebus möglichst geräuschlos in Stellung zu bringen. Wenn sie feuerten – und das taten sie im Durchschnitt alle zwei Stunden –, so stets begleitet von Artillerie und Granatwerfern kleinerer Kaliber, um ihre Lokalisierung durch Horchgeräte oder Flugzeuge zu verhindern. Etwa ein- bis dreimal pro Tag gab es Volltreffer auf die Brückenbeplankung, doch wurde der Schaden von sowjetischen Pionieren jeweils sofort wieder behoben, so daß die Brücke fast ohne Unterbrechung in Betrieb bleiben konnte.

Eines Nachts wurden von der 9. Armee Kampfschwimmer eingesetzt, die stromaufwärts bei Frankfurt in die Oder stiegen und versuchen sollten, die Brücke zu sprengen, doch sie wurden von den Sowjets im Wasser entdeckt und erschossen. Keiner erreichte die Brücke. Später wurde versucht, mit leicht entzündlichem Öl und Sprengstoff gefüllte Ölfässer von Wüste Kunersdorf aus auf dem Wasser zur Brücke treiben zu lassen. Eine der Tonnen explodierte frühzeitig, und die anderen wurden mit Handfeuerwaffen zur Explosion gebracht, bevor sie die Brücke erreichen konnten. Ähnliche Versuche, eine Schiffsbrücke bei Kalenzig von Küstrin aus zu zerstören, schlugen ebenfalls fehl.[20]

Am Abend des 2. März brachen 36 sowjetische Panzer über die Abhänge zwischen dem Reitweiner Sporn und der Linie der Seelower Höhen, wo die Artillerie der Division »Kurmark« konzentriert war, nach Mallnow durch, doch die meisten wurden dabei zerstört, und am folgenden Tag fielen weitere sowjetische Panzer einem Angriff von Oberst Rudels Panzerjäger-Stukas zum Opfer.[21]

Der Kampf um den Reitweiner Sporn wurde mit unverminderter Heftigkeit fortgeführt. Hart umkämpft waren vor allem die Weiler Wuhden und Klessin, die Schlüsselstellungen am Osthang bildeten. Durch einen nächtlichen Angriff der Sowjets, den Sporn hinunter in südlicher Richtung, wurden die Deutschen am 6. März bis zum Ostrand von Podelzig zurückgeworfen. Das Bataillon des Infanterie-Regiments »KS Potsdam« wurde in Wuhden eingeschlossen und mußte sich auf Rundum-Verteidigung einstellen. Ein Entlastungsangriff am folgenden Tag kam in sowjetischem Artilleriefeuer zum Erliegen und erreichte Wuhden nicht. Daraufhin erklärte Hitler per Führer-Befehl Wuhden zur Festung – ungeachtet der Tatsache, daß der Ort dafür völlig ungeeignet war und außer einem Kartoffellager und einem einzigen Brunnen über keinerlei Vorräte verfügte. Nachschub auf dem Luftweg wurde beschlossen und ein Transportflugzeug eingeteilt, das nachts Vorräte über dem Ort abwerfen sollte, doch dies erwies sich als impraktikabel, da die Sowjets prompt ihre Flak zum Einsatz brachten. Korpskommandeur SS-General Kleinheisterkamp befahl daraufhin einen Panzer-Vorstoß zum Entsatz des Ortes, doch dieser kam wegen des massiven Panzerabwehrfeuers kaum über die Ausgangsstellungen hinaus. Mehr Erfolg hatten drei »Panther« des Panzer-Regiments »Brandenburg«, die während der folgenden Nacht auf der Landstraße Podelzig–Wuhden vorrückten. Zwar wurde der erste Panzer zerstört und der zweite beschädigt, doch kam dieser zusammen mit dem dritten Panzer durch, einem Meldefahrzeug mit Funkbesatzung, das die Verbindung zwischen den eingeschlossenen Einheiten und der Division herstellte. Mit der ersten Meldung nach draußen stellte sich allerdings heraus, daß die meisten Offizierskadetten und Subalternen, aus denen das Bataillon bestand, bereits gefallen oder verwundet waren und die Kampfstärke sich nur noch auf 150–160 Mann belief. Sie hatten keinen Sanitätsoffizier zur Versorgung der Verwundeten und waren dauernden Angriffen der sowjetischen Infanterie und pausenlosem Granatfeuer ausgesetzt.

Alle Versuche der »Kurmark«, die Genehmigung zum Ausbruch zu erlangen, wurden vom Korpsstab mit der Begründung abgewiesen, dies widerspreche dem Führer-Befehl, durch den Wuhden zur Festung erklärt worden sei. Oberst Langkeit gab schließlich in eigener Verantwortung den Befehl zum Ausbruch am 12. März, nachdem das Kartoffellager und der Brunnen zerstört und von den ursprünglich 400 Mann nur noch 80 marschfähig waren. Die Verwundeten mußten zurückgelassen werden. Wuhden wurde von der »Kurmark« für weitere vier Tage als besetzt gemeldet, bis schließlich vom OKW die Erlaubnis zur Evakuierung eintraf. Sämtliche Fähnriche wurden noch am gleichen Tag per Führer-Sonderbefehl zum Leutnant ernannt, und alle Überlebenden der Belagerung von Wuhden erhielten zwei Wochen Urlaub, um sich in der Divisionsetappe zu erholen.[22]

Ein ähnliches Schicksal wie Wuhden erlitt der Weiler Klessin im weiteren Verlauf des Monats. Klessin war seit dem 7. März von Teilen des II. Bataillons des Grenadier-Regiments 1242 (des früheren Infanterie-Regiments »KS Wetzlar«) unter dem Befehl von Oberleutnant Schöne gehalten worden.[23] Doch am 10. März gelangten die Sowjets durch einen Hohlweg südlich des Weilers mit Hilfe einiger Panzerkräfte auf die Verbindungsstraße von Podelzig nach Klessin, wodurch sie den Ort abriegelten. Noch in derselben Nacht gelang dem Grenadier-Regiment 1242, ebenfalls mit Panzern, ein Gegenangriff, durch den die Verbindung zum Ort wiederhergestellt und ein T-34 zerstört wurde. Gegen Mittag des folgenden Tages griffen die Sowjets die deutschen Kräfte nördlich Klessins in Bataillons-Stärke an und schafften nach erbitterten, hin und her wogenden Kämpfen einen Durchbruch der deutschen Frontlinie, der nur unter Aufbietung der letzten Reserven wieder geschlossen werden konnte. In der Nacht vom 11. zum 12. März durchbrachen sowjetische Einheiten die deutschen Linien an der Nahtstelle zwischen den Grenadier-Regimentern 1242 und 1235, wandten sich dann nach Süden und schnitten Klessin ein zweites Mal ab, wodurch sie die nördlich des Orts kämpfenden Truppen zurück in den Ort zwangen. So blieb nur eine Reihe schwacher und bei Tage unhaltbarer Stellungen zwischen den deutschen Stellungen auf Punkt 54,2 und Klessin.

Im Schutz der Dunkelheit gelang es einigen Panzern und Schützenpanzerwagen (SPW) in der Nacht vom 12./13. März, Nachschub in den Ort zu bringen und die Verwundeten zu bergen, obwohl die SPW auf dem Rückweg in starkes Feindfeuer gerieten.

Ein Gegenangriff am folgenden Abend durch das Grenadier-Regiment 1242, unterstützt vom Bataillon des Regiments »Feldherrnhalle« und dazu bestimmt, die Garnison Klessin zu befreien und mit Nachschub zu versorgen, endete erfolglos und mit schweren Verlusten. Obwohl es in den nächsten Tagen nur zu kleineren Scharmützeln kam, erhöhte sich die Zahl der Opfer weiterhin aufgrund des pausenlosen Hagels von Mörsergranaten auf den Ort, begleitet von Panzerfeuer aus Wuhden. Die Verwundeten mußten im Bataillonsgefechtsstand und dem darunterliegenden Keller untergebracht und vom Sanitätsoffizier unter den schwierigsten Bedingungen versorgt werden. Die Kommunikation erfolgte sowohl über das Kommando- wie auch das Artilleriefunknetz. Letzteres ermöglichte es, das Feuer auf sowjetische Aufmarschstellungen oder gegen die angreifenden Truppen selbst zu lenken, was der Verteidigung sehr zugute kam.

In der Nacht vom 15. zum 16. März richtete das Grenadier-Regiment 1242 einen erneuten Angriff auf die sowjetischen Blockadestellungen westlich Klessins, und in einem gewagten Vorstoß durch die Minenfelder gelang zwei Panzern unter dem Befehl von Leutnant Eimer vom Panzer-Regiment »Brandenburg« der Durchbruch. Sie brachten zwölf Infanteristen mit, wodurch die Besatzung der Garnsion auf insgesamt 195 Mann aller Dienstgrade verstärkt wurde. Die Sowjets reagierten unmittelbar mit Gegenangriffen von Norden und Süden und sperrten Klessin erneut ab.

Das Versorgungsproblem wurde teilweise durch noch im Dorf befindliche Vorräte behoben, darunter einige Schafe, Kartoffeln und ein Sack Erbsen. Am 17. März um 16.00 Uhr unternahm dann die Luftwaffe einen ersten Versuch, Nachschub über Klessin abzuwerfen – vergebens, denn sämtliche Behälter landeten in den sowjetischen

Schützengräben unmittelbar östlich des Schlosses. Zwei Tage später gelang der Abwurf von dreizehn Vorratsbehältern direkt auf die Hauptstraße in der Ortsmitte, doch wurde die Bergung bis zum Einbruch der Dunkelheit von sowjetischem Panzer- und Maschinengewehrfeuer verhindert. Der Erfolg dieser Aktion trug beträchtlich zur Hebung der Kampfmoral bei.[24]

Am 18. März drangen Einheiten der 69. Armee bei Lebus bis zum Bahnhof Schönfließ vor, wurden dann aber wieder auf ihre Ausgangsstellung, die Bahnstrecke Küstrin–Frankfurt, zurückgeworfen.[25]

Am 20. März um 5.15 Uhr rückte das Grenadier-Regiment 300 (von der 309. Infanterie-Division »Döberitz« abkommandiert) im Schutz eines massiven Artilleriesperrfeuers auf Klessin vor. Das Regiment hatte zwei oder drei Tage Zeit gehabt, den Angriff vorzubereiten, mittels dessen die belagerten Truppen entsetzt und eine sichere Verbindung zu den Linien des Grenadier-Regiments 1242, wo der Angriff auch seinen Ausgang nahm, sichergestellt werden sollte, doch in letzter Minute wurde die bereits zugesagte Panzerunterstützung wieder entzogen. Hauptmann Böge, Kommandeur des II. Bataillons des Regiments, erreichte Klessin innerhalb von 15 Minuten mit einigen seiner Männer sowie Pionieren vom Panzer-Pionier-Bataillon »Kurmark«. Die Verluste waren hoch, nur etwa 45 Mann gelangten tatsächlich bis Klessin, wo Oberleutnant Schöne das Kommando an Böge übergab. Die Sowjets reagierten unmittelbar mit schwerem Artilleriefeuer und gleichzeitigen Angriffen von Norden und Süden und gewannen ihre Blockadestellungen bald zurück, wobei sie die Truppen des Grenadier-Regiments 300 auf ihrem Weg systematisch aufrieben. Dieses mußte um 23.30 Uhr mit den wenigen verbliebenen Kräften zu einem erneuten Angriff antreten, der aber ebenfalls unter schwerem sowjetischem Artilleriefeuer und hohen Verlusten scheiterte.[26]

Am 22. März lag Klessin den ganzen Tag unter massivem Feuer von Artillerie, Granatwerfern, Panzern und Maschinengewehren. Die Kampfstärke der Verteidiger fiel dramatisch, beide Panzer wurden zerstört und der Ostteil des Schlosses von den Sowjets besetzt.

Am folgenden Morgen kämpften sich sowjetische Soldaten im Schloß voran und reduzierten die deutschen Verteidigung auf eine Sperrlinie unmittelbar westlich davon. Zwei sowjetische Panzer, eine

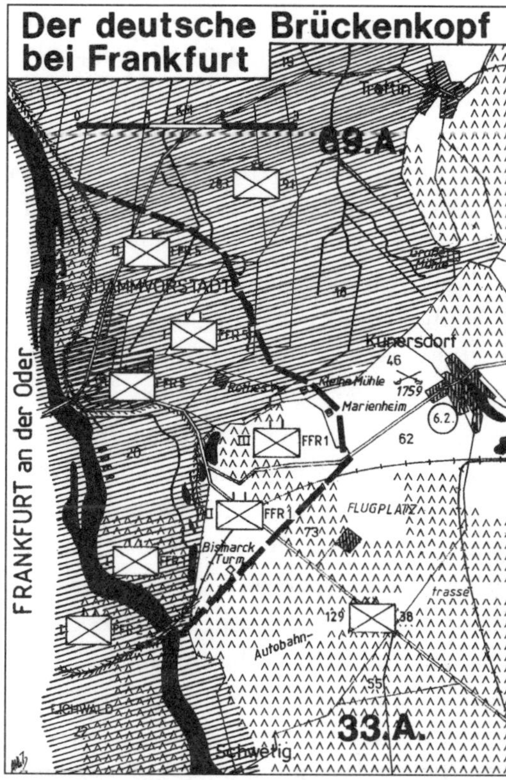

Pak und mehrere schwere Maschinengewehre nahmen dann den Ort aus der Deckung des Schlosses unter Beschuß und feuerten während des ganzen Tages auf die deutschen Schützengräben, so daß die deutschen Verluste weiterhin bedrohlich anwuchsen. Zwei Breschen in der deutschen Verteidigungslinie auf der Nordseite Klessins konnten zwar mit den wenigen vorhandenen Kräften noch einmal geschlossen werden, doch nun war fast jeder Soldat der Garnison verwundet. Gegen Mittag nahmen die restlichen, noch nicht verwundeten Soldaten Verteidigungsstellungen um den Bataillonsgefechtsstand im Westteil Klessins ein, wo sie auch einen Teil der Verwundeten unterbringen konnten. Die Sowjets drangen weiter in die Ortschaft ein und splitterten dabei die Garnison in mehrere voneinander isolierte Gruppen auf.

Am Abend kam das Signal von der Division: »Auftrag erfüllt; durchkämpfen!« Hauptmann Böge gab Befehl, sich in den Kartoffelmieten am Westrand des Orts zu sammeln, um im Schutz der Dunkelheit auszubrechen. So viele Verwundete wie möglich wurden zum Sammelplatz gebracht, während sich Oberleutnant Schöne mit einigen Männern aufmachte, um den sowjetischen Druck von Osten her aufzuhalten. Durch schweren Beschuß mit Granatwerfern und Maschinengewehren ging der Kontakt zu Schönes Männern jedoch verloren.

Mit Hilfe einer geschickt dirigierten Feuerzusammenfassung gelang es dem Großteil von Böges Männern, in dichtem Staub und Rauch die Mulde südlich von Klessin genau in dem Augenblick zu erreichen, als etwa 20 bis 30 Sowjetsoldaten mit schußbereiten Waffen von Süden her dort eindrangen. Zu ihrem Glück fanden die Deutschen in der Mulde einige zuvor vom Feind erbeutete Panzerfäuste, die sie nun gegen die Sowjetsoldaten einsetzen konnten, von denen viele getötet wurden. Im Schutz von Staub und Qualm des eigenen Artilleriefeuers kämpften sich Hauptmann Böge und seine Männer schließlich durch die sowjetischen Sperren. 26 Mann erreichten die deutschen Linien, denen nach einiger Zeit auch Oberleutnant Schönes Gruppe folgte, von der 30–35 Mann durchkamen.

In der Nacht vom 22. auf den 23. März drangen 36 sowjetische Panzer bis Mallnow vor, wo die Artilleriekräfte der Division »Kurmark« konzentriert waren, bevor der Durchbruch aufgehalten und die meisten der Panzer zerstört werden konnten.[27]

Die Südflanke

Am 13. Februar besuchte Reichspropagandaminister Goebbels die Garnison Frankfurt in Begleitung von General Busse. Dessen Kandidat für den Posten des Festungskommandeurs, Oberst Ernst Biehler, wie Busse ein gebürtiger Frankfurter, erhielt die Ernennung zwei Tage später. Die Besatzung der Stadt belief sich schließlich auf etwa 30 000 Mann, 100 Geschütze, 22 mobile und 25 eingegrabene Panzer.[28]

Der Grund für Goebbels' Besuch war, daß er sich selbst ein Bild von der Lage an der Front machen und die Soldaten zu größeren Anstrengungen anspornen wollte, den Brückenkopf als Ausgangsbasis für einen Vorstoß auf Posen zu halten. (Posen fiel am 22. Februar nach fünfwöchiger Belagerung, wodurch mehr russische Soldaten für die

Oderfront frei wurden.) Unmittelbare Folge dieser Ermahnungen war ein Angriff, der am folgenden Tag durch Alarm-, Polizei- und Volkssturm-Einheiten von Güldendorf und Lossow aus gegen den Eichwald-Brückenkopf geführt wurde, doch blieb dieser Angriff im Artilleriefeuer der Sowjets vom Ostufer aus stecken. Im Verlauf des Gefechts zerstörte eine verirrte Granate einen Straßentunnel unter dem nördlichen Eisenbahndamm. 50 Mann mit einem Sturmgeschütz, die dort Schutz gesucht hatten, wurden verschüttet.[29]

Weiter südlich, nahe Fürstenberg, wurde Ernst-Christian Gädtkes Sturmgeschütz-Einheit am 10. Februar in 1. Kompanie der SS-Panzerjagd-Abteilung 32 umbenannt, die der neugegründeten 32. SS-Freiwilligen-Grenadier-Division »30. Januar« angehörte. Dieses neue Bataillon bestand zum Großteil aus ehemaligen Mitgliedern der 16. SS-Panzergrenadier-Division »Reichsführer SS«, die von Korsika und Sardinien abgezogen worden war und über modernere Sfl IV verfügte, von denen einige auch an die 1. Kompanie ausgegeben wurden, um deren veraltetes Gerät zu ersetzen.[30]

Am 28. Februar konnten deutsche Einheiten den größten Teil Vogelsangs zurückerobern, nachfolgende Versuche jedoch, den restlichen Ort zu befreien, scheiterten unter schweren Verlusten, vor allem wegen mangelnder Unterstützung durch schwere Waffen. Inzwischen versuchten auch die Sowjets, den Ort einzunehmen und somit näher an Fürstenberg heranzukommen, doch beiden Seiten fehlte es an Kampfkraft, um das gesteckte Ziel zu erreichen.[31]

Der Zermürbungskrieg fordert seinen Preis

Die 9. Armee war mit ihrer Aufgabe, die Brückenköpfe zu zerstören, weitgehend überfordert. Trotz laufender Verstärkungen schrumpfte die Truppenstärke aufgrund der Verluste in den anhaltenden Kämpfen ständig. Mitte März bestand der Infanterieanteil ihrer meisten Divisionen nur noch aus weniger als 4000 Mann. Allein die 712. Infanterie- und die Panzergrenadier-Division »Kurmark« verloren zwischen dem 6. Februar und dem 11. März über 2000 Mann, während sich die Verluste der 9. Armee zwischen dem 1. Februar und dem 19. März auf insgesamt 35 000 Gefallene, Verwundete oder Vermißte beliefen.[32] Das erschreckende Ausmaß dieser Verluste läßt sich im Vergleich zur Gesamtstärke dieser Armee erkennen, die am 11. März nur noch 50516 Mann zählte, nachdem sie insbesondere in der ersten Februarhälfte schwere Verluste hatte hinnehmen müssen.[33]

Die sowjetischen Verluste in diesem Zeitraum waren nicht minder umfangreich. General Rosly stellte später den 961 Gefallenen und Verwundeten seines 9. Schützenkorps (5. Stoßarmee) bei der Weichsel-Oder-Operation den Verlust von 3154 Mann in den ersten zehn Februartagen bei einem Gesamtverlust von 6177 Mann zwischen dem 1. Februar und dem 15. April 1945 gegenüber.[34]

Anschaulich dargestellt wird die Lage der im Oderbruch kämpfenden deutschen Soldaten von Fritz Kohlase, nachdem er zum Füsilier-Bataillon 303 im Abschnitt Neu Lewin / Kienitz versetzt wurde. Er schrieb:

»Seit Anfang Februar lag das Füsilier-Bataillon im Oderbruch. Es wurde nur zu eine Nacht oder einen Tag dauernden Einsätzen herangezogen und lag ansonsten einige Kilometer hinter der vordersten Linie, in Erwartung des nächsten Angriffsbefehls. Obwohl nur kurz, verliefen diese Unternehmen doch sehr verlustreich. Die Verlustquote betrug je Einsatz etwa 50 Prozent. ... Auch die Ausfälle an Waffen und Gerät waren beträchtlich. Die Pausen zwischen den Einsätzen reichten zur Auffüllung mit Menschen und Material nicht aus.

Als ich Anfang März zur 2. Kompanie kam, besaß sie nur noch eine Kampfstärke von etwa 30 Mann. Bis Mitte des Monats stieg sie wieder auf 50 Köpfe.

In den anderen Kompanien sah es ähnlich aus. Anfang Februar waren sie mit voller Stärke, das heißt, mit gut 100 Mann, an die Front gegangen. Ihre Ausfälle widerspiegelten die Härte der Kämpfe an der Oderbruch-Front.

Die drei Infanterie-Kompanien waren anfangs überwiegend mit dem Sturmgewehr 44 ausgestattet gewesen, jetzt hatte es höchstens jeder vierte noch. Es fehlte an lebensnotwendigem Gerät wie Feldspaten, Leuchtpistolen und auch an Zeltbahnen, Pistolen und Feldstechern. Allein die Fahrräder waren erhalten geblieben und machten das Bataillon in dieser Gegend beweglich, ohne Kraftstoff zu verbrauchen.«[35]

Die mangelnde Nachrüstung der 9. Armee mit Mann und Gerät und die personellen Verluste, die sie bei den vergeblichen Versuchen erlitt, die Sowjets zurück über die Oder zu treiben, führten General Busse zwangsläufig dazu, statt weiterhin erfolglos auf die Brückenköpfe einzuschlagen, sich lieber darauf zu konzentrieren, den Korridor dazwischen, der zur Garnison von Küstrin führte, freizuhalten und ein weiteres Vordringen der Sowjets am Reitweiner Sporn zu verhindern.

Truppenaufstellung der Deutschen

Um den 15. März hielt die 9. Armee die Küstriner Brückenköpfe mit folgenden Kräften in Schach: an der Nordflanke zwischen dem Hohenzollern-Kanal und Kienitz mit der 606. Infanterie-Division, der 309. Infanterie-Division »Berlin« und der 303. Infanterie-Division »Döberitz« des CI. Armeekorps. Für den Abschnitt von Kienitz bis vier Kilometer südlich von Lebus (d. h. bis zum Burgwall) war das XI. SS-Panzerkorps mit seiner Panzer-Division »Müncheberg«, der 25. Panzergrenadier-Division, der Panzergrenadier-Division »Kurmark«, der 712. Infanterie-Division sowie der Festung Küstrin zuständig. Außer der 25. Panzergrenadier-Division waren alle diese Verbände erst kurz zuvor neu aufgestellt worden. Wie bereits erwähnt, verfügte die 9. Armee auch über zwei Volks-Artillerie-Korps beiderseits von Seelow und wurde außerdem von der 4. Luftdivision der 6. Luftflotte mit ungefähr 300 Flugzeugen sowie der 23. Flak-Division unterstützt.[36]

Ende März wurde die 9. Fallschirmjäger-Division vorübergehend der 9. Armee angegliedert. Sie wurde zwischen der 309. und der 303. Infanterie-Division eingefügt und übernahm die Stellungen der letzteren bei Zechin. Das Fallschirmjäger-Regiment 25 an der linken Flanke hatte seinen Gefechtsstand in Letschin, das 27. Fallschirmjäger-Regiment an der rechten Flanke in Neu Langsow, während der Divisionsgefechtsstand von General der Fallschirmtruppe Bruno Bräuer in Neuenhäuser bei Platkow eingerichtet wurde.[37]

Der Korridor und die Festung Küstrin

Die Festung wird belagert

Während des ganzen Monats Februar und Anfang März konnten die 5. Stoßarmee, die 8. Gardearmee und die 69. Armee ihre Brückenköpfe im Oderbruch und auf dem Reitweiner Sporn ausbauen und nach und nach ausweiten. Das am 4. Februar befohlene Ziel Marschall Schukows, diese Brückenköpfe miteinander zu vereinigen, war jedoch noch immer nicht erreicht, da die Festung Küstrin als Schlüsselstellung mit dem Warthebruch im Hinterland noch immer in deutscher Hand war und sich wie ein Keil zwischen die sowjetischen Streitkräfte im Oderbruch schob.

Im Lauf der Jahrhunderte hatte sich Küstrin von einer befestigten Stadt mit ihrer Zitadelle am Zusammenfluß von Warthe und Oder zu einer massiven Festung entwickelt, welche die eigentliche Altstadt (Küstrin-Altstadt) umfaßte, dazu die Außenbezirke Küstrin-Neustadt am Nordufer der Warthe, die Oder-Insel sowie Küstrin-Kietz und Küstrin-Kuhbrücken-Vorstadt am Westufer der Oder. Verteidigungsanlagen bzw. Bastionen gab es außerdem an den Zufahrten zu den Brücken, die in die Festung führten.

Ursprünglich floß die Warthe südlich um die Stadt herum, aber ein Kanal, der zur Entlastung bei Hochwasser im Osten der Stadt angelegt worden war, hatte sich über die Jahre zum Hauptbett des Flusses entwickelt. Das ursprüngliche Mündungsgebiet verschlammte, und das Terrain, auf dem die Altstadt lag, wurde zur Halbinsel. Zwei Straßen und zwei Eisenbahnlinien vereinigten sich, jeweils von Süden und Südosten her kommend, an der Südostecke der Befestigungen. Die Straße und die Eisenbahnlinie führten dann weiter außen an der Altstadt vorbei, kreuzten sich auf der Halbinsel und überquerten die Warthe auf separaten Brücken nach Küstrin-Neustadt hinein.

Die von Berlin kommende Reichsstraße 1 führte über die in der Oderbiegung gegenüber der Festung liegende Oder-Insel auf die Halb-

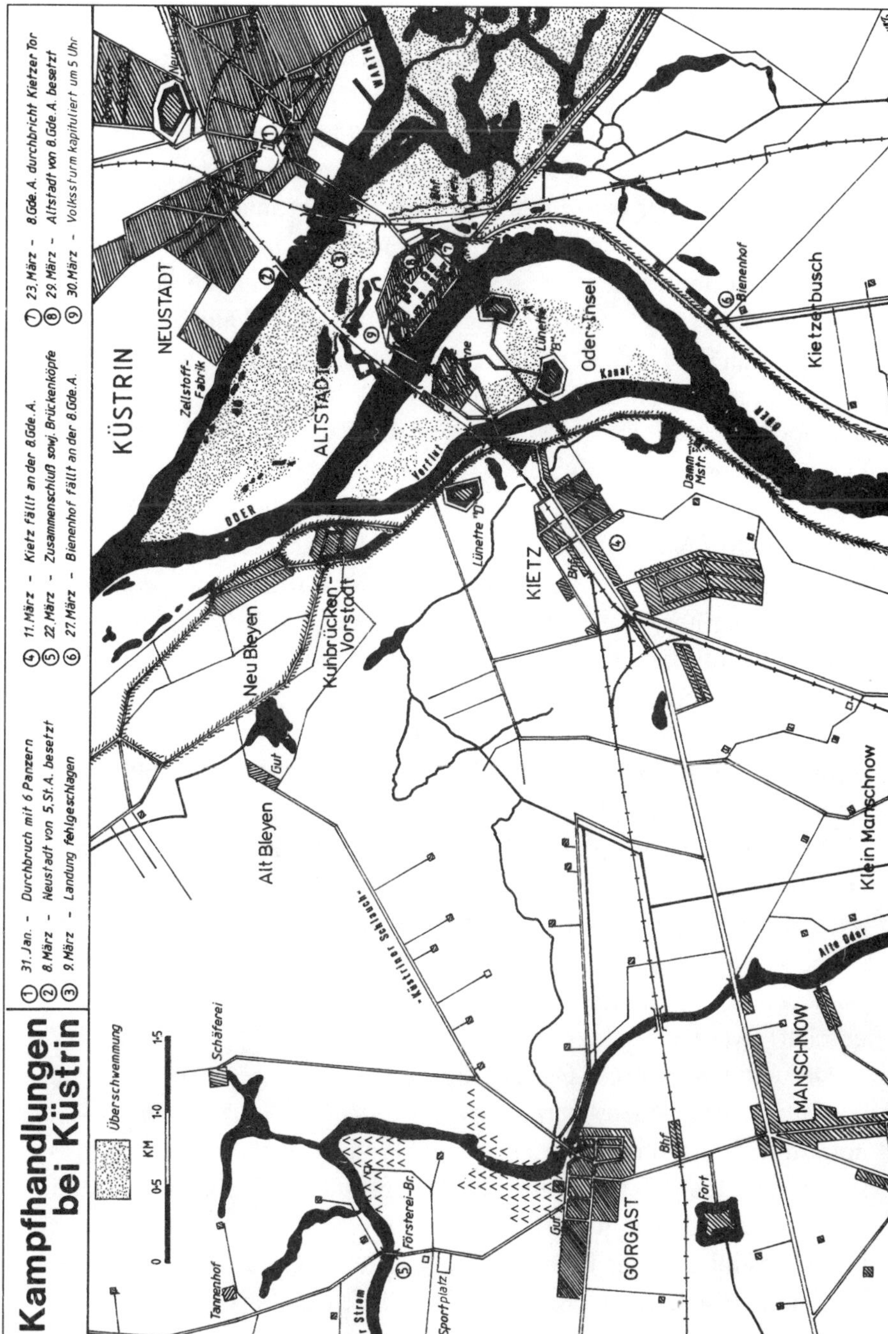
Kampfhandlungen bei Küstrin
① 31. Jan. - Durchbruch mit 6 Panzern
② 8. März - Neustadt von 5. St.A. besetzt
③ 9. März - Landung fehlgeschlagen
④ 11. März - Kietz fällt an der 8. Gde. A.
⑤ 22. März - Zusammenschluß sowj. Brückenköpfe
⑥ 27. März - Bienenhof fällt an der 8. Gde. A.
⑦ 23. März - 8. Gde. A. durchbricht Kietzer Tor
⑧ 29. März - Altstadt von 8. Gde. A. besetzt
⑨ 30. März - Volkssturm kapituliert um 5 Uhr
Überschwemmung
0 0·5 KM 1·0 1·5
KÜSTRIN
NEUSTADT
ALTSTADT
Zellstoff-Fabrik
WARTHE
ODER
Oder-Insel
Kanal
Vorflut
KIETZ
Bhf
Lünette "D"
Lünette "B"
Damm Mstr.
Kuhbrücken-Vorstadt
Neu Bleyen
Alt Bleyen
Gut
Bienenhof
Kietzerbusch
Klein Manschnow
MANSCHNOW
Alte Oder
GORGAST
Fort
Schäferei
Tannenhof
Försterei-Br.
Sportplatz
Küstriner Schlauch

insel, dort entlang beschädigter Bollwerke nördlich um die Altstadt herum zu der Straßenbrücke nach Küstrin-Neustadt. Etwa 150 m nördlich der Reichsstraße 1 überquerte die von Berlin kommende Haupt-Eisenbahnlinie ebenfalls die Oder-Insel, bevor sie über eine dritte Warthe-Brücke nach Küstrin-Neustadt hineinführte.

Der Zustand der ursprünglichen Befestigungsanlagen war 1945 in keiner Weise vergleichbar etwa mit Posen. Sie waren bereits vor 1914 aufgelassen und nach 1918 geschleift worden. Dennoch lag die Altstadt geschützt am Oderufer, umgeben von einem Waldgürtel, der im Südosten an die Reste der äußeren Bastionen stieß und in ausgedehntes feuchtes Wiesenland überging, das sich bis zum Warthe-Ufer und der Nordspitze der Halbinsel an ihrer Mündung in die Oder erstreckte. Durch gezieltes Fluten waren nicht nur diese Wiesen überschwemmt worden, sondern auch das gesamte Warthe-Mündungsgebiet im Südosten. Küstrin-Neustadt war eine moderne Industriestadt, während sich auf der Oder-Insel eine Artilleriekaserne der Artillerie und der Bahnhof der Küstriner Altstadt befanden. In Kietz, dem Knotenpunkt zweier Eisenbahnlinien, gab es südlich des ursprünglich ländlichen Dorfkerns die moderne »Deutschland-Siedlung«, im Norden gesäumt von Einfamilienhäusern, die für die von den Nazis auserwählten Großfamilien vorgesehen waren. Ein weiterer Vorort, der Weiler Kuhbrücken-Vorstadt, lag geschützt in einer von Deichen umgebenen Mulde.

Als am 31. Januar sowjetische Panzer überraschend in Küstrin-Neustadt einrückten, war die Stadt auf eine Belagerung nicht vorbereitet. Es gab weder genügend Soldaten zur Verteidigung noch ausreichend Waffen und Munition. Diese mußten später durch den Korridor zwischen den beiden sowjetischen Brückenköpfen nachts zur Festung geschafft werden.

Der von Himmler als Festungskommandant vorgesehene SS-Gruppenführer und Generalleutnant der Waffen-SS Heinz-Friedrich Reinefarth traf erst am 2. Februar in der bereits vollständig eingeschlossenen Stadt ein. Als Feldwebel des Heeres hatte Reinefarth das Ritterkreuz erhalten, war danach zur Waffen-SS übergewechselt, wo er rasch aufstieg und das Eichenlaub zum Ritterkreuz erhielt. Zweifellos zeichnete er sich durch besondere Standhaftigkeit aus, doch hatte ihm seine Beteiligung an der brutalen Niederschlagung des Aufstands der polnischen Heimatarmee im Jahr zuvor den Beinamen »Schlächter von Warschau« eingebracht.

Mit dem Bau von Verteidigungsanlagen in und um die Stadt wurde sofort begonnen. Um die Küstriner Neustadt wurden äußere Befestigungsanlagen und drei Reihen von Schützengräben angelegt. Volkssturmeinheiten legten Feuergräben auf den alten Bastionen der Zitadelle an und besetzten Verteidigungsstellungen auf den Wiesen unterhalb der alten Stadtbefestigung. Ein breiter, beidseitig mit Schutzwällen gesicherter Graben wurde als Panzersperre vor dem Kietzer Tor am südlichen Altstadtrand vorbereitet. Diese Maßnahme war erforderlich geworden, nachdem zwei sowjetische Panzer mehrere hundert Meter auf der Göritzer Chaussee vorangekommen waren, bevor sie von den Verteidigern gestoppt werden konnten. Einige erbeutete Geschütze wurden als Teil einer Panzersperre jeweils an beiden Enden der Oder- und Warthebrücken aufgestellt, die von anderen Fahrzeugen im Zickzackkurs zu umfahren waren. In einer Straße wurden sämtliche Bäume gefällt, um eine Landebahn für leichte Flugzeuge zu schaffen, die jedoch nie genutzt wurde. Auch an den südlichen Ausfallstraßen von Kietz wurden Panzersperren errichtet.[1]

Inzwischen wurde der wichtige Zugangs- und Versorgungskorridor, von den Deutschen »Schlauch« genannt, bis zum 9. Februar von der 21. Panzer-Division, danach von Einheiten der 25. Panzergrenadier-Division bis zu deren Ablösung in der Nacht des 19./20. März offengehalten. Abgesehen von einer kurzen Unterbrechung am 13. März wurde die Stadt über diesen Zugang bis zum 22. März versorgt. Voll im Blickfeld der Sowjets, von Gorgast bis zur Eisenbahnbrücke über den Vorflutkanal etwa sechs Kilometer lang und drei bis fünf Kilometer breit, verlief diese Route über die Stellung beim Gut Alt Bleyen und konnte nur nachts von Kettenfahrzeugen benutzt werden.[2]

Raketenbeschuß aus »Stalinorgeln« richtete am 5. und 7. Februar erhebliche Schäden in der Neustadt an, und ein Großbrand legte ein weites Gebiet in Schutt und Asche. Danach folgte sporadischer Beschuß mit Artillerie und Granatwerfern. Die Bevölkerung hatte sich schon lange an das Dröhnen der Geschütze und die Maschinengewehr-Salven und an die nächtlichen Bombenangriffe einzelner Flugzeuge gewöhnt.

Am 18. Februar wurde die Straßenbrücke über die Warthe durch Artilleriefeuer beschädigt, woraufhin Pioniere in der Nacht die Eisenbahnbrücke mit Holzplanken für den Kraftfahrzeugverkehr umrüsteten, bevor sie sich an die Instandsetzung der Straßenbrücke machten. Da bei dem Angriff jedoch auch die Rohre der Haupt-Wasserleitung zerstört worden waren, die unter der Brücke verliefen, konnte sich die Altstadt von nun an nur noch aus den alten Pumpbrunnen mit Wasser versorgen.

Als die Hoffnung auf einen Entsatz der belagerten Festung zu schwinden begann, kam der Befehl, die Zivilbevölkerung zu evakuieren. Die Neustadt wurde in der Nacht des 19./20. Februar, die Altstadt und Kietz in der darauffolgenden Nacht evakuiert, doch hatten alle waffenfähigen Männer in der Festung zu bleiben. Die Evakuierung erfolgte mit Lastwagen auf dem einspurigen »Schlauch« nach Golzow, scheinbar ohne daß diese nächtlichen Aktionen die Aufmerksamkeit der Sowjets erregten.[3]

Mitte Februar gab Marschall Schukow Befehl zur Einnahme Küstrins. Die 5. Stoßarmee erhielt Verstärkung durch zwei schwere Haubitzen-Regimenter, eine selbständige Panzerbrigade sowie ein Garde-Raketenwerfer-, ein Brückenbau- und ein Ponton-Regiment; alle Divisionen wurden auf Sollstärke gebracht. Mit diesen zusätzlichen Kräften plante General Bersarin einen Angriff des 32. Schützenkorps für den 28. Februar, der jedoch aufgrund schlechter Wetterbedingungen bis zum 8. März verschoben werden mußte.[4]

Der Kampf um Küstrin wurde mit jedem Tag erbitterter. Immer mehr Granaten gingen auf die Stadt nieder, und die Zahl der Opfer nahm täglich zu. Trotzdem blieb der Kampfwille ungebrochen. Die sowjetischen Truppen erhielten Verstärkung und erhöhten den Druck. Besonders heftige Gefechte fanden am »Bienenhof« statt, einem Gasthaus und einer kleinen Häusergruppe am Ostufer der Oder gegenüber Kietz, der von Teilen des Infanterie-Bataillons z. b. V. 500 verteidigt wurde. Der »Bienenhof« lag am Nordzipfel der langgestreckten Ortschaft Kietzerbusch und beherrschte die südwärts nach Göritz führende Straße. Immer wieder versuchten die Sowjets, diese Stellung einzunehmen, aber sie wurden stets mit hohen Verlusten zurückgeschlagen, so auch am 14. Februar, als sie mit acht Panzern und zwei

Infanterie-Bataillonen vorrückten. Ebenso erfolglos waren auch alle früheren Versuche zur Erstürmung von Kietz geblieben, denn dort erhielt die deutsche Infanterie starke Unterstützung durch Flak-Artillerie, die hier im Bodenkampf, und zwar entweder massiert oder einzeln in Unterstützung von Infanterieangriffen, eingesetzt wurde und allen sowjetischen Panzerangriffen trotzte.[5]

Die Sowjets versuchten sich auch einen Weg in die Neustadt freizukämpfen. Bei einem dieser früheren Vorstöße ging die Zellstoff- und Zellulosefabrik samt ihren Verteidigern, einem Zug des Volkssturm-Bataillons 16/186, verloren. Alle überlebenden Volkssturmmitglieder wurden als »Partisanen« erschossen. Daraufhin erhielten die beiden kämpfenden Küstriner Volkssturm-Bataillone (ein drittes war als Baubataillon eingesetzt) richtige Heeresuniformen und Soldbücher, ihre Volkssturm-Armbinden und Zivilkleider warfen sie weg.[6]

In der Festungsgarnison waren zuletzt Mitglieder aller Waffengattungen des Heeres und der Waffen-SS vereinigt, vermischt mit Flak-, Polizei- und Gendarmerie-Einheiten. Ende Februar hatte sie ihre maximale Verpflegungsstärke von 16 800 erreicht, wovon aber nur etwa 10 000 Mann kämpfende Truppe waren. In dieser Zahl enthalten waren auch 900 örtliche Volkssturm-Männer. An schwerer Ausrüstung besaß die Festung nach sowjetischen Schätzungen 102 Geschütze, 30 Fla-Kanonen, 25 Selbstfahrlafetten, zehn Raketen- und 50 Granatwerfer und eine kämpfende Truppe von etwa 10 000 Mann. Am 17. Februar wurde die Festung, die bisher dem Stab der 9. Armee direkt unterstand, dem Stab des XI. SS-Panzerkorps zugeteilt.[7]

Am 6. März begannen drei Regimenter von Generaloberst Tschuikows 8. Gardearmee einen Dauerangriff auf Kietz mit dem Ziel, die Verbindung zur Festung zu unterbrechen. Im Verlauf dieser Kämpfe führte auch ein Bataillon »Seydlitz-Truppen« am 9. März einen Angriff durch. Nach äußerst schweren Kämpfen hatten die Sowjets bis zum 11. März Kietz größtenteils erobert, doch die Brücken über den Vorflutkanal erreichten sie nicht, und die Oder-Insel blieb in deutscher Hand. Diese Angriffe wurden durch Scheinangriffe gegen den Südrand des Küstrin-Korridors unterstützt.[8]

Am 7. März gegen 2.30 Uhr kam ein 60 Mann starker Sturmtrupp des 1038. Schützenregiments in zwölf Booten die Warthe heruntergerudert und versuchte eine Landung auf der Südseite der Neustadt, doch weil der Mond unerwartet aus den Wolken heraustrat, wurde er entdeckt und mußte unter schwerem Feuer den Rückzug antreten.[9]

Gegen Mittag des 8. März unternahm dann das 32. Schützenkorps seinen Angriff auf die Neustadt, die von etwa drei Fünfteln der gesamten Garnison unter Feldgendarmerie-Oberst Franz Walter verteidigt wurde. Nach einem schweren Bomben- und Artillerieangriff konnten die sowjetischen Truppen die äußeren Verteidigungsanlagen an drei Stellen durchbrechen und erreichten gegen 23.00 Uhr die Haupt-Eisenbahnbrücke. Daraufhin sahen sich die Deutschen gezwungen, die Warthebrücken zu sprengen, wodurch ein beträchtlicher Teil ihrer Truppen in Neustadt isoliert wurde. Ein Teil der Zurückgebliebenen hielt die Stellung im Norden der Stadt, wo sich die Bastion Neues Werk, das Verpflegungsdepot der Garnison und die Von-Stülpnagel-Infanteriekaserne befanden.[10]

Am folgenden Tag bombardierten die sowjetischen Belagerer die Altstadt und versuchten, mit Schlauchbooten über die Warthe zu gelangen, doch dieser Angriff schlug fehl. Selbst nach dem Verlust der Neustadt wurde die Altstadt noch weitere drei Wochen gehalten. Die Festung war nun praktisch isoliert und nahezu pausenlosem Artillerie- und Granatwerferfeuer sowie Luftangriffen mit Bomben und Maschinengewehren durch Flugzeuge ausgesetzt, die vom nur zehn Flugminuten entfernten Fliegerhorst Königsberg (Neumark) aus operierten.[11]

Die in Neustadt verbliebenen deutschen Truppen wurden schließlich am 12. März überrannt, wobei nach sowjetischen Angaben 3000 Mann, darunter zahlreiche Verwundete, gefangengenommen und 3000 Gefallene gezählt wurden. An jenem Abend behauptete Radio Moskau fälschlicherweise, sowjetische Truppen hätten »die Stadt und Festung Küstrin eingenommen – den wichtigen Verkehrsknotenpunkt und starken Verteidigungsstützpunkt der Faschisten an der Oder, der die Zugänge von Berlin deckt«.[12]

Schukow sah dies anders, denn am 13. März erteilte er neue Befehle zur Einnahme der Festung Küstrin und der Vereinigung der sowjetischen Brückenköpfe. Am selben Tag griff das 32. Schützenkorps (5. Stoßarmee) gleichzeitig mit dem von Kietz kommenden 4. Garde-Schützenkorps (8. Gardearmee) die Garnison Küstriner Altstadt an.

Beide Angriffe schlugen fehl, und so mußten die Operationspläne neu überdacht werden. Die Dringlichkeit von Schukows Befehlen zeigt, daß ihn weder die Operation Ostpommern noch die Führung seiner Hauptstreitkräfte davon abhalten konnten, seinen Blick nach vorn auf die baldestmögliche Wiederaufnahme des Hauptziels zu richten, nämlich die Einnahme Berlins, und daß er unter Zeitdruck stand.

Vereinigung der Brückenköpfe

Die 5. Stoßarmee erhielt nun Befehl, mit zwei verstärkten Schützendivisionen einen Hauptangriff auf Golzow zu führen, während gleichzeitig ein Unterstützungsangriff aus dem Raum Alt Bleyen auf Gorgast erfolgen sollte. Das erklärte Ziel lautete, die deutsche Verteidigung im Raum Genschmar / Alt Bleyen zu durchbrechen, den Raum Genschmar / Golzow und Kuhbrücken-Vorstadt sowie die Höhen 16,3 und 10,3 zu nehmen, jedoch nicht Golzow selbst, und dann zur Verteidigung überzugehen.

Die 8. Gardearmee erhielt Befehl, ebenfalls mit zwei verstärkten Schützendivisionen die deutsche Verteidigung in nordwestlicher Richtung zu durchbrechen, die Einnahme von Kietz zu vollenden und im Raum Golzow / Alt Tucheband / Hathenow zur Verteidigung überzugehen. Hauptangriffsziel war Golzow, während ein Unterstützungsangriff auf Kietz bis zum Vorflutkanal geführt werden sollte.

Für diesen Angriff waren nur Teile der beiden Armeen eingesetzt, während die Hauptkräfte die Aufgabe hatten, die bereits bestehenden Brückenköpfe zu verteidigen und die deutschen Kräfte durch Ablenkungsangriffe in kleinen Gruppen zu binden. Wenn der Plan gelingen sollte, kam es vor allem auf eine enge Zusammenarbeit zwischen den beiden Armeen sowie den unterstützenden Elementen der 16. Luftarmee an, denn die Festung war durch natürliche Hindernisse, die nur schwer zu überwinden waren, gut geschützt.

Die 5. Stoßarmee setzte das 32. Schützenkorps und dieses wiederum seine 60. und 295. Schützendivision für den Hauptstoß ein. Das 1373. Schützenregiment der 416. Schützendivision hatte die Nebenangriffe zu führen, die anderen beiden Regimenter der Division die Warthe-Ufer gegenüber der Festung zu sichern.

Das 4. Garde-Schützenkorps der 8. Gardearmee teilte seine 47. und 57. Garde-Schützendivision dazu ein, den Hauptangriff durchzuführen. Den Unterstützungsangriff sollten zwei Regimenter der 35. Garde-Schützendivision führen, während ein drittes Regiment das Oder-Ufer sicherte.[13]

Inzwischen hatte das Füsilier-Bataillon 303 in der Nacht zum 20. März Truppen der 25. Panzergrenadier-Division auf dem Gut Alt Bleyen abgelöst, wo der lebenswichtige Zugang von Gorgast in die Festung mündete. Unterwegs waren sie auf Panzer der Panzerdivision »Müncheberg« in Golzow und auf ein SS-Bataillon der »Leibstandarte Adolf Hitler« getroffen, das zur Verstärkung der Division »Müncheberg« hierher verlegt worden war und nun dabei war, ihre Stellungen an den Flanken des Korridors einzunehmen. Zur Garnison dieses Kessels zwischen Neu Bleyen und Kuhbrücken-Vorstadt gehörten nun auch das II. Bataillon des Panzergrenadier-Regiments 1 und das I. und II. Bataillon des Panzergrenadier-Regiments 2 der Panzer-Division »Müncheberg«.[14]

Die Sowjets eröffneten ihre Operation mit einem Luftangriff, bei dem die Festung vier Tage lang systematisch bombardiert wurde. Der Angriff der beiden Korps begann am 22. März um 7.15 Uhr, und am gleichen Nachmittag trafen die 295. und die 47. Garde-Schützendivision auf der Försterei-Brücke über die Alte Oder nördlich von Gorgast aufeinander, womit die Festung Küstrin eingeschlossen war.

Bis zum Abend hatten die Schützendivisionen, die den äußeren Einschließungsring bildeten, die Linie einen Kilometer südwestlich Genschmar – östlicher Ausgang Wilhelminenhof – zwei Kilometer östlich Golzow – Ostrand Alt Tucheband erreicht; allerdings hielt die 309. Infanterie-Division »Berlin« ihre Stellungen wenige hundert Meter westlich von Genschmar bis zum Ende des Monats, als sie von der 9. Fallschirmjäger-Division abgelöst wurde. Die sowjetischen Einheiten am inneren Ring um Küstrin waren ebenfalls weiter vorgedrungen und standen nun auf der Linie Alt Bleyen – Schäferei Gorgast – Westufer des »Stroms« bis Gorgast / Nordrand Kietz.[15]

Die Geländegewinne waren allerdings mit hohen Opfern verbunden. In der Ausgangsstellung stand die 1. Abteilung des Panzer-Regiments »Müncheberg« unter Hauptmann Horst Zobel zusammen mit

der gemischten 2. Kompanie (Sturmgeschütze) im Raum um Gorgast, ein Zug dieser Kompanie hatte in Alt Bleyen Stellung bezogen und war anschließend von der Küstriner Besatzung aufgenommen worden. Die 3. Kompanie (»Tiger«) befand sich in Golzow, die 1. »Panther«-Kompanie in Alt Tucheband. In einer geschickt getarnten und beispielhaften Aktion konnte die Abteilung an diesem Tag mit geringen

Materialschäden und nur zwei Verwundeten 59 sowjetische Panzer, darunter einige »Stalin«-Panzer, in Brand schießen und weitere beschädigen. Insgesamt hat die 9. Armee nach eigenen Berichten an diesem Tag 116 sowjetische Panzer außer Gefecht gesetzt.[16]

Die 25. Panzergrenadier-Division, die zu diesem Zeitpunkt in Armee-Reserve stand und im Raum Friedersdorf mit Ausbesserung und Ersatz ihrer Ausrüstung beschäftigt war, wurde in Alarmbereitschaft versetzt und vorübergehend dem XI. SS-Panzerkorps unterstellt. Gegen 18.00 Uhr trug die Division von Werbig aus in Richtung Osten einen Gegenangriff vor, an der linken Flanke unterstützt von der Panzer-Division »Müncheberg«. Die 25. Panzergrenadier-Division war folgendermaßen aufgestellt: links das Panzergrenadier-Regiment 119 beiderseits der Bahntrasse Berlin–Küstrin, unterstützt von der gepanzerten Kampfgruppe der Division und der Heeres-Flak-Abteilung 292, rechts das Panzergrenadier-Regiment 35 beiderseits der Reichsstraße 1 Seelow–Küstrin. Trotz starken Widerstands konnte sie den Bahnhof Golzow freikämpfen, wobei zahlreiche sowjetische Panzerfahrzeuge zerstört wurden, bevor sie wieder in Verteidigungsstellung ging.[17]

Feldwebel Wolfdieter Waldmüller, Funker in einem brandneuen Panzer IV der neu gebildeten Panzer-Abteilung 8 der 20. Panzergrenadier-Division, berichtete über seine Erlebnisse in der Nacht zum 23. März:

»Weiterfahrt in Bereitstellung links der Hauptstraße nach Küstrin. 22.00 Uhr Nachtangriff zum Entsatz der deutschen Truppen in Küstrin.

Mein erster Fronteinsatz. Es ist die Hölle los. Ohne Erfahrung und ohne Sicht muß ich mich ganz auf die Funk-Informationen verlassen. Als Funker mache ich in der Aufregung manchen Fehler, d. h. ich vergesse oft, im richtigen Moment von Empfang auf Senden umzuschalten bzw. vergesse, bei Durchgabe von Meldungen die vorgeschriebenen Code-Worte zu benutzen und spreche teilweise im Klartext.

Unser Durchbruch glückt nicht. Auf beiden Seiten, besonders aber beim Russen, erhebliche Verluste. Am nächsten Morgen sehe ich zum erstenmal eine Menge verlassene und abgeschossene Russen-

Panzer T-34 mit Holz-Kisten als Sitzen sowie zerstörte Stalin-Panzer. Aber auch abgeschossene deutsche Panzer. Den ersten Geschmack habe ich bekommen. Auch sehe ich die ersten gefallenen Kameraden.«[18]

Die Sowjets nahmen ihren Angriff am folgenden Morgen wieder auf und kämpften sich im Verlauf des 23. März auf die Linie 1 km westlich Genschmar – Ostrand Friedrichsaue – 1,5 km östlich Golzow – Ostrand Alt Tucheband vor, ehe sie wegen hoher Verluste zur Verteidigung übergehen mußten. In südöstlicher Stoßrichtung wurde bis zum Abend die Linie Nordrand Alt Bleyen – 1 Kilometer westlich Kuhbrücken-Vorstadt – Bahnhof Kietz gewonnen.[19]

Hier trafen die sowjetischen Truppen allerdings zunehmend auf Widerstand, denn die Deutschen hielten hartnäckig an einem schmalen Streifen am Westufer der Oder fest, der den Gutshof Alt Bleyen, den Weiler Kuhbrücken-Vorstadt, Lünette »D« (eine alte, von einem Festungsgraben umgebene Bastion am Westufer gegenüber der Oder-Insel) sowie die Zufahrtswege zu den Brücken über den Vorflutkanal umfaßte.[20]

Ebenso hielt Hauptmann Zobel mit vier Panzern, darunter die beiden Stabspanzer, Kommandeur und Adjutant, ein Gehöft etwa 150 m nordöstlich der Brücke über den »Strom«, dem er eine entscheidende Bedeutung für die Behauptung des Geländes und damit für die Ausgangsstellung für einen eventuellen Gegenangriff zumaß. Während des Vormittags war seine Infanterie-Unterstützung durch gezieltes sowjetisches Feuer aus schweren Waffen von 200 auf 7 Mann geschrumpft. Später erfuhr die Division über einen abgefangenen Funkspruch, daß der ihm gegenüberstehende sowjetische Kommandeur gerügt wurde, weil er die deutsche Position nicht genommen hatte. Einige Zeit darauf kam aus gleicher Quelle die Behauptung, der betreffende Kommandeur habe bei dem Gehöft acht eingegrabene »Königstiger« ausgemacht.[21]

Die gepanzerte Kampfgruppe der 25. Panzergrenadier-Division griff die Sowjets am 23. um Mitternacht von Gorgast aus an, wurde aber schließlich durch die Übermacht des Gegners zum Rückzug gezwungen. Dennoch konnten die Deutschen in drei Kampftagen einen

Defensivsieg verbuchen, da sie mehr als 200 sowjetische Panzer zerstört hatten.[22]

Major von Lösecke, Kommandeur des Panzergrenadier-Regiments 90 der 20. Panzergrenadier-Division, beschreibt die Rolle seiner Einheit in diesen Gefechten folgendermaßen:

»Am 23. 3. besetzen wir nachts eine Reserve-Stellung in der Gegend Pismühle (1500 m südostw. Seelow), marschieren jedoch am frühen Morgen wieder nach Werbig zurück. Mittags werde ich zum Divisionsgefechtsstand befohlen. An diesem sonnigen Vorfrühlingsnachmittag erinnert die Fahrt an friedliche Zeiten. In der Ferne hört man irgendwo den Kampflärm der Front. Bei der Division erhalte ich den Auftrag, ein Bataillon abends nordwestlich Alt Tucheband bereitzustellen und zusammen mit dem Panzergrenadier-Regiment 76 rechts und einem anderen Infanterie-Regiment links die feindliche Stellung bei Manschnow anzugreifen, bis zur ›Alten Oder‹ (ostwärts Manschnow) vorzugehen und möglichst einen Brückenkopf ostwärts der ›Alten Oder‹ zu bilden. Um die feindliche Flieger- und Artillerietätigkeit zu zersplittern, kann nur nachts angegriffen werden. Bei der Fahrt in den Bereitstellungsraum fahre ich zunächst mit meinem Schützenpanzerwagen völlig in einem aufgeweichten, lehmigen Acker fest. Da alle Funkverbindungen bzw. Funkstationen auf dem Fahrzeug sind, kann ich ohne meinen SPW nicht auskommen und muß warten. Es gibt eine unangenehme Verspätung. Die Bereitstellung des III. Bataillons im Raume nordwestlich Alt Tucheband erfolgt zusammen mit der Panzerabteilung 8, die mit mir auf Zusammenarbeit angewiesen ist. Da der Kommandeur der Panzerabteilung bessere Funkverbindung zur Division und zur Artillerie hat, steige ich zu ihm in den Panzer. Mein SPW folgte diesem direkt. Mit Angriffsbeginn überschreiten wir den Bahndamm, der der vordere Rand der Bereitstellung ist. Zunächst gehen wir zügig vor. Bald überschreiten wir die Straße, die vom Ostteil Alt Tucheband nach Norden führt. Das Bataillon durchbricht die erste feindliche Stellung. Kurz darauf melden die Panzer eine Minensperre und stoppen. Die vorderen Kompanien des Bataillons erreichen die westlich vorgelagerten Gehöfte von Manschnow, wo

sich ihnen starker feindlicher Widerstand entgegenstellt. Während der rechte Nachbar nur langsam vorwärtskommt, ist der linke scheinbar überhaupt nicht aus den Ausgangsstellungen herausgekommen. Durch den tapferen Angriff hat das III./90 zwar nun einen Keil in die feindliche Front gestoßen, bekommt jetzt jedoch von allen Seiten Flankenfeuer. Die starke feindliche Artillerie trommelte Sperrfeuer in unseren gesamten Angriffsraum, während unsere Artillerie nur vereinzelt Feuerüberfälle auf Manschnow schießt. Da die feindliche Minensperre im Dunkeln nicht geräumt werden kann, bleiben die Panzer stehen. Trotz aller Tapferkeit bleibt der Angriff liegen. Die Verluste vermehren sich. Der außerordentlich tapfere Leutnant Zwanziger, der Führer der 9. Kompanie, wird sehr schwer verwundet. Kurz vor Beginn der Morgendämmerung entschließe ich mich, um weitere nutzlose Verluste zu vermeiden, ohne den Befehl der Division abzuwarten, das Bataillon auf die Ausgangsstellung zurückzunehmen. Der Angriff, der mit völlig unzureichenden Mitteln geführt wurde und den starken feindlichen Brückenkopf westlich Küstrin erschüttern sollte, ist zusammengebrochen.
An der großen Straße Seelow–Küstrin wird der Regimentsgefechtsstand in den Häusern von Neu Tucheband aufgemacht. Kurz darauf kommt der Div. Kommandeur, Oberst Scholze, mit einem anderen Oberst; ich mache eine genaue Meldung über das Gefecht und nehme kein Blatt vor den Mund, schildere die schwächliche Unterstützung durch die eigene Artillerie, die Stärke des feindlichen Abwehrfeuers, dazu die Schwierigkeiten des Flankenfeuers und die dadurch entstandenen erheblichen Ausfälle des Bataillons. Auf die Anfrage, warum ich das Bataillon zurückgenommen habe, erwidere ich, daß bei dem völlig flachen und offenen Gelände bei Tagesanbruch überhaupt eine Bewegung unmöglich gewesen wäre und daher die Zurücknahme des Bataillons eine taktische Notwendigkeit gewesen wäre. Auf einige recht scharfe Bemerkungen meinerseits über die höhere Führung, die einen Angriff mit derartig unzulänglichen Mitteln befiehlt, antworten die beiden Herren nicht. Sie sind anscheinend von der Richtigkeit meiner Ausführungen überzeugt. Kurz darauf verabschieden sie sich und besteigen schweigend den Wagen. Da ich während der Meldung hauptsächlich mit Oberst

Scholze sprach, hatte ich den anderen Herrn wenig beachtet. Wie mir mein Adjutant mitteilte, war es der Chef des Korps gewesen, der ja nun meine Ausführungen und meine Ansicht über derartige Gefechte gründlich gehört hatte. Ich bin jedoch der Ansicht, daß weder er noch Oberst Scholze die Verantwortung für den Befehl zu diesem Angriff hatten. Dieser kam von höchster Stelle. Kurz nach der Unterredung brechen wir auf und überholen die tapferen Soldaten des III. Bataillons auf dem Rückmarsch nach Werbig.«[23]

Funkfeldwebel Fritz-Rudolf Averdieck vom selben Panzergrenadier-Regiment 90 beschreibt die Situation aus einem etwas anderen Blickwinkel:

»In Döbberin machten wir bis zum 22. 3. Dienst und Ausbildung. Sowjetisches Trommelfeuer löste an diesem Morgen bei uns Alarm aus, wir fuhren nach Seelow in eine Reservestellung. Starke russische Lufttätigkeit stieß auf umfangreiche Flakabwehr, die an einem Tage 7 Bomber und Schlachtflieger herunterholte. Am nächsten Abend fuhren wir bei Dämmerung und nachlassender russischer Lufttätigkeit in Bereitstellung zum Nachtangriff auf den Oderbrückenkopf bei Seelow. Ein Volks-Artillerie-Korps sollte uns mit 500 Rohren unterstützen. Von allen Seiten sollte der Angriff von mehreren Divisionen zunächst bis zur Alten Oder vorgetragen werden. Ein fieberhafter Betrieb herrschte bei Dunkelwerden auf den Straßen. Infanteriekompanien marschierten weit auseinandergezogen, Panzer und SPW rollten in langen Kolonnen nach vorn. Im Schein des Vollmondes sollte um 24.00 Uhr nach einstündigem Vernichtungsfeuer der Angriff beginnen. Es zeigte sich aber bald, daß alles ungenügend vorbereitet war. Die Offiziere vom Volks-Artillerie-Korps waren kaum unterrichtet. Nur wenige Rohre gaben ein kleckerhaftes Feuer, dann verzögerte sich auch noch das Antreten der Sturmeinheiten, weil die Panzer auf die Infanterie, die Infanterie auf die Panzer warteten. 20 Minuten nach dem letzten Schuß traten sie endlich an. Der Russe war nun genügend gewarnt, im Sperrfeuer von Granatwerfern und Artillerie blieben die Grenadiere mit über 50 Prozent Verlusten liegen. Die Panzer fuhren, nachdem einige auf offen verlegte Minen gefahren waren, nicht weiter vor. Dann, mit beginnender Morgendämmerung, hieß es, sich tarnen und einzugraben, da das flache Gelände weithin einzusehen und außerdem mit verstärkten Luftangriffen zu rechnen war. Der Tag wurde jedoch nicht so heiß wie angenommen. Unsere eigene Luftwaffe war sehr aktiv und brachte zwei Feindflieger zum Absturz. Am Abend wurden wir wieder herausgelöst und als Korpsreserve nach Seelow verlegt.«[24]

Die deutsche Gegenoffensive

Inzwischen gingen in den Stäben der 9. Armee und der Heeresgruppe »Weichsel« einerseits und beim Oberkommando des Heeres (OKH) und Oberkommando der Wehrmacht (OKW) andererseits die Meinungen hinsichtlich des weiteren Vorgehens auseinander. Erstere wollten der Garnison durch einen neuen, aber begrenzten Angriff den Ausbruch aus dem Kessel ermöglichen, die am 23. März erreichte Linie halten und alle verfügbaren Divisionen zur Zerschlagung der Brückenköpfe der 5. Stoßarmee im Abschnitt Kienitz / Groß Neuendorf einsetzen. OKH und OKW wollten jedoch, da Hitler darauf bestand, die belagerte Festung entsetzen und befahlen einen vom Brückenkopf Frankfurter Festung am Ostufer der Oder ausgehenden Angriff in nordwestlicher Richtung auf Küstrin, um, wie man hoffte, dadurch die Nachschublinien und Streitkräfte der 69. Armee und 8. Gardearmee in diesem Abschnitt zu zerschlagen. Diese sogenannte »Operation Bumerang« hing ganz davon ab, daß es den fünf beteiligten Divisionen gelang, die einzige Brücke in Frankfurt zu passieren, und dies konnte wohl kaum unbemerkt geschehen, doch der Überraschungseffekt war eine ganz wesentliche Voraussetzung, wenn die Aktion überhaupt Aussicht auf Erfolg haben sollte. Die Meinungsverschiedenheiten über die richtige Strategie waren einer der Gründe für die Abberufung von Generaloberst Heinz Guderian als Chef des Generalstabes am 28. März.[25]

Als Generaloberst Heinrici am 22. März die Heeresgruppe »Weichsel« übernahm, sollte sich die 25. Panzergrenadier-Division im Rahmen der Vorbereitungen für den Angriff am Oder-Ostufer gerade nach

Frankfurt in Marsch setzen, obwohl die Festung Küstrin inzwischen vollständig eingekesselt worden war. Heinrici suchte am 25. März das Führerhauptquartier auf und erwirkte von Hitler eine Abänderung des Plans, welche die Wiederöffnung des Korridors nach Küstrin vorsah. SS-Generalleutnant Reinefarth in Küstrin erhielt den Befehl, die Festung um jeden Preis zu halten. Die beabsichtigte Wiederöffnung des Korridors und das zusätzliche, aber unrealistische Ziel, den Kienitzer Brückenkopf zu zerschlagen, war eine annehmbare Alternative zum ursprünglichen Angriffsplan Hitlers, wenn auch Heinrici beides für unnötigen Kräfteverschleiß hielt. Als Termin für den neuen Angriffsplan wurde der 27. März festgesetzt.[26]

Zur Ausführung dieses Angriffs wurden dem Stab des XXXIX. Panzerkorps unter General Karl Decker die 25. und 20. Panzergrenadier-Division, die Grenadier-Division »Führer«, die Panzer-Division »Müncheberg«, die Kampfgruppe »1001 Nacht« und die schwere SS-Panzer-Abteilung 502 unterstellt.[27]

Diese Verbände hatten die Aufgabe, die sowjetischen Verteidigungslinien im Abschnitt zwischen der Eisenbahnlinie Küstrin–Werbig und dem Oderdeich auf den Kalenziger Wiesen zu durchbrechen. Die 20. Panzergrenadier-Division und Generalmajor Otto-Ernst Remers Grenadier-Division »Führer« sollten in der Mitte zur Festung durchstoßen und gemeinsam mit den Kräften an den Flanken den Korridor bis zur Linie Küstrin – Eisenbahnlinie Küstrin–Werbig bis zur Oder bei Neu Bleyen – Oderdeich bei der Kalenziger Bunst – Kalenziger Wiesen zu erweitern.[28]

Der Angriff begann am 27. März um 4.00 Uhr morgens. Nach wenigen Stunden war der halbe Weg nach Gorgast erkämpft und der Wilhelminenhof und Genschmar erreicht, doch dann wurden die deutschen Divisionen unter schweren Verlusten wieder auf ihre Ausgangsstellungen zurückgeworfen. Dem Lagebericht der 9. Armee vom 27. März zufolge war der Verlust von fünf Kommandeuren, 68 Offizieren und 1219 sonstigen Dienstgraden zu beklagen. Als Hauptursachen wurden die Minenfelder, schweres Granat- und Panzerabwehrfeuer mit begleitendem Artilleriebeschuß, gut ausgebaute Feindstellungen in jeder einzelnen Scheune und Mangel an Bodendeckung angegeben. Insgesamt hatten die Deutschen den Sowjets viel zuviel Zeit

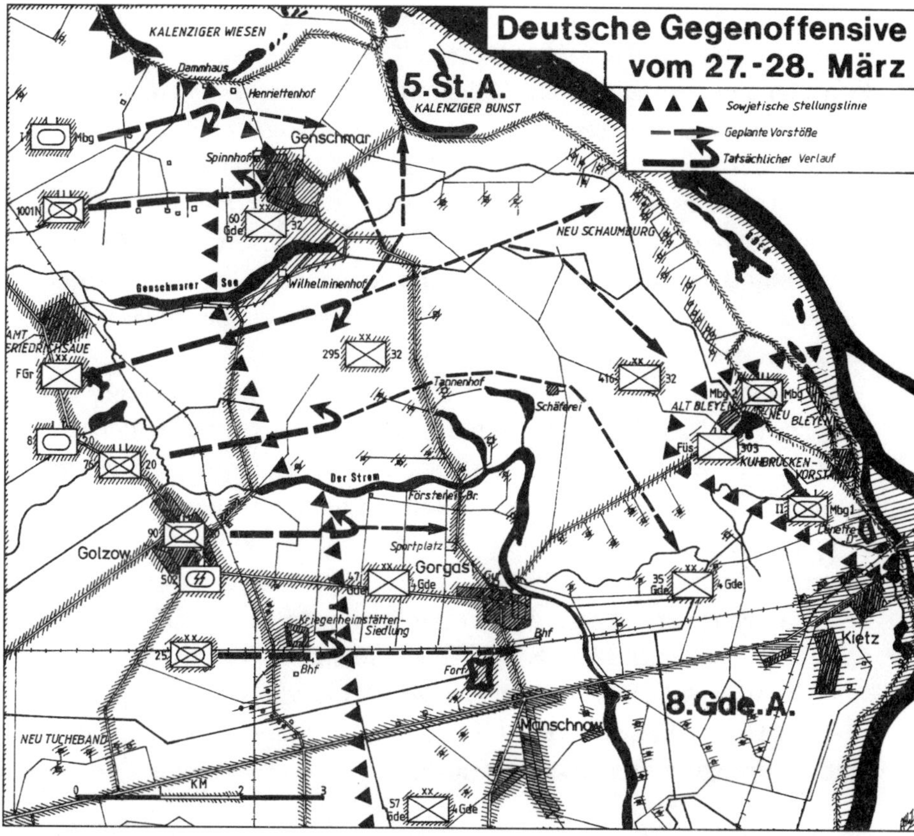

Deutsche Gegenoffensive vom 27.-28. März

gelassen, ihre Stellungen im deutlich ausgeweiteten Brückenkopf zu sichern.[29]

An der Nordflanke mußte die Kampfgruppe »1001 Nacht«, deren eigene Flanken von der 1. Abteilung des Panzer-Regiments »Müncheberg« gedeckt wurden und die mit drei Infanterie-Kompanien und einer Gefechtsstärke von 390 Mann und 49 »Hetzer«-Panzern in den Kampf gegangen war, den Verlust von 51 Gefallenen, 136 Verwundeten, 32 Vermißten und 25 »Hetzer«-Panzern hinnehmen. Hauptmann Zobel zufolge trafen die »Hetzer«-Panzer wegen Schwierigkeiten beim Durchschleusen durch eine Eisenbahnunterführung mit Verspätung in ihren Ausgangsstellungen ein, so daß die sowjetische Artillerie bereits gewarnt war. Eine Kompanie dieser Elite-Kampfgruppe kämpfte sich sogar bis zum Westrand von Genschmar vor, kam aber bei Tagesanbruch unter schweres Artillerie-, Panzer- und Panzerabwehrfeuer aus dem Henriettenhof, aus Genschmar, vom Südrand des Genschmarer Sees und vom Wilhelminenhof (der inzwischen in sowjetischer Hand war) und mußte den weiteren Angriff abbrechen.[30]

Trotz des anfänglichen Mißerfolgs des XXXIX. Panzerkorps führten die Grenadier-Division »Führer« und Teile der Panzer-Division »Müncheberg« am gleichen Tag um 17.30 Uhr einen erneuten Angriff auf den Stützpunkt Wilhelminenhof und den Wald 700 m nordwestlich davon durch. Es kam zu gewissen Geländegewinnen, bevor man wieder zur Verteidigung übergehen mußte.[31]

Eine genauere Beschreibung der einzelnen Kampfhandlungen im Abschnitt der 20. Panzergrenadier-Division findet sich in den anschließenden Berichten des Kommandeurs des Panzergrenadier-Regiments 90, Major von Lösecke, und seines Funkfeldwebels. Die Karte zeigt deutlich, wie ausweglos die Situation von Anfang an war, da das Angriffsgebiet von Wasserläufen und Feindstellungen umgeben war. Seltsamerweise erwähnt keine der beiden Seiten das alte Fort, einen von einem wassergefüllten Burggraben umgebenen Vorposten der Festung Küstrin zwischen Golzow und Manschnow, das demjenigen, der es in der Hand hatte, als äußerst wirkungsvolle Stellung gedient haben muß. Major von Lösecke berichtete:

»Da sich zwischen Alt- und Neu-Bleyen immer noch von Russen eingeschlossene deutsche Einheiten befinden sollen, wird von höchster Stelle nochmals ein Angriff auf den feindlichen Brückenkopf befohlen. Es sollten angreifen: aus der Heimstätten-Siedlung der dort liegende Truppenteil, von Golzow das Panzergrenadier-Regiment 76 und nördlich davon die mit neuen Panzerfahrzeugen ausgerüstete Division ›Müncheberg‹. Ich erhalte den Auftrag, aus Golzow vorstoßend hart südlich des Grabens ›Strom‹ vorzugehen, am Sportplatz (1 km nordwestlich Gorgast) nach Südosten einzudrehen und Gorgast anzugreifen. Regiment 76 soll über Tannenhof auf Schäferei (2 km nordnordöstlich Gorgast) vorstoßen, um dann ebenfalls in südostwärtiger Richtung einzudrehen. ... Da eine größere Beteiligung der Luftwaffe nicht zugesagt werden kann, muß der ganze Angriff nachts geführt werden.

Bei der Erkundung sehe ich mir zusammen mit den Bataillons-Führern das Angriffsgelände von einem Hause hart ostwärts des Haltepunktes Golzow an. Das Gelände ist völlig offen und eben und fällt nach Norden zu dem Bach hin etwas ab. An diesem sind auch einige Büsche und Bäume. Das Gehöft hart südlich der Brücke (500 m nordostwärts Golzow) ist noch in unserem Besitz, während die übrigen Gehöfte ostwärts Golzow vom Feind besetzt sind, ebenfalls nördlich des Baches. Von Ferne sieht man die bunten Dächer von Gorgast, die Glasfenster der Gärtnerei am Westrand und den hohen Baumbestand des Gutsparkes.
Ich entschließe mich, das Regiment tiefgestaffelt vorzuführen in der Reihenfolge II., I., III./90. Das II./90 soll den Hauptstoß führen. Es erhält den Auftrag, über die Zuckerfabrik (nordwestlich Golzow) das Gehöft südlich der Brücke in ostw. Richtung anzugreifen, das Gehöft bei Punkt 11,5 (1000 m ostwärts Haltepunkt Golzow) und das Gehöft ›Am Strom‹ (2 km ostwärts Haltepunkt Golzow) zu nehmen, die Försterei-Brücke (1400 m nördlich Gorgast) zu sichern, um sich dann zur weiteren Fortsetzung des Angriffes in südostw. Richtung auf Gorgast neu zu gliedern. Das I./90 soll rechts gestaffelt folgen, während das III./90 Regiments-Reserve bleibt und im Bereitstellungsraum westlich Golzow dem Regiment zur Verfügung steht. Im Abschnitt des Regiments wird eine Tiger-Abteilung eingesetzt, die den Angriff unterstützen soll. Die Abteilung ist mit dem Regiment auf Zusammenarbeit angewiesen. Die bewährten V.B. der Infanterie-Geschütze-Kompanie und der II./AR 20 erhalten ebenfalls bei der Erkundung ihre Aufträge, soweit die Artillerie nicht eigene Ziele durch Befehl der Division zu bekämpfen hat. Auf Gorgast sollen mehrere Abteilungen der Artillerie wirken. Hierzu sind zur Unterstützung des Angriffs insgesamt 1000 Schuß auf Gorgast freigegeben.
Am 26. 3. wird das Regiment in den Raum westlich Golzow vorgezogen. Die Bewegung erfolgt nachts, um dem Feind die Angriffsvorbereitungen zu verbergen. Morgens ist alles in den wenigen Gehöften und Unterkünften verschwunden.
Am 27. 3. rückt das II./90 in den Bereitstellungsraum ostwärts des Haltepunktes Golzow, während das I./90 zunächst noch westlich

des Dorfes stehen bleibt, um auf Anforderung rechts gestaffelt zu folgen. Die ebenfalls vorgezogene Tiger-Abteilung rollt um 3.00 Uhr an. Der Angriff beginnt. Mit dem Regimentsgefechtsstand liege ich in dem Haus hart ostwärts des Haltepunktes Golzow. Es ist verbindungsmäßig am günstigsten, weil ich von hier aus während des Gefechtes alle Teile des Regiments sowie Artillerie, Panzer und die Division am besten erreichen kann.

Unsere Artillerie schießt nun Feuerüberfälle auf Gorgast. Das Infanteriefeuer lebt auf. Nach kurzer Zeit kommt eine Meldung von dem II./90, daß die erste feindliche Linie durchbrochen sei. Weitere Meldungen besagen, daß die rechte Kompanie des II./90 sich an dem vom Feind stark verteidigten Gehöft 1000 m ostwärts des Haltepunktes festgebissen hat. Die linke Kompanie bekommt starkes Flankenfeuer vom Abschnitt nördlich des Baches, wo das Panzergrenadier-Regiment 76 angreift. Auch von dort ist lebhaftes Infanteriefeuer zu hören. Endlich wird das rechte Gehöft von der Kompanie des II./90 genommen, die Panzer stehen jedoch auf der Stelle. Die linke Kompanie kommt auch nicht voran, weil der Feind nördlich des Baches fest in den Häusern sitzt und den ganzen Angriffsabschnitt des Panzergrenadier-Regiments 90 flankiert. Die feindliche Artillerie schießt fast pausenlos. Die eigenen Panzer fahren wegen der feindlichen Minen nicht weiter. Einige haben sich festgefahren. Das Gefecht kommt zum Stillstand. Auf die fortgesetzten nervösen Anrufe der Division kann ich nur immer wieder melden, daß der feindliche Widerstand sich so versteift hat, daß an einen Durchbruch jetzt kurz vor Morgengrauen gar nicht mehr zu denken ist. Dagegen habe ich große Sorgen, wie ich das II. und I./90, das inzwischen aufgerückt war und sich an dem Kampf um das Gehöft beteiligt hatte, vor Beginn des Morgengrauens in einigermaßen vernünftige Stellungen hineinbekomme, damit sie nicht am Tage auf der offenen Fläche dem feindlichen Feuer völlig schutzlos ausgesetzt sind. Ohne Zurücknahme der Panzer kann ich aber die Bataillone auch nicht wegnehmen, denn die Panzer dürfen vorn nicht ohne Infanterieschutz bleiben.

So graut der Morgen, und es tritt das ein, was ich befürchtet hatte. Nachdem der Morgennebel gewichen ist, schießt sich der Feind auf die stehengebliebenen Panzer ein, die auf der Fläche ein prächtiges Ziel bieten. Um 11.00 Uhr beginnt ein Trommelfeuer aller Kaliber, darunter immer starke Feuerschläge mehrerer Stalinorgeln. Da den Soldaten weder durch die eigene Artillerie noch durch die Luftwaffe irgendein Schutz gewährt wird, verlassen sie die Stellung, zuerst einzeln, dann in Scharen. Es ist eine Panik. Beim Regimentsgefechtsstand halte ich sie auf und führe sie wieder nach vorne. Nach kurzer Zeit ist die alte Linie fast wieder erreicht. Der Feind ist nicht nachgestoßen. Abends wird die Linie verkürzt, um dann endgültig als Verteidigungsstellung ausgebaut zu werden. Die festgefahrenen Panzer werden in der Nacht vom 28. zum 29. 3. abgeschleppt, womit dann gleichzeitig auch das feindliche Artilleriefeuer nachläßt.«[32]

Sehr aufschlußreich ist im Vergleich hierzu der Bericht des Funkfeldwebels des Regiments, Fritz-Rudolf Averdieck:

»Nach einem Tag Ruhe machten wir uns am 26. 3. zu neuem Angriff bereit. Das Ziel war, über Golzow, Gorgast nach Küstrin vorzustoßen, um die hartbedrängte Besatzung dieser Festung zu entsetzen. Wegen des einzusehenden Geländes konnten wir nur nachts in Bereitstellung gehen und angreifen. Der Vollmond war dafür sehr günstig. Um 24.00 Uhr hatten wir die Bereitstellung eingenommen. Tiger waren uns unterstellt, mit denen ich in Funksprechverkehr trat. Unsere Zuversicht stieg erheblich, als um 3.00 Uhr ein wahres Trommelfeuer aus etlichen Rohren losbrach und eine Stunde lang anhielt. Dann traten wir an. Golzow durchfuhren wir, das erste Angriffsziel wurde bald erreicht. Dann gerieten unsere Kompanien wieder in das wahnsinnige Sperrfeuer der Granatwerfer und blieben abermals unter 50 Prozent Verlusten liegen. Mit dem SPW fuhren wir an ein Haus, das uns wenigstens von einer Seite her deckte. Drei Tiger waren wieder durch Minentreffer ausgefallen, trotzdem wurde versucht, auch bei Hellwerden den Angriff nach Gorgast hineinzutragen. Bis in den Vormittag hinein wechselten Angriff und Gegenangriff, dann wurde es aufgegeben, und man war froh, mit den restlichen schwachen Kräften die Stellung noch halten zu können.

> Laufend gab es nun Orgel-, Artillerie- und Werferfeuer sowie Schlachtfliegerangriffe. Nach einem Bombenangriff ergriffen die Landser die Flucht und mußten vom Regiments-Kommandeur persönlich wieder nach vorn gebracht werden. Da die Bataillonsgefechtsstände nur wenige Meter von uns ablagen, machten wir Funk mit dem Tornistergerät im Keller eines Hauses, der bei den Bombenangriffen oftmals verteufelt schwankte. Auch am Abend beruhigte sich die Lage nicht. Kaum war es dunkel geworden, da kamen die ›Lahmen Enten‹, wie stets zu mehreren zugleich, und warfen ohne Unterbrechung Bomben und Phosphor auf Golzow. Bombentreffer gingen in nächste Nähe, vom Phosphor brannten bald die meisten Häuser. Um Mitternacht entschloß sich der Kommandeur dann doch, den Gefechtsstand aus diesem Inferno etwa einen Kilometer weiter zurück in ein Gehöft zu legen. Unterwegs wurde unsere kleine Kolonne von einer ›Ente‹ mit Phosphor verfolgt, doch ging der Feuerregen dicht neben uns nieder.«[33]

Schätzungen zufolge verloren die Sowjets in diesen Kämpfen vom 22. bis zum 27. März über 200 Panzer, die Deutschen ungefähr 2000 Mann.[34]

Die Festung fällt

Nachdem das Füsilier-Bataillon 303 immer mehr von vorrückenden Sowjets bedrängt wurde, räumte es schließlich in der Nacht vom 26. zum 27. März, unterstützt von einer eingegrabenen 8,8-cm-Flak und drei Sturmgeschützen, seine Stellung im Gut Alt Bleyen unter Zurücklassung der schweren Waffen und zog sich nach Kuhbrücken-Vorstadt zurück, das bereits unter feindlichem Beschuß aus dem unmittelbar nördlich gelegenen Neu Bleyen stand.[35]

Am 28. und 29. März kam es wieder zu massiven Angriffen durch Erdkampfflugzeuge und Bomber auf die Festungsstellungen. Die Einnahme der Festung Küstrin gestaltete sich äußerst schwierig, wie die folgende Beschreibung durch Generaloberst Tschuikow von der 8. Gardearmee zeigt:

»In seinem Zentrum befand sich jedoch die zahlenmäßig starke Festungsbesatzung auf der Insel. Die Zugänge waren durch das Frühjahrshochwasser gedeckt. Mit den Ufern waren sie nur durch Dämme verbunden, die zu den fächerförmig auseinanderlaufenden Straßen nach Berlin, Frankfurt, Posen und Stettin führten. Der Gegner hatte natürlich alles darangesetzt, diese Wege zu versperren, und Feldbefestigungen – Gräben, Bunker, Unterstände, Splittergräben, Draht- und Minensperren – vor den Dämmen angelegt. Wir schoben uns mit kleinen Einheiten so nahe an die Befestigungen heran, daß das Geplänkel mit Handgranaten und Panzerfäusten Tag und Nacht anhielt; dort stärkere Kräfte zu erhalten, war unmöglich: Die Dämme waren kaum breiter als ein Panzer.
Hier konnte schwere Artillerie etwas ausrichten. Sie mußte die Gräben, Unterstände und Bunker an den Dämmen und Straßen zerstören. Die Fliegerkräfte aber hatten die inneren Festungsanlagen zu vernichten. Um beim Artilleriebeschuß unsere eigenen, dicht vor dem Gegner liegenden Soldaten nicht zu gefährden, mußten wir uns etwas einfallen lassen.«

Tschuikow schilderte darauf, wie er zusammen mit seinem Artillerie-Kommandeur, General Poscharskij, und den Befehlshabern der 35. und der 82. Garde-Schützendivision, die daran beteiligt sein sollten, einen Angriffsplan ausarbeitete. Während sich die Fliegerkräfte auf die eigentliche Festung konzentrieren konnten, würden die Landstreitkräfte jedes einzelne Hindernis angehen müssen, das ihnen im Weg stand.

Zu diesem Zweck wurden drei 20,3-cm-Batterien nach vorn verlegt; zwei wurden auf den Deichen beiderseits der Oder in Stellung gebracht, um jeweils Ziele am anderen Ufer ins Kreuzfeuer zu nehmen. Damit nicht versehentlich die eigenen Truppen getroffen wurden, wurden die Vorauseinheiten mit auffälligen Kennzeichen ausgestattet. Die dritte Batterie sollte die Festungswälle von Süden her unter Beschuß nehmen.

Die 82. Garde-Schützendivision sollte den Angriff am Ostufer der Oder führen, mit jeweils einer Kompanie als Speerspitze auf jedem Deich. Der Angriff der 35. Garde-Schützendivision dagegen sollte am

Westufer erfolgen, wobei ein Regiment über den Vorflutkanal die Oder-Insel erstürmen sollte.

Tschuikow berichtet weiter:

»Die Erstürmung der Festung sollte folgendermaßen ablaufen: Am Vortag, am 28. März, greifen unsere Schlacht- und Bombenflugzeuge die Festung selbst und die übrigen ständigen Befestigungsanlagen mit gezielten Bombenabwürfen an und treiben den Gegner aus diesen Anlagen in die Feldbefestigungen. Von der Artillerie feuern an diesem Tag nur die drei für das Schießen im direkten Richten vorgesehenen Batterien. Am folgenden Tag wiederholen die Fliegerkräfte ihren Schlag, wobei sie dieselben Ziele angreifen: Mag der Gegner ruhig in seinen Feldbefestigungen bleiben und sich einbilden, er hätte uns überlistet. Genau mit der letzten Bombe, pünktlich 10.00 Uhr, eröffnet die gesamte Artillerie, einschließlich der schweren Geschütze, das Feuer auf die Feldbefestigungen. Dauer dieses Feuerüberfalls: 40 Minuten. Gedeckt durch dieses Artilleriefeuer, setzen Schützen und MP-Schützen in Booten über den Fluß und gehen auf der Insel an Land. Um 10.40 Uhr beginnt dann der allgemeine Sturm.«[36]

Am 27. März, dem Tag, an dem die 9. Armee ihren letzten fruchtlosen Versuch zum Entsatz der belagerten Festung Küstrin unternahm, eroberten die Sowjets schließlich die isolierte Stellung »Bienenhof«. Mit Hilfe von Booten und Flößen überwanden sie auch das überschwemmte Wiesenland an der Warthe und besetzten die von Südosten in die Stadt führenden Eisenbahngleise. Vor dem Kietzer Tor kam es auf engem Raum zu heftigen Kämpfen, in deren Verlauf der Bahnhof Kietzerbusch mehrmals den Besitzer wechselte. Doch diese Kämpfe dienten lediglich Sondierungs- bzw. Aufklärungszwecken, die dem eigentlichen Hauptangriff am folgenden Tag vorausgingen. Denn am nächsten Tag brachen die Sowjets den deutschen Widerstand und erstürmten die Altstadt, bis 18.00 Uhr erreichten sie das Schloß. Zu diesem Zeitpunkt standen den Deutschen zur Verteidigung nur noch ein 15-cm-Infanteriegeschütz mit ganzen sechs Schuß und zwei 7,5-cm-Geschütze mit insgesamt 30 Schuß zur Verfügung.[37]

Am Nachmittag des 28. März entschloß sich Festungskommandant Reinefarth, sämtliche Kräfte aus der Altstadt abzuziehen. Seine Befehle wurden aber so hastig erteilt und ungenau ausgeführt, daß sich noch einige Soldaten und eine beträchtliche Zahl Volkssturm-Angehörige in der Altstadt befanden, als die letzte Verbindung zwischen Altstadt und Oder-Insel, die Eisenbahnbrücke, von deutschen Pionieren zwischen 21.00 und 22.00 Uhr abends gesprengt wurde.

Da die Belagerten nun nicht mehr mit ihrem Entsatz rechneten, bat SS-Generalleutnant Reinefarth per Funk um die Erlaubnis, mit seiner Besatzung auszubrechen. Seine Anfrage führte zu einem heftigen Streit im Führerbunker, in dessen Verlauf Generaloberst Guderian als Chef des Generalstabs das Handeln seiner Truppenkommandeure vor dem wutentbrannten Hitler zu rechtfertigen suchte. Doch ohne Erfolg; statt dessen wurde er seines Postens enthoben und durch General Hans Krebs ersetzt. General Busse hatte Reinefarths Anfrage nicht zurückgewiesen, doch Hitler verlangte dessen Inhaftierung und ein Kriegsgerichtsverfahren.

Im Verlauf des 29. März wurden die Reste der Besatzung auf der Oder-Insel eingeschlossen, wo sich die Sowjets bis 50 m an die Artillerie-Kasernen heranschoben. Auf einem schmalen Streifen auf dem Deich zwischen Lünette »D« und Kuhbrücken-Vorstadt fanden während des ganzen Tages Nahkämpfe statt, die die Kräfte auf beiden Seiten bis aufs äußerste beanspruchten und die Deutschen ihre letzte Munition kosteten. Den Verbindungsdeich entlang verlief ein einziger Schützengraben, der zum Vorflutkanal hin durch ein Minenfeld geschützt war. Die Offiziere überredeten Reinefarth, angesichts der Unhaltbarkeit der Stellung trotz Hitlers Verbot einen Ausbruch zu wagen. Man einigte sich darauf, stellte aber angesichts Hitlers Befehl jedem die Teilnahme frei. Die Ausbruchswilligen versammelten sich am Abend auf dem Deich westlich des Vorflutkanals und wurden in vier Gruppen aufgeteilt. Etwa sieben Kilometer trennten sie von den deutschen Linien.

Der Ausbruch um 23.00 Uhr begann in Gestalt eines plötzlichen Infanterie-Angriffs auf die unmittelbar westlich gelegenen sowjetischen Stellungen, ging dann aber in Verzweiflung und völliger Unordnung weiter. Jeder stürzte sich einfach in der Dunkelheit voran, ohne sich um sowjetisches Feuer zu scheren, denn Deckung zu suchen wäre gleichbedeutend mit Aufgabe gewesen, jeder durchwatete Wasserläufe und griff jede Linie von Schützengräben an, wie sie ihm gerade in den Weg kamen. Hinter den drei Linien sowjetischer Schützengräben gegenüber der Stellung Küstrin stießen sie auf die ausgebrannten Panzerwracks der früheren Gefechte, kämpften sich durch weitere drei, diesmal nach Westen gerichtete Linien sowjetischer Schützengräben und erreichten im Morgengrauen die deutschen Linien. Mit ihrem unerwarteten Erscheinen zogen sie zunächst auch noch deutsches Feuer auf sich, doch sollen schließlich 1318 durchgekommen sein, darunter Reinefarth und 118 Volkssturm-Männer.[38]

Tschuikow beschreibt den abschließenden Angriff auf die Altstadt:

> »Am 29. März ... begann die Artillerievorbereitung. Von meiner Beobachtungsstelle aus konnte ich sehen, wie die Geschosse der schweren Geschütze die Bunker und Unterstände an den Deichen zerschlugen. Es war beeindruckend, wie die Steine und Balken durch die Luft flogen. Um 10.30 Uhr gingen die Soldaten auf der Insel an Land. Zehn Minuten später begannen die MGs und MPis zu bellen, detonierten Handgranaten und Panzerfäuste.«[39]

Von den 135 Volkssturm-Männern, die auf der Halbinsel geblieben waren, konnten einige wenige mit übriggebliebenen Schlauch- und Fischerbooten über den Fluß setzen; ein Durchschwimmen des Flusses war jedoch wegen des Hochwassers und der starken Strömung unmöglich, zumal das gesamte Gebiet jetzt unter schwerem Maschinengewehrfeuer der Sowjets stand, die sich am Kietzer Tor eingenistet hatten. In der Nacht zum 29. fand in einem Bunker eine letzte Lagebesprechung statt, bei der die Kommandeure Erlaubnis erhielten, mit ihren Einheiten den Ausbruch zu versuchen, bevor Hauptmann d. R. Rudolf Tamm, Kommandeur des Volkssturm-Bataillons, am Morgen mit den Sowjets die Kapitulation aushandelte.

Nach der Kapitulation des Volkssturms wurden die wenigen Soldaten, die noch in den Ruinen der Altstadt und auf dem Glacis davor ausharrten und die nicht in die Kapitulation einbezogen waren, gefangengenommen und erschossen. Die etwa 200 Verwundeten auf dem

Hauptverbandsplatz hätten gemäß den Kapitulationsbedingungen von den Sowjets ehrenhaft behandelt werden sollen, doch wie es scheint, wurde, wer nicht laufen konnte, ebenfalls erschossen.[40]

Die Verteidigung der Festung Küstrin und der Versuch, sie zu entsetzen, forderte auf deutscher Seite schätzungsweise 7000 Gefallene, weitere 7000 Verwundete, die noch evakuiert werden konnten, und 6000 – größtenteils verwundete – Kriegsgefangene, während die Sowjets etwa 5000 Gefallene und 15 000 Verwundete zu beklagen hatten.[41]

Die Sowjets verfügten nun über einen Brückenkopf von etwa 50 km Breite und 7–10 km Tiefe, sie hatten sich die Schlüsselstellung Küstrin gesichert, und die weiteren Operationen konnten nun von einer weit stärkeren Basis aus vorbereitet werden.

Die sowjetischen Pioniere konnten die aufwendigen Vorarbeiten für die Operation Berlin fortsetzen, wozu auch der Wiederaufbau der schwerlastfähigen Brücken in Küstrin gehörte.

Über jene Tage schreibt Funkfeldwebel Averdieck vom Panzergrenadier-Regiment 90:

»Es folgten nun einige ruhigere Tage (28.3.–1.4.), bedingt durch das diesige Wetter. Vereinzelte Luftangriffe bei Tag und Nacht, auch mit Phosphor, und das Einschießen der russischen Artillerie mit Nebelgranaten ließen auf Angriffsabsichten schließen. Es wurden daher zum Ostersonntag besondere Stellungen bezogen. Der erwartete Angriff blieb jedoch aus. Wir hatten den Gefechtsstand auf einen großen Hof, den Annahof, verlegt. Vom 1.–13. April verlebten wir auf ihm durchweg ruhige Tage. Mehrfach schoß der Russe noch mit Nebelgranaten. Bei einem Besuch beim I. Bataillon hatte ich Gelegenheit, mir das russisch besetzte Gelände und die Stelle, an der damals das feindliche Vordringen gestoppt wurde, anzusehen. Etwa 50–60 T-34 standen abgeschossen auf engem Raume. Ich hörte sehr viel Radio, neben schönen Opernsendungen auch die katastrophalen Nachrichten von der Westfront. Reichsmarschall Göring fuhr einmal vorbei, um eine uns benachbarte Fallschirmjägerdivision zu besuchen. Aufrufe und Befehle kamen, die Ostfront um jeden Preis zu halten, die Stellungen, Gefechtsstände und Troßräume bis zum letzten Mann zu halten. In diesen Tagen schlugen sich 600 Mann aus der Festung Küstrin zu uns durch, durch eigene Artillerie noch schwere Verluste erleidend. Dann wurde uns an den letzten Abenden noch etwas ganz Neues geboten: Unter heftigem Flakfeuer der Sowjets erschien eine Ju 88, auf der eine Jagdmaschine saß. Plötzlich löste sich die untere Maschine und ging im Sturzflug ins Ziel. Eine gewaltige Explosion folgte. Mit Sprengstoff gefüllt, wurden so die Bombenflugzeuge, für die kein Sprit mehr vorhanden war, zweckvoll verwertet. ›Vater und Sohn‹ tauften die Landser diese Erscheinung.«[42]

Die Ostpommern-Operation

Schukows Memoiren geben wenig Aufschluß über die Ostpommern-Operation – sie wird darin kaum erwähnt. Vielmehr scheint sie für ihn lediglich ein lästiges Hindernis bei der Verfolgung seines Hauptziels, der Einnahme Berlins, gewesen zu sein. Daher geht die betreffende Episode fast völlig unter in einem Gegenangriff auf Tschuikows Behauptungen, die Stadt hätte schon früher eingenommen werden können.[1] Er faßt zusammen:

> »Zunächst sollte die 2. Belorussische Front wirklich den Auftrag erhalten, den Gegner in Ostpommern aufzureiben. Doch stellte sich heraus, daß diese Front bei weitem nicht genug Kräfte dazu besaß. Die am 10. Februar eingeleitete Offensive der 2. Belorussischen Front zog sich sehr in die Länge. Innerhalb von zehn Tagen konnte sie nur um 50 bis 70 Kilometer vordringen.
> Zur selben Zeit unternahm der Gegner südlich von Stargard einen Gegenstoß, es gelang ihm, unsere Truppen zurückzudrängen und bis zu 12 Kilometer nach Süden vorzudringen.
> Bei der Einschätzung der Lage entschied das Hauptquartier, zur Vernichtung des Gegners in Ostpommern – wo zu jener Zeit bis zu 40 Divisionen standen – vier Armeen und zwei Panzerarmeen aus dem Bestand der 1. Belorussischen Front heranzuziehen. Bekanntlich wurden die Kampfhandlungen dieser beiden Fronten zur Zerschlagung der Ostpommern-Gruppierung erst gegen Ende März abgeschlossen. Solch eine schwere Aufgabe war das!«[2]

Das außergewöhnliche Tempo, mit dem die Weichsel-Oder-Operation durchgeführt wurde, brachte in der Tat Probleme für die Abwicklung dieser nun folgenden Phase mit sich. Die Eisenbahnbrücken über die breite Weichsel, ein gebrochenes Glied in der lebenswichtigen Nachschubkette, befanden sich noch im Wiederaufbau, so daß es immer wieder zu Engpässen bei Munition, Treib- und Schmierstoffen kam. Unter den Soldaten breitete sich Kriegsmüdigkeit aus, die Einheiten waren ausgedünnt, Verstärkungen blieben aus, und da war auch die Disziplinkrise nach Überschreiten der deutschen Grenze. Hinzu kamen die ausnehmend schlechten Wetterbedingungen mit Schneestürmen, Regen oder Schneeregen, Nebel und Schlamm, der das Vorwärtskommen erheblich erschwerte.[3]

Die Ostpommern-Operation hatte dennoch große Bedeutung; sie war notwendig geworden, nachdem Stalin sich geweigert hatte, Rokossowskijs 2. Weißrussischer Front eine zusätzliche Armee zur Verfügung zu stellen, um die Lücke zu schließen, die zwischen Schukows Truppen, die sich rasch westwärts in Richtung Oder bewegten, und denen Rokossowskijs, die nach Norden zur Ostsee stießen, entstanden war. So mußte nicht nur Schukow bei seinem Vormarsch Kräfte für die Deckung seiner Nordflanke abstellen, sondern die Deutschen konnten auch Reserven in diesem Raum zusammenziehen und von Stargard aus eine Gegenoffensive starten.

Die Operation »Sonnenwende« war Generaloberst Guderians Idee und Teil eines Plans, der vorsah, die Rote Armee von Stargard im Norden und von der Oder zwischen Guben und Glogau im Süden in die Zange zu nehmen. Zur Ausführung dieses Plans mußten jedoch Verstärkungen von anderen Fronten abgezogen werden, und als Hitler die vorgesehenen Kräfte statt dessen nach Ungarn schickte, blieb nur noch der Angriff von Stargard her übrig, und auch dies nur mit beschränkten Kräften. Um eine optimale Durchführung der Operation sicherzustellen, versuchte Guderian, einen über die Unterstellung, daß Himmler und sein Stab nicht kompetent sein könnten, wutentbrannten Hitler davon zu überzeugen, dem Chef seines eigenen Stabes, Generalleutnant Walther Wenck, diese Aufgabe zu übertragen. Erst nach zweistündiger hitziger und emotionaler Debatte gab Hitler widerstrebend nach.[4]

Die 11. Panzerarmee unter General Felix Steiner bekam den Befehl, den Angriff mit drei Gruppen von einer 50 km breiten Ausgangslinie in Richtung Süden zu führen. Im Zentrum sollten das III. (Germanische) SS-Panzerkorps, bestehend aus der 11. und 23. SS-Freiwilligen-Panzergrenadier-Division (»Nordland« bzw. »Nederland«, zusammengesetzt aus skandinavischen bzw. niederländischen Freiwilligen) sowie die Führer-Begleit-Infanterie-Division und die 27. SS-Grenadier-Division »Langemarck« von der Linie Jakobshagen–Zachan aus angreifen, um Arnswalde zu entsetzen, und sodann in Richtung Küstrin marschieren. Auf der rechten Flanke sollte das XXXIX. Panzerkorps, bestehend aus der Panzer-Division »Holstein«, der 10. SS-Panzer-Division, der 4. SS-Polizei-Division und der 28. SS-Grenadier-Division »Wallonien«, aus der unmittelbaren Umgebung von Stargard südwärts in Richtung Dölitz angreifen. Die Deckung der linken Flanke übernahm eine Gruppe aus Führer-Grenadier-, 163. und 281. Infanterie-Division, unterstützt von der Panzer-Jagd-Brigade 104, die parallel zu den anderen Gruppen auf Landsberg vorstoßen sollte.[5]

Schukow, dem die feindlichen Truppenbewegungen über die Oder nicht entgangen waren, ließ die 2. Garde-Panzerarmee und die 61. Armee gegenüber der deutschen Frontlinie in Ost-West-Richtung aufmarschieren und hielt zusätzlich die 1. Garde-Panzerarmee, die 47. Armee und die 3. Stoßarmee in Reserve.[6]

Die 11. SS-Panzergrenadier-Division »Nederland« eröffnete den Angriff am 15. Februar und erzielte einen vorübergehenden Überraschungseffekt durch den Vorstoß auf Arnswalde, wo die belagerte deutsche Garnison entsetzt wurde. Die übrigen deutschen Truppen griffen am 16. Februar an und konnten in den folgenden beiden Tagen trotz hartnäckiger sowjetischer Gegenangriffe und starker Panzerabwehr durch Pak und Minen begrenzte Erfolge erzielen.[7]

Am 17. wurde Wenck nach Berlin befohlen, um Hitler über den Fortschritt der Operation zu unterrichten. Auf dem Rückweg übernahm Wenck von seinem erschöpften Fahrer das Steuer, schlief aber selbst ein und verursachte einen Unfall, bei dem er schwere Verletzungen davontrug. Zwar übernahm Generaloberst Hans Krebs am folgenden Tag die Operation, doch zu diesem Zeitpunkt hatten die Deutschen die Initiative bereits verloren. Sämtliche deutsche Einheiten waren in die Verteidigung gedrängt worden, und am selben Abend beschloß die Heeresgruppe »Weichsel«, keinen erneuten Angriff zu unternehmen.[8]

Schukow beschloß, am 19. Februar mit der 2. Garde-Panzerarmee, der 61. Armee und dem 7. Garde-Kavallerie-Korps einen Angriff auf Stettin vorzutragen. Zwei Armeekorps der 61. Armee kreisten Arnswalde ein, während eine Division hineinging und die Stadt in erbitterten Straßenkämpfen säuberte. Da die 2. Garde-Panzerarmee wegen der pausenlosen deutschen Gegenangriffe kaum Fortschritte machte, mußte Schukow die Operation abbrechen und zur Verteidigung übergehen.[9]

Von der Jalta-Konferenz zurückgekehrt, gab der Stawka zwischen dem 17. und 22. Februar neue Befehle an Schukow und Rokossowskij aus. Sie sollten einen kombinierten Angriff zur Säuberung Ostpommerns durchführen, der die deutschen Streitkräfte aufspalten sollte, um das Gebiet anschließend fächerförmig einzunehmen. Entsprechend diesen Instruktionen führte Rokossowskij am 24. Februar einen Angriff, angeführt vom 3. Panzerkorps als Angriffsspitze in nördlicher Richtung zur Ostseeküste bei Köslin, während das Gros der Truppen einen Haken nach rechts in Richtung Danzig und Gotenhafen schlug. Die neu eingetroffene 19. Armee konnte jedoch mit dem 3. Panzerkorps nicht Schritt halten (ihr Befehlshaber wurde deswegen ausgewechselt), so daß auf Rokossowskijs linker Flanke zwischen ihm und Schukow eine Lücke entstand.[10]

Schukow begann mit seinem Teil der Operation erst am 1. März, als er die 1. Garde-Panzerarmee an seiner rechten Flanke auf Kolberg an der Ostseeküste vorgehen ließ. Dieses Manöver überrumpelte die Deutschen und stiftete in ihren rückwärtigen Gebieten, wo sich große Massen von Flüchtlingen auf den Straßen drängten, große Verwirrung. Kolberg wurde am 4. März erreicht und mit zwei Divisionen der 1. Polnischen Armee belagert. Ihre erfolgreiche Verteidigung und schließliche Evakuierung unter nahezu unvorstellbaren Bedingungen verdankte diese Stadt einem heldenhaften Kolonialoffizier, Oberst Fritz Fullriede, der die Stadt bis zum Morgen des 18. März hielt, wofür er eine Woche später von Hitler persönlich mit dem Ritterkreuz ausgezeichnet wurde.[11]

In der Zwischenzeit mußten sich die 1. Garde-Panzerarmee und die 61. Armee nach Stargard durchkämpfen, das am 4. März eingenommen wurde. Ihr nächstes Ziel war die Zerschlagung des von der deutschen 3. Panzerarmee gehaltenen Altdamm-Brückenkopfs, der sich

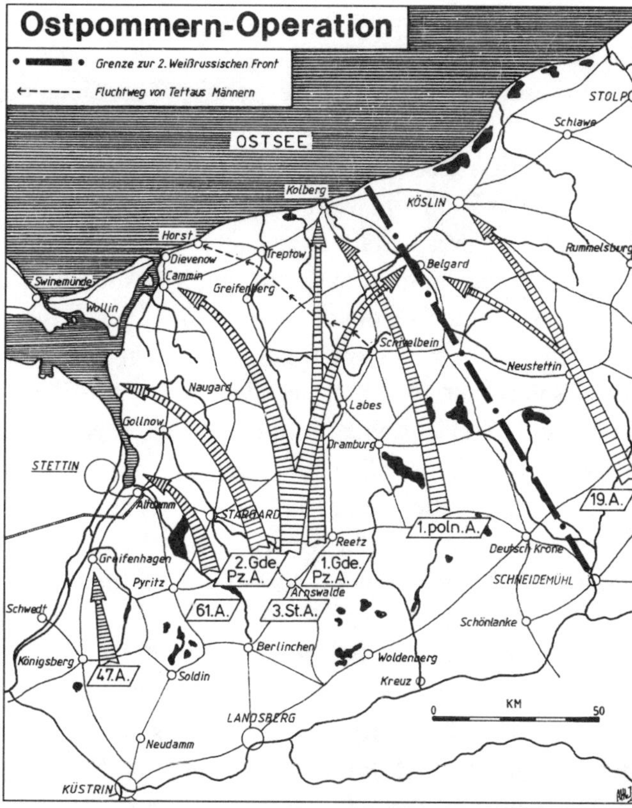

östlich der Oder über 80 km von Greifenhagen im Süden bis Gollnow im Norden erstreckte und ein mächtiges Hindernis bildete. Die 47. Armee übernahm die Räumung des Ostufers nach Süden bis Greifenhagen, das sie am 6. März erreichte, während die 3. Stoßarmee das Gebiet Richtung Norden bis zur Ostseeküste freikämpfte, die sie am 9. März erreichte.[12]

Einer Gruppe von nahezu 16 000 Mann unter Generalleutnant Hans von Tettau gelang es jedoch, zusammen mit etwa 40 000 Flüchtlingen am 5. März knapp nördlich von Schivelbein der Einkesselung zu entgehen und sich zu den Seebädern Hoff und Horst durchzuschlagen, wo sie in der Hoffnung, auf dem Seeweg evakuiert zu werden, einen Brückenkopf bildeten. Als sich die Hoffnung nicht erfüllte, kämpften sie sich entlang der Klippen in Richtung Westen bis Dievenow weiter, wo sie am 11. und 12. März von der Marine aufgenommen und zur Insel Wollin gebracht wurden.[13]

Während dieser Ereignisse wurde Schukow zu einer neuerlichen Besprechung mit Stalin und dem Generalstab über das weitere Vorgehen in der Operation Berlin nach Moskau gerufen. Bei dieser Gelegenheit – es war der 7. oder 8. März, an das genaue Datum konnte sich Schukow nicht erinnern – stattete er Stalin einen Besuch in dessen Datscha ab. Stalin wirkte sehr müde auf ihn. Vor Aufnahme der offiziellen Gespräche machten sie einen gemeinsamen Spaziergang im Garten, im Verlauf dessen Schukow Stalin eine recht persönliche Frage über dessen Sohn Yakow stellte, der sich in deutscher Kriegsgefangenschaft befand. Stalin erwiderte, daß er glaube, sein Sohn werde von den Deutschen hingerichtet werden. Später unterrichtete Stalin Schukow über die Ergebnisse der Jalta-Konferenz. Am nächsten Tag arbeitete er mit Antonow an der weiteren Ausarbeitung der Pläne für die Operation Berlin, die dann am Abend von Stalin abgesegnet wurden.[14]

Am 8. März unterstellte der Stawka die 1. Garde-Panzerarmee vorübergehend dem Befehl Rokossowskijs, um ihn bei der Säuberung der Ostseeküste in östlicher Richtung zu unterstützen. Daraufhin sah sich Schukow veranlaßt, Rokossowskij anzurufen und ihm das Versprechen abzunehmen, ihm die Armee in dem gleichen Zustand zurückzugeben, wie er sie übernommen habe![15]

Obwohl der Brückenkopf von Altdamm immer noch nicht eingenommen war und eine ständige Gefahr eines deutschen Angriffs östlich der Oder darstellte, ging Schukow das Problem vorsichtig an. Am 12. März entschied er, den Brückenkopf weiterhin mit der bereits vor Ort befindlichen 2. Garde-Panzer-, der 47. und der 61. Armee zu sichern, nahm aber die 3. Stoßarmee in die Reserve zurück, um sie für die Operation Berlin in Bereitschaft zu haben. Anschließend brachte er vier Artillerie-Durchbruchsdivisionen nach vorn, um die Feuerdichte schwerpunktmäßig auf 250 bis 280 Geschütze und Granatwerfer pro Kilometer seines ausgewählten Durchbruchsabschnittes zu erhöhen. Sie sollten die deutschen Linien bei dem für zwei Tage später – den 14. März – geplanten Angriff zerschlagen. Am folgenden Tag befahl Hitler die Verlegung einiger mobiler Einheiten der 3. Panzerarmee zur Verstärkung der 9. Armee bei Küstrin, wodurch die Verteidigung in Altdamm deutlich geschwächt wurde. So gelang es der 2. Garde-Panzerarmee und der 47. Armee am 19. März, die deutschen Verteidigungslinien zu durchbrechen, und General Hasso von Manteuffel, der am 10. März die 3. Panzerarmee übernommen hatte, teilte Hitler mit, daß ihm keine andere Wahl bliebe, als noch in derselben Nacht über die Oder zurückzugehen, andernfalls würde er am folgenden Tag alles verlieren. Hitler gab seine Einwilligung, und die Deutschen traten, gesprengte Brücken hinter sich lassend, den Rückzug an.

Bis zum 21. März waren auch die letzten Widerstandsnester in Altdamm beseitigt, und die Sowjets konnten für sich in Anspruch nehmen, im Bereich des Brückenkopfes 40 000 Mann getötet, 12 000 weitere gefangengenommen sowie 126 Panzer und Selbstfahrlafetten, über 200 Geschütze und 154 Granatwerfer erbeutet zu haben. Für Schukow jedoch bedeutete dieser Erfolg, daß diese Ablenkung nun vorbei war und er sich nun gefahrlos dem Brückenkopf bei Küstrin und den Vorbereitungen für die Operation Berlin widmen konnte.[16]

Nach dem Zusammenbruch des deutschen Widerstands am Ostufer der Oder konnte es Guderian bewerkstelligen, daß Himmler als Oberbefehlshaber der Heeresgruppe »Weichsel« am 20. März durch Generaloberst Gotthardt Heinrici abgelöst wurde. Hierzu suchte er Himmler auf, der sich jedoch nicht in seinem Hauptquartier in Prenzlau, sondern in Hohenlychen in einem Sanatorium befand, wo er sich von seinem Privatarzt wegen einer gewöhnlichen Erkältung behandeln ließ. Guderian konnte Himmler dazu bewegen, Hitler selbst um seine Abberufung zu ersuchen mit der Begründung, er könne die Funktion aufgrund der Belastung durch seine vielen anderen Ämter nicht mehr voll wahrnehmen.[17]

Guderian wurde am 28. März nach der oben erwähnten hitzigen Auseinandersetzung von Hitler in einen »sofortigen Erholungsurlaub von 6 Wochen« geschickt und durch Generaloberst Hans Krebs ersetzt, weil er sich hinter General Busse gestellt hatte, nachdem dieser bei seinem Versuch, Küstrin zu entsetzen, gescheitert war.[18]

Inzwischen hatte auch Marschall Konjew Schwierigkeiten bei der Eroberung Schlesiens gehabt. Seine Streitkräfte waren am 15. Februar bis zur Neiße an Schukows südlicher Flanke aufgerückt, doch große

Teile Ober- und Niederschlesiens mußten noch von einem sehr aktiven Gegner erobert werden. Konjew selbst schildert die Situation am 16. Februar folgendermaßen:

> »In der Beurteilung der Lage wiesen wir auf das erhebliche Zurückbleiben des linken Frontflügels hin; auf die unzureichende Versorgung der durch Hunderte von Kilometern von ihren Nachschubbasen getrennten Truppen; auf die hohen personellen und materiellen Verluste, die dazu geführt hatten, daß die Schützendivisionen im Durchschnitt nur noch 4500 Mann stark waren und daß von den zu Beginn der Weichsel-Oder-Operation am 12. Januar vorhandenen 3648 Panzern und Selbstfahrlafetten nur noch 1289 einsatzfähig waren; auf das Tauwetter, besonders im Wald- und Sumpfgelände, das die Manöver der Panzertruppen behinderte und sie Verlusten aussetzte; auf die Tatsache, daß die Fliegerkräfte nur in geringem Umfang eingesetzt werden konnten, und schließlich darauf, daß der Gegner, der ständig Reserven von anderen Fronten abzog, immer stärker und die Kämpfe zunehmend hartnäckiger wurden.«[19]

Die Großstadt Breslau mit einer 45–50 000 Mann starken Garnison wurde am 18. Februar eingeschlossen, und ihre Belagerung band eine von Konjews Armeen bis zum 6. Mai, also ganze 77 Tage, fest.[20]

Zwar hatte die 1. Ukrainische Front an der Neiße vom Ende der Operation Niederschlesien am 24. Februar bis zum Beginn der Operation Berlin am 16. April einen verhältnismäßig ruhigen Stand, doch war der Großteil ihrer Truppen an ihrer linken Flanke bis Ende März in Kämpfe mit der deutschen 17. Armee und in der Operation Oberschlesien mit der 1. Panzerarmee unter Generaloberst Heinrici verwickelt. Bei der Eroberung der Gebiete um Oppeln und Ratibor mußten sie in der zweiten Märzhälfte besonders schwere Panzerverluste hinnehmen. Konjew und Schukow befanden sich also in vergleichbarer Lage, als sie in Moskau zu den letzten Planungskonferenzen auf höchster Ebene vor Beginn der Berliner Operation zusammentrafen.[21]

TEIL 3

VORBEREITUNGEN FÜR DIE OPERATION BERLIN

Planung und Logistik

Ende März war für beide Seiten der Zeitpunkt gekommen, Bilanz zu ziehen. Für die Deutschen stand nun fest, daß eine Zerschlagung der sowjetischen Brückenköpfe mit den verfügbaren Kräften nicht zu erreichen war, wie der Mißerfolg des XXXIX. Panzerkorps der 9. Armee gezeigt hatte. Und nach den gescheiterten Anstrengungen der Deutschen, Ostpommern zu halten, waren die Sowjets nun in der Lage, ihre gewaltigen Streitkräfte auf den Raum Küstrin zu konzentrieren und von dort direkt auf Berlin vorzustoßen. Die Deutschen mußten sich nun unter höchstem Druck auf eine Abwehrschlacht einrichten.

Nach dem erfolgreichen Abschluß der Operationen in Ostpommern und Schlesien befahl Stalin die Oberbefehlshaber seiner »Berlin«-Front zur abschließenden Planung der Operation Berlin nach Moskau. Schukow traf am 29. März als erster ein, dem Tag, an dem zu seiner großen Erleichterung die Festung Küstrin eingenommen wurde. Am Abend traf er mit Stalin zusammen, um ihm Bericht über die 1. Weißrussische Front zu erstatten. Zwei Tage gab ihm Stalin, um die letzten Details seines Angriffsplans mit dem Generalstab abzustimmen, am 1. April sollten er und Konjew ihre Pläne dem Stawka zur Genehmigung vorlegen. Berichte darüber, was sich in Moskau zu diesem Zeitpunkt genau abspielte, gehen in Einzelheiten auseinander, einig waren sich aber alle darin, daß die Westalliierten entgegen den im Februar in Jalta getroffenen Vereinbarungen hinsichtlich der Aufteilung Nachkriegs-Deutschlands versuchen würden, Berlin als erste zu erreichen. Der Faktor Zeit war daher für die Sowjets von entscheidender Bedeutung.[1]

Vielleicht ist die Schilderung von General Sergeij M. Schtemenko, dem Leiter der Hauptabteilung Operationen des Generalstabs, am objektivsten. In einem einleitenden Diskurs über die Planung berichtet er:

»Die Arbeit des Generalstabs bei der Planung der anstehenden Angriffe wurde durch Stalins kategorische Entscheidung hinsichtlich der besonderen Rolle der 1. Weißrussischen Front beträchtlich erschwert. Die Einnahme einer Stadt von der Größe Berlins, das für die Verteidigung schon seit geraumer Zeit gut vorbereitet war, überstieg die Möglichkeiten einer einzigen Front, selbst einer so starken wie der 1. Weißrussischen. In dieser Lage war es dringend angezeigt, zumindest die 1. Ukrainische Front als zusätzliche Kraft einzusetzen. Außerdem mußte natürlich auf jeden Fall ein wirkungsloser Frontalangriff mit den Hauptkräften vermieden werden.
Wir mußten den im Januar gefaßten Plan wieder aufgreifen, Berlin in einem Umfassungsangriff zu nehmen: von Norden und Nordwesten durch die 1. Weißrussische Front und von Südwesten und Westen durch die 1. Ukrainische Front. Die beiden Fronten sollten dann im Raum Brandenburg/Potsdam den Kreis schließen.
Bei unseren weiteren Berechnungen gingen wir von den jeweils ungünstigsten Voraussetzungen aus: den unweigerlich zu erwartenden schweren und dauerhaften Straßenkämpfen in Berlin, der Möglichkeit deutscher Gegenangriffe von außerhalb des Rings im Westen und Südwesten wie auch einer Konsolidierung der feindlichen Verteidigung westlich Berlins, die uns zu einer Fortsetzung der Offensive zwingen würde. Wir zogen auch die Möglichkeit in Betracht, daß es den Westalliierten aus irgendeinem Grund nicht gelang, den Widerstand der ihnen gegenüberstehenden Feindkräfte zu brechen, und dadurch längere Zeit aufgehalten würden.«[2]

Schtemenko berichtet anschließend über die Ereignisse am Osterwochenende 1945 in Moskau:

»Zu diesem Zeitpunkt hatte der Generalstab die Grundzüge der Operation Berlin bereits ausgearbeitet. Während der Arbeit daran standen wir in engem Kontakt zu den Stabschefs der einzelnen Fronten, A.M. Bogoljubow, M.S. Malin und W.D. Sokolowskij (später mit I.J. Petrow), und bei den ersten Anzeichen, daß die Westalliierten eigene Pläne hinsichtlich Berlins verfolgten, wurden Schukow und Konjew nach Moskau zitiert.

Am 31. März berieten sie zusammen mit dem Generalstab darüber, welche weiteren Operationen die Fronten durchzuführen hätten. Marschall Konjew regte sich sehr über den Verlauf der Nahtstelle zwischen seiner Front und Schukows 1. Weißrussischer Front auf, die ihm jede Möglichkeit verwehrte, an der Einnahme Berlins mitzuwirken. An dieser Tatsache konnte aber niemand im Generalstab etwas ändern.
Am folgenden Tag, dem 1. April 1945, stand der Plan der Operation Berlin beim Generalstab zur Diskussion. Die Lage an den einzelnen Fronten sowie die Operationen der Alliierten und deren Pläne wurden im Detail erläutert. Stalin folgerte aus diesen Berichten, daß wir Berlin in kürzestmöglicher Zeit einnehmen müßten. Die Operation sollte spätestens am 16. April anlaufen und binnen 12 bis maximal 15 Tagen abgeschlossen sein. Die Frontbefehlshaber stimmten dem zu und versicherten, ihre Truppen würden rechtzeitig einsatzbereit sein.
Der Chef des Generalstabs hielt es für notwendig, die Aufmerksamkeit des Obersten Befehlshabers erneut auf die Nahtstelle zwischen den beiden Fronten zu lenken. Es wurde noch einmal betont, daß diese Linie den Armeen der 1. Ukrainischen Front praktisch jede Möglichkeit verwehre, direkt an den Kämpfen um Berlin teilzunehmen, und dies könnte es unter Umständen erschweren, den Zeitplan der Operation einzuhalten. Marschall Konjew äußerte sich in ähnlicher Weise und sprach sich dafür aus, Teile der Streitkräfte der 1. Ukrainischen Front, insbesondere die Panzerarmeen, gegen die südwestlichen Außenbezirke Berlins einzusetzen.
Stalin entschied auf eine Kompromißlösung. Weder gab er seine eigenen Pläne auf, noch lehnte er die von Marschall Konjew mit Billigung des Generalstabs gemachten Vorschläge völlig ab. Auf der Karte, die den Operationsplan zeigte, strich er den Abschnitt der Nahtlinie, welcher die Ukrainische Front von Berlin abschnitt, kommentarlos aus und ließ sie bereits in Lübben enden, 60 Kilometer südöstlich der Hauptstadt.
›Soll doch derjenige, der zuerst ankommt, die Stadt nehmen‹, sagte Stalin später zu uns.«[3]

Die Operation sollte also nicht nur ein Wettlauf gegen die Zeit werden, um vor den Westalliierten in Berlin zu sein, sondern auch ein Rennen zwischen den Frontbefehlshabern um den Ruhm für die Einnahme der feindlichen Hauptstadt. Anstelle der sonst üblichen drei bis vier Monate Vorbereitungszeit standen nur zwei Wochen zur Verfügung, was nach einem logistischen Wunder verlangte. Auch die operative Zeitplanung war äußerst unrealistisch, möglicherweise ging man dabei von der eher ungewöhnlichen Erfahrung der Weichsel-Oder-Operation aus. So wollte man die deutschen Hauptverteidigungsstellungen auf den Seelower Höhen bereits am ersten Tag durchbrochen haben, um mit den beiden Panzerarmeen – ähnlich wie auf dem Marsch zur Oder – rasch vorzustoßen und Berlin in klassischer Zangenbewegung bis zum 21. April einzunehmen, und bereits am 1. Mai die Elbe erreichen.

Es überrascht eigentlich, daß auf der Jalta-Konferenz vom Februar keinerlei Vereinbarungen bezüglich eines koordinierten Vorgehens zwischen den Westalliierten und den Sowjets getroffen wurden, und Stalin nutzte diese Tatsache denn auch weidlich aus, um sowohl die Alliierten als auch seine eigenen Frontbefehlshaber gründlich zu täuschen. Am 28. März hatte er von General Eisenhower, dem Oberbefehlshaber der Alliierten Streitkräfte im Westen, einen Funkspruch erhalten, in dem er eigenmächtig und gegen den Willen der britischen Regierung mitteilte, er wolle seinen Hauptstoß nicht auf Berlin, sondern gegen den Raum Erfurt/Leipzig/Dresden sowie gegen die berüchtigte »Alpenfestung« richten.[4] Stalin hatte diesem Vorschlag umgehend zugestimmt und versichert, er plane seinen Hauptstoß gegen Dresden und schicke nur unterstützende Kräfte gegen Berlin. Die Alliierten waren durch den deutschen Nachrichtenverkehr vor der unmittelbar bevorstehenden sowjetischen Offensive gewarnt worden und hatten von Stalin genauere Informationen verlangt, doch erst am Vorabend der Offensive gab Stalin das Angriffsdatum preis, zusammen mit der erneuten Beteuerung, sein Hauptstoß werde im Süden erfolgen.[5]

Stalin unterzeichnete die Direktive, mit der er Schukows Pläne für die 1. Weißrussische Front genehmigte, am Abend des 1. April und diejenige für Konjews Front am folgenden Tag. Die Direktive für

Marschall Rokossowskijs 2. Weißrussische Front folgte erst eine Woche später. Rokossowskij war noch immer intensiv mit der Säuberung Ostpreußens von deutschen Truppen beschäftigt und sollte seine Kräfte erst ab dem 20. April für die Berliner Operation zur Verfügung stellen.[6]

Schukows Befehle machten es ihm zur Hauptaufgabe, Berlin einzunehmen und bis zur Elbe vorzustoßen. Dafür wurden ihm weitere Verstärkungen von der Stawka-Reserve in beträchtlichem Umfang zugesichert. Konjew sollte die Berliner Operation durch die Zerschlagung der Feindkräfte südlich der Hauptstadt unterstützen und außerdem die Städte Dresden und Leipzig einnehmen, beides wichtige Industriezentren in der zukünftigen sowjetischen Besatzungszone. Die 2. Weißrussische Front sollte die Feindkräfte nördlich Berlins binden. Währenddessen sollten die übrigen Fronten im Süden den Druck auf die Deutschen aufrechterhalten und dadurch die Verlegung strategischer Reserven auf den Schauplatz der Operation Berlin verhindern.[7]

Das größte Hindernis bei der Durchbruchsschlacht war für Schukow die Säuberung der beherrschenden Seelower Höhen vom Feind. Er gedachte dies durch den gleichzeitigen Angriff von vier verstärkten gemischten Verbänden aus seinem Brückenkopf im Oderbruch heraus, nämlich der 8. Garde-, der 3. und 5. Stoß- sowie der 47. Armee, zu erreichen. Diese sollten Breschen in die deutschen Verteidigungslinien schlagen und so der 1. und 2. Garde-Panzerarmee den Durchmarsch ermöglichen. Die 2. Garde-Panzerarmee sollte von Nordosten her direkt ins Zentrum Berlins vordringen, die 1. Garde-Panzerarmee hingegen Berlin und Potsdam südlich umgehen und weiter in Richtung Westen vorstoßen. Zur Deckung seiner Nordflanke sollten sich die 1. Polnische Armee und die 61. Armee Übergang über die Alte Oder und die Oder verschaffen und nördlich der Hauptstadt in Richtung Westen vorstoßen, während die 69. Armee die Südflanke der 8. Gardearmee zu decken und gemeinsam mit der 33. Armee die Kräfte der Frankfurter Garnison zu binden hatte. Die 33. Armee sollte mit dem 2. Garde-Kavallerie-Korps aus ihrem eigenen Brückenkopf ausbrechen, und beide Armeen sollten sodann entlang der Autobahn in Richtung Westen auf Fürstenwalde und später auf Brandenburg vorgehen. Die 3. Armee sollte die zweite Staffel der Front bilden, die 1. und

2. Garde-Panzerarmee ihre Bewegliche Gruppe und das 7. Garde-Kavallerie-Korps die Frontreserve.[8]

Der Genehmigung der Operationspläne in Moskau folgten zweiwöchige intensive Vorbereitungen an der Oder-Neiße-Front. Bei der Bereitstellung der benötigten personellen Kräfte, der Ausrüstung, Munition und Verpflegung wurden wahre Wunder vollbracht.[9]

Die durch die Kämpfe im vorausgegangenen Winter geschwächten Einheiten mußten aufgefüllt, ihre Ausrüstung überholt und ergänzt werden. 1945 waren die personellen Möglichkeiten der Sowjets nahezu erschöpft, so daß auch freigelassene Kriegsgefangene aufgepäppelt, wiederbewaffnet und in den Kampf geworfen wurden. Zum erstenmal wurden sogar Transportflugzeuge eingesetzt, um Verstärkungen an die Front zu bringen.[10]

Die neu zugeteilten Verbände der Stawka-Reserve mußten ebenfalls nach vorn und in Stellung gebracht werden. Noch mehr Geschick verlangte die Verlegung der beiden Marschall Konjew zugeteilten Armeen der 2. Weißrussischen Front über Schukows Nachschublinien hinweg.[11]

Der Ausbau des Brückenkopfs als Ausgangsbasis für die Operation Berlin wurde umgehend in Angriff genommen. Vorrang hatte dabei die Einrichtung genügender Übergangspunkte zum Brückenkopf. Insgesamt wurden 26 Brücken über die Warthe und Oder gebaut, zwei davon als Ergänzung zu den schwerbeschädigten Küstriner Brücken und drei weitere als Zugang zum Brückenkopf der 33. Armee südlich von Frankfurt. Von den 21 Brücken zum Küstriner Brückenkopf waren acht für eine Höchstlast von 60 Tonnen ausgelegt, drei für 30 Tonnen, acht für 16 Tonnen und je eine Brücke für 10 und 5 Tonnen. Da es aber im gesamten Zeitraum wegen Überschwemmungen zu einem Ansteigen des Wasserspiegels kam, mußte man die Brücken von Deich zu Deich bauen, so daß sie Längen von 500 bis 1107 Meter erreichten. Durch die Überschwemmungen wurden auch einige bereits früher gebaute Brücken überflutet. Die sowjetischen Pioniere markierten diese überspülten Brücken rechts und links mit Pfählen, so daß sie weiterhin benutzt werden konnten. Dadurch entstand der Mythos, daß der Bau von »Unterwasserbrücken« eine besondere Fertigkeit der sowjetischen Pioniere war! Zusätzlich zu den Brücken waren 40 Fähren unterschiedlicher Traglast im Einsatz. Insgesamt waren 13 Ponton- und 27 Pionierbataillone sowie sechs Militärbauabteilungen an dieser oftmals gefährlichen Aufgabe beteiligt, denn die Brücken waren vorrangiges Ziel deutscher Angriffe. Allein die Brücke bei Göritz soll zwanzigmal zerstört worden sein, und bei Zellin soll sich die Zahl der Opfer beim Brückenbau innerhalb von sieben Tagen auf 387 Mann belaufen haben, von denen 201 ihren Verletzungen erlagen.[12]

Geht man von den akribisch geführten sowjetischen Statistiken aus, so haben in Vorbereitung der Operation Berlin insgesamt 1 671 188 Fahrzeuge, 400 000 Pferdegespanne und 600 000 Fußsoldaten die Brücken zum Küstriner Brückenkopf überschritten.[13]

General Bokow beispielsweise beschreibt, wie am 8. April damit begonnen wurde, über fünf Brücken und mit drei Fähren Artilleriekräfte in den Abschnitt der 5. Stoßarmee zu verlegen. Unter einem straff organisierten Verkehrsleitsystem gelangte pro Nacht jeweils eine Brigade in den Brückenkopf. Am 11. April waren die Panzer an der Reihe, die in 300 m Abstand die 60-Tonnen-Brücken überquerten, jeweils 75–90 schwere Panzerfahrzeuge pro Nacht. Um das Motorengeräusch zu überdecken, wurde Artilleriefeuer eingesetzt, und bei Tagesanbruch legten die Einheiten für chemische Kriegsführung so lange Rauch, bis das Manöver vollständig getarnt war. In vier Tagen war auch das geschafft.[14]

Mit Ankunft der Dnjeprflotille per Bahn und Schiff Ende März konnte der Schutz der Brücken vom Wasser her ausgebaut werden. Am 7. April erhielt die Flotille den Auftrag, die Flußübergänge vor Treibminen zu schützen, die Luftabwehr zu stärken und die Übergänge allgemein mit ihren Booten abzusichern. Die Flottille bestand aus zwei Brigaden zu je 18 Panzerbooten, 20 Minenräumbooten, sechs schwimmenden Batterien, zwei Kanonenbooten und 20 Halb-Tragflügelbooten.[15]

Innerhalb des Küstriner Brückenkopfs wurden insgesamt 636 km Schützen- und Verbindungsgräben ausgehoben, 9116 Stellungen für Maschinengewehre, Panzerbüchsen und Granatwerfer vorbereitet, dazu weitere 4500 Feuerstellungen der Artillerie für je zwei bis vier Geschütze. Hinzu kamen 25 Marschstraßen, von denen allein zehn für die Aufstellung der beiden Panzerarmeen benötigt wurden. Weitere

48 km Straßen mußten instandgesetzt und 24 km neu gebaut werden, ebenso 112 Brücken. Zusätzlich war der Bau von etwa 7000 Unterständen und mehr als 5000 Deckungen für Panzer und andere Fahrzeuge erforderlich.[16]

Bei dieser gewaltigen Aufgabe waren alle Einheiten im Brückenkopf fast pausenlos im Einsatz, unterstützt von 194 Pionierbataillonen und 14 Militärbauabteilungen. Häufige Niederschläge und ein generell hoher Grundwasserspiegel behinderten die Arbeit oder machten sie in einigen Fällen vollkommen unmöglich. Die Felder standen unter Wasser und waren so schlammig, daß sich Fahrzeuge nur auf befestigten Straßen fortbewegen konnten. Erst weiter westlich, im Gebiet um die Ortschaften Tucheband und Golzow, war der Untergrund für Panzer fest genug. Das Oderbruch und der Reitweiner Sporn waren in den vorausgegangenen Kämpfen von beiden Seiten stark vermint worden. Daher mußten sowjetische Pioniere in Vorbereitung der Operation Berlin über 70 000 Minen entfernen und und etwa 340 Passagen durch Minenfelder schaffen.[17]

Die Deutschen hinsichtlich der sowjetischen Ziele in dieser Phase zu täuschen, erwies sich als besonders schwierig, denn angesichts des Ausmaßes dieser Aktivitäten war das Vortäuschen alternativer Absichten äußerst problematisch. Die Hauptangriffsrichtung und weitere operative Bewegungen ließen sich unschwer erkennen, doch die Einheiten im Brückenkopf hatten Befehl, Tarnungs- und Täuschungsmanöver möglichst bis zum unmittelbaren Beginn des Angriffs anzuwenden. Transporte und Truppenbewegungen erfolgten ausschließlich nachts, ohne Beleuchtung und bei völliger Funkstille. Schukow berichtet:

»Tagsüber wirkte der Aufmarschraum verödet, nachts belebte er sich. Tausende Soldaten mit Schaufeln, Brechstangen und Hacken schanzten weitgehend lautlos. Der hohe Grundwasserspiegel und das Tauwetter erschwerten ihre Arbeit. In diesen Nächten wurden mehr als 1 800 000 Kubikmeter Erdreich bewegt. Am nächsten Morgen war keine Spur der Arbeiten zu sehen. Alles wurde sorgfältig getarnt.«[18]

Tschuikow hingegen schilderte die Lage folgendermaßen:

> »Da der Gegner von den Seelower Höhen die ganze Niederung einsehen konnte, in der sich unsere Truppen konzentrierten, war jede gedeckte Bewegung für uns erschwert. Das traf vor allem für die Artillerie und die Panzer zu. Nicht nur unsere Stellungen im Brückenkopf, sondern auch das Ostufer der Oder ließen sich ausgezeichnet beobachten. Selbst die Dunkelheit half uns da nicht, denn der Gegner suchte das Gelände mit Scheinwerfern ab. Wir aber mußten ihn gewähren lassen, weil sich die Artillerie auf keinen Fall zu erkennen geben durfte, bis zur letzten Minute schweigen mußte. Erloschen die Scheinwerfer, dann flammten sofort von Aufklärungsflugzeugen geworfene Leuchtbomben auf, und wieder hatte der Gegner vollen Überblick über die ganze Niederung. Die Tarnung der Truppen wurde auch dadurch erschwert, daß die Bäume noch kein Laub trugen; und eingraben konnte man sich nicht, denn das Frühjahrshochwasser hatte den Grundwasserspiegel stark ansteigen lassen. Ein Stich mit dem Spaten in den Boden, und schon füllte sich das Loch mit trübem Wasser.«[19]

Die Tarnmaßnahmen der 1. Weißrussischen Front waren detailliert und umfangreich. Die Eisenbahnladungen, die Kampfausrüstung nach vorn brachten, waren beispielsweise als Holz- und Heulieferungen getarnt. Ebenso wurde die Heranführung der von der Ostpommern-Operation abgezogenen Streitkräfte verschleiert. Um Zahl und Standort der Panzer vor dem Feind zu verbergen, wurden täglich vier Zugladungen mit Panzern und Artillerie ungetarnt in die rückwärtigen Gebiete bewegt. Damit die Deutschen glaubten, der bevorstehende Angriff werde in einer großen Zangenbewegung von den Ausgangslinien Stettin–Gartz und Fürstenberg–Guben aus geführt, wurden dort vorgetäuschte Bereitstellungsräume hinter ebenfalls vorgetäuschten Flußübergängen angelegt. Unterstützt wurden diese Aktionen im nördlichen Schein-Bereitstellungsraum zwischen Altdamm und Pyritz durch vorgetäuschten Funkverkehr, sog. »Funkspiele«, von Untereinheiten der 2. Garde-Panzerarmee und der 5. Stoßarmee und zwischen dem 10. und 14. April im Süden zwischen Crossen und Grüneberg in ähn-

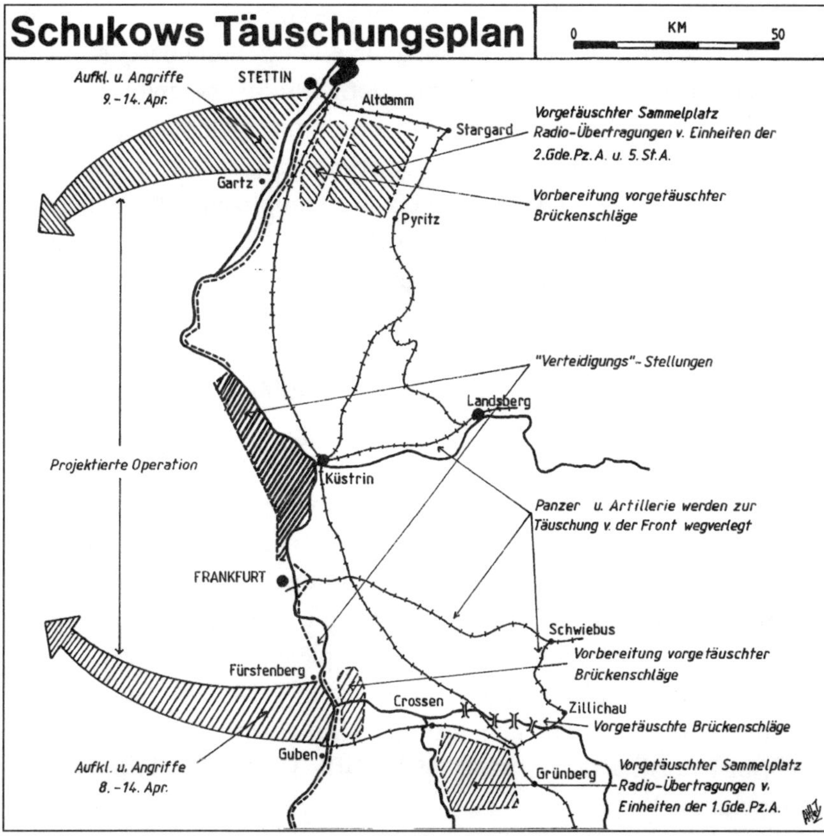

licher Weise von Untereinheiten der 1. Garde-Panzerarmee. Dort wurden vier Schein-Übergänge über die Oder angelegt. Um den Täuschungsmanövern noch mehr Glaubwürdigkeit zu verleihen, schickte Schukow sowohl im nördlichen wie auch im südlichen Scheinangriffsgebiet Spähtrupps vor und ließ auch wiederholt kleinere Angriffe durchführen.[20]

Eine weitere Maßnahme war die Verbreitung von Dokumenten und Zeitungsmeldungen, die die Ablösung Marschall Schukows durch seinen Stabschef General Wassilij Danilowitsch Sokolowskij ankündigten und so den Anschein erweckten, daß von diesem Teil der Front kein Druck mehr zu erwarten sei.[21]

Dennoch konnte die Ankunft von Soldaten und Ausrüstung in diesem Ausmaß kaum unbemerkt vonstatten gehen. Den täglichen Lageberichten der 9. Armee zufolge beobachteten die Deutschen in den frontnahen Gebieten starken Fahrzeugverkehr, Flußüberquerungen, Versuche zur Räumung von Minenfeldern und Stacheldrahtverhauen, Verstärkung von Artilleriekräften in bestimmten Gebieten, ja sogar Offiziere, die mit Karten das Gelände erkundeten.[22]

Den Rückwärtigen Diensten oblag die komplizierte Aufgabe, den benötigten Nachschub zu liefern, während einige der Formationen noch bei der Aufstellung waren. Das ganze Ausmaß dieser Aufgabe wird deutlich, wenn man den Bedarf an Kraftstoff und Munition betrachtet, der für die Ingangsetzung der Operation Berlin erforderlich war. 85 000 Lastwagen, 5000 Flugzeuge, 4000 Panzer und 10 000 Zugmaschinen mußten mit Kraftstoff versorgt werden. Allein für den ersten Tag der Operation rechnete man mit einem Munitionsbedarf der Artillerie von 1 197 000 Granaten bei einem Gesamtvorrat von insgesamt 7 147 000. Tatsächlich wurden am ersten Tag 1 236 000 Granaten verfeuert, was 2450 Eisenbahnwaggonladungen bzw. 98 000 Tonnen entspricht. Geht man freilich von den für die Kalkulation bei den Sowjets üblichen Munitionssätzen (bojekomplet) pro Waffe aus, so waren die Vorräte bei der Operation Berlin mit 2,18–2,48 bojekomplet pro Waffe der verschiedenen Kaliber deutlich niedriger als bei der Weichsel-Oder-Operation, wo je nach Waffe 3,1–9,8 bojekomplet verfügbar waren.[23]

Hierzu berichtet Schukow:

> »Der Charakter der Operation verlangte es, daß die Munition ununterbrochen aus den Lagern der Front direkt zur kämpfenden Truppe gelangte. Die Bahnlinien wurden auf russische Spurweite umgenagelt, und so konnten wir die Munition fast bis zur Oder heranschaffen. Um sich den Umfang dieser Transporte vorzustellen, genügt der Hinweis, daß die Züge eine Gesamtlänge von mehr als 1200 Kilometern erreichten.«[24]

In der Tat schätzten sich die Rückwärtigen Dienste glücklich, daß ihnen zur Versorgung der Frontabschnitte bei Küstrin und Frankfurt zwei Haupt-Bahnlinien zur Verfügung standen. In Küstrin konnten 24, in Frankfurt 24–30 Zugpaare pro Tag abgefertigt werden. Daneben standen vier Hauptrouten für die Versorgung auf der Straße zur Verfügung.[25]

Als die von der Ostpommern-Operation abgezogenen Verbände eintrafen, erforderte deren Unterbringung in und hinter dem Brückenkopf einen beträchtlichen Umstellungsaufwand. General Stanislaw Poplawskijs 1. Polnische Armee mußte beispielsweise zwischen dem 8. und 13. April nach Säuberung der pommerschen Küstengebiete bei Greifenburg erst in Königsberg Station machen, bevor ihre Eingliederung in die Front zwischen der 61. und 47. Armee am Ostufer der Oder möglich war. Die Aufgabe der 1. Polnischen Armee bei der bevorstehenden Operation wurde als Flußüberquerung unter den Augen des Feindes nahe der Eisenbahnbrücke zwischen Alt Rüdnitz und Zäckerick gesehen, doch General Poplawskij stellte fest, daß der Fluß durch Hochwasser auf fast einen Kilometer Breite angewachsen war, und ein erster Erkundungsvorstoß der 2. Polnischen Infanterie-Division scheiterte kläglich, weil deren Boote praktisch direkt vor den deutschen Rohren an einem überfluteten Deich hängenblieben. Daraufhin bat Poplawskij General Perchorowitsch um Raum für die Aufstellung von zwei Divisionen, zu denen später eine dritte hinzukam, im Brückenkopf der 47. Armee und plante seinen Hauptstoß weiter nördlich über das viel schmalere Hindernis der Alten Oder.[26]

In der Aufstellung für den bevorstehenden Kampf befanden sich folgende Massierungen innerhalb des Brückenkopfs:

47. Armee (Abschnitt Karlsbiese/Ortwig)
mit acht der insgesamt neun Divisionen und drei zusätzlichen Divisionen der 1. Polnischen Armee
3. Stoßarmee (Abschnitt Ortwig/Letschin)
mit sechs von neun Divisionen und dem 9. Panzerkorps
5. Stoßarmee (Abschnitt Letschin/Golzow)
mit acht von neun Divisionen sowie dem 9. und 12. Garde-Panzerkorps der 2. Garde-Panzerarmee
8. Gardearmee (Abschnitt Golzow/Podelzig)
mit allen neun Divisionen und ihrem 11. Panzerkorps (jetzt unter dem Befehl der 1. Garde-Panzerarmee) sowie je einer Brigade der beiden Panzerkorps der 1. Garde-Panzerarmee

69. Armee (Abschnitt Podelzig/Frankfurt)
mit sieben ihrer neun Divisionen.[27]

Mit 41 Infanterie-Divisionen, 2655 Panzern und Selbstfahrlafetten, 8983 Geschützen und 1401 Raketenwerfern war der Küstriner Brückenkopf gespickt mit Soldaten, Ausrüstung, Munition und anderen Versorgungsgütern.[28] Generaloberst Katukow von der 1. Garde-Panzerarmee schrieb hierzu:

»Die Straßen waren durch die 8. Gardearmee regelrecht verstopft. Überall stieß man auf Gräben und Unterstände. Unter jedem Busch standen Technik- oder Munitionskisten.«[29]

In Vorbereitungen auf die kommende Operation ließ Generaloberst Tschuikow von der 8. Gardearmee einen vorgeschobenen Gefechtsstand auf dem Reitweiner Sporn mit Blick über das Oderbruch errichten. Der gewählte Ort lag an einem der höchsten Punkte, über einem von jungen Bäumen gesäumten sandigen Steilhang mit Blick in nordwestlicher Richtung auf Seelow. Die ganze Gegend war stark bewaldet und bot daher ausgezeichneten Schutz vor feindlicher Luftaufklärung. Ein Feldweg führte vom Ort Reitwein durch den Wald an der Nordseite des Sporns entlang und stieg dann durch einen Einschnitt an, wo er sich mit anderen Wegen verband, die von der Rückseite heranführten. Für Fahrzeuge, die Nachrichtentruppe und Sicherheitsposten wurden Unterstände in den sandigen Boden gegraben, und ein großer U-förmiger Bunker direkt unterhalb des Kamms in den Berg gebohrt. Er war etwa zwei Meter hoch und breit, seine beiden Gänge hatten eine Länge von ca. 19 Metern, die Querverbindung war etwa 15 Meter lang. Von diesem Befehlsbunker führten Verbindungsgräben zum Beobachtungsposten auf dem Hügelkamm. Obwohl die Beobachtung aus dieser Position – der einzig möglichen – wegen der großen Entfernung und des Rauchs und Staubs, der sich über dem Kampfgetümmel ausbreiten würde, gewiß nicht immer optimal war, sollte sie sich doch als äußerst vorteilhaft für den Funkverkehr auf dem Gefechtsfeld erweisen.[30]

Zu Tschuikows großem Ärger wählte Marschall Schukow für seinen Gefechtsstand ebenfalls diesen Ort, so daß er in großer Eile erweitert werden mußte, um auch noch den Frontbefehlshaber und seinen engsten Stab unterzubringen.

Verteidigung in der Tiefe

Eine neue Verteidigungsphilosophie

Angesichts der bei der Weichsel-Oder-Operation gemachten Erfahrungen unterzog das OHK als Vorbereitung auf den Kampf um Berlin ihre Verteidigungsphilosophie einer gründlichen Überprüfung. Im Januar war es den Sowjets gelungen, sowohl die vordersten deutschen Linien als auch die mobilen Reserven mit ihrer Artillerievorbereitung und Luftangriffen zu zerstören und so einen Großteil der für die Führung der Verteidigung wesentlichen Männer und Ausrüstung auf einen Schlag zu vernichten. Daran anschließend waren die mobilen Panzergruppen der Sowjets mit hoher Geschwindigkeit durchgebrochen und hatten auch die rückwärtigen Verteidigungslinien überrollt, noch bevor diese Stellungen überhaupt bemannt werden konnten.[1]

Es wurde nun eine neue Abwehrstrategie entwickelt, die einen Verteidigungskampf in beträchtlicher Tiefe vorsah. Dazu gehörte die Bildung von drei aufeinanderfolgenden Verteidigungsstreifen mit je zwei oder drei Verteidigungslinien. Es war vorgesehen, die Masse der Truppe unmittelbar vor dem feindlichen Angriff aus den vordersten Linien zurückzunehmen und dann auf Höhe der ersten beiden Verteidigungsstreifen einen Zermürbungskrieg zu führen, um so den feindlichen Angriffsplan schon im Ansatz zu stören. Im einzelnen war geplant,

> »– die Truppen, vor allem die Infanterie, dem zu erwartenden massierten feindlichen Vorbereitungsfeuer zu entziehen und dadurch ihre Kampfkraft ... zu erhalten,
> – den Feind über Lage und Kräftegruppierung der eigenen Stellung zu täuschen, dadurch
> – die Grundlagen des feindlichen Angriffs- und Feuerplanes zunichte zu machen und den Feind zu neuen, verlustreichen Angriffsvorbereitungen zu zwingen,
> – Zeit zu gewinnen.«[2]

Diese Strategie spiegelt sich in Hitlers Befehl vom 30. März wider:

»Ich fordere, daß sich die H.Gr. vom Oberbefehlshaber bis zum jüngsten Mann völlig klar darüber ist, daß nur zähester Abwehrwille und fanatische Entschlossenheit den Erfolg der kommenden Kämpfe verbürgen können. Die Schlacht vor Berlin muß und wird dann mit einem entscheidenden Abwehrsiege enden.
Im einzelnen befehle ich:
1. Die H.Gr. gliedert sich unter Einsatz bisher noch zurückgehaltener Verbände in der Front so zur Abwehr, daß bei jedem Divisionsabschnitt eine genügende Tiefe erreicht wird.
2. Etwa 3–6 km hinter der jetzigen vorderen Linie ist eine Großkampf-HKL zu bestimmen und auszubauen, deren rechtzeitiges Beziehen der Oberbefehlshaber der Heeresgruppe bei erkanntem unmittelbarem Bevorstehen des fdl. Großangriffs anzuordnen hat. Auf keinen Fall darf die zu erwartende Art.-Massenwirkung des Gegners unsere gesamte Verteidigung zerschlagen.
3. Das beschleunigte Einrücken der Ausbildungsverbände des Ersatzheeres und der Luftwaffe in die rückwärtige, 8–10 km hinter der vorderen Linie verlaufende Stellung ist mit aller Energie zu erzwingen.
4. Die Artillerie ist, sofort beginnend, so tief zu gliedern, daß die Masse der Batterien aus Stellungen in und hinter der II. Stellung (8–10 km hinter der vorderen Linie) Sperrfeuer in den Raum zwischen vorderer Linie und Großkampf-HKL abgeben kann. Einige Battr. sind unter dauerndem Stellungswechsel für Fernaufgaben bis dicht hinter die vordere Linie vorzuziehen. Ständig besetzte Battr.-Stellungen dürfen sich nur hinter der Großkampf-HKL befinden. Die Masse der Flak-Art. ist gleichfalls in und hinter der II. Stellung einzusetzen.
5. Nach Abgabe der 10. SS-Pz.-Div. an die H.Gr. Mitte sind alle schnellen Verbände als Eingriffsreserven heranzuziehen und so hinter den wahrscheinlichen Hauptangriffsabschnitten des Gegners bereitzuhalten, daß sie unverzüglich zum Gegenangriff vorgeführt werden können. Ihre ständige Einsatzbereitschaft ist durch häufige Übungen zu überprüfen.«[3]

Unter Berücksichtigung dieses Befehls erließ Heinrici weitere Instruktionen, darunter:

> »Besondere Überprüfung bedarf hierbei der Ausbau rückwärtiger Stellungen zwischen HKL und der Wotan-Stellung, der Sperrzonen und die Vorbereitung der Brückensprengungen im rückwärtigen Gebiet. Es darf nirgends nicht zum Kampf eingesetzte Soldaten geben, die nicht im Stellungsbau arbeiten.«[4]

Am folgenden Tag ergingen weitere Anweisungen an die Artillerie, die jeder Batterie vorschrieben, mindestens eine alternative und zwei vorgetäuschte Feuerstellungen anzulegen, deren Vorbereitung mit Unterstützung von Offizieren des Tarndienstes zu erfolgen hatte.[5]

Ein Aspekt der bisherigen Verteidigungsphilosophie, der bestehen blieb, wenn auch bei dieser Gelegenheit eine Änderung eingeführt wurde, war die Einstellung gegenüber der Panzerabwehr, die den gesamten Zweiten Weltkriegs überdauerte. Indem sie falsche Lehren aus ihren Erfahrungen mit Panzern im Ersten Weltkrieg zogen, gelangten die Deutschen zu der Überzeugung, daß Panzer wirkungslos seien, sobald sie von der begleitenden Infanterie getrennt würden. Daher wurden die Truppen angehalten, sich in der Verteidigung auf die Eliminierung der begleitenden Infanterie zu konzentrieren und die Feindpanzer entweder zu ignorieren oder mit ihren Nahkampfwaffen anzugreifen. Panzer, die die vorderen Verteidigungslinien durchbrochen hatten, sollten dann von der im Hintergrund gehaltenen Pak abgefangen werden. Diese Taktik verlangte den Infanteristen an der Front größte Kaltblütigkeit ab, denn sie sahen sich im Verlauf des Krieges stetig wachsenden Konzentrationen sowjetischer Panzerkräfte gegenüber, deren Aufgabe einfach darin bestand, allen Widerstand niederzuwalzen. In dieser letzten, bis ins Detail geplanten Abwehrschlacht wurden nun – zusätzlich zu der zurückgesetzten Pak – weitere Panzerabwehrkanonen bis an den Fuß der Seelower Höhen vorgezogen.[6]

Mit der Evakuierung der Zivilbevölkerung aus den Frontgebieten wurde im Februar begonnen. Alle waffenfähigen Männer jedoch, außer den kranken und sehr alten, hatten an der Front zu bleiben und an der Verteidigung mitzuwirken. Doch hatte man anscheinend nur die

ren Riegelstellungen vorbereitet, die sowohl die Reichsstraße 1 Küstrin–Berlin als auch die Autobahn Frankfurt–Berlin abdeckten.[17]

Der Dritte Verteidigungsstreifen sollte den operativen Ausbruch sowjetischer Panzer durch ein System von Panzersperren und Barrikaden verhindern, im Verein mit denen das Feuer von Artillerie, Panzern, Selbstfahrlafetten und Jagdpanzern mit bestmöglicher Wirkung koordiniert werden konnte. Diese sogenannte Wotan-Stellung verlief vom Westrand des Scharmützelsees nahe Buckow bis zum Ostrand von Fürstenwalde. Aus Mangel an Kräften und Mitteln für die Pionierarbeiten bestand dieser Streifen vorwiegend aus einer Reihe von Städten und Ortschaften, die zu Stützpunkten ausgebaut, zur Rundumverteidigung eingerichtet und durch Feuer und Sperren miteinander verbunden waren. Die wichtigsten dieser befestigten Ortschaften waren Fürstenwalde, Müncheberg, Sternebeck und Eberswalde.[18]

Eine besondere Bedeutung in der Verteidigung kam der Aufstellung der Panzerabwehrkräfte zu. Sie hatten zwei vorrangige Aufgaben zu erfüllen: erstens beim Hauptangriff die zur Unterstützung der sowjetischen Infanterie eingesetzten Panzer anzugehen und zweitens Entfaltung und Durchbruch der Panzer der mobilen Gruppen in die operative Tiefe zu verhindern. Daher waren die Panzerabwehrkräfte bis zu einer Tiefe von 40 Kilometern hinter den vordersten Linien verteilt, das heißt bis in den Dritten Verteidigungsstreifen hinein. In der Taktischen Kampfzone waren die Panzerabwehrkräfte auf Divisionsebene – Artillerie, Pak, Panzer, Selbstfahrlafetten und Jagdpanzer – in einem Feuerplan-System, in dem die Nahbekämpfung vorrangiges Ziel war, eng aufeinander abgestimmt.[19]

Das Menschenpotential

Personalersatz fand sich nur noch in der ohnehin spärlichen Nachlese der Wehrmachtdepots, in verschiedenen Noteinsatz- und Wacheinheiten des OKW, in einigen Luftwaffeneinheiten, in den Volkssturm-Bataillonen, die von den Gauleitern Potsdams, Stettins und anderer Orte aufgestellt worden waren, sowie einigen von Polizei, Zoll und Reichsarbeitsdienst aufgestellten Feldeinheiten.[20]

General Heinrici hatte ursprünglich damit gerechnet, daß man ihm mehrere Panzerverbände zur Verfügung stellen würde, um ihm ausreichend Möglichkeit zu Gegenschlägen zu geben, sollte es der sowjetischen Panzerwaffe gelingen, seine Linien zu durchbrechen. Anfang März jedoch hatte Hitler eine Offensive in Ungarn zur Sicherung der einzigen verbliebenen Ölfelder angeordnet. Die zeitweisen Erfolge dort waren auf Kosten der letzten Panzerreserven gegangen. Folgt man Schtemenko, so hatte der Stawka bereits im November 1944 diese Ablenkung der deutschen Panzerkräfte auf die Flanken mit der Absicht geplant, den Widerstand vor Berlin zu schwächen.[21]

Da es an Panzerreserven fehlte, hatte Heinrici nunmehr jegliche Art Truppen angefordert, um seine Verteidigung zu stärken. Darüber geriet Hitler so sehr in Zorn, daß Göring, Himmler und Großadmiral Dönitz auf einer Besprechung im Führerbunker am 6. April der tragikomischen Szene ein Ende bereiteten, indem sie alle ihre verbliebenen Ressourcen anboten. Sämtliche Depots, Büros und Dienstleistungseinrichtungen sollten ausgekämmt, die Hauptquartiere aufgelöst und alles aus Mangel an Schiffen oder Flugzeugen nicht eingesetzte Personal in Infanteristen und Kanoniere umgewandelt werden, so daß genügend Personal zusammenkam, um mehrere neue Divisionen zu bilden. Göring versprach 100 000 Mann Luftwaffenpersonal, die SS wollte weitere 25 000 Mann auftreiben und die Kriegsmarine 12 000 Mann entsenden. Tatsächlich brachte diese grandiose Geste aber nur 30 000 Mann hervor, die zudem völlig unzureichend ausgerüstet und ausgebildet waren, um der von ihnen erwarteten Rolle gerecht zu werden. Und die Heeresgruppe »Weichsel« konnte ihnen ohnehin nur 1000 Gewehre zur Verfügung stellen.[22]

Die 9. Armee, von der man annahm, daß sie die größte Wucht des sowjetischen Angriffs zu tragen haben würde, bekam am meisten Verstärkung und Ausrüstung zugeteilt, darunter verschiedene Ausbildungseinheiten, wie sie in folgendem Dokument der Heeresgruppe »Weichsel« vom 5. April aufgeführt sind:

> »1) Zur Eingliederung als Personalersatz und zum Herauslösen der noch in Front eingesetzten Volkssturm-Batl. sind vorgesehen:
> a. bei V. SS-Gebirgskorps von rd. 5.300 Mann
> Ausbildungstruppenteile des Wehrkreises III 2.100 Mann.

b. bei XI. SS-Pz.Korps von rd. 5.300 Mann
Ausbildungstruppenteile des Wehrkreises III 2.300 Mann.
c. bei röm. 101. AK von voraussichtlich 8.000 Mann
Luftwaffen-Ausbildungstruppenteile 2.700 Mann.
2) Bewaffnung der einzugliedernden Soldaten 75 % Handwaffen.
3) Zusammenfassung der verbleibenden Ausbildungstruppenteile zu Verstärkten Rgt. Gruppen, bei den Korps als Korps-Feldersatz-Rgt. ist vorgesehen. Hierdurch unmittelbare Koppelung der Ausbildungstruppenteile mit den Gen.Kdos. hinsichtlich taktischer Führung, Unterstützung der Ausbildung und Versorgung der Rgt. Gruppen sichergestellt.
4) Geschlossener Kampfeinsatz der verbleibenden Rgt. Gruppen ist auf Grund der derzeitigen Waffen-Führer und Nachrichtengerätelage nicht vertretbar.«[23]

Unter den neu einzugliedernden Einheiten befand sich kurzfristig auch die 600. (russische) Infanterie-Division der Weißrussischen Truppen von Generalleutnant Andrej Wlassow, deren Aufstellung die nationalsozialistische Führung erst spät und nur widerstrebend zugestimmt hatte. Sie bestand aus antistalinistischen russischen Kriegsgefangenen des »Komitees für die Befreiung der Völker Rußlands«, die sich in erster Linie als nationalrussische Patrioten betrachteten. Schon seit langem hatte die Wehrmacht russische Hilfskräfte eingesetzt, teils mit, teils ohne die Zustimmung der politischen Führung, doch unter General Wlassow gab es zum erstenmal den Versuch, sie auch formell zu organisieren. Die genannte Division wurde jedoch noch vor Beginn der sowjetischen Offensive nach Prag umgelenkt.[24]

Die personelle Ausstattung der Einheiten war in dieser Kriegsphase sehr uneinheitlich. Infanterie-Divisionen hatten eine Sollstärke von 7000–8000 Mann (siehe Anhang IV), die Gefechtsstärke der 9. Armee für den 15. April (siehe Anhang VI) lag jedoch erheblich darunter.[25]

Organisation und Truppenstärke

Nach mehreren Anpassungen, die noch in letzter Minute erfolgten, hatte die 9. Armee in etwa folgende Zusammensetzung, als die Hauptoffensive am 16. April 1945 begann:

1. CI. Armeekorps mit der 5. Jäger-Division, der 606. Infanterie-Division und der 309. Infanterie-Division »Groß-Berlin«; 25. Panzergrenadier-Division als Reserve.
2. LVI. Panzerkorps, mit der 9. Fallschirmjäger- und der 20. Panzergrenadier-Division an der Front, letztere unterstützt von restlichen Panzer- und Infanterie Einheiten der Panzer-Division »Müncheberg« in Seelow.
3. XI. SS-Panzerkorps, bestehend aus der 169. Infanterie-Division, der 303. Infanterie-Division »Döberitz« und der 712. Infanterie-Division; Panzergrenadier-Division »Kurmark« als Reserve.
4. V. SS-Gebirgskorps, bestehend aus der 286. Infanterie-Division und der 391. Sicherungs-Division, unterstützt von der 32. SS-Freiwilligen-Grenadier-Division »30. Januar«.
5. Armee-Reserve, bestehend aus der 156. Infanterie-Division und dem Stab der 541. Volksgrenadier-Division, dem die Jagdpanzer-Brigade in der Wotan-Stellung unterstand.[26]

Die Artillerie der 9. Armee wurde Generalleutnant Kurt Kruse unterstellt. Sie kämpfte mit drei Volks-Artillerie-Korps, die geringfügig größer waren als ein Divisions-Artillerie-Regiment (siehe Anhang V): dem 406. unter Oberst Bartels bei Wriezen, dem 408. unter Oberstleutnant Adams nördlich von Seelow und dem 404. unter Oberst Vogt südlich von Seelow. Daneben verfügte sie über eine Schwere Eisenbahn-Artillerie-Abteilung, die zwischen Seelow, Lietzen und Müncheberg stand.[27]

Der Frontabschnitt des LVI. Panzerkorps und des XI. SS-Panzerkorps hatte die stärkste Artillerieunterstützung innerhalb der 9. Armee. Mit insgesamt 1222 Geschützen verfügte sie über einer Dichte von 45 Geschützen pro Frontkilometer. Die deutsche Artillerie konnte zwar das genauestens vermessene und mit Richtpunkten versehene Gelände von ihren Stellungen aus gut überblicken, litt aber, wie bereits erwähnt, unter akutem Munitionsmangel.[28]

Es war geplant gewesen, eine Jagdpanzer-Division »Weichsel« aus verschiedenen Ressourcen zu bilden, darunter einer Fallschirmjäger-Jagdpanzer-Brigade, die Anfang April nahe Müncheberg stand und eine Sollstärke von nur 600 Mann hatte, jedoch auf 1000 Mann aufgestockt werden sollte. Am 11. April wurde die Zusammensetzung der

Jagdpanzer-Division »Weichsel« folgendermaßen wiedergegeben: Jagdpanzer-Brigaden »D« (»Dorn«), »F«, »P« (»Pirat«) und »R«, jeweils zu drei Abteilungen. Diese Jagdpanzer-Einheiten wurden dann jedoch dem Stab der 541. Volksgrenadier-Division unterstellt, deren Name auf sie überging, und in der Wotan-Stellung um Müncheberg eingesetzt.[29]

Die Jagdpanzer-Brigade »P« (»Pirat«) wurde, zusammen mit einer Abteilung der Jagdpanzer-Brigade »D« (»Dorn‹), weiter hinten im Raum Buckow / Strausberg / Alt Landsberg in Stellung gebracht, wo sie die offensichtliche Aufgabe hatten, diejenigen sowjetischen Panzer zu bekämpfen, die bis dahin durchgebrochen waren. Die Männer dieser Einheiten waren zum Nahkampf, vorwiegend an Panzersperren, mit Panzerfaust und Panzerschreck sowie zur Erhöhung ihrer Mobilität mit Fahrrädern ausgestattet.[30]

Am Vorabend der Schlacht belief sich die Gesamtstärke der 9. Armee auf annähernd 200 000 Mann. 658 Batterien verfügten über insgesamt 2625 Geschütze (darunter 139 Flak-Batterien mit 695 Kanonen) sowie 512 einsatzfähige Panzer, Selbstfahrlafetten und Jagdpanzer. Allein die in diesen Zahlen enthaltenen fünf motorisierten Regimenter der 23. Flak-Division der Luftwaffe trugen über 82 Batterien bei.[31]

Für die Luftunterstützung sorgte die 6. Luftflotte unter Generaloberst Ritter von Greim. Die Deutschen hatten an der gesamten Ostfront immerhin noch 3000 Flugzeuge zur Verfügung, von denen 300 der 4. Luftdivision der Heeresgruppe »Weichsel« zugeteilt waren. Wegen akuter Treibstoffknappheit kamen Flugzeuge jedoch nur im äußersten Notfall zum Einsatz, und auch die Zahl brauchbarer Flugplätze nahm immer weiter ab. Dennoch schlug sich die Luftwaffe gut in der folgenden Schlacht. Es gab sogar eine als »Sonder-Einheit« geführte Kamikaze-Einheit nach japanischem Vorbild mit 39 freiwilligen Piloten, die von Jüterborg aus operierte.[32]

Aufstellung

Vor der Schilderung der eigentlichen Kampfhandlungen sollen die im Abschnitt der 9. Armee aufgestellten deutschen Streitkräfte noch einmal detaillierter betrachtet werden. Ihre Aufstellung war keineswegs klar umgrenzt, denn die Deutschen scheinen die Divisionsgrenzen durch Überlappung teilweise bewußt verwischt zu haben, wohl in Vorwegnahme des Umstandes, daß die Sowjets gerade solche Nahtstellen gern ausnutzten.

Das Armeehauptquartier befand sich in Bad Saarow, unmittelbar südlich Fürstenwalde. Stabschef war Oberst, später Generalmajor Hölz, Ia (Operations-Offizier) Oberst Hoefer, Quartiermeister Oberstleutnant Schwanebeck und Chef der Artillerie Oberst Schräpler.[33]

Das CI. Armeekorps an der Nordflanke, dessen Gefechtsstands-Stab dem Wehrkreis III Berlin-Brandenburg entstammte, wurde von General der Artillerie Wilhelm Berlin befehligt. Sein Gefechtsstand befand sich auf Schloß Harnekop.[34]

Die 5. Jäger-Division an der Linie zwischen dem Finow-Kanal und der Alten Oder wurde von General Friedrich Sixt befehligt, der seinen Gefechtsstand im Kurhaus von Bad Freienwalde hatte. Seine Division war eine traditionsreiche und bewährte süddeutsche Einheit mit dem Ulmer Münster als Divisionsemblem. Die Division war ziemlich ramponiert aus Hinterpommern gekommen und westlich des Stettiner Haffs neu aufgefrischt worden, bevor sie an ihren Abschnitt entlang der Oder verlegt wurde, den sie am 1. April von einigen Luftwaffen-, Polizei- und Volkssturm-Einheiten übernahm. Zwei Wochen später erhielt sie kampferfahrene Verstärkung, die eigentlich für die 28. Jäger-Division bestimmt war, die aber inzwischen an der Danziger Bucht abgeschnitten worden war, sowie einige Ausbildungseinheiten der Luftwaffe, deren mutige junge Männer entgegen Görings ausdrücklichen Befehlen in die Bataillone der Division eingegliedert wurden und sich dort ausgezeichnet bewährten.

Die Division bestand hauptsächlich aus dem 56. und 75. Jäger-Regiment zu je drei Bataillonen und dem Artillerie-Regiment 5 mit vier Abteilungen. Oberst Haidlens Jäger-Regiment 56 bildete die linke Flanke der Division nördlich von Neu Glietzen. Der Gefechtsstand von Oberstleutnant Liebmanns Jäger-Regiment 75 befand sich in Sonnenburg westlich von Alt Gaul. Sein II. und I. Bataillon nahmen – von Norden nach Süden – entlang der Oder Aufstellung. Das III. Bataillon, die sogenannte Kampfgruppe »Sparrer« unter dem Befehl von Major

Sparrer, stellte die Reserve, hatte aber gleichzeitig die Südflanke des Regiments entlang der Alten Oder zu decken. Verwirrenderweise befanden sich in diesem Raum auch Teile der 606. Infanterie-Division, die aber später in der genannten Kampfgruppe aufgingen.

Am 12. April vereitelte die 5. Jäger-Division in der Nähe der zerstörten Eisenbahnbrücke in Neu Glietzen mehrere sowjetische Übergangsversuche über die Oder. Am 15. April wurden Versuche polnischer Truppen, den Fluß weiter südlich bei der zweiten Eisenbahnbrücke nahe Zäckerick zu überqueren, ebenfalls abgewehrt.[35]

Die 606. Infanterie-Division unter Generalmajor Maximilian Roßkopf war im wesentlichen südlich eines hier in Ost-West-Richtung verlaufenden Teils der Alten Oder vor Wriezen aufgestellt und hatte den Abschnitt zwischen Lietzegöricke und Ortwig zu sichern. Ihr Gefechtsstand befand sich in Alt Gaul, der Divisionsstab setzte sich aus Österreichern zusammen. Insgesamt war die Division kaum mehr als ein buntes Sammelsurium aus Einheiten wie dem 1. SS-Wachbataillon der »Leibstandarte Adolf Hitler«, der 3. Panzer-Depot-Abteilung, den Alarmbataillonen »Brandenburg«, »Potsdam« und »Spandau« und dem Bremer Polizei-Bataillon. Diese waren auf drei Regimenter verteilt: das Schaden-Regiment »A« sowie die Regimenter »Sator« und »Rhode«. Zeitweise unterstand ihr auch die Heeres-Flak-Abteilung 292 der 25. Panzergrenadier-Division.[36]

Die 309. Infanterie-Division »Berlin« wurde von Generalmajor Heinrich Voigtsberger von seinem Gefechtsstand in Neufeld, zwei Kilometer nördlich von Quappendorf, geführt und deckte den Frontabschnitt von Ortwig bis Zechin ab. Sie war am 1. Februar im Ausbildungslager Döberitz westlich Berlins aus Berliner Ehrengarde- und Ersatztruppen aufgestellt worden und bestand aus dem Wachregiment (Feld) »Großdeutschland« und den Grenadier-Regimentern 365 und 652, jedes zu zwei Bataillonen, aus dem Füsilier-Bataillon 309 und dem Artillerie-Regiment 309 mit nur einer Abteilung. Jüngst hatte die Division im Zuge von Umgruppierungen innerhalb der Division »Kurmark« das Grenadier-Regiment 1234 zur Verstärkung erhalten, dazu noch die Luftwaffen-Ausbildungs-Regimenter 4 und 5 der 1. Luftwaffen-Ausbildungs-Division.[37]

Die Korps-Reserve bestand aus der 25. Panzergrenadier-Division unter Generalleutnant Arnold Burmeister. Sie umfaßte die Panzergrenadier-Regimenter 35 und 119 mit ihren je drei Bataillonen, die Panzer-Abteilung 5 und das Artillerie-Regiment 25. Als mobile Gegenangriffskräfte standen dem CI. Armeekorps die Sturmgeschütz-Lehr-Brigade 111 westlich von Bad Freienwalde zur Verfügung, ebenso die westlich von Wriezen stehende Kampfgruppe »1001 Nacht« unter Ritterkreuzträger Major Blancbois. Letztere bestand aus der SS-Jagdpanzer-Abteilung z. b. V. 560 (Deckname »Suleika«) mit Stab und Versorgungskompanie, drei Jagdpanzer-Kompanien (mit je 14 »Hetzer«-Panzern) und der 4. Kompanie mit Sturmgeschützen, dazu einige Bergepanzer sowie die Panzer-Aufklärungs-Abteilung »Speer« von der Organisation Todt (Deckname »Harem«) mit einer Kradschützen-Kompanie mit Kettenkrädern, Panzerspähwagen, Vierlings-MG, Sfl und 7,5-cm-Pak im motorisierten Zug. Als Begleit-Infanterie besaß diese Kampfgruppe eine Kompanie vom SS-Fallschirmjäger-Bataillon 600.[38]

Der Gefechtsstand des LVI. Panzerkorps unter General der Artillerie Helmuth Weidling, Träger des Ritterkreuzes mit Eichenlaub und Schwertern, war erst in der Nacht zum 13. April zur 9. Armee gestoßen und übernahm am 15. April um 15.30 Uhr die 9. Fallschirmjäger-Division, die 20. Panzergrenadier-Division und die Panzer-Division »Müncheberg« vom XI. SS-Panzerkorps sowie den entsprechenden Frontabschnitt zwischen Zechin und unmittelbar nördlich Sachsendorf. Stabschef Oberstleutnant Theodor von Dufving übernahm mit seinem Ia, Major Siegfried Knappe, den Gefechtsstand des XXXIX. Panzerkorps in Waldsieversdorf nördlich von Müncheberg, nachdem dieses Korps von der Reserve der 9. Armee zur 12. Armee verlegt worden war, die sich östlich der Elbe formierte. Der neue Stab hatte den Nachteil, daß er sich in völlig unbekanntem Gelände zurechtfinden mußte und ihm für seine Kommandofunktion nur 50 Prozent der benötigten Feldtelefonleitungen und 35 Prozent der Funkausrüstung zur Verfügung standen.[39]

Die 9. Fallschirmjäger-Division unter Luftwaffen-General der Fallschirmtruppe Bruno Bräuer hatte ihren Gefechtsstand in Platkow. Sie deckte den nördlichen Abschnitt des Korps bis hinunter kurz vor Golzow. Diese Division war im Februar aus verschiedenen Fallschirmjäger-Ausbildungs- und -Feldeinheiten gebildet worden und bestand im wesentlichen aus den Fallschirmjäger-Regimentern 25, 26 und 27 mit jeweils drei Bataillonen sowie dem Fallschirm-Artillerie-Regiment 9 mit drei Abteilungen, deren Batteriegeschütze allerdings nur noch sechs Granaten pro Tag zur Verfügung hatten. Das Fallschirmjäger-Regiment 25 hatte bereits in Pommern gekämpft, das I. Bataillon war aus Skorzenys Spezialeinheit hervorgegangen, die an der Ardennenoffensive teilgenommen hatte. Das II. Bataillon entstammte der berühmten Division »Brandenburg«, während das III. Bataillon ausschließlich aus voll ausgebildeten Fallschirmjägern gebildet worden war.[40]

Die 20. Panzergrenadier-Division hatte bereits am Polen-, Frankreich- und Rußland-Feldzug teilgenommen, war aber nach den Kämpfen im Oderbruch, wo sie seit Anfang März eingesetzt war und große Verluste erlitten hatte, in ihrer Kampfkraft stark reduziert. Die Division unterstand Oberst Georg Scholze, dessen Gefechtsstand sich in Gusow befand, und setzte sich zusammen aus dem Panzergrenadier-Regiment 76 unter Oberst Reinhold Stammerjohann und dem Panzergrenadier-Regiment 90 von Major von Lösecke mit jeweils drei Bataillonen. Dazu kamen die Panzer-Abteilung 8 und das Artillerie-Regiment 20 mit drei Abteilungen. Das Panzergrenadier-Regiment 76 kam aus Hamburg und war erst kurz zuvor größtenteils mit Einheiten der Kriegsmarine verstärkt worden, deren Matrosen noch an der Front in aller Schnelle zu Infanteristen ausgebildet werden mußten. Bis zum 16. April war die Kampfstärke des Regiments 90 jedoch auf etwa 300 Mann je Bataillon gefallen, das Regiment 76 stand nur wenig besser da, und das Divisions-Füsilier-Bataillon 20 hatte im März an die Garnison Küstrin abgetreten werden müssen. Lediglich die Panzer-Abteilung 8 präsentierte sich größtenteils noch in Sollstärke.[41]

Die Panzer-Division »Müncheberg« war im Februar aus verschiedenen Ausbildungseinheiten zusammengestellt und seit ihrem ersten Kampfeinsatz im März immer wieder so weit wie möglich auf volle Personal- und Materialstärke nachgerüstet worden. Ihre Infanterie bestand aus den Panzergrenadier-Regimentern »Müncheberg« 1 und 2, von denen aber nur das I. bzw. II. Bataillon übrig waren, nachdem die drei anderen Bataillone im Kessel von Alt Bleyen Ende März aufgerieben worden waren. Am 15. April erhielt das Panzergrenadier-

Regiment »Müncheberg« 2 jedoch ein neues III. Bataillon zur Verstarkung, das am selben Tag im wesentlichen aus zwei Kompanien Offizierskadetten (ROB) aus Potsdam, einer Kompanie mit zwei Volkssturm-Zügen und einer weiteren aus Hitlerjungen gebildet worden war. Dieses III. Bataillon wurde direkt unterhalb von Seelow in die Front eingegliedert, war aber aufgrund seiner mangelnden Geschlossenheit von nur geringem militärischem Wert. Bereits früher zur Verstärkung herangezogen worden waren Teile einer SS-Panzerabteilung »Leibstandarte Adolf Hitler« und das 1. Bataillon des SS-Panzergrenadier-Feldersatz-Regiments 1. Zu den Panzerkräften gehörten das Panzer-Regiment »Müncheberg« mit zwei Abteilungen, die Panzer-Aufklärungs-Abteilung »Müncheberg« und das Panzer-Artillerie-Regiment »Müncheberg« mit zwei Abteilungen. Die Panzer-Abteilungen waren mit den schweren Panzern IV, V (»Panther«) und VI (»Tiger«) ausgerüstet, einige Panzer der II. Abteilung verfügten sogar über Infrarot-Nachtsichtgeräte, die zum damaligen Zeitpunkt eine bedeutende Neuerung in der Panzerwaffe darstellten. Befehlshaber dieser kampfkräftigen Formation war Generalmajor Werner Mummert, dessen Gefechtsstand in Gusow war.[42]

Es war zwar geplant gewesen, die 20. Panzergrenadier-Division am Vorabend der sowjetischen Offensive durch die Panzer-Division »Müncheberg« zu ersetzen, doch letztlich wurden dann Elemente beider Divisionen zur gegenseitigen Unterstützung an der Front vor Seelow für den Hauptkampf gemischt aufgestellt, zusammen mit verschiedenen bunt gemischten Einheiten, die in die Schützengräben unterhalb der Stadt gepackt wurden, darunter auch Überlebende der Festung Küstrin, denen erst am 14. April der Ausbruch gelungen war, sowie erst kürzlich eingetroffenes Luftwaffenpersonal, das der 9. Fallschirmjäger-Division zugeteilt wurde. Teile der Panzer-Division »Müncheberg«, darunter die II. Abteilung des Panzer-Regiments, wurden jedoch hinter der Stein-Stellung bei Diedersdorf als Korps-Reserve zurückgehalten.[43]

Das Korps verfügte mit Major Wolfgang Kapps Sturmgeschütz-Lehrbrigade 920 über mobile Kräfte für einen Gegenangriff im Oderbruch. Weiterhin operierte aus dem Durchstich südlich des Bahnhofs Seelow der improvisierte Panzerzug »Berlin«, der aus nichts anderem

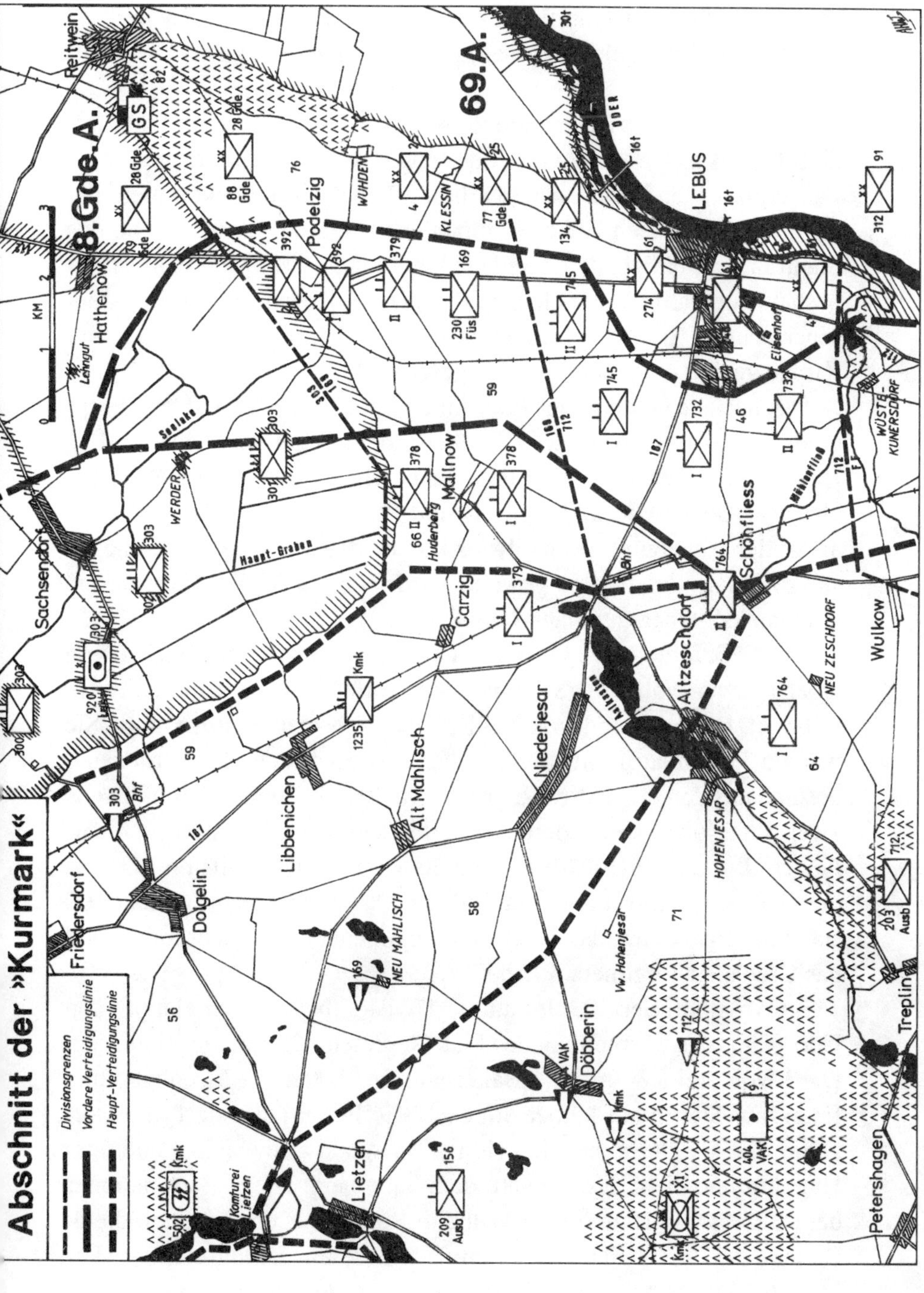
Abschnitt der »Kurmark«
Divisionsgrenzen
Vordere Verteidigungslinie
Haupt-Verteidigungslinie
8. Gde. A.
69. A.
KM
Reitwein
Hathenow
Podelzig
WUHDEN
KLESSIN
LEBUS
ODER
Sachsendorf
WERDER
Seelake
Haupt-Graben
Mallnow
Huderberg
Carzig
Schönfliess
Altzeschdorf
NEU ZESCHDORF
Wulkow
WÜSTE-KUNERSDORF
Elisenhof
Mühlenfließ
Friedersdorf
Dolgelin
Libbenichen
Alt Mahlisch
NEU MAHLISCH
Niederjesar
HOHENJESAR
Vw. Hohenjesar
Döbberin
Lietzen
Komturei Lietzen
Petershagen
Treplin

als einer Lokomotive mit fünf Plattformwagen bestand, auf denen wegen Kraftstoffmangels anderweitig nicht mehr einsetzbare Panzer aufgebaut waren.[44]

Seelow war inzwischen zum Festungsort erklärt worden und hatte eine Garnison aus dem von Hauptmann von Wartenburg geführten Panzergrenadier-Feldersatz-Bataillon 20 zugewiesen bekommen, das aus zwei eigenen und zwei Kompanien Volkssturm bestand. Die den Stadtrand verteidigende Kompanie von Leutnant Karl-Hermann Tams bestand zur Hälfte aus Seeleuten. Um die sowjetische Artillerie zu täuschen, hatten Sprengstoffexperten hier die Turmspitze der Seelower Kirche gezielt um einen Meter abgesenkt.[45]

Das nächste Glied in der Frontlinie bildete das XI. SS-Panzerkorps unter SS-General Mathias Kleinheisterkamp mit Gefechtsstand in Heinersdorf. Den Korpsstab teilten sich Heer und Waffen-SS. Stabschef war Oberst Giese, der geschwind zur Waffen-SS überwechselte, als er der Abneigung seines Korpskommandeurs gegen die Generalstabsoffiziere des Heeres gewahr wurde, Ia war Major Thomas und Adjutant SS-Oberstleutnant Stadelbauer.[46]

Die 303. Infanterie-Division »Döberitz« unter dem Befehl von Oberst Hans-Wolfgang Scheunemann hatte ihren Gefechtsstand im Bahnhof Dolgelin und war beiderseits Sachsendorf aufgestellt. Sie war am 31. Januar im Ausbildungslager Döberitz gebildet worden und bestand aus den Grenadier-Regimentern 300, 301 und 302 mit jeweils zwei Bataillonen sowie dem Artillerie-Regiment 303 mit vier Abteilungen. Ihr Füsilier-Bataillon hatte die Division ebenfalls im März an die Garnison Küstrin abtreten müssen. Das Grenadier-Regiment 300 stand um Hackenow, das Grenadier-Regiment 302 in Sachsendorf und das Grenadier-Regiment 301 bei Werder.[47]

Im Abschnitt der 303. Infanterie-Division befand sich Hauptmann Udo Wenzlaffs I. Abteilung des Flak-Regiments 26 mit vier Batterien. Die 1. von drei 8,8-cm-Flak-Batterien stand hinter der Eisenbahnlinie Frankfurt–Stettin auf halber Strecke zwischen Friedersdorf und Dolgelin, die 2. Batterie auf den Höhen zwischen Ludwigslust und dem Hugohof und die 4. Batterie auf dem Saumberg. Die 3. Batterie unter dem Befehl von Hauptmann Wilhelm Raisig war ursprünglich die 4. Batterie der Leicht-Flak-Abteilung 755 gewesen, deren Reste zur Heimatverteidigung in Flensburg zurückgeblieben waren. Sie verfügte über 3,7-cm-Kanonen und war erst seit dem 13. April im Oderbruch, wo sie nun in vorderer Stellung auf einem Feld nördlich der Straße Sachsendorf–Dolgelin lag. Abgesehen von ein paar Wehrmachts-Unteroffizieren bestand diese Einheit vorwiegend aus älteren Schülern und Polytechnik-Studenten, im Alter noch unterhalb der Wehrpflichtgrenze, denen man Luftwaffen-Soldbücher in die Hand gedrückt und die man nach einem Infanterie-Kurzlehrgang kurzerhand von Flak-Helfern zu Kanonieren befördert hatte.[48]

Die kampferfahrene 169. Infanterie-Division unter Generalleutnant Georg Radziej, die von 1941 bis 1944 in Finnland, danach in Norwegen gekämpft hatte (und einen Elchkopf als Divisionsabzeichen trug), stieß im Verlauf des März zu den Truppen im Oderbruch. Sie bestand aus den Grenadier-Regimentern 378, 379 und 392 zu je zwei Bataillonen sowie dem Füsilier-Bataillon 230. Sämtliche Divisionseinheiten trugen die Zahl 230, so auch das Artillerie-Regiment 230 mit vier Abteilungen. Der Gefechtsstand befand sich im Gutshaus von Neu Mahlisch. Seit dem 14. April unterstand der Division auch das Panzergrenadier-Regiment 1235 der Panzergrenadier-Division »Kurmark« mit zwei Bataillonen als Divisionsreserve, das auf den Steilhängen im Raum Libbenichen/Carzig stationiert war.[49]

Die 712. Infanterie-Division unter Generalmajor Joachim von Siegroth war am 26. März aus Regimentern der aufgeblähten Panzergrenadier-Division »Kurmark« gebildet worden und bestand aus den Grenadier-Regimentern 732 und 745 (vormals die aus Offizierskadetten und Personal der Dresdener und Wetzlarer Kriegsschule bestehenden Grenadier-Regimenter 1239 bzw. 1241), dem Grenadier-Regiment 764, jeweils mit zwei Bataillonen, sowie dem Artillerie-Regiment 1712. Der Divisions-Gefechtsstand befand sich im Wald westlich von Alt Zeschdorf.[50]

Die Korps-Reserve unter dem Befehl von Oberst Willy Langkeit bestand aus seiner Panzergrenadier-Division »Kurmark«, der die schwere SS-Panzer-Abteilung 502 unter SS-Major Hartrampf mit 30 »Tiger« II angegliedert war. Die »Kurmark« bestand nun aus dem Panzergrenadier-Regiment »Kurmark« mit zwei Bataillonen, dem Panzer-Regiment »Brandenburg« mit je einer »Panther«-Panzer- und einer »Hetzer«-Jagdpanzer-Abteilung sowie aus einer Panzer-Aufklärungs-Abteilung.[51]

Als nächstes kam die Festung Frankfurt mit ihrer Garnison von etwa 14 000 Mann unter Oberst Ernst Biehler, der im Verlauf der Schlacht zum Generalmajor befördert wurde. Das 50 Quadratkilometer große Festungsgebiet war erst am 10. April der 9. Armee unterstellt worden. Dazu gehörte auch ein großer Brückenkopf, der von fünf sogenannten Festungs-Regimentern verschiedener Reserve-Einheiten des Heeres und der Waffen-SS gehalten wurde. Das Festungsgebiet reichte am Ostufer der Oder bis Kunersdorf und erstreckte sich am Westufer vom alten Burgwall-Fort bis hinunter nach Güldendorf (auf einigen zeitgenössischen Karten auch als Tzschetzschnow bezeichnet).[52]

Den südlichen Flügel der 9. Armee bildete das V. SS-Gebirgs-Korps unter SS-General Friedrich Jeckeln, der seinen Gefechtsstand in der Heilstätte Müllrose in einem Wald drei Kilometer südwestlich der Ortschaft hatte.[53]

Die 286. Infanterie-Division unter Generalleutnant Emmo von Roden mit Gefechtsstand in Kaisermühl deckte den ersten Abschnitt südlich der Festung Frankfurt über Brieskow am Friedrich-Wilhelm-Kanal bis unmittelbar südlich des Bahnhofs Wiesenau. Der gesamte Abschnitt war stark bewaldet, lag etwas erhöht und war zwischen Lossow und Brieskow von mehreren Tagebau-Kohlegruben durchzogen. Formell bestand die Division aus den Grenadier-Regimentern 926, 927 und 931 mit je zwei Bataillonen, dem Artillerie-Regiment 286 mit drei Abteilungen und der II. Abteilung des SS-Artillerie-Regiments 32. Diese sogenannten Grenadier-Regimenter waren tatsächlich aber nichts weiter als ein Sammelsurium aus verschiedenen Einheiten, darunter zwei Volkssturm- und einige Polizei-Bataillone, die willkürlich zusammengewürfelt und daher von begrenztem militärischem Nutzen waren. Im Rücken der Division standen deshalb zwei Kampfgruppen der Korps-Reserve bereit, die sich aus Einheiten der 32. SS-Panzer-Jagd-Abteilung zusammensetzten. Die Kampfgruppe »Krauß« unter SS-Hauptmann Paul Krauß deckte mit der 2. und 4. Kompanie der Abteilung, unterstützt von einer 250 Mann starken Heeres-Infanterie-Fahrradkompanie und einer Kompanie des Frankfurter Festungs-Regiments 6, die Zufahrten zur Autobahn Frankfurt– Berlin auf der Linie Gut Pagram/Lichtenberg/Markendorf/Hohenwalde; ihr standen zur Deckung dieses 12 Kilometer langen Abschnitts zwölf Kampfwagen und etwa 350 Mann zur Verfügung. Weiter hinten erhielt SS-Oberleutnant Emil Schöttle mit seiner Kampfgruppe »Schöttle«, bestehend aus der 1. Kompanie mit 7,5-cm-Sturmgeschützen und Teilen der 3. Kompanie mit geschleppter 7,5-cm-Pak, Infanterie-Unterstützung durch je eine Kompanie des Divisions-Füsilier- und Pionier-Bataillons. Beide Kampfgruppen konnten bei Bedarf Artillerieunterstützung von der II. Abteilung des SS-Artillerie-Regiments 32 anfordern.[54]

Im Zentrum, gegenüber dem Brückenkopf Aurith, vom Kanal bis unmittelbar nördlich von Fürstenberg, lag SS-Oberst Hans Kempins 32. SS-Freiwilligen-Grenadier-Division »30. Januar« mit Gefechtsstand in Rießen. Sie bestand aus den SS-Freiwilligen-Grenadier-Regimentern 86 »Schill«, 87 »Kurmark« und 88 »Becker«, jeweils zu zwei Bataillonen, sowie dem SS-Artillerie-Regiment 32 mit nur noch drei Abteilungen zu je zwei Batterien. Ihre Stellungen lagen sehr günstig, zum Teil in drei vorbereiteten Verteidigungslinien direkt hinter flachem Wiesenland. Nur um Wiesenau war die Sicht durch Buschwerk und bei Vogelsang und beim Kraftwerk nördlich dieses Orts durch kleinere bewaldete Flächen behindert.[55]

Von Fürstenberg den Fluß hinunter zur Korpsgrenze bei Wellnitz schließlich stand Generalleutnant Rudolf Sieckenius mit der 391. Sicherungs-Division, die er von seinem Gefechtsstand in Bremsdorf aus leitete. Die Division gliederte sich in die Grenadier-Regimenter 95 und 1233 (letzteres ein Offiziersanwärter-Regiment aus Potsdam) und das Artillerie-Regiment 391. Das Grenadier-Regiment 95 war wiederum ein Mischmasch aus mehreren kleinen Einheiten, darunter auch Volkssturm.[56]

Die übrige Korps-Reserve bestand aus der SS-Jagd-Panzer-Abteilung 561 z. b. V. unter SS-Hauptmann Jakob Lobmeyer, deren wichtigste Bewaffnung der wendige »Hetzer« war und die von einer Wartungskompanie, einem Aufklärungs- und einem Infanterie-Zug unterstützt wurde. Ihr Gefechtsstand lag zusammen mit dem des V. SS-Gebirgs-Korps in der Heilstätte westlich von Müllrose.[57]

Nach Lagebeurteilung des deutschen Stabes war jedoch im Frontabschnitt des V. SS-Gebirgs-Korps nicht mit größeren sowjetischen Vorstößen zu rechnen, und so wurde am 12. April beschlossen, die 32. SS-Freiwilligen-Grenadier-Division »30. Januar« am 18. April in die Armee-Reserve zu nehmen und für Gegenangriffe gegenüber dem voraussichtlichen Gefahrenpunkt hinter dem XI. SS-Panzerkorps aufzustellen.[58]

Reserven

Zwei Ausbildungs-Divisionen waren der 9. Armee angegliedert. Die Untereinheiten der Luftwaffen-Ausbildungs-Division zwischen Wriezen und Neu Hardenberg waren offenbar auf die Verbände des CI. Armeekorps aufgeteilt worden, und zwar in Übereinstimmung mit dem oben erwähnten Dokument der Heeresgruppe »Weichsel« vom 5. April (siehe Seite 175) und entgegen Görings Verbot, seine Luftwaffen-Kadetten mit Heereseinheiten zu mischen. Die 156. Infanterie-Ausbildungs-Division unter General Siegfried von Rekowski nahm entlang der Stein-Stellung südlich der Reichsstraße 1 Aufstellung. Sie hatte ihren Gefechtsstand in Marxdorf und bestand aus den Grenadier-Ausbildungs-Regimentern 1313, 1314 und 1315 zu je drei Bataillonen. Die Division setzte sich aus den niedrigsten und höchsten Altersstufen zusammen und wurde an die Front geschickt, um entsprechend Hitlers Befehl vom 4. April ihre Ausbildung abzuschließen. Hitlers Erläuterung hierzu:

> »... so setzen wir diese Reserven in zweiter Linie ein, acht Kilometer hinter der ersten. Dann sind diese Verbände der ersten Schockwirkung des Vorbereitungsfeuers entzogen und können sich an die Kämpfe gewöhnen. Falls der Russe durchbricht, fangen sie [ihn] in ihrer Stellung auf. Hinauswerfen aus dem Einbruch müssen ihn dann die Panzerdivisionen.«[59]

Unmittelbar vor Beginn des Angriffs wurde diese Formation in 156. Infanterie-Division umbenannt, doch gab sich wohl niemand der Illusion hin, daß sie von großem militärischem Wert sein würde.[60]

In der Tat verließ sich General Busse darauf, daß ihm die letzte Reserve des OKW, die 18. Panzergrenadier-Division, zu gegebener Zeit zugeteilt werden würde. Diese Division stand unter dem Befehl von Generalmajor Josef Rauch und bestand aus den Panzergrenadier-Regimentern 30 und 51 zu je zwei Bataillonen, Teilen des Panzer-Regiments 118 und dem Artillerie-Regiment 118 mit drei Abteilungen.[61]

Kampfmoral

Während Goebbels' Propaganda das deutsche Volk mit Zuckerbrot und Peitsche zum Durchhalten zwingen wollte, gründete sich die Kampfmoral der Bodentruppen auf eine mehr oder weniger ausgeprägte Liebe zum Vaterland, auf traditionelle Einstellungen zu Pflichtbewußtsein und Gehorsam, auf den Glauben an den Führer und das nationalsozialistische System, aber vor allem auf die Angst, in sowjetische Hand zu fallen. Die NSDAP und ihre zahlreichen Unterorganisationen hielten die Disziplin mit drakonischen Maßnahmen gegen jeden aufrecht, der sich als Defätist oder Feigling verdächtig machte. Allgemeine SS und Einheiten der Feldgendarmerie sicherten die Etappe, um Fahnenflucht zu unterbinden, andere Einheiten führten standrechtliche Kriegsgerichtsverfahren durch, erhängten ihre Opfer am Straßenrand und hängten ihnen Schilder um, auf denen ihre »Verbrechen« angeprangert wurden.[62]

Am 14. April erließ Hitler den folgenden Tagesbefehl, der bei den angesprochenen Truppen jedoch erst zwei oder drei Tage später eintraf. Darin spielte Hitler auf den Fall Wiens am Tag zuvor sowie den Tod des US-Präsidenten Roosevelt am 12. April an.

»Führer-Tagesbefehl

Soldaten der deutschen Ostfront!
Zum letzten Mal ist der jüdisch-bolschewistische Todfeind mit seinen Massen zum Angriffe angetreten. Er versucht, Deutschland zu zertrümmern und unser Volk auszurotten. Ihr Soldaten aus dem Osten wißt zu einem hohen Teil bereits selbst, welches Schicksal vor allem den deutschen Frauen, Mädchen und Kindern droht. Während die alten Männer und Kinder ermordet werden, werden

Frauen und Mädchen zu Kasernenhuren erniedrigt. Der Rest marschiert nach Sibirien.
Wir haben diesen Stoß vorhergesehen, und es ist seit dem Januar dieses Jahres alles geschehen, um eine starke Front aufzubauen. Eine gewaltige Artillerie empfängt den Feind, die Ausfälle unserer Infanterie sind durch zahllose neue Einheiten ergänzt. Alarmeinheiten, Neuaufstellungen und Volkssturm verstärken unsere Front. Der Bolschewist wird dieses Mal das alte Schicksal Asiens erleben, d. h. er muß und wird vor der Hauptstadt des Deutschen Reiches verbluten. Wer in diesem Augenblick seine Pflicht nicht erfüllt, handelt als Verräter an unserem Volk. Das Regiment oder die Division, die ihre Stellung verlassen, benehmen sich so schimpflich, daß sie sich vor den Frauen und Kindern, die in unseren Städten dem Bombenterror standhalten, werden schämen müssen. Achtet vor allem auf die verräterischen wenigen Offiziere und Soldaten, die, um ihr erbärmliches Leben zu sichern, in russischem Solde, vielleicht sogar in deutscher Uniform gegen uns kämpfen werden. Wer euch Befehle zum Rückzug gibt, ohne daß ihr ihn genau kennt, ist sofort festzunehmen und nötigenfalls augenblicklich umzulegen, ganz gleich welchen Rang er besitzt. Wenn in diesen kommenden Tagen und Wochen jeder Soldat an der Ostfront seine Pflicht erfüllt, wird der letzte Ansturm Asiens zerbrechen, genauso wie am Ende auch der Einbruch unserer Gegner im Westen trotz allem scheitern wird.
Berlin bleibt deutsch, Wien wird wieder deutsch, und Europa wird niemals russisch.
Bildet eine verschworene Gemeinschaft zur Verteidigung nicht des leeren Begriffes eines Vaterlands, sondern zur Verteidigung eurer Heimat, eurer Frauen, eurer Kinder und damit unserer Zukunft. In diesen Stunden blickt das ganze deutsche Volk auf euch, meine Ostkämpfer, und hofft nur darauf, daß durch eure Standhaftigkeit, euren Fanatismus, durch eure Waffen und unter eurer Führung der bolschewistische Ansturm in einem Blutbad erstickt. Im Augenblick, in dem das Schicksal den größten Kriegsverbrecher aller Zeiten von dieser Erde weggenommen hat, wird sich die Wende dieses Krieges entscheiden.

Adolf Hitler«[63]

Die Munitions- und Kraftstoffvorräte der gesamten Heeresgruppe »Weichsel« waren bedenklich knapp. Sogar bei der Handfeuerwaffen-Munition gab es Engpässe, der Artillerie standen Granaten für ganze zweieinhalb Tage zur Verfügung. Diese schlechte Versorgungslage, die Schwäche der einzelnen Formationen, der Befehl, keinen Zentimeter Boden preiszugeben, und das Fehlen geeigneter Reserven – all dies gab den Kommandeuren Grund zu höchster Besorgnis. Die Verteidigungsmaßnahmen waren in ihrer Gesamtheit nicht ausreichend angesichts des bevorstehenden Sturms, und obwohl den Sowjets der Durchstoß durch die deutsche Verteidigung nicht gerade leicht gemacht würde, war ihr Sieg doch nur eine Frage der Zeit. War die 9. Armee erst einmal aus ihren Stellungen geworfen, würde sie keine Gelegenheit zu erneutem Festsetzen mehr haben und den totalen und endgültigen Zusammenbruch der deutschen Wehrmacht und des Deutschen Reichs, die es zu verteidigen galt, nicht mehr verhindern können.[64]

Befehle und Aufklärung

Schukows Konferenz

Zwischen dem 5. und 7. April fand in Schukows Hauptquartier, einer Schule in Landsberg, eine Konferenz statt, an der alle seine Armeeoberbefehlshaber, die Stabschefs der Armeen, die Mitglieder der Kriegsräte der Armeen, der Chef der Politischen Verwaltung der Front, die Befehlshaber der Artillerie der Armeen und der Front, alle Korpskommandeure und Chefs der verschiedenen Waffengattungen und der Chef der Rückwärtigen Dienste der Front teilnahmen. In einer Reihe von Planungskonferenzen und Kriegsspielen wurden die Probleme der bevorstehenden Operation, nicht nur der entscheidende Durchbruch, sondern auch die anschließende Einnahme Berlins, noch einmal ausführlich erörtert und geprobt. Luftaufnahmen von acht aufeinanderfolgenden Aufklärungsflügen über Berlin, erbeutete deutsche Dokumente sowie in Verhören deutscher Kriegsgefangener gewonnene Erkenntnisse wurden ausgewertet, und Pioniere hatten ein maßstabgetreues Modell der Hauptstadt angefertigt, das bei den Beratungen als Grundlage diente. Generaloberst Katukow, Kommandeur der 1. Garde-Panzerarmee, kommentierte treffend:

> »Ein Blick auf das Modell und die Karte zeigte, daß es uns in diesem Gelände nicht gelingen würde, die Variante eines tiefen Durchbruchs, wie den zwischen Weichsel und Oder, zu wiederholen: Die Bedingungen für ein breites Panzermanöver fehlten. Unter hartnäckigen Kämpfen würden wir nur schrittweise vorankommen und uns in blutigen Gefechten durch die gegnerische Verteidigung durchbeißen müssen.
>
> Doch die Siege unserer Truppen in vorausgegangenen Schlachten hatten uns viel Zuversicht gegeben. Niemand zweifelte daran, daß wir sämtliche Befestigungen an den Zugängen Berlins hinwegfegen würden.«

Die Konferenzteilnehmer wurden für die Nachwelt gefilmt, wie es bei den Sowjets damals üblich war, medaillenbehangen und in ihren besten Uniformen, zunächst in Schulbänken die Karten studierend, anschließend um ein mächtiges Sandkasten-Modell gruppiert.

Nach der Konferenz erteilte Schukow den Armeen am 12. April seine Direktiven. Die Kommandeure erhielten Befehl, innerhalb von 36 Stunden ihre endgültige Planung zur Genehmigung vorzulegen. Zwischen dem 8. und 14. April fanden dann innerhalb der Armeen bis hinunter auf Korpsebene weitere solcher Konferenzen und Kriegsspiele statt.[1]

Tschuikow behauptet, seine 8. Gardearmee habe bereits im Februar damit begonnen, Anleitungen für Straßenkämpfe auszugeben und hierfür spezielle Kader auszubilden. Doch inwieweit dies tatsächlich geschah und ob und inwieweit dies angesichts der drängenden Probleme jener Kriegsphase auch an die übrigen Armee-Einheiten der Front durchdrang, bleibt ungewiß. So zeigen die in bezug auf den späteren Verlauf der Operation gemachten Äußerungen Tschuikows, daß die Vorbereitung der Truppen auf den Kampf unter den veränderten Bedingungen, die sich in der Stadt beim Kampf von Haus zu Haus ergaben, nicht so gründlich war wie behauptet, obwohl die kürzliche Erstürmung Posens und anderer befestigter Städte einige nützliche Erfahrungen in dieser Hinsicht hätte liefern müssen.[2]

Schukows Plan sah unter anderem vor, die Schlacht durch einen Überraschungsangriff in der Dunkelheit, zwei Stunden vor Tagesanbruch, zu eröffnen. Zur Beleuchtung des Gefechtsfelds und zur Blendung des Gegners wurden 143 Scheinwerfer, die samt ihrer weiblichen Bedienungsmannschaften von der jetzt überflüssigen Moskauer Luftverteidigung abgezogen worden waren, über eine Breite von 40 Kilometern auf die 3. Stoßarmee (20 Stück), die 5. Stoßarmee (36), die 8. Gardearmee (51) und die 69. Armee (36) verteilt. Sie konnten auch dazu benutzt werden, Vormarschachsen und Nahtstellen zu markieren, und ihr Licht stellte den Truppen zwei zusätzliche Stunden zur Erreichung ihres vorbestimmten Tagesziels zur Verfügung. Scheinwerfer waren bereits früher mit befriedigendem Erfolg zu diesem Zweck eingesetzt worden, doch noch nie in Zusammenhang mit einem Artillerie-Bombardement.[3]

Der Gesamtplan sah vor, innerhalb von elf Tagen eine Strecke von 165 Kilometern vorzurücken, was einem Tagesdurchschnitt von 11–14 Kilometern für die Infanterie und 35–37 Kilometer für die Panzerkräfte entsprach.[4] Diese Zahlen an sich zeigen schon, wie unrealistisch die sowjetischen Pläne, bedingt durch den Erfolg bei der Weichsel-Oder-Operation, im Hinblick auf die Einnahme Berlins waren.

Schukows Direktiven

Wie zuvor in Moskau vereinbart, hatte Schukow drei Haupt-Stoßrichtungen für den Durchbruch durch die deutsche Verteidigung vorgesehen: je einen durch die 47. und 3. Stoßarmee sowie einen starken direkten Stoß entlang der Hauptachse gemeinsam durch die 5. Stoß- und 8. Gardearmee, dazu auf jeder Flanke zwei weitere Armeen. Die Zuteilung der Stawka-Reserven richtete sich nach den jeweiligen Erfordernissen der Armeen.[5]

Um den Leser nicht unnötig durch ein Sammelsurium von Ortsnamen zu verwirren, sei auf Schukows Direktiven verwiesen, die in Anhang VII vollständig wiedergegeben sind, sowie auf die in den dazugehörigen Zeichnungen angegebenen Tagesziele und Nahtstellen. Es lohnt sich, sie zu studieren, denn sie zeigen deutlich einige der Prämissen, auf die sich Schukows Pläne gestützt haben müssen:

Erstens weisen die Tagesziele darauf hin, daß man bei dieser Operation im wesentlichen von einer Wiederholung der Weichsel-Oder-Durchbruchsschlacht ausging, wobei Verteidigung und Reserven der Deutschen bereits im Eröffnungsfeuer und dem ersten Ansturm vernichtend geschlagen würden. Anschließend sollte es dann zügig nach Berlin und weiter bis zur Endlinie, der Elbe, gehen. Für die Einnahme Berlins war der 21. April (6. Operationstag), für das Erreichen der Elbe der 1. Mai vorgesehen, womit der Maifeiertag 1945 einer der glorreichsten in der Geschichte der Sowjetunion geworden wäre.

Zweitens wird deutlich, daß die Sowjets sowohl den Aufbau als auch die Ziele der deutschen Verteidigung völlig falsch interpretiert hatten. So war als erstes Tagesziel für die in der Hauptstoßrichtung vorgehende Front die Linie Wriezen–Lietzen vorgesehen, die Ausgangslinie der beiden Panzerarmeen befand sich noch ein gutes Stück

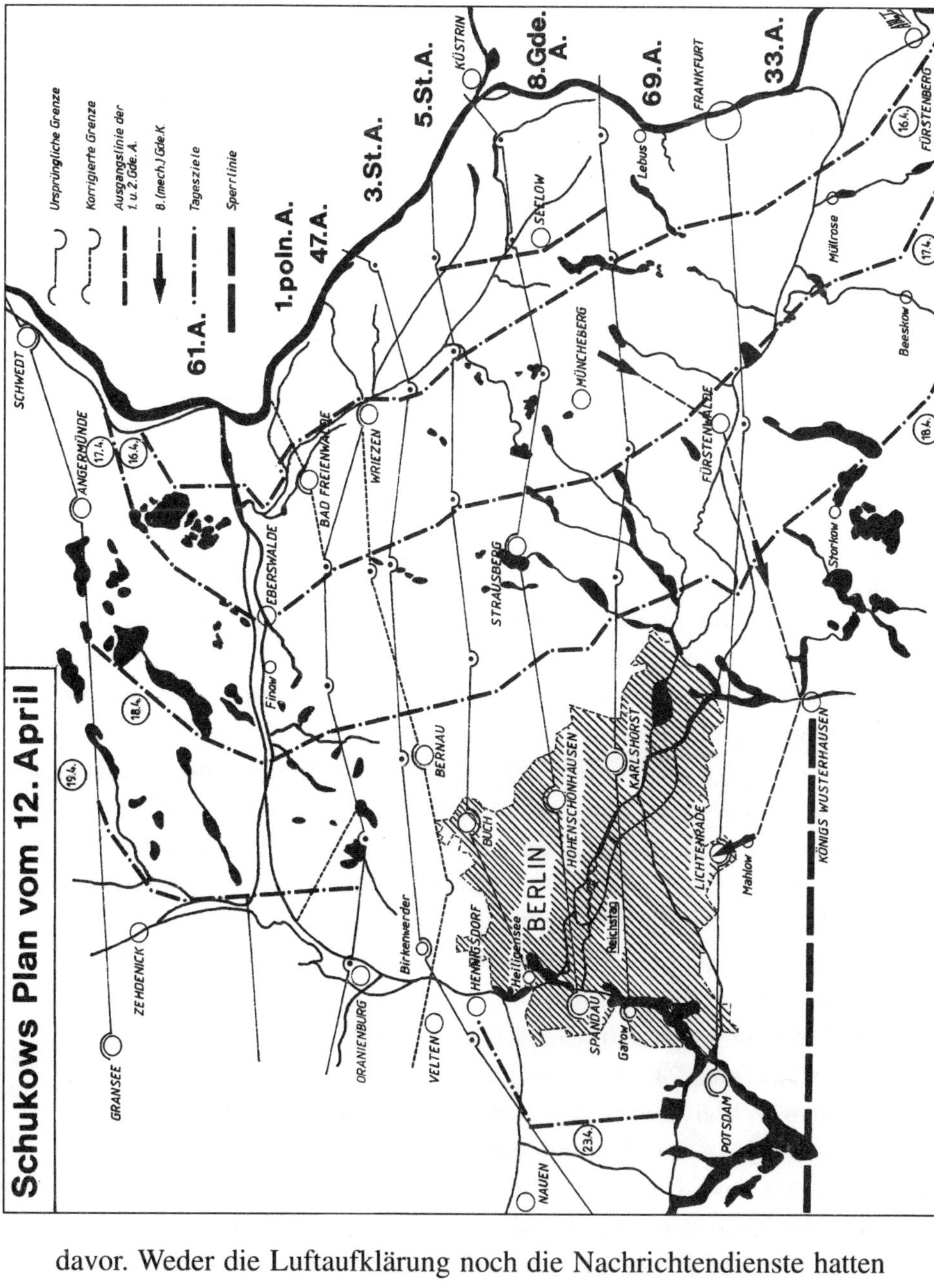

davor. Weder die Luftaufklärung noch die Nachrichtendienste hatten ein genaues Bild davon liefern können, was die Sowjets erwartete. Folglich waren die Panzerkräfte, die erst nach Zerschlagung der deutschen Verteidigung auf Berlin losgelassen werden sollten, nahezu in der Mitte zwischen der ersten und zweiten Linie des zweiten Verteidigungsstreifens eingezeichnet, also genau da, wo sich die Deutschen vorgenommen hatten, ihnen eine schwere Schlappe zu bereiten.[6]

Zum dritten muß Schukow seinen urspünglichen Plan einer fächerförmigen Bewegung auf den beiden äußersten Flanken zugunsten einer Konzentation seiner Kräfte auf den Abschnitt zwischen dem Hohenzollern- bzw. Finow-Kanal im Norden und dem Kaiser-Wilhelm-Kanal im Süden hinterher geändert haben, denn dem Lagebericht der 1. Weißrussischen Front vom 16. April lassen sich außerhalb dieser Gewässergrenzen nur geringe Aktivitäten entnehmen, und die tatsächlichen Grenzen, innerhalb deren die 1. Polnische Armee kämpfte, wichen erheblich von dem ab, was in den Direktiven vom 12. April definiert worden war.[7]

Viertens sah der Plan für die Einnahme Berlins vor, daß die 5. Stoß-, die 8. Garde- und die 69. Armee zügig von Ost nach West durchmarschierten, wobei die 8. Gardearmee den Berliner Reichstag nahm, während die 3. Stoßarmee am 8. Operationstag die Vororte und das Gebiet unmittelbar westlich der Havel sicherte und die 47. Armee den Weg zur Elbe freikämpfte. Dies hätte eigentlich bedeutet, daß die Masse der sowjetischen Truppen ihren Auftrag mit der Einnahme Berlins erfüllt haben würde. Dieser Aspekt des Plans hat jedoch kaum Ähnlichkeit damit, wie sich die Dinge tatsächlich entwickelten.

Schließlich hatte Schukow in seiner Planung dafür Sorge getragen, daß Konjew keinerlei Gelegenheit erhielt, in die Einnahme Berlins einzugreifen, indem er der 33. Armee Befehl erteilte, von Königs Wusterhausen bis Brandenburg eine Sperrlinie zu bilden, welche die von Stalin ausgemerzte Linie konterkarierte, die Konjew immerhin bis Potsdam gebracht hätte.

Schukows Direktiven unterlagen größter Geheimhaltung. Nur die Armeeoberbefehlshaber, ihre Stabschefs, die Leiter der Operationsdivisionen und Befehlshaber der Artillerie der Armeen hatten Zugang zu ihrem vollen Wortlaut. Alle anderen sollten nur soviel Information erhalten, wie zur Erfüllung ihres jeweiligen Auftrags notwendig war. Die Rückwärtigen Dienste und Regimentskommandeure erhielten ihre Befehle nur mündlich, letztere erst drei Tage vor Beginn der Operation, Subalterne und Mannschaften wurden erst zwei Stunden vor dem Einsatz über ihre Aufgaben instruiert.

In der Zwischenzeit sollten sämtliche Operations-Vorbereitungen so weit wie möglich getarnt ablaufen und die Männer in dem Glauben belassen werden, sie bereiteten eine längere Verteidigung ihrer eigenen Stellungen vor – eine notwendige Vorsichtsmaßnahme für den Fall, daß sowjetische Soldaten vor der Schlacht in deutsche Kriegsgefangenschaft geraten sollten.

Die Artillerie

Bei ihrer detaillierten Planung der Operation verwandten die Sowjets besondere Sorgfalt auf die Rolle der Artillerie. Denn die Grundlage des Plans war die frühe Vernichtung der deutschen Verteidigung, ihrer Reserven und ihres Kampfwillens, und dafür war eine machtvolle Artilleriekonzentration unbedingte Voraussetzung. Deshalb nahm sich Schukow der Planungen für die Artillerie persönlich an und zog 14 628 Geschütze und Granatwerfer vom Kaliber 7,6 cm und darüber zusammen, dazu 1531 reaktive Werfer für das Eröffnungsfeuer und zur Unterstützung von Panzern und Infanterie beim anschließenden Hauptangriff.[8]

Alle diese Artilleriekräfte befanden sich in den Brückenköpfen, mit Ausnahme der Armeeartilleriegruppe der 69. Armee, die am Ostufer der Oder verbleiben mußte, weil im Abschnitt dieser Armee kein Platz mehr für sie war. Um den begrenzten Raum in den Brückenköpfen optimal auszunutzen, verzichtete man auf den normalerweise vorgeschriebenen Abstand zwischen den einzelnen Geschützen, und einige Batteriestellungen enthielten mehr Geschütze, als sonst einem ganzen Bataillon zustanden.[9]

Damit jeder Kommandeur von Regimentsebene aufwärts bei Bedarf Artilleriefeuer anfordern konnte, war diese Waffe in Regiments-Artilleriegruppen (RAG) aus 2–4 Artillerie-Abteilungen mit 60–80 Geschützen, Divisions-Artilleriegruppen (DAG) aus 1–3 Artillerie-Regimentern mit 130–140 Geschützen, Korps-Artilleriegruppen (KAG) aus 2–4 Artillerie-Regimentern mit 80–120 Geschützen und einigen reaktiven Werfern vom Typ M-13 sowie Armee-Artilleriegruppen (AAG) aus 4–12 Artillerie-Brigaden mit etwa 250 Geschützen gegliedert.[10]

Die zusätzliche Artillerie wurden nach folgendem Verteilungsplan dem Hauptstoß zugeordnet:

47. Armee: 1360 Geschütze und 122 reaktive Werfer (345 Geschütze und Werfer pro Kilometer);
3. Stoßarmee: 1369 Geschütze und 227 reaktive Werfer (266/km);
5. Stoßarmee: 1824 Geschütze und 361 reaktive Werfer (312/km);
8. Gardearmee: 1911 Geschütze und 368 reaktive Werfer (326/ km).[11]

Bei einer Gesamtzahl von 8983 Geschützen und 1401 reaktiven Werfern erreichte Schukow mit einem Gesamtdurchschnitt an der Hauptangriffslinie von 84 Geschützen pro Kilometer plus 92 reaktiven Werfern sowie 295 Geschützen pro Kilometer plus 348 reaktiven Werfern an den Durchbruchspunkten eine bemerkenswerte Artilleriedichte.[12]

Die Ziele wurden den einzelnen Geschützen entsprechend ihrer Schlagkraft und Schußweite zugeordnet. Sie waren in einer Tiefe von ein bis sieben Kilometern vom Rand des Kampfgebiets aufgestellt und auf Ziele in 1,5–16 Kilometer Entfernung gerichtet.[13]

An dem vernichtenden Eröffnungsschlag sollten sämtliche verfügbaren Geschütze teilnehmen, einschließlich der bereits in Stellung befindlichen Panzer und Selbstfahrlafetten, außerdem die Geschütze der Dnjeprflotille und die Kanonen der Flug- und Panzerabwehr.[14]

Der Feuerplan sah einen zehnminütigen, konzentrierten Überraschungsangriff vor, gefolgt von einem ebenso langen methodischen Feuer und weiteren zehn Minuten konzentrierten Feuers. Dieses erste halbstündige Bombardement sollte unüblicherweise ein Gebiet von 10–12 Kilometern Tiefe abdecken. Zur Deckung des unmittelbar folgenden Infanterie- und Panzerangriffs war für die ersten beiden Kilometer eine doppelte, für die nächsten beiden Kilometer eine einfache Feuerwalze eingeplant. Danach sollte, bis zu einer Tiefe von acht Kilometern, die Artillerieunterstützung in Form aufeinanderfolgender konzentrierter Sperrfeuer erfolgen. Der Feuerplan der 8. Gardearmee sah ein weiteres 15minütiges Sperrfeuer vor, mit dem begonnen werden sollte, sobald die Truppen sich der Linie Werbig – Bahnhof Seelow – Ludwigslust am Fuß der Seelower Höhen näherten.[15]

Da die Schlacht noch vor Tagesanbruch beginnen sollte und die Sowjetsoldaten sich 150–200 m hinter der Feuerwalze bewegen würden, mußte besondere Sorgfalt auf das Richten der Geschütze verwendet werden, und das Feuer selbst wurde dann von Abschnitt zu Abschnitt zeitlich genauestens abgestimmt. Wurde die Infanterie aufgehalten, so mußte die Feuerwalze in den betreffenden Abschnitt zurückkehren.[16]

Hierzu berichtete der Front-Artillerie-Kommandeur, General der Artillerie Kazakow:

> »Unser Artillerieeinsatz wurde durch sorgfältige Aufklärung vorbereitet. Allein im Abschnitt der 1. Weißrussischen Front waren 7000 Feuerstellungen und Beobachtungsposten verteilt, dazu 16 selbständige Aufklärungsabteilungen, zwei Artilleriebeobachter-Flugzeugstaffeln und zwei Abteilungen mit Beobachtungsballons, alle zur unverzichtbaren Unterstützung der Artillerie. Unsere Artilleriebeobachter-Piloten flogen 248 Einsätze und identifizierten Tausende von Zielen, darunter 185 Geschütz- und Granatwerferstellungen. Zur Zerschlagung des Feindes mußten die stärksten Mittel aufgeboten werden, nicht nur um die Verteidigungsstellungen zu durchbrechen, sondern auch, um der Infanterie, den motorisierten Einheiten und Panzerkräften einen schnellen Vorstoß unter möglichst geringen Verlusten zu ermöglichen.
>
> Zu diesem Zweck ordnete der Oberbefehlshaber unserer Front, Marschall G. K. Schukow, in den Abschnitten der in der Hauptangriffslinie stehenden Armeen eine substantielle Artillerie-Verstärkung an. Artilleriekräfte in diese Abschnitte vorzuverlegen erwies sich als besonders schwierig, da hierzu nicht weniger als 90 Artillerie- und Granatwerfer-Regimenter mit 2000 Geschützen, Granat- und Raketenwerfern (Katjuschas) sowie 10 000 Lastwagen und Zugmaschinen bewegt werden mußten. Straßenabschnitte von 200–280 Kilometer Länge wurden hierfür reserviert. Alle diese Bewegungen mußten genauestens mit den Stäben anderer Formationen abgestimmt werden, die ebenfalls ihre Truppen verlegten.

Wie es sich ergab, wurden auf Anweisung unseres Abschnitts-Hauptquartiers weitere 40 Artillerie- und Granatwerfer Regimenter auf dem Schienenweg an die Front gebracht, die wir ebenfalls zu ihren Aufmarschräumen führen mußten. Alle Angriffsvorbereitungen unterlagen strengster Geheimhaltung und wurden sorgfältig getarnt. Bei Beginn der Operation verfügte unsere Front über ein Arsenal von 20000 Geschützen und Granatwerfern aller Kaliber, darunter 1500 Raketenwerfer. An den Stellen, an denen die feindliche Verteidigung durchbrochen werden sollte, standen pro Frontkilometer 300 Geschütze und Granatwerfer. Während der Operation Berlin stand meinem Beobachtungsposten eine Fernmeldeausrüstung zur Verfügung wie nie zuvor. Ich hatte direkte Verbindung zu den Artillerie-Kommandeuren der Armeen, den Kommandeuren der drei Artillerie-Korps in der Hauptangriffslinie, zu den Befehlshabern der Artillerie-Divisionen und auch zu einigen untergeordneten Einheiten.«[17]

Panzerkräfte

Im Vergleich zu früheren Operationen ähnlichen Ausmaßes bot die Operation Berlin den Panzerkräften nur einen äußerst begrenzten Bewegungsspielraum. Dabei ist allerdings streng zu unterscheiden zwischen denjenigen Panzer- und Selbstfahrlafetten-Truppenteilen und -Verbänden, die der Hauptstreitmacht im Oderbruch unterstanden, und denen, die der Beweglichen Gruppe zugeordnet waren. Grob die Hälfte der gesamten Panzerkräfte, nämlich 1570 Panzer und Sfl, gehörte zu den beiden Panzerarmeen oder den selbständigen Panzerkorps der Beweglichen Gruppe, die restlichen 1489 waren als Infanterie-Unterstützung eingesetzt und bestanden aus 4 Panzer-Brigaden (zu je 3 Regimentern), 7 weiteren Panzerregimentern, 20 Sfl-Regimentern (zu je 3 Abteilungen) sowie 9 weiteren Sfl-Abteilungen, also insgesamt 19 Panzer-Regimentern und 69 Sfl-Abteilungen.

Der 1. Garde-Panzerarmee wurde Generalmajor Juschtschuks 11. Panzerkorps von der 8. Gardearmee zugeteilt, was ihr eine nie dagewesene Stärke von 854 Panzern und Selbstfahrlafetten verlieh. Nach eigener Aussage hatte Generaloberst Katukow in der Vorbereitungsphase den Straßenkampf geprobt, wofür sich besonders die jüngsten Erfahrungen bei der Einnahme von Gotenhafen als vorteilhaft erwiesen.[18]

Die Beweglichen Gruppen sollten die taktischen Erfolge der Hauptstreitmacht ausnutzen und den Angriff in Richtung Berlin weitertragen. Die beiden Panzerarmeen verfügten zusammen über insgesamt 1373 Panzer und Selbstfahrlafetten. Nur die 3. Stoßarmee hatte mit dem 9. Panzerkorps eine eigene Bewegliche Gruppe, deren 197 Panzer und Selbstfahrlafetten die Armee bei ihrem ersten Vorstoß in die taktische Verteidigungszone verstärken, anschließend zügig in Richtung Berlin vorgehen und die Stadt im Norden rasch einkreisen sollten, um am 8. Operationstag das für diese Armee vorgesehene Tagesziel westlich der Stadt zu erreichen.[19]

Wie bereits erwähnt, folgte die Ausgangslinie der 1. und 2. Garde-Panzerarmee in der ungefähren Nord-Süd-Linie Letschin–Gusow–Seelow–Dolgelin–Alt Mahlisch. Hierbei war allerdings vorausgesetzt, daß die deutsche Verteidigung an diesem Punkt unwiderruflich durchbrochen war und die Panzer ungehindert nach Berlin durchstoßen konnten.

Die Befehlshaber der Panzerarmeen verwirklichten bei der Aufstellung ihrer Panzerkräfte unterschiedliche Ideen; so trat die 1. Garde-Panzerarmee in einer, die 2. in zwei Staffeln an. Das 8. (mech.) Garde-Korps an der Südflanke der 1. Garde-Panzerarmee hatte die besondere Aufgabe, während der Kämpfe im Oderbruch die Flanke des 28. Garde-Schützenkorps zu decken und anschließend über Fürstenwalde, Neue Mühle (nördlich von Königs Wusterhausen) und Mahlow von Süden her in die Hauptstadt einzudringen.[20]

Infanterie

Um den Druck an den Angriffspunkten zu verstärken, bekamen die angreifenden Einheiten relativ schmale Ausgangslinien und Durchbruchspunkte zugewiesen, auf welche die Feuerkraft der unterstützenden Geschütze, Granatwerfer, reaktiven Werfer, Panzer und Selbstfahrlafetten konzentriert wurde. Am Ende des ersten Kampftages sollten diese Einheiten den Ersten und Zweiten Verteidigungsstreifen durchbrochen haben und sich darauf vorbereiten, den Dritten Verteidigungsstreifen in Angriff zu nehmen. Beim 4. Garde-Schützenkorps (8. Gardearmee) waren die Angriffsstreifen der Regimenter beispielsweise nur 600–700 m breit, so daß ihre Bataillone in mehreren Wellen oder Staffeln angreifen würden, gefolgt von den Bataillonen der Regimenter der in der zweiten Staffel des Korps stehenden Divisionen, und diesem Schema folgten auch die Angriffsformationen an anderer Stelle.[21]

Zur direkten Unterstützung standen der 8. Gardearmee eine Panzer-Brigade, drei Panzer- und sieben Sfl-Regimenter zur Verfügung, was einer Gesamtzahl von 18 Panzer-Abteilungen und 21 Sfl-Batterien entsprach. Um das enge Zusammenwirken zwischen Infanterie und Panzerkräften sicherzustellen, wurde jedem Schützenbataillon entweder eine Panzerkompanie oder eine Sfl-Batterie zugeordnet, so daß jede Schützenkompanie einen Panzer- bzw. Sfl-Zug erhielt und jedem Zug ein gepanzertes Fahrzeug zugeordnet war, in dessen Schutz die Soldaten vorrücken oder auf dem sie aufsitzen konnten.[22]

Von Schukows 79 Infanterie-Divisionen befanden sich 41 für den Erstangriff im Küstriner Brückenkopf, weitere vier Divisionen der 47. Armee und der 3. Stoßarmee standen am Ostufer der Oder bereit, den Fluß zu überqueren, sobald die anderen Truppen vorgerückt waren. Die 5. Stoßarmee stand mit fünf, die 69. Armee mit acht und die restlichen Armeen mit je sechs Divisionen zum Angriff bereit.[23]

Die 3. Armee stellte die zweite Staffel der Front, die entlang der Hauptachse nachfolgen sollte, während das 7. Garde-Kavallerie-Korps die Frontreserve bildete.[24]

Fliegerkräfte

Der 1. Weißrussischen Front Marschall Schukows stand neben ihrer eigenen 16. zusätzlich die 18. Luftarmee zur Verfügung, die seine Operation mit schweren Bombern und mehreren selbständigen Luftkorps und Divisionen aus der Stawka-Reserve unterstützte. Für die ersten drei Operationstage konnte er auch auf die Unterstützung durch die 4. Luftarmee der 2. Weißrussischen Front und Marinefliegerkräfte der Baltischen Flotte zählen. Alle diese Formationen ergaben, zusammen mit dem 1. Polnischen Luftkorps, eine Anzahl von 4188 Kampfflugzeugen, von denen die 16. und 18. Luftarmee 1567 Jagd-, 1562 Bomben-, 731 Schlacht- und 123 Aufklärungsflugzeuge stellten.[25]

Hauptmarschall der Fliegerkräfte A. A. Nowikow war die Koordination der gesamten Luftaktivitäten über dem Oder-Neiße-Gebiet übertragen worden, also sowohl für Schukows als auch für Konjews Front. Sein Gefechtsstand befand sich beim Stab der 16. Luftarmee in Ludwigsruh, ungefähr 20 Kilometer nordöstlich Küstrin, wo sich ihm auch eine operative Gruppe der 18. Luftarmee anschloß. Eine Hilfsführungsstelle wurde unter seinem Stellvertreter etwa sechs Kilometer vom Nordrand der Kampfzone eingerichtet. Von hier aus wurden die Bombereinsätze geführt, während die Jagdflugzeuge von drei speziellen Jägerleitzentren aus koordiniert wurden. Die 16. und 18. Luftarmee arbeiteten eng zusammen. Damit es nicht zu gefährlichen Überschneidungen kam, operierten sie zeitversetzt und in verschiedenen Höhen. Dadurch war es möglich, eine große Zahl von Fliegerkräften permanent in der Luft zu halten, wobei die Bomber der 18. Luftarmee am Abend diejenigen der 16. ablösten.[26]

Für den Einsatz einer so großen Zahl an Fliegerkräften mußten 290 Flugplätze vorbereitet werden. Die Bomber-Verbände der 18. Luftarmee befanden sich östlich von Posen, die 16. Luftarmee operierte von 165 verschiedenen Flugplätzen aus, so daß die Jagdflugzeuge 15–40 Kilometer, die Schlachtflugzeuge 30–50, die Tagbomber 50–100 und die Nachtbomber 25–60 Kilometer vom Gefechtsfeld stationiert waren.[27]

Die Hauptanstrengungen der Fliegerkräfte lagen erstens in dem engen Zusammenwirken mit den Hauptstreitkräften in der Durchbruchsschlacht, zweitens in der Unterstützung der Beweglichen Gruppen auf ihrem Vormarsch und drittens in der Luftunterstützung der Bodentruppen allgemein.[28]

Die Planung der Gefechtshandlungen der Fliegerkräfte erfolgte im Detail nur für den 1. Operationstag, den Durchbruch durch die taktische Verteidigungszone. Während des Eröffnungs-Sperrfeuers sollten Nachtbomber der 16. Luftarmee (PO-2-Doppeldecker) die Gefechtsstände und Fernmeldezentren im Ersten und Zweiten Verteidigungsstreifen angreifen, um die deutsche Kommandostruktur zu zerschlagen. Die Masse der Fliegerkräfte sollte sodann zur Unterstützung des

Hauptangriffs zum Einsatz kommen. 745 Bomber der 18. Luftarmee hatten die Städte Letschin, Langsow, Werbig, Seelow, Friedersdorf und Dolgelin zwischen 4.07 Uhr und 4.49 Uhr anzugreifen, gefolgt von 1200 Bombern und Schlachtflugzeugen der 16. Luftarmee, die bei Tagesanbruch genau festgelegte Ziele zur Unterstützung des Vormarschs der Bodentruppen anfliegen sollten.[29]

Drei Varianten waren für die 16. Luftarmee geplant. Erstens: Rückten die angreifenden Truppen zügig zum Zweiten Verteidigungsstreifen vor, so sollten Schläge auf Ziele in diesem Streifen erfolgen, um ihn aus der Bewegung heraus einzunehmen. Zweitens: War das Angriffstempo geringer als geplant, so sollten Schläge auf Ziele im ersten Verteidigungsstreifen erfolgen. Drittens: War das Angriffstempo höher als geplant, und es gelang den Truppen der Stoßgruppierung, die taktische Verteidigungszone bis Tagesanbruch zu durchbrechen, so sollten Schläge auf Objekte in größerer Tiefe geführt werden.[30]

Die Schlachtflugzeug-Formationen wurden für die Durchbruchsschlacht bestimmten Bodenverbänden zugeteilt, anschließend hatten 75 Prozent der 16. Luftarmee die Aufgabe, die Panzerarmeen zu unterstützen. Katukow zufolge leitete General Krupskij, der Kommandeur des für ihn zuständigen Luftkorps, seine Fliegerkräfte vom Gefechtsstand der 1. Garde-Panzerarmee aus.[31]

Damit die Luftunterstützung nicht abriß, sollte die 2. Garde-Panzerarmee die deutschen Flugplätze in Alt Friedland, Werneuchen, Eberswalde und Strausberg am 2. Operationstag einnehmen und bis zum Eintreffen der Infanterie auch sichern.[32]

Luftverteidigung

Die Luftverteidigungskräfte der 1. Weißrussischen Front bestanden aus eigenen Flak- und Jagdfliegerkräften und dem 5. Luftverteidigungskorps der Truppen der Luftverteidigung des Landes. Insgesamt waren das 4 Jagdflieger-Korps, 5 selbständige Jagdflieger-Divisionen, 12 Flak-Divisionen der Reserve des Obersten Kommandos, 29 Flak-Regimenter und 22 selbständige Flak-Abteilungen, die über 1567 Jagdflugzeuge, 2167 Geschütze, 1463 Fliegerabwehr-Maschinengewehre und 100 Scheinwerfer verfügten.[33]

Sie hatten die Aufgabe, die Oderübergänge, die Truppen-Bereitstellungsräume und die Kampfzone zu schützen. Die Kanonen waren zum größten Teil (58 Prozent) dem Konzentrationsraum der Hauptstreitmacht zugeteilt, aber auch die 60-Tonnen-Brücken wurden von ihnen besonders gut gesichert. Die 8. Gardearmee beispielsweise hatte zwei Flak-Divisionen zur direkten Unterstützung. Jede dieser Divisionen bestand aus einem mittleren und drei leichten Regimentern und war als Armee-Flakartilleriegruppe mit insgesamt 152 Kanonen organisiert. Diese konnten zusammen bis zu 24 Zielen in bis zu 3000 m und bis zu acht Zielen in bis zu 8000 m Höhe bekämpfen.[34]

Die Flugabwehr im Frontabschnitt Küstrin–Göritz wurde verstärkt durch die 82. Division der Truppen der Luftverteidigung des Landes, eine größtenteils aus Frauen bestehende Formation, die zwischen dem 5. und 14. April mit vier Flakregimentern, einem Flak-MG-Regiment, einem Flak-Scheinwerfer-Regiment und vier selbständigen Flak-Abteilungen eintraf. Damit konnten gleichzeitig bis zu 50 Luftziele in verschiedenen Höhen bekämpft werden.

Die Jagdfliegerkräfte waren den bereits erwähnten Hilfsführungsstellen zugeordnet und erhielten bestimmte Handlungsräume, Einführungsabschnitte und Patrouillen-Zonen zugeteilt. Für die gegenseitige Erkennung und Zielzuweisung wurden einheitliche Signale festgelegt.

Grundlage für erfolgreiche Abwehrhandlungen war die rechtzeitige Aufklärung des Luftgegners und die sofortige Information aller Luftverteidigungskräfte. Das 29. Bataillon des Flugmeldedienstes der Front stellte sechs Funkverbindungen zur 16. Luftarmee zur Verfügung, über die der Kontakt zu den Flak-Einheiten hergestellt wurde. Die Luftraumbeobachtungsposten bei den verschiedenen Bodenformationen waren jedoch für die Nachrichtenübermittlung auf Feldtelefone angewiesen.[35]

Kampfmoral

Für die Kampfmoral der Truppen war die Politische Verwaltung mit all ihren diversen Organen zuständig.

In den vorangegangenen Operationen hatten die Einheiten, Truppenteile und Verbände der Roten Armee hohe personelle Verluste erlitten, teilweise bis zu 50 Prozent ihres Bestandes, und eine Auffüllung war unerläßlich. Die Verstärkungen kamen hauptsächlich aus dem Inneren des Landes, aber auch vom befreiten Territorium und aus befreiten Kriegsgefangenenlagern. Somit war die Zusammensetzung der Truppen sehr unterschiedlich und erforderte kluges, differenziertes Herangehen in der parteipolitischen Arbeit.[36]

Die Verteilung von Kommunisten und Komsomolzen, deren Zahl ebenfalls stark zurückgegangen war, wurde neu organisiert. Sie sollten in allen Einheiten einigermaßen gleichmäßig vertreten sein und außerdem eine Reserve politischer Aktivisten bilden, um in Zukunft gefallene Genossen zu ersetzen. Durch Versetzungen, wo es nötig war, wurde jede Einheit in Kompaniestärke mit einem Kern von 8–20 Vollmitgliedern oder Kandidaten der Partei versorgt. Die Rekrutierungskampagne für die Partei und ihre Unterorganisationen verlief außerordentlich erfolgreich; so gab die 1. Weißrussische Front für den Monat März 1945 die Zahl der neu gewährten Voll- und Probe-Mitgliedschaften in der Kommunistischen Partei mit 5807 bzw. 5890 an, im April waren es sogar 6849 bzw. 6413. Allein die über 2000 Aufnahmeanträge, die am 15. April bei der Partei eingingen, lassen vermuten, daß sich viele Soldaten von diesem Schritt eine Zukunft unter dem Sowjetregime erhofften, dessen Überlegenheit der Große Vaterländische Krieg nun erwiesen hatte. Ein weiteres Argument für den Parteieintritt war, daß die Rote Armee sich nicht die Mühe machte, die Angehörigen der Gefallenen zu benachrichtigen, die Parteiorganisationen dies aber für ihre Mitglieder taten.[37]

Hinter all dem verbarg sich eine ernsthafte Krise der Kampfmoral, die auf zwei Hauptursachen zurückging: Zum einen gab es den Schrei nach Rache an den Deutschen für die schrecklichen Greueltaten, die sie zuvor an der sowjetischen Bevölkerung begangen hatten, zum anderen wollten viele ihr Leben nicht mehr in einem Krieg riskieren, der bereits so gut wie gewonnen war.

Seitdem sie deutschen Boden betreten hatten, verhielten sich die sowjetischen Soldaten barbarisch gegenüber der Zivilbevölkerung, die sie antrafen. Sie verübten ungezählte Greueltaten wie Morde, Vergewaltigungen, Plünderungen, Brandschatzungen und wahllose Zerstörungen. Offiziellen Aufrufen zur Rache in Rundfunk und Presse – maßgeblich beteiligt an dieser Kampagne war der Schriftsteller Ilja Ehrenburg –, folgten die Angehörigen der Sowjetarmee, in der Mehrzahl einfache Bauern, mit Begeisterung. Der Grund für diese Politik ist nicht klar. Es mag die Absicht gewesen sein, die deutsche Bevölkerung so mit Furcht zu erfüllen, daß sie zu einer freiwilligen Aufgabe der Gebiete östlich der Oder bereit war, und so die Wiederbesiedlung durch Polen im Einklang mit den geplanten Nachkriegsgrenzen zu ermöglichen – oder einfach eine neue Motivation für die Sowjetarmee nach Abschluß der heiligen Aufgabe, Rußland vom Feind zu befreien.[38]

Die Angst vor der Roten Armee, die von der deutschen Haßpropaganda noch geschürt wurde, war nur zu berechtigt. In einigen von den Sowjets eroberten Ortschaften wurden alle örtlichen Beamten und alle, die irgendeine Uniform trugen, ob Polizist, Postbote, Eisenbahner oder Förster, summarisch erschossen. In manchen Fällen wurden Menschen mit Pferden zu Tode geschleift, man stach ihnen die Augen aus, verstümmelte sie oder zerhackte ihre Körper. Vergewaltigungen, oft begleitet von der Ermordung des Opfers, waren an der Tagesordnung. In einigen Fällen wurden alle Frauen zusammengetrieben, um ohne Ausnahme von den Soldaten mißbraucht zu werden. Sogar ausweistragende Mitglieder der KPD blieben von diesen Ausschreitungen nicht verschont.[39]

Das beispiellose Ausmaß der Zerstörung und das unendliche Leid der Menschen, die der deutsche Einmarsch ausgelöst hatte, ganz abgesehen von den Grausamkeiten der »Einsatzgruppen« Himmlers, hatten dem einzelnen sowjetischen Soldaten ausreichend Grund zur Rache gegeben. Viele von ihnen hegten als ehemalige Kriegsgefangene oder Insassen von Arbeitslagern ihren früheren Peinigern gegenüber nur Haß.

Am 14. April wurden Ehrenburgs Ansichten dann in einem offiziell lancierten Artikel in der sowjetischen Presse kritisiert; gleichzeitig wurde damit eine Änderung der bisher verfolgten politischen Linie signalisiert. Von nun an sollte gelten: Rache an Nationalsozialisten und Faschisten werde weiterhin unbarmherzig geübt, die deutsche Bevölkerung sei jedoch zu umwerben und für die sowjetischen Ziele zu gewinnen. Doch es war zu spät, um die Entwicklung zu stoppen. Die Sowjetarmee war außerstande, eine solche Kehrtwendung über Nacht nachzuvollziehen. Die Greueltaten dauerten bis zum Ende der Kämpfe an, dann erst konnte das Verhalten der Truppe überwacht werden.[40]

Zur Hebung der Moral entschloß sich die Politische Verwaltung zu einer außergewöhnlichen Maßnahme, nämlich der Wiedereinführung von Bataillons- und Regimentsfahnen, auf die die Soldaten feierlich ihren Fahneneid der Treue und des Gehorsams leisteten. Als Fahnenträger qualifizierten sich natürlich nur Parteitreue, von denen erwartet wurde, daß sie mit gutem Beispiel vorangingen. Weiterhin wurden spezielle Rotbanner als Siegesflaggen an die Armeen ausgegeben. Eine dieser Flaggen sollte später auf dem Berliner Reichstagsgebäude gehißt werden.

Das Tragen von Fahnen wurde zu einem Erkennungsmerkmal dieses Kampfes. Doch die Fahnen dienten nicht nur propagandistischen Zwecken, sie zogen auch feindliches Feuer an. Ihre anfänglich positive Wirkung auf die Kampfmoral wurde bald zunichte gemacht durch die schweren Verluste, die die Rote Armee in der ersten Phase der Operation erlitt. Die geringe Risikobereitschaft, die später durch das Aufbauschen nebensächlicher Ereignisse vertuscht wurde, soll den Fortgang der Operation trotz all der genannten Maßnahmen stark beeinflußt haben.[41]

Gewaltsame Aufklärung

Um die Deutschen in bezug auf die Hauptachsen des bevorstehenden Angriffs zu täuschen, wurde die von Marschall Schukow für den 14. und 15. April angeordnete gewaltsame Aufklärung an der gesamten Front von der 47. bis zur 69. Armee durchgeführt. Zweck dieser Aktion war es, den Feuerplan der deutschen Artillerie, Schwachpunkte und Stärken der deutschen Stellungen sowie den tatsächlichen Verlauf der vordersten Linie des deutschen Verteidigungssystems zu identifizieren.[42]

Daneben hatte sie, laut Marschall Schukow, noch ein anderes Ziel:

»Es war für uns vorteilhaft, den Gegner zu zwingen, möglichst viele Kräfte und Mittel an die Hauptkampflinie heranzuführen, damit sie am 16. April bei unserer Artillerievorbereitung im Feuer der gesamten Artillerie unserer Front lagen.«[43]

Wenn auch nicht spezifisch genannt, war doch klar, daß auch Geländegewinne zu den Zielen dieser Aufklärung gehörten – zum einen, um es den Pionieren zu ermöglichen, für den Vormarsch Gassen durch die Minenfelder freizuräumen, und zum anderen, um für die Truppenaufstellung im Vorfeld der Operation mehr Platz zu schaffen.

An den Aufklärungseinsätzen nahmen die Armeen in folgender Stärke teil: 11 Bataillone im Abschnitt der 47. Armee, sechs im Abschnitt der 3. Stoßarmee, zwölf im Abschnitt der 5. Stoßarmee und neun im Abschnitt der 8. Gardearmee. Die 69. und 33. Armee stellten von jeder ihrer Divisionen eine verstärkte Schützenkompanie ab. Die 3. Stoßarmee hatte anscheinend noch nicht vollständig Stellung bezogen, denn es war die 5. Stoßarmee, die in ihrem Sektor am ersten Tag sechs Bataillone einsetzte, denen am 15. April sechs Bataillone der 3. Stoßarmee folgten.[44]

Die Bataillone wurden zumeist durch eine Kompanie mittlerer oder schwerer Panzer und eine Batterie Selbstfahrlafetten (ISU-152 oder SU-76M) und Pioniere verstärkt und von starken Artilleriekräften unterstützt. In der Nacht vom 13. zum 14. April räumten die Pioniere zahlreiche Minen und legten 87 Gassen für Infanterie und Panzer durch die Minenfelder frei.[45]

Nach einem 10- bis 15minütigen Artillerie-Sperrfeuer auf die vordersten deutschen Linien begann um 5.40 Uhr der Angriff. Dem Vormarsch ging ein aufeinanderfolgendes, zusammengefaßtes Feuer voraus, während die 8. Gardearmee einen Kilometer hinter einer einfachen Feuerwalze vorrückte. Einheiten der 2. Brigade der Dnjepr-Kriegsflotille und Schlachtfliegereinheiten der 16. Luftarmee trugen das ihre zur Unterstützung bei.

Bereits am 12. April hatte die 5. Jäger-Division im Norden des betreffenden Gebiets einige Versuche der 61. Armee, die Oder zu überqueren, verhindert, und am 15. gelang ihr das gleiche, als, wie bereits erwähnt, die 1. Polnischen Armee es weiter südlich ebenfalls versuchte. Die 606. Infanterie-Division hielt sich bis zum Nachmittag des 14. April, als ihre vorgeschobenen Stellungen von einem zweiten Artillerie-Sperrfeuer zerschlagen wurden. Mit einem erneuten Angriff, unterstützt von zehn Panzern, gelangten die Sowjets bis in den nördlichen Teil von Karlsbiese, und ein weiterer, ebenfalls von Panzern unterstützter Vorstoß schlug eine Bresche in die deutsche Frontlinie nahe Gieshof und brachte die Sowjets bis Neu Barnim. Weiter südlich war die 309. Infanterie-Division nahezu den ganzen Tag in Gefechte verwickelt, konnte ihre Stellung aber halten. Insgesamt wurde vom CI. Armeekorps an diesem Tag die Zerstörung von fünf sowjetischen Panzern gemeldet.[46]

Die 9. Fallschirmjäger-Division konnte ihre Stellungen beiderseits von Zechin zunächst ebenfalls halten, doch als um 16.00 Uhr sowjetische Einheiten nach einem Artillerie-Sperrfeuer mit etwa 80 Panzern erneut angriffen, mußte sie Zechin aufgeben und eine neue Frontlinie bei Amt Friedrichsaue aufbauen.

Der Hauptdruck der Sowjets scheint sich jedoch gegen die 20. Panzergrenadier-Division auf der Linie zwischen Golzow und Alt Tucheband gerichtet zu haben. Dem Eindruck der Deutschen nach griffen mehrere, von zwei gepanzerten Brigaden unterstützte Infanterie-Divisionen entlang der Straße Küstrin–Seelow sowie der parallel verlaufenden Eisenbahnlinie an. Von Teilen der Sturmgeschütz-Lehr-Brigade 920 unter Major Kapp trefflich unterstützt, konnte die Division die Stellung zunächst verteidigen, wenn auch unter personellen Verlusten. Am Nachmittag wurde der Angriff nach einem 30minütigen Bombardement wieder aufgenommen, und dieses Mal brach die sowjetische Infanterie, unterstützt von 65 Panzern, bis zur Südwestecke von Golzow durch, schlug einen Haken nach Norden, umzingelte den Ort und nahm ihn ein. Den vereinten Kräften von deutschen Panzern und Sturmgeschützen gelang es jedoch, ein weiteres Vordringen nach Westen zu verhindern. Ein weiterer sowjetischer Angriff nördlich an Golzow vorbei, im Zusammenwirken mit einem Vorstoß aus dem Raum Genschmarer See, endete damit, daß eines der Bataillone des 90. Panzergrenadier-Regiments abgeschnitten und praktisch aufgerieben wurde. Anschließend führten die Sowjets einen Stoß von Golzow aus in nordwestlicher Richtung in Unterstützung der Angriffe gegen die 9. Fallschirmjäger-Division, dabei wurde das Fallschirmjäger-Regiment 26 aus Zechin und Amt Friedrichsaue verdrängt und bis zum Abend auf Buschdorf zurückgeworfen. Alle nachfolgenden Versuche der Deutschen, den Frontbogen bei Zechin zurückzugewinnen, schlugen fehl.[47]

Am Abend wurde die Panzer-Division »Müncheberg« aus der Armee-Reserve genommen, um die stark angeschlagene 20. Panzergrenadier-Division zu unterstützen, die man nicht mehr in der Lage glaubte, den erwarteten sowjetischen Hauptstoß auf Seelow abzuwehren.[48]

Feldwebel Averdieck berichtete über die Ereignisse dieses Tages:

> »Am 14.4. liegt ab 07.00 Uhr auf dem gesamten Abschnitt Trommelfeuer von eineinhalb Stunden Dauer. Die dann erfolgenden sowjetischen Angriffe werden durchweg abgeschlagen. Das Regiment 76 schießt 12 Panzer ab. Kleinere Einbrüche sollen gegen Mittag im Gegenstoß bereinigt werden. Der eigene Angriff gerät aber in das zweite sowjetische Trommelfeuer, das zugleich durch schwere Luftangriffe verstärkt wird. Die Kompanien fluten zurück, dabei schwere Verluste erleidend. Sie werden nun in die rückwärtige Großkampfstellung gewiesen, die im Regimentsabschnitt 200 m vorm Annahof verläuft. Es werden Beobachtungen bekannt, nach denen die sowjetischen Infanteristen unsere liegengebliebenen Verwundeten mit dem Spaten erschlagen haben. Bei Dämmerung schiebt sich der Feind näher heran, und der Regimentsgefechtsstand auf dem Annahof liegt nun im Feuer von Artillerie, schweren Werfern und Stalinorgeln.
> In der Nacht zum 15.4. wird das Regiment herausgelöst und besetzt die Auffangstellung auf dem Seelower Höhenrücken. Der Regimentsgefechtsstand liegt oberhalb Werbig. Abgesehen von gelegentlichem Störungsfeuer verleben wir einen letzten ruhigen Sonntag und genießen den wunderbaren Blick über das Oderbruch, bis der Qualm der Einschläge alles in Dunst hüllt.«[49]

An den Angriffen auf die 303. Infanterie-Division in der Talsohle schienen den Deutschen drei sowjetische Infanterie-Divisionen und eine Panzer-Brigade beteiligt zu sein. Die vorgeschobenen Stellungen in Alt Tucheband an der linken Flanke wurden verloren, ebenso das Lehngut Hathenow 1500 Meter westlich von Hathenow auf der rechten Flanke. Die Sowjets konnten mit Panzerunterstützung bis zum Gut Sachsendorf vorstoßen, bevor ein Teil der 920. Sturmgeschütz-Lehr-Brigade das Dorf in einem erfolgreichen Gegenangriff zurückerobern konnte.

Weiter südlich schlug die 169. Infanterie-Division an den Seelower Höhen mehrere von Panzern unterstützte Angriffe entlang der Bahnlinie Reitwein–Podelzig zurück. Auch die benachbarte 712. Infanterie-Division konnte Angriffe entlang ihrer gesamten Frontlinie erfolgreich abwehren. Ein kleinerer Einbruch westlich von Elisenberg konnte später wieder bereinigt werden. Die Division meldete die Zerstörung acht sowjetischer Panzer und zählte 500 getötete feindliche Soldaten.

Insgesamt will das XI. SS-Panzerkorps an diesem Tag 81 sowjetische Panzer zerstört und weitere sechs lahmgelegt haben, von denen 36 bzw. drei allein auf das Konto der Sturmgeschütz-Lehr-Brigade 920 unter Major Kapp gingen. Das 90minütige Artilleriefeuer, mit dem der Angriff am Morgen eröffnet wurde, war Anlaß gewesen, die Korps-Reserve, bestehend aus der Panzergrenadier-Division »Kurmark« und der schweren SS-Panzer-Abteilung 502, in erhöhte Alarmbereitschaft zu versetzen. Auf ihren Einsatz konnte aber verzichtet werden.

Auch die Garnison Frankfurt war am Ostufer der Oder, wo ihre Verteidigungsanlagen sich etwa drei Kilometer in Richtung Kunersdorf erstreckten, sowjetischen Angriffen ausgesetzt, die aber offenbar nur dazu dienen sollten, die Verteidigungskäfte zu fesseln.

Südlich von Frankfurt, im Abschnitt des V. SS-Gebirgskorps, kamen die vorderen Stellungen der 32. SS-Freiwilligen-Grenadier-Division »30. Januar« und der 286. Infanterie-Division im Morgengrauen unter starken Artillerie-Beschuß. Diesem folgten sechs Angriffe in Bataillonsstärke, unterstützt von zehn Panzern, von Flammenwerfern und Erdkampffliegern. Letztere schienen es vor allem auf die deutschen Artilleriestellungen abgesehen zu haben und griffen die gegen sie gerichtete Flak an.

Die 286. Infanterie-Division an der Nordflanke wurde an ihrem rechten Flügel in der Talsohle angegriffen, konnte sich aber halten. Die benachbarte 32. SS-Freiwilligen-Grenadier-Division schlug die sowjetischen Angriffe im Raum Ziltendorf/Vogelsang zurück, ein sowjetischer Einbruch in die Linien des Grenadier-Regiments 87 konnte jedoch erst am Abend wieder geschlossen werden. Dabei wurde eine sowjetische Selbstfahrlafette zerstört.

Den ganzen Tag über erhielt die 9. Armee Luftunterstützung durch Fliegerkräfte, die von den Flugplätzen in Finow, Werneuchen, Strausberg, Eggersdorf, Fürstenwalde, Schönefeld und Oranienburg aus operierten.

In der Notiz über ein um 18.15 Uhr geführtes Telefonat zwischen Oberstleutnant de Maizière und Oberst Eismann heißt es:

»Die 9. Armee ist der Auffassung, daß man morgen mit dem Beginn des Großangriffs rechnen muß, und hat befohlen, daß die Großkampf-HKL zu beziehen ist von Sachsendorf bis südostwärts Letschin. Dabei wird die Division ›Müncheberg‹ in die neue Linie hineingeführt und die 20. Panzergrenadier-Division herausgezogen, weil nach Meldung des kommandierenden Generals des XI. SS-Panzerkorps die 20. Panzergrenadier-Division auf Grund der heutigen Kampfergebnisse einem starken Angriff nicht gewachsen ist.«[50]

General Busse berichtete später:

»Am 14. setzte der Feind seinen Angriff mit verstärkter Wucht unter Ausdehnung nach Süden bis nördlich Lebus fort. Der rechte Flügel des XI. SS-Panzerkorps (712. und 169. I.D.) wies alle Angriffe unter hohen Verlusten für den Feind ab. Im übrigen Abschnitt des Korps stieß der Gegner bis an die 2. Stellung vor. Bei Seelow entstand eine solche Krise, daß die Panzergrenadier-Division ›Kurmark‹ in den Kampf geworfen werden mußte, um die Höhenstufe zu halten. Leider konnte sie am Abend nicht wieder herausgelöst werden. Beim CI. Armeekorps stieß der Feind bis etwa 5 km an Wriezen heran durch. Der Brückenkopf hatte damit in diesem Abschnitt eine durchschnittliche Tiefe von 15 km erhalten und reichte nunmehr für den Aufmarsch starker Kräfte voll aus. Die Verluste an Menschen und Material waren auf beiden Seiten hoch, auf der eigenen, da nicht mehr zu ersetzen, besonders empfindlich. In der Sorge um die weitere Entwicklung versuchte das AOK erneut an diesem Abend, die 18. Panzergrenadier-Division und die zwei Panzer-Brigaden zu erhalten. Es wurde abschlägig beschieden.«[51]

Schukow war dennoch mit den am 14. April erreichten Zielen nicht zufrieden und ordnete für den nächsten Tag Verstärkung der an der Aufklärung beteiligten Einheiten an. Im Streifen der 5. Stoßarmee nahmen zum Beispiel acht Schützenregimenter der ersten Staffel gemeinsam mit einer Panzerbrigade und drei Panzerregimentern das Gefecht auf. Sie wurden von fünf Granatwerfer-Brigaden, drei Granatwerfer-Regimentern, sieben Artillerie-Brigaden, einer schweren Artillerie-Abteilung und drei Abteilungen leichter Artillerie und Haubitzen sowie von einigen Booten der Dnjepr-Kriegsflotille unterstützt.[52]

Die Tagesmeldung der 9. Armee für diesen Tag lautete:

»Von AOK 9 15. 4. 1945

Tagesmeldung

Der Feind trat zu dem heute wahrscheinlichen Großangriff nicht an. Im Abschnitt des V. SS-Geb.Korps und des XI. SS-Pz.Korps fanden, wahrscheinlich auch infolge der hohen gestrigen Verluste des Feindes an Menschen und Material, keine nennenswerten Kampfhandlungen statt.

Gegen die Front des CI. A.K. führte der Feind zusammenhanglose, von einzelnen Panzern unterstützte Teilangriffe, die ihm trotz Schwerpunktbildung ostwärts Letschin und westlich Ortwig nur geringfügige örtliche Erfolge einbrachten.

Im einzelnen:

Beim V. SS-Geb.Korps erfolgloser kompaniestarker Feindvorstoß bei Wiesenau. Säuberung eines vom Feind besetzten kleinen Grabenstücks nordwestlich Wiesenau noch nicht abgeschlossen.

Im Festungsbereich Frankfurt infanteristisch ruhiger Tagesverlauf.

Beim XI. SS-Pz.Korps wurden bataillonsstarke Angriffe des Feindes gegen Gefechtsvorposten der 712. I.D. bei Elisenberg und im Zuge der Straße Lebus-Schönfließ im Gegenstoß abgewiesen. 169. I.D. wehrte kompaniestarken Feindvorstoß nordostwärts und nördlich Podelzig unter Beseitigung von Einbrüchen ab; lediglich Gehöft 500 m südlich Vorwerk Podelzig konnte gegen hartnäckigen Feindwiderstand durch die Gefechtsvorposten nicht wieder eingenommen werden. Gefechtsvorposten vor rechtem Abschnitt Division Döberitz wurden auf Seelake zurückgedrückt.
Beim LVI. Pz.Korps, das um 15.30 Uhr Befehl über Pz.Division Müncheberg und 9. Fallschirmjäger-Div. übernahm, mußten die Gefechtsvorposten nach wechselhaften Kämpfen in Abschnitt der Pz.Div. Müncheberg auf die HKL zurückgenommen werden.[53] Mehrere erfolglose, kompaniestarke Vorstöße gegen die Front der 9. Fallschirmjäger-Division. Gegenmaßnahmen zur Beseitigung eines örtlichen Einbruchs im Gange. Eigener Angriff zur Wiedergewinnung von Zechin kommt nach Anfangserfolgen infolge hartnäckigen Feindwiderstands zum Erliegen.
Bei CI. A.K. trat Feind nach starkem Vorbereitungsfeuer und unter Verwendung von Nebel mit Teilen von 2 Divisionen gegen die Front der Division Berlin mit Schwerpunkt ostwärts und nordostwärts Letschin sowie westlich Kienitz zum Angriff an. Aus den hierbei erzielten Einbrüchen westlich Freigut und im Jesergraben stieß eine verstärkte feindliche Regimentsgruppe mit Panzerunterstützung bis zu den Gehöften 500 m ostwärts Schießstand Letschin vor.
Gleichzeitig angreifender regimentsstarker Feind aus Rehfeld blieb im eigenen Artilleriefeuer liegen. In Stärke von 2 Bataillonen und 6 Panzern westlich Amt Kienitz eingebrochener Feind abgeriegelt. Eigener Angriff nahm die gegen 13.00 Uhr verlorengegangene Zuckerfabrik Voßberg wieder. 606. Division säuberte Südteil Ortwig vom Feind und verhinderte durch eigene Gegenstöße ein weiteres Vordringen des Feindes nordwestlich Neu Barnim. Mehrere bataillonsstarke Feindangriffe wurden bei Karlsbiese abgewiesen.
5. Jäg.Div. vereitelte unter Abschuß von 9 Booten Übersetzversuch des Feindes mit 2 Regimentern bei Zäckerick.

Eigene Artillerie schoß nachts reges Störungsfeuer und wirkungsvolle Feuerzusammenfassungen auf feindliche Bereitstellungen und Einbruchsräume und unterstützte am Tage den Abwehrkampf der Grenadiere.
Eigene Luftwaffe flog Schlachtfliegereinsatz auf Oderbrücken, auf Infanterieansammlungen und Pz.Jagd und brachte hierdurch wirksame Entlastung. 3 Panzer abgeschossen.
Feindliche Luftwaffe griff mit Schlachtfliegern und Jägern HKL und frontnahe Räume mit Bomben und Bordwaffen an.«[54]

Im mittleren Frontabschnitt waren die Sowjets im Verlauf des 15. April zwei bis vier, teilweise sogar fünf Kilometer weit vorangekommen, doch weder die 69. noch die 33. Armee hatte an diesem Tag irgend etwas erreicht. Dennoch war der Erfolg dieser zweitägigen gewaltsamen Aufklärung zufriedenstellend. Der ursprüngliche Brückenkopf konnte ausgedehnt und der Aufmarschraum damit vergrößert werden. Außerdem hatte man praktische Erfahrung in der Kampfliaison zwischen den neu gruppierten Formationen gesammelt. Die Pioniere setzten ihre Arbeit unter Aufbietung aller Kräfte fort und räumten Gassen durch die Minenfelder beider Seiten, mit denen das Oderbruch gespickt war. Außerdem sorgten sie dafür, daß jedes Panzerkorps über zwei Zufahrtsrouten zu seiner Ausgangsstellung verfügte.[55]

Dennoch war es den Sowjets nach Aussagen General Telegins, Mitglied des Kriegsrates der 1. Weißrussischen Front, trotz aller Anstrengungen bei der Feindaufklärung, trotz der Vielzahl verfügbarer Ressourcen und Vorrichtungen zur Funküberwachung nicht gelungen, sich ein genaues Bild von dem deutschen Verteidigungssystem zu machen.[56]

Am Abend des 15. April stimmte Hitler General Heinricis Antrag zu, bis auf eine Rumpfbesatzung alle Kräfte in Bereitschaft für den am nächsten Morgen erwarteten Angriff auf die HKL zurückzuziehen. Sonnenaufgang sollte um 5.30 Uhr sein.[57]

›wjetische Kavallerie an der Reichsgrenze.
Hier ist es, das verfluchte Deutschland«, heißt
auf russisch auf dem Schild.

Marschall Schukow in seinem Beobachtungsstand
auf dem Reitweiner Sporn.

Über die noch intakten Oderbrücker
flieht die Zivilbevölkerung aus dem
Kampfgebiet.

Deutsche Flak-Stellung am Rande c
überschwemmten Warthe-Wiesen b
Küstrin.

Der Festungskommandant von Küstrin, Generalleutnant der Waffen-SS Heinz Reinefarth.

Eine Wehrmachteinheit auf dem Weg an die Front.

Luftaufnahme von Küstrin Anfang April 1945. Man sieht deutlich das Ausmaß der Überflutung und (oben rechts) zwei der gesprengten Brück die die Sowjets notdürftig reparierten.

Von den Deutschen gesprengte Brücken bei Küstrin.

Panzersperre in der Küstriner Altstadt Anfang März 1945.

Bau einer Behelfsbrücke über die Warthe durch sowjetische Soldaten.

Eine sowjetische Behelfsfähre bringt einen Raketenwerfer und Truppen über die Oder.

owjetische Behelfsbrücke über die Oder und ährenanleger.

Sowjetische Artillerie in Stellung im Oderbruch.

Generaloberst Tschuikow auf Beobachtungsposten an der Oder.

Als Teil von Schukows Täuschungsmanöver werden T 34-Panzer ungetarnt zu einem Schein-Bereitstellungsraum gebracht.

nzersoldaten der Roten Armee beim Über-
eren der Oder.

T 34-Panzer beim Angriff auf die Seelower Höhen.

Rüstungsminister Albert Speer zu Besuch an der Oderfront mit Generaloberst Gotthard Heinrici, Befehlshaber der Heeresgruppe Weichsel.

General Helmuth Weidling, Kommandeur des LVI. Panzerkorps.

)eutsche Panzer vom Typ »Panther« in Bereit-
ıtellung im Oderbruch.

Eine MG-Stellung des Volkssturms am Ufer der
Oder.

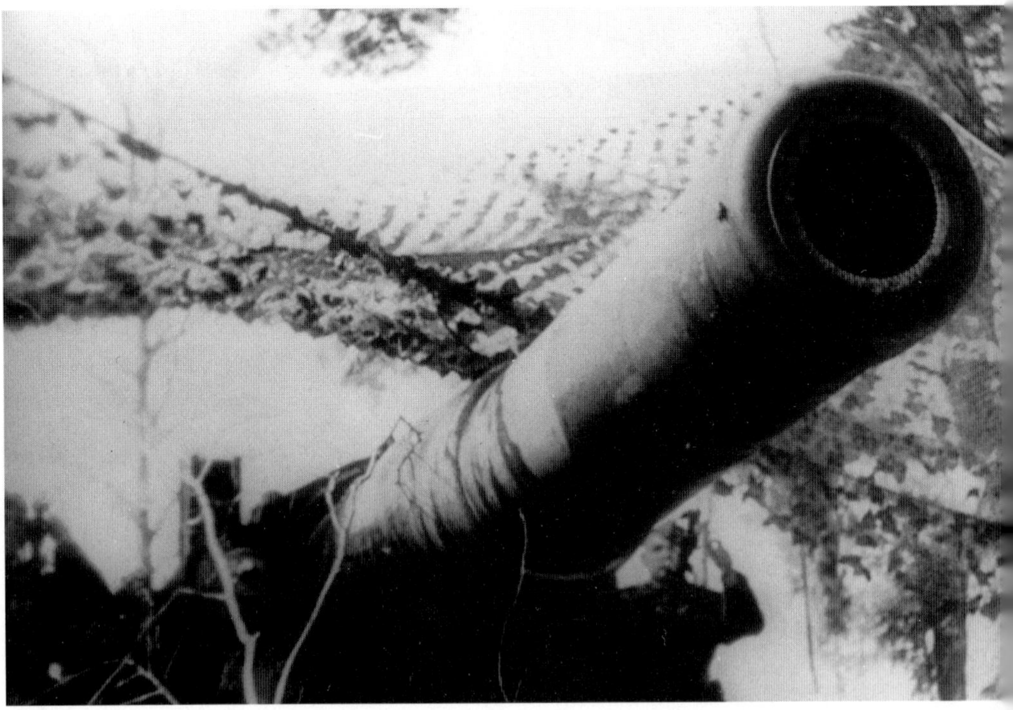

Sowjetische Pe-2-Bomber beim Anflug auf das Kampfgebiet.

Eine sowjetische 203-mm-Haubitze in Stellung.

ɯjetische Panzerabwehr-Schützen im Oder-
ıch vor einem zerstörten Panzer IV.

Die Überreste eines deutschen Panzers IV.

Generaloberst Heinz Guderian, Generalstabschef, und Reichsjugendführer Arthur Axmann mit dem letzten Aufgebot der Hitlerjugend.

efallene Hitlerjungen in den Schützengräben der
elower Höhen.

Marschall Schukow bei einer Siegesparade in Berlin im Juni 1945.

Die alliierten Oberbefehlshaber anläßlich der Übernahme der Staatsgewalt i Deutschland am 5. Juni 1945 in Berlin von links: Feldmarschall Bernard L. Montgomery (Großbritannien), Gener Dwight D. Eisenhower (USA), Marschall Georgij K. Schukow (UdSSR) und General Jean de Lattre de Tassign (Frankreich).

TEIL 4

DIE GROSSE SCHLACHT

Erster Kampftag

Die Schlacht soll beginnen!
Während sich die deutschen Truppen in den frühen Morgenstunden des 16. April von ihren vordersten Frontlinien zurückzogen, wo dies möglich war, und sich auf den kommenden Ansturm vorbereiteten, paßten die sowjetischen Kommandeure noch in letzter Minute ihre Einsatzpläne nach den Landgewinnen der letzten beiden Tage an die neuen Gegebenheiten an, während 330 Nachtbomber der 4. Luftarmee der 2. Weißrussischen Front bereits Ziele entlang der Hauptstoßrichtung im benachbarten Abschnitt der 1. Weißrussischen Front Marschall Schukows angriffen.[1]

Um 1.20 Uhr, gerade mal zwei Stunden vor der festgelegten Angriffszeit, wurden die Bataillonskommandeure und ihre Offiziere über die bevorstehenden Aufgaben instruiert. Gleichzeitig versammelten die Politarbeiter die Mannschaften und verlasen den Appell des Militärrats an alle Dienstgrade der 1. Weißrussischen Front, der von Marschall Schukow und Generalleutnant Konstantin Telegin, seinem Politkommissar, unterzeichnet war.

Der Aufruf enthielt folgenden bedeutsamen Absatz:

> »Über Hunderten von Städten und Tausenden von Dörfern wehen unsere Siegesfahnen. Millionen Sowjetbürger haben wir vom faschistischen Joch befreit. Mit unseren Siegen, aber auch mit unserem Blut haben wir uns das Recht erkämpft, Berlin zu stürmen und als erste die Stadt zu betreten. Wir werden das strenge Urteil unseres Volks über die deutschen Okkupanten sprechen.«[2]

Die Politarbeiter gingen sodann zur Eideszeremonie auf die Kampffahnen über, die sie mit in die Schützengräben gebracht hatten, mit der sich die Soldaten verpflichteten, in der kommenden Schlacht ihre Pflicht zu erfüllen.

Marschall Schukow traf kurz vor drei Uhr am Gefechtsstand von Generaloberst Tschuikow ein und begab sich mit seinen höheren Stabsoffizieren zu der Beobachtungsstelle, die für ihn eingerichtet worden war. Unterwegs von seinem Hauptquartier in Landsberg hatte er mehrere Gefechtsstände besichtigt und zeigte sich nun mit den getroffenen Vorkehrungen zufrieden.[3]

Punkt 3.00 Uhr wurde das Artilleriefeuer in einer nie dagewesenen Intensität eröffnet. Tschuikow beschreibt es aus der Warte des »Absenders« so:

> »Ein Dröhnen und Grollen braust über uns hinweg. 40 000 Geschütze haben eine Salve abgegeben und feuern weiter Schuß auf Schuß! Die ganze Oderniederung scheint zu schwanken. Eine Wand aus hochgewirbeltem Staub und Rauch reicht bis in den Himmel.«[4]

General Kazakow, Kommandeur der Front-Artillerie, schrieb:

> »Am 16. April um 5.00 Uhr Moskauer Zeit zerriß eine einzige mächtige Artilleriesalve die nächtliche Stille und verkündete unsere Bereitschaft zum Angriff auf Berlin. Das Mündungsfeuer aus Tausenden von Geschützen entlang der Front und das Aufblitzen berstender Granaten boten einen gespenstischen Anblick. Besonders beeindruckend waren die Salven der ›Katjuschas‹. Die geballte Kraft dieses Schauspiels, das bei Nacht erheblich furchterregender war als bei Tag, hinterließ besonders bei uns altgedienten Artilleristen einen unauslöschlichen Eindruck.«[5]

Auf der »Empfängerseite« erlebte Leutnant Tams den Angriff in den vordersten Verteidigungsstellungen von Seelow so:

> »In der Nacht zum 16. April um 3.00 Uhr eröffneten 40 000 Geschütze gleichzeitig das Feuer auf unsere Stellungen. Die Morgendämmerung schien sich plötzlich aufzuhellen und war im Nu verschwunden. Die gesamte Talniederung der Oder erbebte. Vierzigtausend, das bedeutete 333 Geschütze auf einen Frontkilometer! Im Brückenkopf wurde es taghell. Der Feuerorkan griff auf die See-

lower Höhen über. Es schien, als ob die Erde wie eine dichte Wand in den Himmel aufragte. Alles um uns herum fing an zu tanzen und zu scheppern. Was nicht niet- und nagelfest war, fiel von den Tischen, Borden und Schränken. Bilder krachten von den Wänden und zerschellten auf den Fußböden. Sämtliche Scheiben sprangen aus den Fensterrahmen. Wir kauten nach kurzer Zeit auf Sand, Dreck und Glassplittern herum. Es gab kein Entrinnen. Wir hatten den Eindruck, jeder Quadratmeter Erde werde umgepflügt.«[6]

Einen weiteren Bericht gab Gerd Wagner:

»Ich, Gruppenführer im 10./FschJägRgt 27, hatte Minuten vor dem ersten Feuerschlag mit meinen Männern befehlsgemäß die vorderste Stellung geräumt, um ca. 1 km entfernt, bei Gusow, den Feuerzauber abzuwarten.
Innerhalb weniger Sekunden waren alle 10 Kameraden meiner Gruppe gefallen, ich selbst fand mich in einem noch rauchenden Granattrichter wieder; verwundet, eine Tatsache, die ich erst nach Erreichen der zweiten Linie bemerkte. Soweit des Auge sah, brennende Gehöfte, Dörfer, Rauch- und Qualmwände. Ein Inferno.«[7]

Und Friedhelm Schöneck aus der 309. Infanteriedivision bei Sietzing berichtete:

»Es ist 3 Uhr, aber noch Nacht. Die Dunkelheit ist aus allen Fugen geraten. Ein ohrenbetäubender Lärm erfüllt die Luft. Das ist gegenüber allem bisher Dagewesenen kein Trommelfeuer mehr, das ist ein Orkan, der über uns, vor uns und hinter uns alles zerreißt. Der Himmel ist glutrot, als wollte er jeden Augenblick zerspringen. Der Boden wankt, bebt und schaukelt wie ein Schiff bei Windstärke 10. Wir hocken in unseren Stellungen, die Hände umkrampfen in Todesangst die Gewehre, und die Körper schrumpfen zu menschlichen hockenden Häufchen auf der Grabensohle zusammen.
Das Bersten und Jaulen der Granaten, das Sirren und Fauchen von Splittern erfüllt die Luft oder das, was uns zum Atmen davon noch bleibt. Schreie und Kommandos werden erstickt durch Stahl, Erde

und beizenden Rauch dieses Vulkans, der sich urplötzlich mit unvorstellbarer Gewalt über uns geöffnet hat.
Zum Maulwurf möchte man werden, sich blitzschnell eingraben in die Tiefe der schützenden Erde; möchte sich auflösen in nichts. Doch wir liegen nackt wie die Regenwürmer auf einer glatten Fläche, einem unbarmherzigen Zertreten preisgegeben, schutzlos und ohne Hoffnung.
Das Pauken des Infernos hält an. Mitten hinein stürzen, rasenden Furien gleich, Flugzeuge; fegen zum Greifen nahe über unsere Stellungen und ergänzen mit ihren Bomben und Bordwaffen in dem quirlenden und brodelnden Hexenkessel den irren Taumel, in dem wir uns befinden.
Unser Grabensystem ist verschwunden, eingestürzt oder plattgewalzt von Tausenden von Granaten und Bomben. Der Bunker, in dem wir sitzen, ist immer enger geworden. Seine Wände nach innen gedrückt, haben uns zusammengepfercht wie Sardinen in einer Büchse. Wir zittern und beten. Die Perlen des Rosenkranzes gleiten durch dreckige Landserhände. Alle Scham ist von uns gefallen. Herr Gott, erhöre uns, die wir aus dieser Hölle zu dir schreien! Kyrie eleison!«[8]

Um 3.20 Uhr leuchteten die Scheinwerfer auf und gaben das Signal zum Vormarsch. Fünf Minuten später ging die Artillerie zu einer doppelten Feuerwalze über, die sich vor dem Vormarsch herbewegen sollte. Das Eröffnungsfeuer hatte jedoch eine derart dichte Wolke aus Rauch, Staub und Schutt aufgewirbelt, daß die Scheinwerfer vielerorts das trübe Dunkel gar nicht durchdringen konnten; und wo sie die ihnen zugedachte Aufgabe dennoch erfüllten, sorgten sie entweder für Nachtblindheit bei den eigenen Truppen oder zogen das deutsche Feuer auf sich. Auch die sowjetische Infanterie fühlte sich dem Feind hilflos ausgeliefert: Ihre Silhouetten waren im Scheinwerferlicht deutlich zu erkennen, da ihnen für diese Technik die Übung fehlte. All das führte zu beträchtlicher Verwirrung. Ersuchen der vorderen Einheiten, das Licht auszuschalten, wurden von Vorgesetzten prompt widerrufen. Am Ende traten viele Einheiten auf der Stelle, bis das Tageslicht sie ihren weiteren Weg finden ließ.

Ihr Frontbefehlshaber sah das jedoch anders:

»Die faschistischen Truppen wurden durch den Feuer- und Geschoßhagel buchstäblich erdrückt. Eine Wand von Staub und Rauch stand in der Luft, stellenweise konnten sie nicht einmal die mächtigen Scheinwerfer durchdringen.«[9]

Ein etwas anderes Bild zeichnet Tschuikow:

»Im Streifen unserer Armee war die vom Artilleriefeuer hervorgerufene Helligkeit so grell, daß wir auf dem Gefechtsstand im ersten Augenblick gar nicht bemerkten, daß auch die Scheinwerfer das Kampffeld beleuchteten. Der Frontoberbefehlshaber und ich ließen sogar anfragen, weshalb die Scheinwerfer nicht in Betrieb seien. Wir waren sehr erstaunt zu hören, sie seien eingeschaltet.
Damals, als wir auf dem Übungsplatz die Stärke und Wirkung des Scheinwerferlichts erprobten, konnte niemand genau voraussehen, wie sich das im Kampf auswirken würde. Ich weiß nicht, wie es an anderen Frontabschnitten gewesen ist, aber bei uns stießen die mächtigen Strahlenbündel der Scheinwerfer auf einen Vorhang von Pulverqualm, Rauch und Staub, der sich über den deutschen Stellungen erhob. Sie vermochten ihn nicht zu durchdringen. Für uns war die Beobachtung des Gefechtsfeldes sehr erschwert. Da wir obendrein Gegenwind hatten, war die Höhe 81,5 mit unserem Gefechtsstand bald so eingehüllt, daß wir überhaupt nichts mehr sahen und uns in der Truppenführung auf die Funksprechverbindung und die Ordonnanzoffiziere verlassen mußten.
Die dichte Staub- und Rauchwolke erschwerte auch den angreifenden Truppen das Vorwärtskommen.«[10]

Auch die durch das gewaltige Bombardement angerichteten Flurschäden müssen wohl eine beträchtliche Behinderung beim Vorrücken von Truppen und Fahrzeugen mit sich gebracht haben.

Jetzt griffen auch 743 schwere Bomber der 18. Luftarmee in den Angriff ein und warfen über den Orten Letschin, Langsow, Werbig, Seelow, Friedersdorf und Dolgelin im Ersten und Zweiten Verteidigungsstreifen 884 Tonnen Bomben ab, darunter auch Phosphorbomben und solche mit Verzögerungszünder. Bei Tagesanbruch wurden die Bomber von den Flugzeugen der 16. Luftarmee abgelöst, doch diese hatten mit einigen Schwierigkeiten zu kämpfen – über vielen ihrer Flugplätze lag Nebel, und über dem Schlachtfeld war die Sicht infolge des Sperrfeuers so schlecht, daß sie die vorbestimmten Ziele nicht finden konnten und sich daher auf Gelegenheitsziele umstellen mußten.[11]

Auf diese Weise wurde in der Nähe von Fürstenwalde ein Munitionszug getroffen, 17 Waggons mit der kostbaren Fracht von 7000 Haubitzengranaten wurden zerstört. Im Laufe des Tages verlor auch die 8./100. Eisenbahn-Batterie durch Luftangriffe ihre sämtlichen drei 28-cm-Geschütze, die im Raum Seelow/Müncheberg verteilt waren.[12]

Die Infanterie und die sie unterstützenden Panzer und Sfl waren also nur unter erheblichen Schwierigkeiten aus den Startlöchern gekommen, und Tschuikow berichtet weiter:

> »In der ersten halben Stunde erwiderte der Gegner das Feuer kaum. Seine Beobachtungsstellen und Gefechtsstände wurden ebenso wie seine Feuerstellungen durch unsere Artillerie und Flieger niedergehalten. Lediglich einige Maschinengewehre, Selbstfahrlafetten und Kanonen, die in Häusern und einzelnen Gräben gut gedeckt standen, leisteten Widerstand.«[13]

Auch wenn sich die meisten Berichte auf die Erfolge der 8. Gardearmee konzentrieren, denn hierauf legte Schukow den größten Wert, wollen wir unsere Aufmerksamkeit im folgenden auf den Vormarsch der anderen Einheiten lenken.

Die Nordflanke

Die 61. Armee setzte ihre sogenannten Aufklärungsmissionen fort, die nun eher als Täuschungsmanöver anzusehen waren: Sie schickte zwei verstärkte Schützenkompanien des 80. Schützenkorps über die Oder, die bis zu den Deichen am Westufer gelangten, im einen Fall bis in die

Nähe von Nieder Kränig, etwa drei Kilometer südöstlich von Schwedt, im anderen bis Niedersaaten.

Hauptziel der 61. Armee an diesem Tag war es, zwei Schützenbataillone des 89. Schützenkorps beiderseits der kombinierten Eisenbahn- und Straßenbrücke zwischen Hohenwutzen und Neu Glietzen über die Oder zu bekommen. Hier stießen sie jedoch auf das Jäger-Regiment 56 von Oberst Haidlen, dem es gelang, das erste Bataillon nördlich der Brücke über den Fluß zurückzuschlagen und den Brükkenkopf des anderen Bataillons nicht über den Ostrand von Neu Glietzen hinauskommen zu lassen. Die 61. Armee meldete lediglich 150 getötete deutsche Soldaten, wie üblich ohne auf die eigenen Verluste hinzuweisen, obwohl andererseits das CI. Armeekorps an diesem Tag die Vernichtung von 41 sowjetischen Booten für sich beanspruchte.[14]

Die Operation der 1. Polnischen Armee begann um 4.15 Uhr, als das 4. und 5. Regiment der 2. Infanterie-Division zusammen mit der 3. Infanterie-Division die Alte Oder in nördlicher Richtung, vom Brückenkopf der 47. Armee gegenüber von Güstebiese aus überquerten. Um 6.45 Uhr schließlich setzte dann das 6. Regiment der 2. Infanterie-Division über die Oder, und zwar südlich von Alt Lietzegöricke, errichtete einen Brückenkopf auf dem Westufer und griff dann nach Süden an, um sich mit dem 5. Regiment zu verbinden. Ab 12.00 Uhr wurde es dabei vom Ausbildungs-Bataillon der 2. Infanterie-Division unterstützt.

Der Vorstoß der 1. Infanterie-Division begann um 8.30 Uhr, indem das 2. Regiment jenseits der Oder einen weiteren, etwa 500 Meter breiten Brückenkopf gleich südlich der Eisenbahnbrücke errichtete und sich dabei gegen alle deutschen Abwehrversuche durchsetzte. Um 15.00 Uhr überquerte dann auch das 1. Regiment mit Unterstützung des 274. Schwimmwagen-Bataillons den Fluß und errichtete nach wiederum heftigen Kämpfen einen kleinen Brückenkopf etwas weiter südlich gegenüber von Zäckerick. Ihm schloß sich um 16.45 Uhr das 3. Regiment an, so daß die Division sich entfalten und die beiden Brückenköpfe miteinander verbinden konnte.

Zur 1. Infanterie-Division stieß später die 6. Infanterie-Division aus der zweiten Staffel, die um 18.00 Uhr über den Fluß setzte, als der Befehlshaber der 1. Polnischen Armee, General Stanislaw Poplawskij,

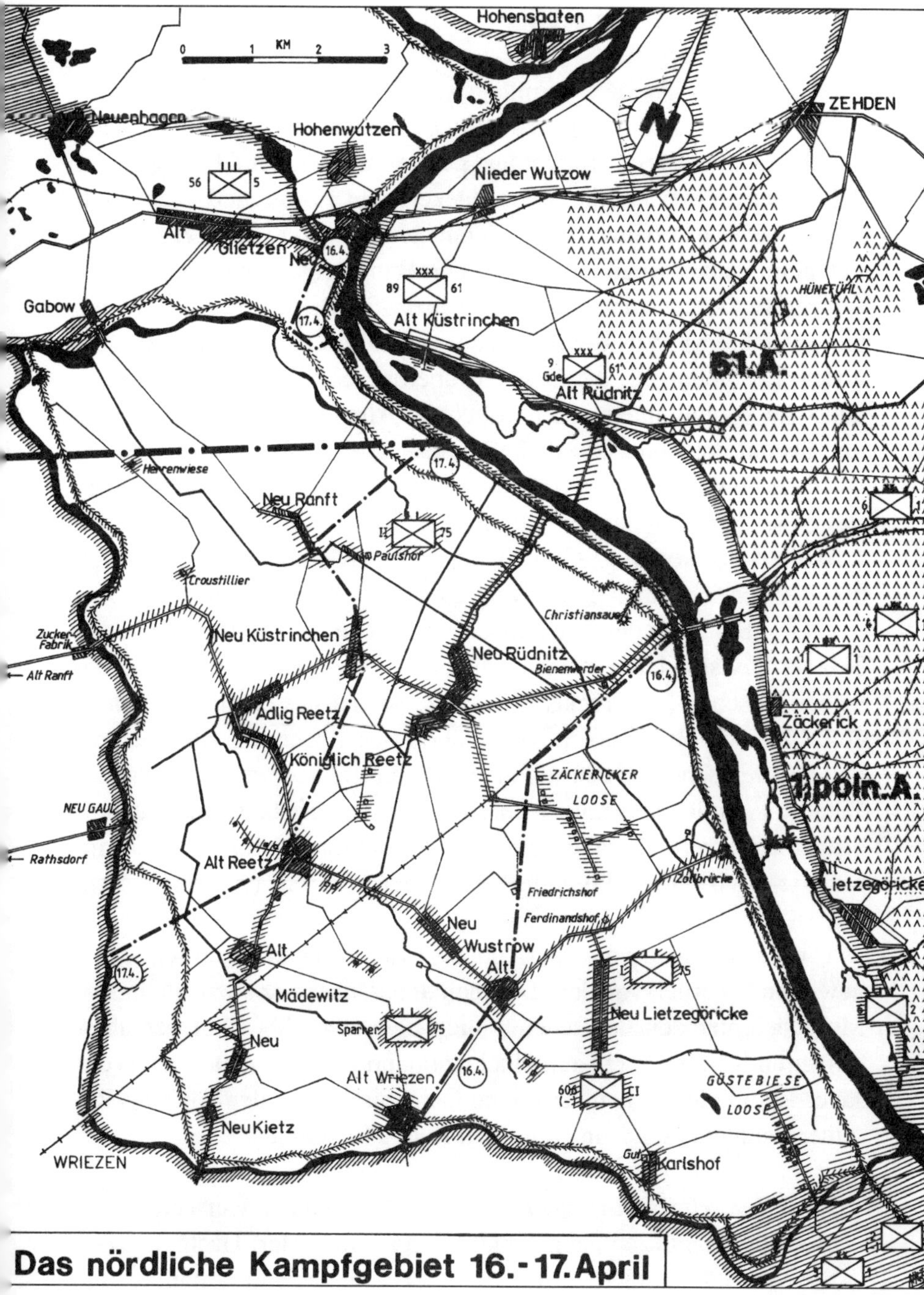

Das nördliche Kampfgebiet 16.-17. April

wegen der geringen Fortschritte der 61. Armee um seine rechte Flanke zu fürchten begann.

Gegen 17.00 Uhr hatten Einheiten der 1. Infanterie-Division die Eisenbahnlinie nahe der Ortschaft Binnenwerder, etwa einen Kilometer von der Oder entfernt, erreicht und genommen, während Einheiten der 2. Infanterie-Division die Orte Zäckericker Loose und Neu Lietzegöricke besetzt hatten. Die 3. Infanterie-Division rückte zusammen mit dem Panzer-Regiment 4 auf der Hauptachse weiter vor. Nach schwerem Gefecht nahm das 13. Panzer-Sfl-Regiment Karlshof ein und erreichte Alt Wüstrow. So war es der polnischen Armee an diesem ersten Tag gelungen, die Oder zu überqueren, die erste und zweite deutsche Verteidigungslinie nördlich der Alten Oder zu durchbrechen und bis auf die Linie Eisenbahnbrücke – Zäckericker Loose – 300 m westlich von Neu Lietzegöricke – Ostrand Alt Wriezen vorzustoßen. Bei dieser Schlacht hat die 1. Polnische Armee nach eigenen Angaben 4 Artillerie-Batterien, 7 Granatwerfer, 30 MGs und 15 Kfz zerstört, 500 deutsche Soldaten getötet und 23 gefangengenommen.

Das 1. Bataillon des Jäger-Regiments 75 an der rechten Flanke der 5. Jäger-Division hatte zunächst alle Versuche einer Überquerung nahe der Ortschaft Zollbrücke abgewehrt, doch als es den Polen gelang, einen kleinen Brückenkopf gegenüber von Zäckerick einzurichten, und die Deutschen Gefahr liefen, abgeschnitten zu werden, mußte das Bataillon zurückweichen. Währenddessen unterstützte die Kampfgruppe »Sparrer« die in diesem Gebiet kämpfenden Teile der 606. Infanterie-Division mit kombinierten Gegenangriffen und Flankenfeuer.[15]

Die Erfahrungen von Oberleutnant Erich Hachtel vermitteln einen gewissen Eindruck von dem Durcheinander, das trotz allem an diesem Morgen hinter den deutschen Linien herrschte. Als Chef der überschweren Kompanie (15-cm-Haubitzen und 12-cm-Granatwerfer) des Jäger-Regiments 75 hatte er seinen Gefechtsstand in der Nähe des Regimentsgefechtsstands in Königlich Reetz. Er schreibt:

»Um 9.30 Uhr wurde ich zum Regimentskommandeur gerufen. ... Oberstleutnant Liebmann wandte sich zu mir: ›Herr Hachtel, haben Sie Verbindung nach vorne?‹ Ich verneinte das und bestätigte, daß

ich seit 9 Uhr keine Verbindung mehr gehabt hätte. Ich erfuhr, daß auch das Regiment zum I. Bataillon keinen Kontakt mehr hätte, und so wüßte man nicht über die augenblickliche Situation Bescheid. Oberstleutnant Liebmann sah mich an und sagte: ›Fahren Sie mit Ihrem Kettenrad nach vorne und nehmen Sie Verbindung zum I./75 auf und melden Sie mir, wie es vorne aussieht!‹ Mit diesem Auftrag rasten wir zuerst nach Süden zu einem Damm und auf diesem nach Osten zur Oder-Stellung nach Neu Lietzegöricke. Links am Damm lagen Soldaten in ihren Deckungslöchern und schauten uns entgeistert an. Wir waren also bereits entlang der Hauptkampflinie (HKL) gefahren, und die Umgebung um uns herum erinnerte mit ihren Granattrichtern an eine Mondlandschaft. Es mußte sich um Soldaten des III. Bataillons unter Kommandeur Major Sparrer gehandelt haben, das mit ihm unterstellten Einheiten als ›Kampfgruppe Sparrer‹ bezeichnet wurde.
Wir kamen nach dem zerschossenen Neu Lietzegöricke und fanden in der Mitte des Ortes an einem größeren Platz den Gefechtsstand des I./75. Der Kommandeur des Bataillons berichtete mir, daß alles in seinem Abschnitt in Ordnung und fest in unserer Hand sei. Ein Einbruch bei der 1. Kompanie sei wieder bereinigt und die Angreifer mit der blanken Waffe in die Oder zurückgetrieben worden. Wie ich damals hörte, hatte es sich um Angehörige einer polnischen Division gehandelt, wie man aus den zurückgebliebenen Gefallenen ersehen konnte. Mit dieser Meldung über den bisherigen positiven Verlauf der Kampfhandlungen ging es zurück zum Regimentsstab.
Darauf machte ich mich auf den Weg zum linken Abschnitt unseres Regiments, um nach den Feuerstellungen meiner Züge zu sehen. Ich fuhr allein auf einem Solokrad über Neu Ranft und von da nach Osten auf einer kerzengeraden Straße, die nach Neu Küstrinchen führte. Plötzlich erschienen russische Kampfflugzeuge am Himmel und griffen die Kolonnen auf der Straße an, die ich gerade überholte. Ich sah, wie die Maschinen einschwenkten und nacheinander auf unsere Straße herabkamen. Sie bestrichen die Straße mit ihren Bordwaffen. Wild sprangen Männer zur Seite, um Deckung zu finden, Pferde rissen sich los, bäumten sich auf, um zusammenzubrechen, oder galoppierten mit ihrem Gespann von der Straße. Ich sah

dieses Elend und gab Gas, da ich keine andere Möglichkeit sah, aus diesem Hexenkessel herauszukommen. ... Also wieder einmal Glück gehabt, und so traf ich wohlbehalten bei unserer Feuerstellung ein. Leutnant Vogel kam gleich auf mich zu und meldete, daß alles in bester Ordnung sei, und war über die Erfolge sehr zufrieden. Dies bestätigte mir auch der Besuch bei der Beobachtungsstelle. Als ich zurückfahren wollte, bemerkte ich an meinem Kettenrad zwei Treffer, doch gottlob war es noch fahrtüchtig!

So waren in unserem Oderabschnitt alle Angriffe abgewiesen und unser Frontabschnitt fest in unserer Hand, doch die Lage beim rechten Nachbar, der 606. Inf.-Division im Süden, war bedrohlich. Starke russische Panzerverbände waren dort durchgebrochen und verstärkten damit noch den Druck, der bereits aus dem Raum Küstrin kam. Unser III. Bataillon unter der Führung von Major Sparrer war nach Süden hin eingesetzt und hatte unsere rechte Flanke abzusichern. Dieses Bataillon war eigentlich als Reserve gedacht, doch nach der gefährlichen, unübersichtlichen Lage bei unserem rechten Nachbarn, der 606. Inf.- Division, bekam das Bataillon den ganzen Druck des Gegners zu spüren und hatte daher mit allen ihm unterstellten Teilen die Hauptlast als ›Kampfgruppe Sparrer‹ zu tragen.«[16]

Am Abend wurde die Situation hier als ernst genug betrachtet, um die 2. Kompanie der Sturmgeschütz-Lehrbrigade der westlich von Bad Freienwalde stationierten Reserve des CI. Armeekorps zur Unterstützung der nördlich der Alten Oder kämpfenden Truppen abzukommandieren.[17]

Die 47. Armee

Generalleutnant F. I. Perchorowitsch hatte es geschafft, acht der neun Schützendivisionen der 47. Armee sowie drei Divisionen der 1. Polnischen Armee in seinen Abschnitt des Brückenkopfs zu zwängen. Fünf seiner Divisionen befanden sich in der ersten Angriffsstaffel. Die Aufstellung der 47. Armee von Norden nach Süden war wie folgt:

1. Staffel	2. Staffel
77. Schützenkorps	
260. Schützendivision	328. Schützendivision
125. Schützenkorps	
60. Schützendivision	
175. Schützendivision	76. Schützendivision
129. Schützenkorps	
143. Schützendivision	
82. Schützendivision	132. Schützendivision
Armee-Reserve	
	185. Schützendivision

Zur direkten Unterstützung am Boden hatte er außerdem ein schweres Panzer- sowie ein schweres und drei sonstige Sfl-Regimenter verteilt.

Die 47. Armee war den ganzen Tag in schwere Kämpfe mit der bunten Mischung deutscher Truppen verwickelt, die ihm gegenüberstand, denn die Vormarschroute war durch jede Menge von Wasserhindernissen versperrt, die in jedem Fall der Verteidigung zugute kamen. Zwar erreichte die 47. Armee ihr Ziel, die Linie Wriezen–Kunersdorf, nicht, doch bedeutete dieser erste Tag zugleich das Ende der 606. Infanterie-Division als schlagkräftiger Kampfformation.

Das Dörfchen Alt Lewin wechselte im Verlauf der Kämpfe mehrmals den Besitzer, wobei die Gegenangriffe vom 1. SS-Wachbataillon und IV. SS-Sicherungs-Polizei-Bataillon geführt wurden. Die Heeres-Flak-Artillerie-Abteilung 292, vorübergehend von der 25. Panzergrenadier-Division abgestellt, war den ganzen Vormittag über zur Unterstützung des Offiziersbewerber-Regiments (ROB) der Luftwaffe vor Neu Trebbin in Aktion, mußte sich dann aber, nach dreistündigem Bordwaffenbeschuß durch Erdkampfflieger, auf neue Stellungen westlich von Kunersdorf zurückziehen.

Als sich die Lage der deutschen Truppen verschlechterte, wurde die nördlich von Wriezen in Bereitschaft stehende Kampfgruppe »1001

Nacht« zunächst in Alarmbereitschaft versetzt und dann durch Wriezen nach vorn und als weitere Vorbeugungsmaßnahme die SS-Jagdpanzer-Abteilung z. b. V 560 nördlich und östlich der Stadt in zuvor vorbereitete Stellungen geführt. Am späten Nachmittag meldeten dann Aufklärungstrupps, die entlang der Straße Wriezen–Thöringswerder–Alt Lewin nach vorn geschickt worden waren, den Durchbruch von gut 20 sowjetischen Panzern. Die entstandene Lücke wurde daraufhin von einigen RAD-Truppen, unterstützt von »Hetzern« der SS-Jagdpanzer-Abteilung 560, gestopft. Auf Anweisung Hitlers wurde dann die 25. Panzergrenadier-Division, die den ganzen Tag heftigem Bombardement ausgesetzt war, aus der

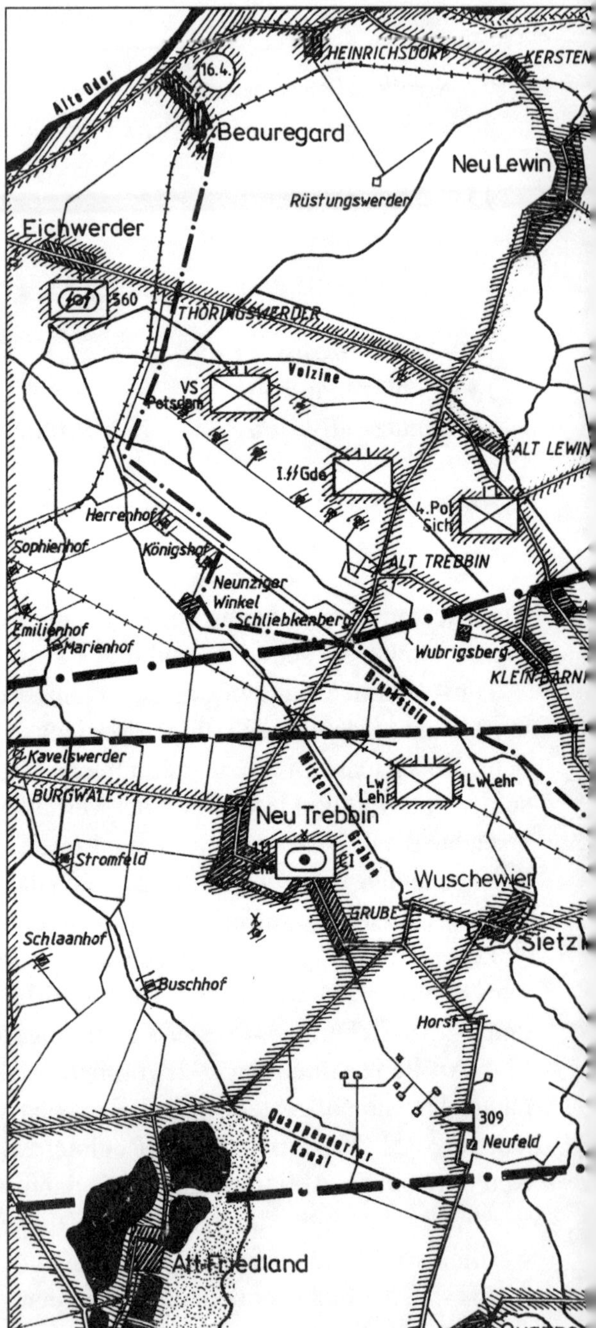

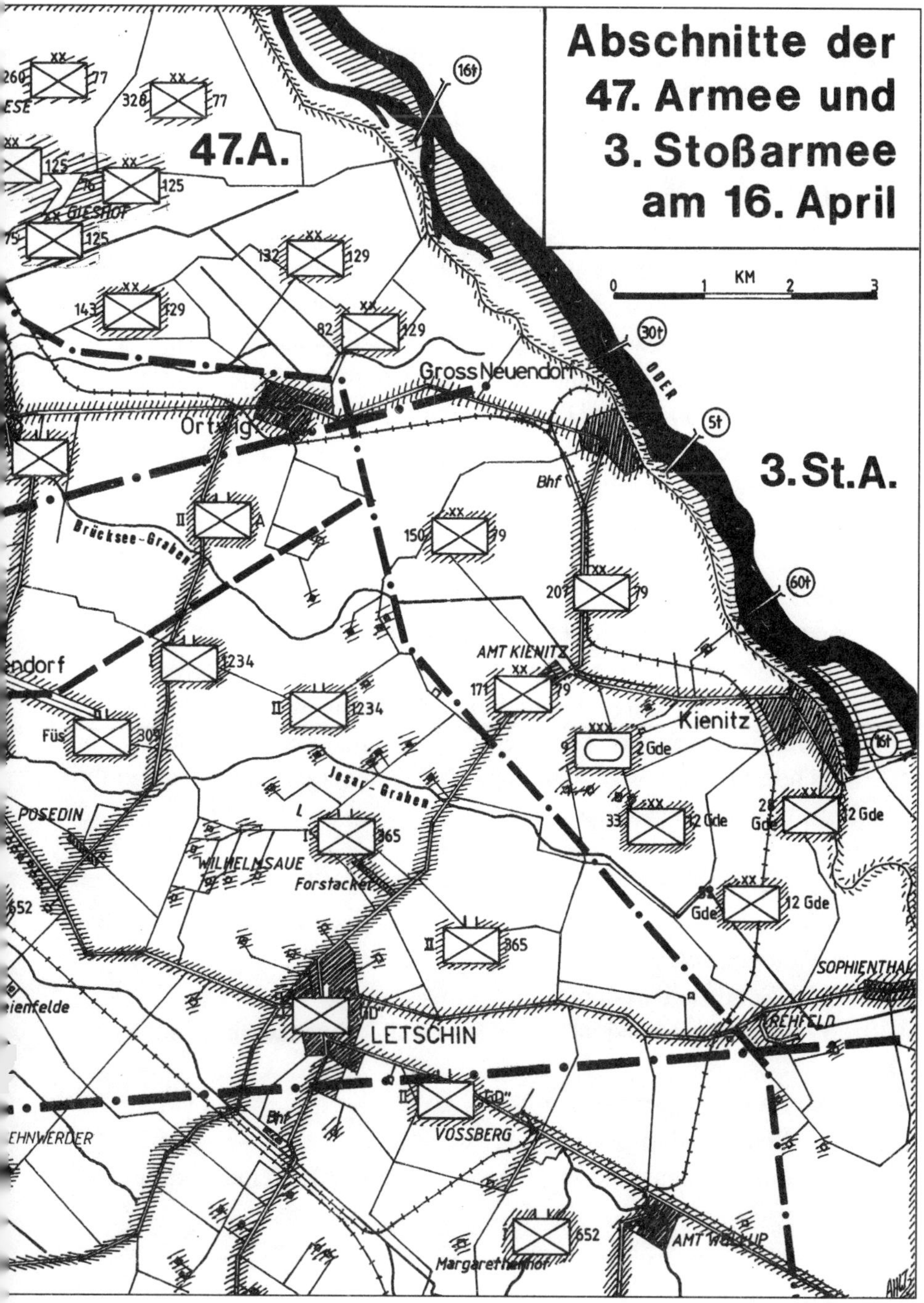
Abschnitte der
47. Armee und
3. Stoßarmee
am 16. April
47.A.
3.St.A.
KM
ODER
Gross Neuendorf
Ortwig
Brücksee-Graben
Bhf
AMT KIENITZ
Kienitz
Jesar-Graben
POSEDIN
WILHELMSAUE
Forstacker
SOPHIENTHAL
LETSCHIN
VOSSBERG
AMT WOLLUP
Margarethenhof
GIESHOF

Armeekorps-Reserve südwestlich von Wriezen geholt, um in der Abenddämmerung eine Verteidigungslinie von Wriezen nach Kunersdorf aufzubauen.

Die 47. Armee stieß an diesem Tag bis zu neun Kilometer vor und erreichte die Linie Ostrand Beauregard – Ostrand Thöringswerder – Bahndamm eineinhalb Kilometer südwestlich von Thöringswerder – Ostrand Herrenhof – Ostrand Winkel (zwei Kilometer westlich von Alt Trebbin). In ihrem Abendbericht meldete die 47. Armee die Zerstörung von 50 MGs, 3 Artillerie- und 2 Granatwerfer-Batterien, wobei etwa 3000 deutsche Soldaten getötet und über 300 gefangen sowie 4 Geschütze, 60 MGs und 2000 Panzerfäuste erbeutet wurden. Wie üblich wurden in diesem Bericht keine eigenen Verluste erwähnt, doch verzeichnete die deutsche Seite in diesem Abschnitt die Zerstörung von 28 sowjetischen Panzern.[18]

Die 3. Stoßarmee

Generaloberst W. I. Kusnetzows 3. Stoßarmee hatte das 9. Panzerkorps als eigene mobile Streitmacht zugeteilt bekommen und konnte so, mit dessen zusätzlich zugeteilten Ressourcen, 2 schwere Panzer- und 5 Sfl-Regimenter, darunter ein schweres, zur Unterstützung der folgendermaßen von Norden nach Süden angeordneten Schützendivisionen ins Feld schicken:

1. Staffel	2. Staffel
79. Schützenkorps	
150. Schützendivision	
171. Schützendivision	207. Schützendivision
12. Garde-Schützenkorps	
33. Schützendivision	
52. Garde-Schützendivision	23. Garde-Schützendivision

Armee-Reserve

7. Schützenkorps
146. Schützendivision
265. Schützendivision
364. Schützendivision

Generalleutnant I. F. Kiritschenkos 9. Panzerkorps unterstützte an diesem ersten Kampftag Oberst A. I. Negodas 171. Schützendivision, indem er sich auf die Einnahme des kleinen befestigten Städtchens Letschin konzentrierte.[19]

Generalmajor P. M. Safarenkos 23. Garde-Schützendivision muß in einem sehr frühen Stadium aus der Reserve geholt worden sein, da sie eine wesentliche Rolle beim Sturm auf die Hauptverteidigungslinie gespielt und am Abend den stark verteidigten Bahndamm erreicht haben soll. Im Verlauf des weiteren Geschehens, das einem kurzen Artillerie-Bombardement folgte, übernahm die Partei-Organisatorin, Oberfeldwebel L. S. Krawets, die 1. Kompanie des 63. Garde-Schützenregiments, nachdem deren Chef gefallen war, und verdiente sich den Titel einer »Heldin der Sowjetunion«.[20]

Friedhelm Schöneck von der 6. Kompanie des Grenadier-Regiments 652 (309. Infanterie-Division) schrieb:

»Unsere Stellungen am Bahndamm werden am späten Nachmittag unhaltbar. Die Munition ist knapp geworden. Die Ausfälle an Toten und Verwundeten sind unheimlich. Wir liegen hier auf verlorenem Posten. Von militärischer Führung kann nicht mehr gesprochen werden, jeder kämpft für sich allein ohne Auftrag, ohne Befehl. Doch wir wollen überleben! Woher der Befehl eigentlich kam, vermag keiner von uns zu sagen. Wir setzen uns ab, verlassen die unhaltbaren Stellungen.
An Sietzing vorbei, das brennend hinter uns zurückbleibt, erreichen wir die Straße nach Wuschewier. Es ist keine Straße mehr, nur noch eine Kraterlandschaft, über die wir stolpern. Das Dorf gleicht einem einzigen Trümmerhaufen. Wie auf einem Schrottplatz liegen zerstörte Fahrzeuge, Munitionskästen und Ausrüstungsgegenstände herum. Dazwischen Tote und nochmals Tote.«

Überraschend stießen Schöneck und seine Kameraden in einer Seitenstraße auf einen ihrer Kompanieköche, der eiligst seinen Pferdewagen belud. Sie nahmen ihm einige kalte Rationen und Kaffee ab und bekamen Abzüge von Hitlers Tagesbefehl in die Hand gedrückt, während sie kurz Rast machten – da wurden sie von sowjetischem MG-Feuer ganz in ihrer Nähe jäh aufgeschreckt.

> »Unsere Kochgeschirre stehen verlassen, während wir unsere Waffen ergreifen und den Schüssen entgegenrennen. Ein einzelnes deutsches Sturmgeschütz holpert quietschend dem Dorfeingang zu, um sich dem Feind zu stellen. MP-Salven peitschen über die Straße, Handgranaten detonieren in Hauseingängen und Kellerschächten; Schreien, Rufen und Stöhnen. Hinter uns jagt der Küchenwagen im fliegenden Galopp aus dem Dorf. Blechkübel und Verpflegungskisten fallen in den Dreck der Straße.
> Kaum haben wir einzelne Häuser geräumt, knattert und knallt es am anderen Ende des Dorfes.
> Die ganze Nacht hindurch führen wir einen Kampf gegen einen Gegner, der uns nicht zur Ruhe kommen läßt. Immer wieder überschütten uns Granatwerfer mit ihrem Geschoßhagel. Wo der Gegner eigentlich sitzt, können wir in diesem Durcheinander nicht feststellen. Immer mehr ziehen sich die Kämpfe an den Südwestrand des Dorfes. Uns wird zunehmend klar, daß der Russe uns bereits umgangen hat und wir hier, ein bunt zusammengewürfelter Haufen der verschiedenen Einheiten, auf verlorenem Posten unseren Krieg führen ...«[21]

Wie die 3. Stoßarmee berichtete, wehrte sie an diesem Tag fünf deutsche Gegenangriffe in Kompanie- und Bataillonsstärke ab und rückte bis zu acht Kilometer vor, wobei sie 6 Panzer und 4 Sfl, 17 Geschütze, 7 Granatwerfer, 29 MG und 12 Kfz zerstörte, 2000 deutsche Soldaten tötete und 900 gefangennahm. Außerdem fielen ihr 20 Geschütze, 12 Granatwerfer, 208 MG, über 900 Gewehre, 10 Kfz und 16 verschiedene Depots in die Hand.

Bei Tagesende stand Generalmajor S. N. Perewertkins 79. Schützenkorps auf der Linie der Straße 500 Meter südlich von Alt Trebbin –

Nordrand Sietzing, während Generalleutnant A. F. Kasankins 12. Garde-Schützenkorps bis auf die Linie Sietzing – 200 m nördlich Kiehnwerder vordrang. Generalmajor W. A. Tschistows 7. Schützenkorps stand noch in der zweiten Staffel in den Wäldern auf der anderen Oderseite gegenüber Groß Neuendorf.[22]

Nach sowjetischen Schätzungen erlitt die deutsche 309. Infanterie-Division an diesem ersten Tag ungefähr 60 Prozent Verluste und leistete in der Eröffnungsphase des Kampfes nur wenig organisierten Widerstand.[23]

Die 5. Stoßarmee

Generaloberst N. E. Bersarins 5. Stoßarmee war, mit fünf Divisionen in der ersten Staffel, wie folgt aufgeteilt:

1. Staffel	2. Staffel
26. Garde-Schützenkorps	
94. Garde-Schützendivision	
266. Schützendivision	89. Garde-Schützendivision
32. Schützenkorps	
60. Garde-Schützendivision	
295. Schützendivision	416. Schützendivision
9. Schützenkorps	
301. Schützendivision	248. Schützendivision
Armee-Reserve	
	230. Schützendivision

Die letztgenannte Division stand noch am Ostufer der Oder, aber in Bersarins Teil des Brückenkopfes war dafür noch das 12. Panzerkorps, die Vorhut der 2. Garde-Panzerarmee, untergebracht, deren übrige Teile mit Beginn der Offensive den Fluß überquerten. General Bersarins eigene Zuteilung an Panzerwaffen umfaßte nicht weniger als zehn

Panzer-Regimenter, davon sechs schwere, sowie zwei Sfl-Regimenter, eines davon schwer.[24]

Generalleutnant F. E. Bokow, Bersarins Kommissar (Mitglied des Militärrats) berichtete später, die 5. Stoßarmee habe beim Eröffnungsfeuer über 50 000 Granaten verschossen und sei von 36 Scheinwerfern unterstützt worden.[25]

Laut Major Gerhard Schacht, Kommandeur des Fallschirmjäger-Regiments 25, wurde ein Teil der 9. Fallschirmjäger-Division beim Stellungswechsel vom Eröffnungsfeuer überrascht und erlitt danach durch Luftangriffe weitere schwere Verluste. Am schlimmsten waren die beiden vorgeschobenen Regimenter betroffen, die erbittert Widerstand leisteten, immer wieder Gegenangriffe unternahmen und entsprechende Verluste hinnehmen mußten. Im Verlauf dieses ersten Tages wurde das III. Bataillon des Fallschirmjäger-Regiments 26 und das II. Bataillon des Fallschirmjäger-Regiments 27 beinahe vollständig aufgerieben. Die Munition wurde so knapp, daß sie für die Gegenangriffe der Fallschirmjäger zugeteilt werden mußte. Die Divisionsartillerie unterstützte die Infanterie nach besten Kräften, litt aber ebenfalls schwer unter Munitionsmangel. Das III. Bataillon des Fallschirm-Artillerie-Regiments 9 war mit einigen alten Flugabwehrkanonen ausgestattet, die in so erbärmlichem Zustand waren, daß die Visiere mit Draht am Rohr befestigt werden mußten. Am Vortag hatte dieses Bataillon eine Stellung an der Straße bei Buschdorf bezogen, kam aber im Verlauf des Angriffs unter so heftigen Beschuß, daß es sich nach Platkow zurückziehen mußte. Trotzdem spielte die Flak eine entscheidende Rolle bei der Zerstörung von 30 sowjetischen Panzern, die für diesen Tag im Abschnitt der 9. Fallschirmjäger-Division mitgeteilt wurde.[26]

Lediglich bei General Bokow findet sich eine detaillierte Beschreibung vom Vormarsch der 5. Stoßarmee an diesem Tag. Das 26. Garde-Schützenkorps von General P. A. Firsow befand sich an der rechten Flanke der Armee. Dessen 94. Garde-Schützendivision unter dem Befehl von Generalmajor I. G. Gasparian konzentrierte sich auf die Voßberger Zuckerfabrik, wo das 228. und 283. Schützenregiment auf heftigen Widerstand des I. Bataillons des Grenadier-Regiments 652 (309. Infanterie-Division) stießen. Später wurde das 286. Schützenre-

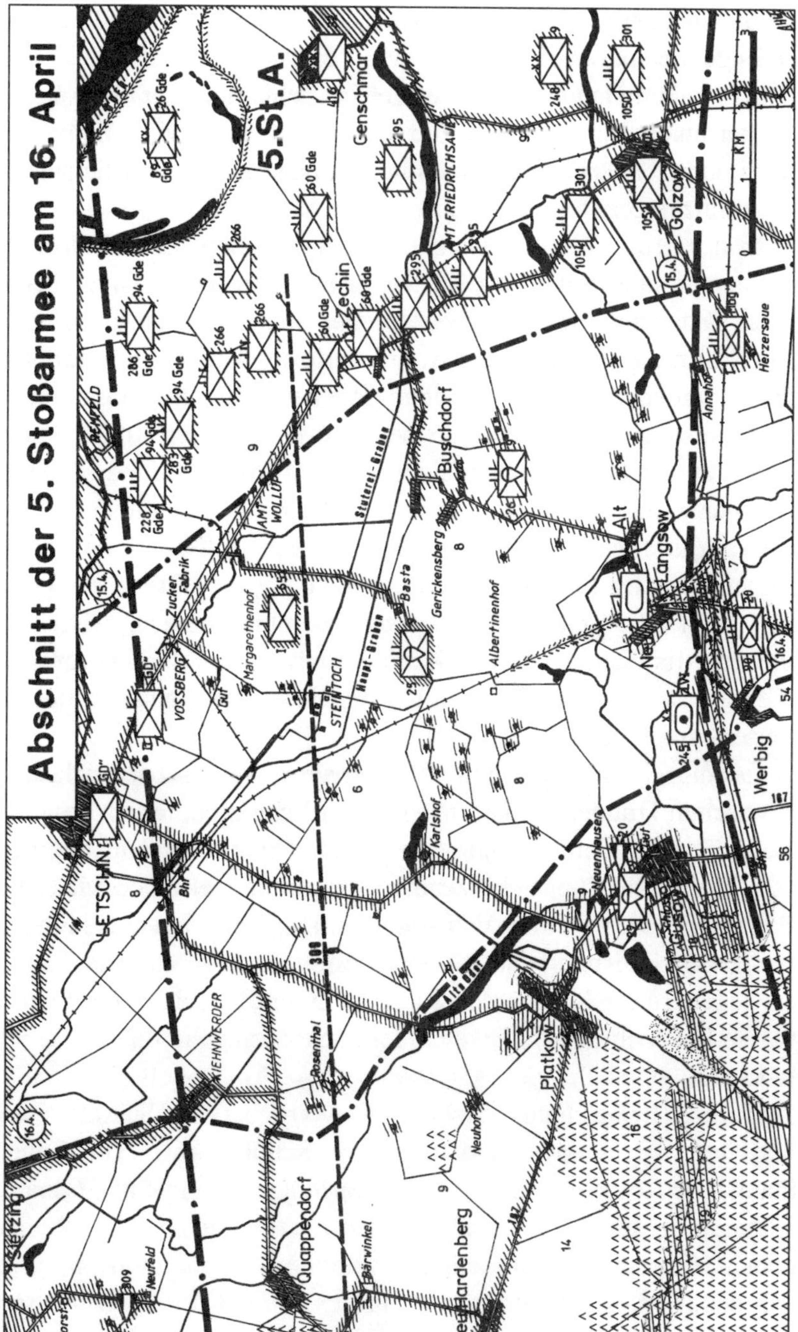
Abschnitt der 5. Stoßarmee am 16. April
5. St. A.
Genschmar
Zechin
Buschdorf
Golzow
Alt Langsow
Werbig
Platkow
Quappendorf
Neuhardenberg
Letschin
Gusow
Basta
Gerickensberg
Albertinenhof
Margarethenhof
Vossberg
Zucker Fabrik
Amt Wollup
Steintoch
Karlshof
Rosenthal
Bärwinkel
Neufeld
Neuhof
Kiehnwerder
Annahof
Herzersaue
Amt Friedrichsaue
Neuentempel
Alte Oder
Stuterei-Graben
Haupt-Graben
KM

giment aus der zweiten Staffel der Division nach vorn geführt, um die südlichen Randbezirke von Letschin einzunehmen, das, wie bereits berichtet, ein Hauptangriffsziel der benachbarten 3. Stoßarmee war. An der linken Flanke des Korps bekam es Oberst S. M. Fomitschenkos 266. Schützendivision ebenfalls mit dem hartnäckigen Widerstand des Fallschirmjäger-Regiments 25 zu tun.

In der Mitte stieß Generalmajor D. S. Zerebins 32. Schützenkorps auf den größten Teil der Fallschirmjäger-Regimenter 25 und 26, deren Front beiderseits Buschdorf verlief. Der Angriff von Generalmajor W. P. Sokolows 60. Garde- und A. P. Dorofeyews 295. Schützendivision wurde gegen 6.00 Uhr mit dem Gegenangriff eines Bataillons des Fallschirmjäger-Regiments 25 beantwortet, der von 10–15 Panzern begleitet war. Die Sowjets brachten ihn mit Artillerie- und Granatwerferfeuer zum Stehen, wurden aber dennoch bei ihrem Vorgehen so weit aufgehalten, daß um 7.00 Uhr die zweiten Staffeln beider Divisionen eingesetzt werden mußten und die Stellung Buschdorf erst um 10.00 Uhr genommen werden konnte. Damit entstand eine neue Frontlinie auf der Höhe 1 km westlich des Gutes Basta – 2 km nordwestlich Alt Langsow, wo das II. Bataillon des Fallschirmjäger-Regiments 25 Verteidigungsstellung bezog.

Es folgte eine zweistündige Feuerpause, während der sich die sowjetischen Truppen zum nächsten Angriff neu gruppierten, sodann um 12.10 Uhr ein zehnminütiges Sperrfeuer, dem ein erneuter Angriff der 60. Garde- und 295. Schützendivision folgte. Der einen Meter hohe Bahndamm, der quer zur Vormarschrichtung verlief, wurde heftig verteidigt und konnte erst um 14.00 genommen werden.

Gegen 14.00 Uhr wurden auch das 9. und 12. Panzerkorps der 2. Garde-Panzerarmee im Bereich der 5. Stoßarmee in die Schlacht geworfen.

Auf der linken Flanke standen der von Oberst W. S. Antonow befehligten 301. Schützendivision des 9. Schützenkorps von Generalmajor I. P. Rosly ein Teil des Fallschirmjäger-Regiments 26 und das II. Bataillon des Panzergrenadier-Regiments »Müncheberg« 2 gegenüber. Beim Zusammenbruch der zweiten Verteidigungslinie wurde hier das 1050. Schützenregiment aus der zweiten Staffel nach vorn gebracht, um den Druck auf die dritte Verteidigungslinie zu verstärken.

Währenddessen stellte der Korpskommandeur mit Besorgnis fest, daß das 4. Garde-Schützenkorps der 8. Gardearmee mit dem Angriffstempo nicht Schritt halten konnte, und befahl deshalb Generalmajor N. Z. Galai mit seiner 248. Schützendivision aus der Korps-Reserve nach vorn, um die Lücke an der Nahtstelle zwischen beiden Armeen zu schließen.[27]

Kurt Keller II, von der 1. Kompanie des II. Bataillons des Panzergrenadier-Regiments »Müncheberg« 2, schrieb:

»Am Abend des 14. April wurden wir in die vorgezogene HKL bei Golzow verlegt, wo wir ein Fallschirmjägerregiment ablösten. Die Hauptkampflinie war von diesem Zeitpunkt ab nur noch ausgedünnt besetzt.
Mein Zug (Sturmzug) lag zwischen dem Bahndamm der Bahnlinie Berlin–Küstrin und einer Straße, die auf Golzow führt. Der Kompaniegefechtsstand der 1. Kompanie unter Leutnant Schuler befand sich bis zum russischen Angriff am Morgen des 16. April in dem inzwischen nicht mehr vorhandenen Bahnwärterhäuschen, westlich von Golzow, unweit des Gutshofes ›Annahof‹. In dieser Stellung wurden wir von dem bekannten Feuerschlag der Roten Armee nicht völlig überrascht, da ein degradierter Angehöriger meines Zuges perfekt russisch sprach und wir den Beginn des Angriffs unserem Kompaniechef am Abend des 15. April bereits mitteilten. Hierzu ist zu bemerken, daß wir am Bahndamm den Russen nur 30 m gegenüberlagen.
Das Ausmaß des Feuerschlages, der mehrere Stunden dauerte, glich einem Erdbeben. Nachdem die Feuerwalze der Russen über uns hinweggegangen war, griffen die Russen uns mit Panzern und Scheinwerferbeleuchtung an. Die von den Russen eingesetzte Vernebelung verzog sich nach Westen in Richtung Langsow–Werbig, so daß wir mit unserem Gewehr- und MG-Feuer einen Teil der Scheinwerfer ausschießen und uns im russischen Nebel zum Kompaniegefechtsstand und zum Annahof, wo sich der Bataillonsgefechtsstand befand, zum Sammeln zurückziehen konnten, den wir gegen 8 Uhr erreichten.
Der Bataillonskommandeur (ein Hauptmann) befahl uns, eine neue

Verteidigungslinie aufzubauen und das angrenzende Wäldchen von eingedrungenen Russen zu säubern, was uns auch gelang. Die Stellung um den Annahof wurde geräumt, als die Nachricht kam, daß russische Panzereinheiten an uns vorbeigestoßen seien und sich auf den Bahnknotenpunkt Werbig zubewegten. Da war unsere Einschließung bzw. Einkesselung zu befürchten.
Wir setzten uns dann mit dem Bataillonskommandeur zum Regimentsgefechtsstand neben einem Fließ in Langsow, unweit des Güterbahnhofes, ab. Auf diesem Weg wurde ich an diesem Tag ein zweites Mal leicht verwundet und im Keller des Regimentsgefechtsstandes verbunden.
Da die Russen die Einschließung der sich am Regimentsgefechtsstand versammelten Truppen versuchten, beschloß ein Teil der Soldaten, sich in Richtung Bahndamm Eberswalde–Seelow zurückzuziehen. Ich selbst schloß mich einer größeren Gruppe an, die versuchte, an dem auf dem Güterbahnhof in Werbig stehenden russischen Panzer T-34 vorbeizukommen und sich in Richtung Seelow bzw. Reichsstraße 1 durchzuschlagen.«[28]

Oberst Peschkows 1052. Schützenregiment nahm Alt Langsow, indem ein von Panzern und Sfl unterstütztes Bataillon das Dorf frontal angriff und die anderen beiden Bataillone ihn von Norden und Süden in die Zange nahmen, was einen hastigen Rückzug der Deutschen zur Folge hatte.[29]

Dazu notierte Feldwebel Waldmüller von der Panzerabteilung 8, vorübergehend Kommandant eines am Vortag zwischen zwei Gehöften am Ortsrand von Alt Langsow in Stellung gebrachten Panzers:

»Ein Gehöft neben uns steht in Flammen. Es ist noch dunkel und leicht nebelig. In der Morgendämmerung strömt unsere Infanterie zurück.
Im Nebel ist es schwer, zwischen eigenen und feindlichen Soldaten zu unterscheiden. Die Russen haben in diesem Abschnitt kaum mehr Panzer, sie greifen in Massen von Infanterie und Pak an. Wir ziehen uns auf der Dorfstraße nach Westen zurück. Ich bekomme den Auftrag, den nordwestlichen Ortsausgang zu sichern. Russische

Infanterie umgeht das Dorf im Norden. Die Sonne kommt durch, und der Nebel lichtet sich etwas. Russische Pak und Infanterie dringt vom Ostende der Dorfstraße herauf. Unser Zugführer, Leutnant Scheuermann, Tauberbischofsheim, gibt Befehl, daß ich mich über den südwestlichen Ortsausgang zurücksetzen soll. Wir waren das letzte Fahrzeug!
Beim Abbiegen fährt unser Fahrer – ein altgedienter Afrikakämpfer – in einen Haufen Pflastersteine. Diese sprengen die rechte Kette. Wir sind bewegungsunfähig.
Ich funke um Hilfe. Tatsächlich setzt der Wagen vor uns, ein Sturmgeschütz unter Uffz. Walter Bauer, Sindelfingen, zurück.
Wir hängen im Feuer der russischen Pak und Infanterie unseren Wagen an sein Seil und an unser Seil die gerissene Kette. So zieht er uns in letzter Sekunde ca. 4 km zum Dorf hinaus, wo wir die Kette wieder montieren.
Inzwischen brennt ungefähr 200 Meter entfernt der Wagen unseres Zugführers, Leutnant Scheuermann, innen, ist aber nach dem Löschen wieder einsatzfähig. ...
Fw. Schild wird neuer Kommandant in unserem Wagen. Zurück in Waldbereitstellung Diedersdorf. Oberleutnant Kaut (Kompaniechef) ist ›gefallen‹ gemeldet.«[30]

General Bokow berichtet weiter von besonders schweren Kämpfen um den Bahnhof von Werbig, wo das von Wasserläufen umgebene Gleisdreieck eine starke Verteidigungsstellung bildete, zumal die Nord-Süd-Trasse zur Überquerung der Ost-West-Trasse leicht anstieg, so daß zwei Seiten des Dreiecks aus hohen Bahndämmen bestanden, die nur von engen Straßenunterführungen durchbrochen wurden. Das Feuer der Korps- und Divisionsartillerie wurde auf diese Bahndämme und die Bahnlinie östlich davon gelenkt, doch bedurfte es zweier Bombardements, bis die Infanterie weiter vorrücken konnte. Unter dem Schutz dieses Artilleriefeuers stieß die 220. Panzerbrigade vor und griff aus nächster Nähe an. Im Verlauf des Gefechts wechselte der Bahnhof von Werbig dreimal den Besitzer.[31]

Kurt Keller berichtet, daß die Bahndamm-Unterführungen von zerschossenen Panzern und Leichen verstopft waren, wobei das »Gemetzel an Tausenden russischer Infanteristen« von dem Panzerzug »Berlin« unterstützt wurde. Nach seiner Beschreibung bestand dieser Zug, der zwischen Ludwigslust und Werbig operierte, aus fünf Plattformwaggons, auf denen mit 8,8-cm-Kanonen bestückte Panzer standen. Keller zufolge fielen diesem Zug 56 sowjetische Panzer zum Opfer.[32] Weiter schreibt er:

> »Nachdem einem Teil der Flüchtenden unter Abschuß von etwa neun T-34 der Durchbruch über den Güterbahnhof gelungen war, legten die Russen mit ihrer Artillerie und weiteren Panzern ein weiteres eineinhalbstündiges schweres Trommelfeuer auf uns, so daß wir uns zwischen Güterbahnhof und dem Regimentsgefechtsstand in Granattrichter zu zweit und zu dritt verkriechen mußten. Wir versuchten ab und zu durch Sprung von einem zum nächsten Granattrichter, uns wieder auf den Regimentsgefechtsstand zurückzuziehen, um eine bessere Deckung zu haben und uns den Höfen entlang nach Werbig durchzuschlagen. Dies gelang uns aber nicht mehr, da wir durch das Maschinenpistolen- und Granatwerfer- sowie MG-Feuer der Russen weitere erhebliche Ausfälle hatten. Etwa zwischen 11 Uhr und 11.30 Uhr kapitulierte unser letzter Regimentskommandeur (ein Major aus Bruchköbel) mit den Resten des Regiments.
> Bei der Kapitulation haben die Russen alle Verwundeten, die nicht mehr laufen konnten, sowie auch nicht verwundete Soldaten an die Wand gestellt und erschossen. Ich habe selbst dreimal an der Wand gestanden, bis mich ein älterer Russe wegholte und zu mir sagte: ›Du nix SS‹, und mich in eine Gruppe zurückzuführender Kriegsgefangener einreihte.«[33]

Bis zum Abend war die 5. Stoßarmee etwa zehn Kilometer vorgestoßen, wobei das 26. Garde-Schützenkorps an der Alten Oder bei Quappendorf und das 32. Schützenkorps an einer Linie 2 km nördlich Platkow – 1 km östlich Gusow stehenblieb und das 9. Schützenkorps Neu Langsow und Werbig besetzt hatte und nun Gusow angriff. Nach sowjetischen Angaben beliefen sich die deutschen Verluste des Tages auf über 50 Geschütze, 43 Granatwerfer sowie 2500 gefallene und 400 gefangene Soldaten.[34]

General Bokow faßte zusammen:

»Am Abend des 16. April analysierten der Armeebefehlshaber und die Mitglieder des Kriegsrates die Ergebnisse des ersten Angriffstages. Die 5. Stoßarmee hatte an diesem Tag in hartnäckigen Gefechten den gegnerischen Hauptverteidigungsstreifen durchbrochen und den Einsatz der 2. Gardepanzerarmee sichergestellt. Das hieß natürlich nicht, daß bei uns alles reibungslos verlaufen wäre. Wie die Analyse zeigte, hatte es in der Gefechtstätigkeit einiger Verbände und Truppenteile wesentliche Mängel gegeben. So vermochten es einige Kommandeure nicht, aktiv auf dem Gefechtsfeld zu manövrieren. Statt die Stützpunkte mit den Hauptkräften zu umgehen und deren Liquidierung den zweiten Staffeln zu überlassen, ließen sie sich häufig auf langwierige frontale Gefechte ein und verzögerten dadurch ihr Angriffstempo.
Hinzu kam, daß unsere Aufklärer während der Angriffsvorbereitung nicht das gesamte gegnerische Feuersystem aufgeklärt hatten und es deshalb während der Artillerievorbereitung nicht gelang, es völlig niederzuhalten. Außerdem erhielten bei Angriffsbeginn nicht alle Schützentruppenteile eine ausreichende Artillerieunterstützung. Mängel in der pioniertechnischen Sicherstellung hatten zur Folge, daß Panzer und Artillerie hinter der Infanterie zurückblieben und sich so der Einsatz der zweiten Staffel verzögerte.
Ernste Mängel wurden auch bei der Einführung der Panzerarmee festgestellt. Ihr Zusammenwirken mit der 5. Stoßarmee war nicht immer exakt und effektiv genug.«[35]

Im ersten Abschnitt scheint Bokow dezent darauf hinzudeuten, wer für die hohen Verluste des Tages verantwortlich sei. Seine Bemerkungen über den Mangel an pioniertechnischer Ausrüstung zeigt, wie effektiv die Wasserhindernisse waren, die überwunden werden mußten, und schließlich macht seine Aussage über die mangelhafte Kooperation deutlich, wie unerwartet der Einsatz der 2. Garde-Panzerarmee erfolgt sein muß.

Die 8. Gardearmee

Generaloberst Tschuikows 8. Gardearmee ging mit allen drei Armeekorps gleichzeitig vor. Die genaue Aufstellung entnehme man der beigefügten Skizze; zusammengefaßt hatten das 4. und das 29. Garde-Schützenkorps im Norden je zwei Divisionen in Führung und eine in Reserve, jede Division hatte ihrerseits zwei Regimenter in Führung und eins in Reserve. Das 28. Garde-Schützenkorps hingegen hatte eine Division in Führung, die zweite in Reserve und die dritte in der Armeereserve. Zwar hatte die 8. Gardearmee ihr 11. Panzerkorps für diesen Einsatz an die 1. Garde-Panzerarmee abgegeben, doch waren ihr dafür sechs Panzer- und vier Sfl-Regimenter zugeteilt worden, von denen vier bzw. eines als »schwer« klassifiziert waren. Die gewaltig verstärkten Artillerieressourcen sind in Anhang VIII aufgeführt.

Die Artillerievorbereitung begann wie geplant mit einem zehnminütigen Bombardement. Während die Armee-Artillerie-Gruppe die deutschen Artilleriestellungen beschoß, konzentrierten die Korps- und Divisions-Artillerie-Gruppen ihr Granatwerfer- und Geschützfeuer auf wichtige identifizierte Stützpunkte, und die Regiments-Artillerie-Gruppen hatten die Aufgabe, die vorderste Verteidigungslinie zu zerstören und den Widerstand hier zu brechen. Nach fünf Minuten steten methodischen Beschusses begann die zweite Feuerwalze die deutsche Verteidigung zu überrollen. Diese Sperrfeuer wurden von Raketenwerfern verstärkt, die wirkungsvoll jeglichen Widerstand im Ersten Verteidigungsstreifen brachen und der Infanterie mit den Begleitpanzern erlaubten, langsam die ersten Kilometer vorzurücken.

Dann ging die Artillerie zu einer Serie konzentrierter Sperrfeuer über und griff, wo nötig, auch Einzelziele an, während die führenden Divisionen des 4. und 29. Garde-Schützenkorps im Schutz einer einzigen Feuerwalze weitere eineinhalb Kilometer Boden gewannen.[36]

Oberstleutnant Helmut Weber, Kommandeur des Grenadier-Regiments 300 um Hackenow, erhielt Befehl, die vordersten Schützengräben während der Nacht zu räumen, doch wären dann mehrere hundert unbewaffnete Männer, die gegen Mitternacht eingetroffen, aufgeteilt und zur Verstärkung der verschiedenen Kompanien nach vorn geschickt worden waren, zu Beginn des Bombardements noch in Bewegung gewesen. Bereits am Vortag war sein Gefechtsstand im Vorwerk

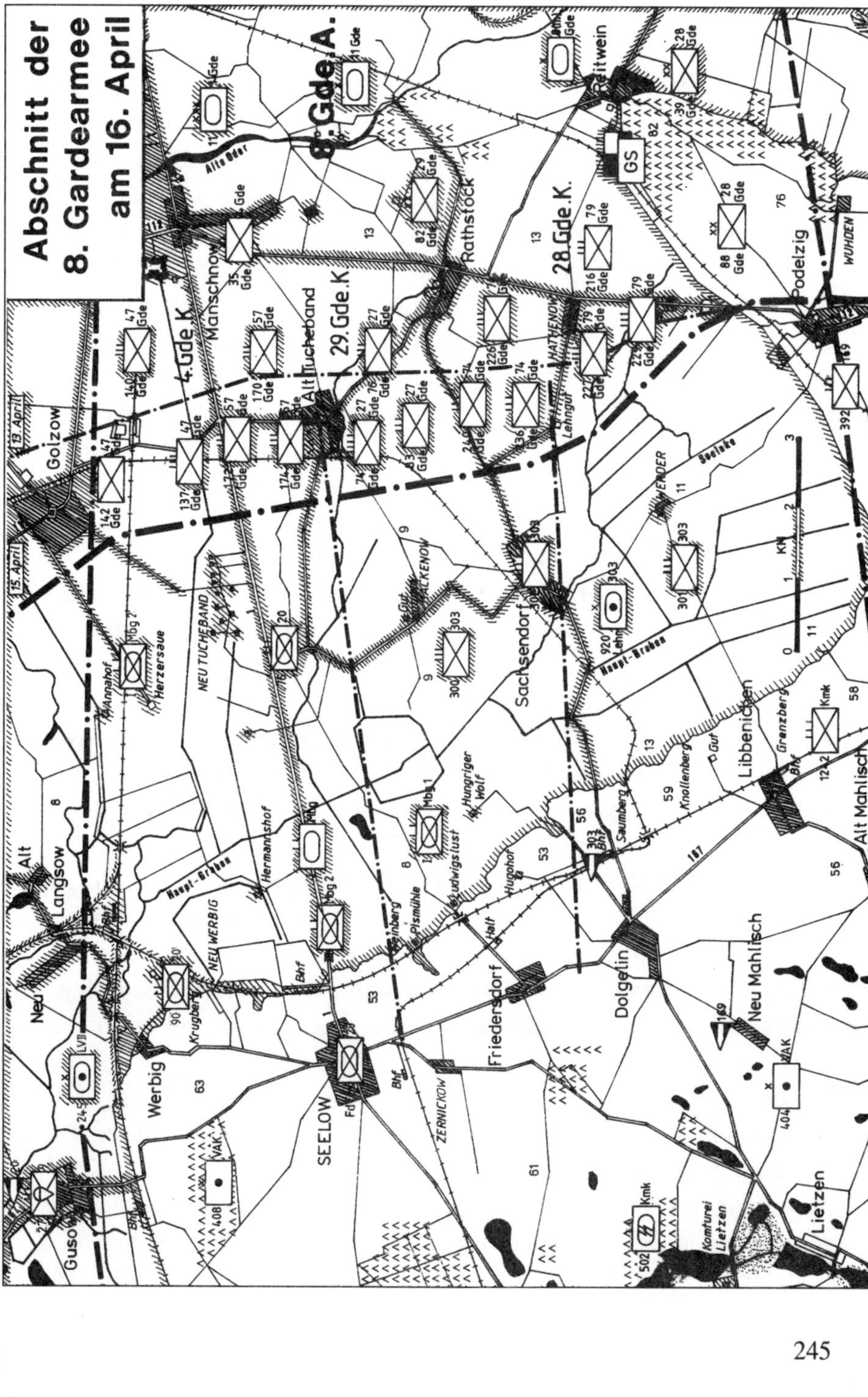
Abschnitt der
8. Gardearmee
am 16. April
8. Gde.A.
4. Gde.K.
29. Gde.K
28. Gde.K.
Golzow
Manschnow
Alt Tucheband
Rathstock
Reitwein
Podelzig
Sachsendorf
Libbenichen
Alt Mahlisch
Neu Mahlisch
Dolgelin
Friedersdorf
Seelow
Werbig
Langsow
Gusow
Lietzen
Alte Oder
Haupt-Graben
Neu Tucheband
Neu Werbig
Hermannshof
Herzersaue
Annahof
Ludwigslust
Hungriger Wolf
Zernickow
Hathenow
Lehngut
Wuhden
Knollenberg
Saumberg
Grenzberg
Komturei Lietzen
13. April
15. April

»Hungriger Wolf« getroffen und daraufhin 200 Meter in einen Schützengraben zurückverlegt worden, doch auch hier geriet er wieder unter Beschuß, und alle Verbindungen brachen ab. Schließlich meldete sein rechtes Bataillon, daß es neue Stellung direkt gegenüber seinem alten Gefechtsstand bezogen habe, doch von seinem linken Bataillon war weiterhin nichts zu hören, so daß er seinen Fahrradzug aussandte, um Schützengräben hinter dessen Stellungen zu besetzen. Erst am nächsten Tag konnte die Verbindung zum Rest dieses Bataillons wiederhergestellt werden, dessen Kommandeur das Dach seines Bunkers bei gleichzeitigem Artilleriebeschuß von sowjetischen Soldaten hatte befreien müssen. Als Weber sich aufmachte, um um Artillerieunterstützung für das rechte Batallion durch das ihm akkreditierte Artilleriebataillon nachzusuchen, entdeckte er, daß dieses seit dem Vortag ohne Munition war und ein neu eingetroffenes Regiment nunmehr die Nahtstelle zwischen ihm und der 20. Panzergrenadier-Division zu seiner Linken zu decken hatte.[37]

Trotz des akuten Munitionsmangels war die deutsche Artillerie jedoch in der Lage, eine weit wirkungsvollere Gegenwehr zu leisten, als die Sowjets erwartet hatten, da die Mehrzahl ihrer Stellungen von der sowjetischen Aufklärung nicht entdeckt worden war. Generalleutnant Kurt Kruse, der Artilleriebefehlshaber, konnte seinen sorgfältig ausgearbeiteten und koordinierten Feuerplan durchführen, in dem er die Anstrengungen der Volks-Artillerie-Korps 404 und 408 um Seelow mit denen der Divisionsartillerie vereinte.[38]

Die Panzerkräfte, die der 8. Gardearmee in den Niederungen gegenüberstanden, bestanden aus Hauptmann Jaschkes 245. Sturmgeschütz-Brigade, die von Gusow aus operierte, Hauptmann Horst Zobels I. Panzer-Abteilung »Müncheberg« direkt vor Seelow und Major Kapps 920. Sturmgeschütz-Lehrbrigade, die von Sachsendorf aus operierte.

Zobel operierte direkt unter Generalmajor Mummert, seinem Divisionskommandeur, und hatte seine Stellung bereits einen ganzen Tag vor Beginn der sowjetischen Offensive bezogen. Seine beiden Kompanien, die eine mit zehn »Panthern«, die andere mit zehn »Tigern«, wurden zu beiden Seiten der Reichsstraße 1 unmittelbar hinter dem Hauptgraben verteilt, wobei vier Panzer der rechts aufmarschierten

Kompanie zur Unterstützung des Panzergrenadier-Regiments 76 etwas nach vorn versetzt Stellung bezogen. Als sich die Morgennebel lichteten, griffen Zobels erfahrene Panzermannschaften die heranrückenden sowjetischen Panzer an und schalteten sie einen nach dem anderen aus. Später am Tag sah Zobel eine Kolonne sowjetischer Panzer an seiner rechten Flanke in Richtung Ludwigslust vorbeirollen, doch hatte er strengste Anweisung, wegen mangelnder Panzermunition nur nach vorn hin anzugreifen. Am Abend erhielt er Befehl, sich zu den Höhen zurückzuziehen. Bis zu diesem Zeitpunkt hatte seine Einheit 45–50 sowjetische Panzer zerstört und selbst nur den Verlust der vier vorgeschobenen Panzer durch die eigene deutsche Flak zu beklagen, obwohl diese vorgewarnt war. Die Flak am Fuß der Hänge hatten keine eigenen Traktoren, so daß Zobels Panzer sie in die Schlucht nördlich des Bahnhofs hinaufzuziehen versuchten, denn die Reichsstraße war blockiert. Die Kanonen erwiesen sich jedoch als zu schwer und mußten zurückgelassen werden.[39]

Leutnant Tams' Kompanie hatte am vorderen Ortsrand von Seelow dem schrecklichen Eröffnungsbombardement standgehalten und war den ganzen Tag über immer wieder von Bombern und Erdkampffliegern angegriffen worden. Gleichzeitig bildeten seine Stellungen eine Auffanglinie für Versprengte, die sich von den Kämpfen im Oderbruch abgesetzt hatten. Weisungsgemäß sprengte Tams das Wasserwerk am Fuß des Hügels und die Brücke der Reichsstraße über die Bahnlinie. Um zwölf Uhr mittags kam die Stadt plötzlich für eine halbe Stunde unter schweren Artilleriebeschuß, und im Anschluß griff sowjetische Infanterie, die an einigen Stellen durchgebrochen war, die Stellungen seiner Kompanie an. Tams konnte seine Stellung zwar halten, erlitt aber 20 Prozent Verluste. In der Abenddämmerung wurden die Angriffe intensiver, die sowjetische Infanterie stürmte die Bauernhäuser entlang der Straße, die zu seiner Absperrung auf der Reichsstraße führte, wodurch die Verbindung zu seinem rechten Zug abgeschnitten wurde. Einige demoralisierte Überlebende der Garnison Küstrin, die als Alarmeinheiten neu formiert und am Fuß der Höhen verteilt worden waren, kamen zurück und berichteten, daß der Bahnhof von sowjetischen Truppen übersät sei. Tams setzte diese Versprengten auf der linken Flanke seiner Verteidigungslinie am Verbindungspunkt mit der benachbarten Volkssturmkompanie ein, als er jedoch im Morgengrauen einen Kontrollgang durch seine Stellungen unternahm, waren sie verschwunden.

Im Laufe der Nacht konnte er die sowjetischen Soldaten aus den Bauernhäusern vor seiner Panzersperre vertreiben und die Verbindung zu seinem rechten Zug wiederherstellen. Seine Kompanie war auf etwa 80 Mann geschrumpft.[40]

Im Raum Neu Tucheband/Hackenow/Sachsendorf stießen die Sowjets auf ein engmaschiges Netz ineinandergreifender Stellungen und Barrikaden. Es entbrannte ein harter Kampf, bei dem die Deutschen, wo und wann immer sie konnten, zum Gegenangriff übergingen. So unternahmen Elemente der Panzergrenadier-Division »Kurmark« einen Angriff auf die Südflanke der 8. Gardearmee.[41] Der deutsche Widerstand entlang den Hängen der Seelower Höhen (»Hardenberg-Stellung«) war besonders heftig, und die Maßnahmen zur Panzerabwehr erwiesen sich als äußerst effektiv.

Dazu Generaloberst Tschuikow:

> »Unsere Schützentruppen und Panzer kamen hinter der Feuerwalze die ersten 2 Kilometer zwar langsam, aber erfolgreich voran. Als dann jedoch Bäche und Kanäle den Weg versperrten, blieben die Panzer und Selbstfahrlafetten zurück. Das Zusammenwirken von Artillerie, Schützeneinheiten und Panzern war gestört. Die zeitlich genau auf das Vorgehen der Schützen abgestimmte Feuerwalze mußte gestoppt werden, und die Artillerie erhielt den Auftrag, den Angriff der Infanterie und Panzer durch aufeinanderfolgendes, zusammengefaßtes Feuer zu unterstützen. Als es hell wurde, begann der Gegner sogar, mit intakt gebliebenen Geschützen und Granatwerfern die Straßen zu beschießen, auf denen unsere Truppen und vor allem unsere Kampftechnik in dichten Kolonnen vorwärtsdrängten. In einigen Regimentern und Bataillonen ging die Führung verloren. All das wirkte sich auf das Angriffstempo aus.
> Besonders hartnäckigen Widerstand leistete der Gegner am Hauptkanal, der sich vor den Seelower Höhen durch die Niederung windet. Das Frühjahrshochwasser hatte den Kanal für unsere Panzer und Selbstfahrlafetten unüberwindbar gemacht. Die wenigen

Brücken lagen unter dem Feuer deutscher Artillerie und Granatwerfer aus dem Raum hinter den Höhen sowie unter Direktbeschuß eingegrabener, gut getarnter Panzer und Selbstfahrlafetten.
An diesem Streifen kam es zu erheblichen Verzögerungen, da die Truppen warten mußten, bis die Pioniere Brücken und Stege geschlagen hatten. Irgendwelche Manöver mit Kraftfahrzeugen und Panzern waren ausgeschlossen; die Straßen waren verstopft, und Fahrten durch das versumpfte Gelände und die verminten Felder verboten sich von selbst.
Hier gebührt unseren Fliegern ein Dank. Die Bomben-, Jagd- und Schlachtfliegerkräfte beherrschten den Luftraum über dem Gefechtsfeld und bekämpften auch die Artillerie in der Tiefe der gegnerischen Verteidigung erfolgreich.
Endlich war der Hauptkanal überwunden. Wir konnten zum Sturm auf die Seelower Höhen antreten.
Um die Mittagszeit hatte die 8. Gardearmee schließlich die ersten beiden Stellungen des Gegners durchbrochen und näherte sich der dritten. Es war jedoch unmöglich, diese aus der Bewegung heraus zu nehmen. Die Seelower Höhen fallen zur Oderniederung so steil ab, daß unsere Panzer und Selbstfahrlafetten sie nicht bezwingen konnten und flachere Hänge suchen mußten. Solche Stellen gab es an den Straßen nach Seelow, Friedersdorf und Dolgelin, doch dort hatte der Gegner starke Verteidigungsstützpunkte geschaffen.
Sie konnten nur durch starkes, treffsicheres Artilleriefeuer bezwungen werden. Dazu mußte unsere Artillerie näher an die Seelower Höhen herangeführt werden.
Ich befahl, die Artillerie heranzuziehen, das Zusammenwirken von Schützen, Panzern und Artillerie zu organisieren und um 14.00 Uhr nach einem zwanzigminütigen Feuerüberfall Richtung Seelow, Friedersdorf und Dolgelin anzugreifen und die Seelower Höhen zu erstürmen.«[42]

Tschuikow war besonders über die Tatsache aufgebracht, daß viele der vorderen deutschen Stellungen sich als unbesetzt erwiesen und, da er eine Falle erwartet hatte, viel kostbare Zeit verlorengegangen war. Wenn er sein Tagesziel erreichen wollte, nämlich die Einnahme der

Seelower Höhen und den Vormarsch bis zur Linie Alt Rosenthal – Neuentempel – Lietzen, um der 1. Garde-Panzerarmee eine sichere Ausgangslinie für ihren Durchbruch nach Berlin zu verschaffen, hatte er noch einen weiten Weg vor sich.[43]

Auf der rechten Flanke entwickelten sich die Dinge günstiger, wie Averdieck von seinem Beobachtungsposten am Rand der Seelower Höhen unmittelbar südlich von Werbig berichtete:

»Noch gegen Mittag ist die Lage im Regimentsabschnitt undurchsichtig. Die Reste der Einheiten, die uns zuletzt abgelöst hatten, sind inzwischen in unserer Stellung aufgefangen worden. Dem Gefechtslärm und den spärlichen Meldungen nach ist der Feind schon links und rechts an uns vorbei. Als sowjetische Infanterie vor unseren Linien erscheint, verlassen die Landser unerklärlicherweise den Graben, so daß der Feind ungehindert auf die Höhe gelangt. Durch zusammengeraffte Kräfte wird er bis zur Hälfte wieder heruntergeworfen und die Stellung die Nacht über gehalten.«[44]

Die beteiligten sowjetischen Truppen gehörten zu Generalmajor Tschugajews 47. Garde-Schützendivision. Trotz dieses Einbruchs konnte das Fallschirmjäger-Regiment 27 die Ortschaft Werbig an der Ecke des Abbruchs weiterhin halten.[45]

Der Kanonier Hans Hansen von der auf einem Feld westlich der Straße Sachsendorf–Dolgelin stationierten 3. Batterie der I. Abteilung des Flak-Regiments 26 schildert, wie er das Eröffnungsfeuer erlebt, und schreibt dann weiter:

»Bis in den anbrechenden Morgen hinein ging dieses infernalische Höllengewitter. Die Strahlen der aufgehenden Frühlingssonne vermochten den dichten Schleier von Staub, Rauch und Dunst nicht zu durchbrechen, der an diesem Morgen über dem Land an der Oder lag. Es herrschte ein merkwürdiges Zwielicht, als wir es beim Abflauen des Feuers wagten, den Kopf aus dem Loch zu stecken. Aber Ruhe gab es nicht. Das Trommelfeuer war erst das Vorspiel des Schreckens gewesen. Den nächsten Akt gestalteten die russischen Schlachtflieger, die, unwirklichen Schatten gleich, in dichten

Schwärmen den Staub- und Qualmschleier durchstießen und Tod und Verderben spieen auf alles, was sich noch regte. Eine Welle nach der anderen griff unsere Stellung an. Wir wehrten uns mit einer verbissenen Wut, die zum Teil aus der Angst erwachsen war, und haben wohl sogar noch einen Abschuß erzielt, während unserem Zug zu dem Zeitpunkt eigene Verluste noch erspart blieben.
Nächster Akt: Wir werden von Granatwerfern und Stalinorgeln unter Beschuß genommen. Die Infanterie aus der vor uns liegenden Linie zieht sich zurück. Ob es sich dabei um einen befohlenen Rückzug handelte oder ob die Landser einfach abhauten, wußten wir nicht. Unser Zug bildete jetzt sozusagen einen vorgeschobenen Stützpunkt. Die russische Infanterie rückte schnell nach. Vor uns in einer Buschreihe beginnen russische MGs zu hämmern. Die ganze Sache sieht brenzlig aus. Dann bekamen auch wir den Befehl, uns zurückzuziehen. Die Geschütze mußten wir zurücklassen, da keine Möglichkeit bestand, sie abzutransportieren.
Etwa einen Kilometer weiter hinten, entlang der Bahnlinie Seelow–Dolgelin, wurde aus den Resten der zerschlagenen und zersprengten Einheiten eine neue Verteidigungslinie aufgebaut, in die auch wir geschützlosen Flaksoldaten eingegliedert wurden. Das Gelände war günstig. Die Bahnlinie führte als Einschnitt durch einen Hügel. Von der Oberkante hatte man ein gutes Schußfeld auf das östlich liegende Gelände, und auf der Sohle des Einschnittes fanden wir etwas Schutz vor dem Artilleriefeuer.
Die Russen drückten aufs Tempo. Kaum hatten wir uns provisorisch eingerichtet, als auch schon die russische Infanterie mit Granatwerfern auftauchte. Rechts von uns drang die Spitze bis zum Bahnhof Dolgelin vor, konnte dort aber gestoppt werden. Wir schossen, was die Karabiner und Maschinengewehre hergaben, unterstützt von den drei Geschützen unseres 1. Zuges, die direkt hinter der Bahnlinie standen und mit waagerecht gestellten Rohren in den Erdkampf eingriffen. Der russische Angriff blieb liegen. Doch damit gab der Russe sich natürlich nicht zufrieden. Russische Schlachtflieger flogen die Bahnlinie auf und ab und überschütteten alles mit einem Eisenhagel.
Dann, kurz nach Mittag, setzte ein zweites Trommelfeuer ein, wel-

ches sich gezielt auf die Widerstandsnester im Bereich Seelow/Friedersdorf/Dolgelin richtete. Diesmal waren die Verluste schwerer als beim morgendlichen Trommelfeuer, auch unter uns Luftwaffenhelfern. Die Verteidigungslinie wurde bedenklich dünn. Zu unserer Unterstützung fuhren jetzt hinter der Bahnlinie einige Panzer auf.

In den einschlägigen Berichten ist von einem 25minütigen Feuerschlag die Rede. Ich hatte damals keine Uhr und hatte den Zeitbegriff etwas verloren. Irgendwann brach das Artilleriefeuer ab, und aus der Dunstglocke, die wieder wie am Morgen über dem Land lag, tauchten die russischen Sturmtruppen dicht vor unserem Bahneinschnitt auf. Dorthin hatten sie sich unter dem Schutz des Feuerschlages vorgearbeitet. Jetzt griffen sie mit ihrem heiseren ›Urrä, urrä!‹ an. Handgranaten flogen in unseren Bahneinschnitt. Wir setzten uns zäh und verbissen zur Wehr, und es gelang tatsächlich, auch diesen Angriff zum Erliegen zu bringen, wenn auch unter schweren eigenen Verlusten.

Mit dem Einbruch der Dämmerung wurde es dann langsam ruhig in unserem Abschnitt. Wir Luftwaffenhelfer bekamen den Befehl, uns nach Beginn der Dunkelheit abzusetzen und in Friedersdorf zu sammeln. In diesem teilweise brennenden und zerstörten Dorf fanden sich dann gegen 22.00 Uhr reichlich 30 Luftwaffenhelfer und einige ältere Soldaten ein (ich benutze weiterhin die Bezeichnung ›Luftwaffenhelfer‹, obwohl wir offiziell ›Kanoniere‹ waren, um uns abzugrenzen gegenüber den älteren Soldaten). Wir zogen jetzt noch etwa 6 km durch die Nacht und übernachteten dann in einem Bunker bei Lietzen.

An diesem 16.4.1945 sind von uns Luftwaffenhelfern etwa 10 bis 12 gefallen, wohl etwa die gleiche Anzahl wurde verwundet. Genaue Zahlen liegen allerdings nicht vor.«[46]

Die erste größere Krise trat im Abschnitt der 303. Infanterie-Division »Döberitz« ein, als einer großen Gruppe sowjetischer Panzer der Durchbruch zum Divisionsgefechtsstand im Bahnhof Dolgelin gelang. Oberst Scheunemann hatte alle Reserven aufgeboten und um zusätzliche Unterstützung vom XI. SS-Panzerkorps gebeten, bis er schließlich zur Evakuierung gezwungen war, und wurde dann ernsthaft verletzt, als er vor dem Bahnhof einen SPW besteigen wollte. Die sowjetischen Panzer konnten die Eisenbahngleise wegen der dort errichteten Hindernisse nicht überqueren und wandten sich deshalb nach Norden, um die deutschen Linien aufzurollen.[47]

Um dieser Bedrohung zu begegnen, wurden das II. Bataillon des 2. Panzergrenadier-Regiments »Müncheberg« und die 1. Kompanie der Schweren SS-Panzer-Abteilung 502 von der Korps-Reserve abgestellt. Möglicherweise gelang es beiden gemeinsam, die Eindringlinge abzuwehren, aber ebenso ist es möglich, daß ein Teil der sowjetischen Panzer die Verteidigungsstellungen an der Straße von Ludwigslust/Friedersdorf von hinten angriff, jedenfalls gelang hier schließlich der sowjetische Durchbruch südlich von Seelow.[48]

Etwa um 10.30 Uhr kamen die sechs »Königstiger« der Abteilung 502 am Bahnhof Dolgelin an und sahen sich ungefähr 20 sowjetischen Panzern gegenüber, die hinter den Panzersperren die Straße nach Sachsendorf blockierten. Sie konnten den Kampf jedoch nicht sogleich aufnehmen, weil sich die Rohre nicht tief genug richten ließen. So suchten sie sich erst einmal eine günstigere Position, begannen dann zu feuern und hatten schon bald elf der gegnerischen Panzer vernichtet. Auch zwei eigene Panzer wurden von sowjetischen Panzern getroffen, die in einer Senke verborgen gewesen waren, doch konnten die beiden »Königstiger«, obwohl an Ketten und Wanne beschädigt, weiter am Kampf teilnehmen. Sie feuerten dann auf Ziele unten im Oderbruch, unter anderem sowjetische Panzerkolonnen, die auf die von Infanterie besetzten Höhen vorrückten, die sie mit Sprenggranaten eindeckten. Da sie jedoch nicht mit den damals noch seltenen Scheinwerfern ausgerüstet waren, zogen sich die »Königstiger« bei einbrechender Dunkelheit auf Positionen westlich Dolgelin zurück, einmal um Nachschub zu fassen, zum anderen auch um der eigenen Sicherheit willen, weil ihnen die Infanteriedeckung fehlte. Später am Abend bemerkte Oberstleutnant Weber, daß seine 14. Kompanie sie bewachte, und er wies den Panzerkommandeur darauf hin, daß seine Stellung ohne Unterstützung der Panzer nicht zu halten sei.[49]

Auf der sowjetischen Seite kritisierte indessen nicht nur Generaloberst Tschuikow die geringen Fortschritte. Schukow zufolge beriet er sich gegen 11.00 Uhr mit seinen Armeebefehlshabern und beschloß, seine mobile Streitmacht in Form zweier Panzerarmeen in den Kampf zu schicken; sie erhielten Befehl, sich um 14.30 Uhr in Marsch zu setzen.[50] Generaloberst Katukow, Befehlshaber der 1. Garde-Panzerarmee, scheint jedoch nicht nach seiner Meinung gefragt worden zu sein, denn wie er schrieb, spielte sich, während er mit seinem Stab in seinem eigenen Gefechtsstand beriet, folgendes ab:

»Ein Anruf über die Trägerfrequenzleitung unterbrach unser Gespräch. Ich vernahm die bekannte Stimme des Frontoberbefehlshabers. Er gab den überraschenden Befehl, noch bevor die gegnerische Verteidigung vollständig durchbrochen war, die 1. Gardepanzerarmee in das Gefecht einzuführen und mit der 8. Gardearmee den Durchbruch der taktischen Verteidigungszone zu vollenden.«[51]

Was dann geschah, beschreibt Tschuikow als völliges Chaos. Drei Panzerkorps bahnten sich rücksichtslos ihren Weg nach vorn über die ohnehin schon verstopften Straßen im Abschnitt der 8. Gardearmee. In weiten Teilen des Oderbruchs war ein Vorwärtskommen abseits der Straßen für Fahrzeuge nahezu unmöglich und selbst zu Fuß äußerst schwierig. Seine eigene Organisation riß auseinander, einzelne Truppenteile verloren den Kontakt zueinander, die Reserveformationen waren außerstande, diejenigen an der Front zu unterstützen, und die Artillerie konnte ihre Stellungen nicht wechseln.[52]

Wieder einmal wurde nach einer Politik der nackten Gewalt vorgegangen. Vor Beginn der Schlacht hatten die Kommandeure der unteren Ebenen fast keinerlei Instruktionen erhalten, die Truppen wurden einfach in solcher Stärke in den Kampf geworfen, daß die Pläne der höheren Befehlshaber letztlich eher durch zahlenmäßiges Übergewicht als durch die Zuteilung konkreter Aufgaben in Verbindung mit detaillierter Aufklärung erfüllt wurden. Noch weniger Finesse wurde jetzt mit den in geschlossener Formation vorrückenden Panzertruppen angewandt, die sich mitten durch ihre Infanterie hindurch nach vorne schoben, um zu versuchen, mit ihrer geballten Macht eine Bresche in die deutsche Verteidigung zu schlagen. Eine Koordination der Angriffsbemühungen in vorderster Front hatte kaum eine Chance. Für die Deutschen, die freies Schußfeld vor sich hatten, war dies ein »Festessen«. Die sowjetischen Verluste an Mensch und Material waren enorm.

Dennoch konnten Teile der 47. Garde-Schützendivision an der äußersten Nordflanke bis zur Straße Wriezen–Seelow südlich Gusow vorstoßen (wie Averdieck festgestellt hatte), wodurch Seelow bedroht war, und die Beherrschung der unteren Hänge der Seelower Höhen über Werbig ermöglichte es der 57. Garde-Schützendivision, der anderen vorgeschobenen Division des 4. Garde-Schützenkorps, bei Einbruch der Nacht bis an den unterhalb der Stadt liegenden Bahnhof Seelow vorzudringen. Hier stieß sie auf die zuvor erwähnten Alarmeinheiten, versuchte jedoch mit aller Macht, sich einen Zugang zur Stadt zu verschaffen.[53]

Am Ende des Tages konnte das 4. Garde-Schützenkorps für sich verzeichnen, die Linie Südostrand Werbig – Neu Werbig – Ostrand Bahnhof Seelow (ausgenommen den Weinberg) erreicht zu haben, während das 29. Garde-Schützenkorps die Linie Weinberg – Eisenbahnhalt nordöstlich Friedersdorf – Höhe 53 und das 28. Garde-Schützenkorps die Linie unterhalb Höhe 53 – Osthang Höhe 59 – freistehendes Gebäude zwei Kilometer nordöstlich Carzig hielt, wobei die 88. Garde-Schützendivision des letzteren die Ortschaft Werder eingenommen hatte. Insgesamt will die 8. Gardearmee hierbei 1800 deutsche Soldaten getötet und über 100 MGs, 32 Geschütze, 9 SPW, 18 Kfz und 35 Gespanne zerstört, außerdem 600 Gefangene gemacht sowie 8 Panzer und 12 Sfl erbeutet haben.[54]

Die 69. Armee

Die Evakuierung der vordersten deutschen Stellungen – und damit auch die Aufgabe der Schlüsselstellung bei Podelzig – während der Nacht war scheinbar planmäßig verlaufen, so daß der Vormarsch der 69. Armee auf ganzer Frontbreite auf dem Reitweiner Sporn anfänglich erfolgreich verlief und 169. und 712. Infanterie-Division in der Verteidigung unter schweren Druck gerieten. Ein wichtiges Ziel auf der rechten Flanke war der Hudenberg bei Mallnow, wo deutsche Artilleriebeobachter freie Sicht über den Oderbruch hatten. Im Schutz von 40 bis 50 Panzern durchbrach die Infanterie des 25. Schützenkorps südlich von Mallnow die deutsche Verteidigungslinie und stieß sogar bis Niederjesar und an den Südrand von Libbenichen vor. Erst hier konnte sie aufgehalten und zurückgeschlagen werden. Mallnow konnte sich nicht nur behaupten, sondern die 169. Infanteriedivision konnte sogar im Verlauf des Nachmittags ihre Stellungen vom Vorabend zurückgewinnen.

Im mittleren Abschnitt, wo das 61. Schützenkorps auf der Straße Lebus–Schönfließ vorstieß, wurden die deutschen Stellungen entlang der Bahnlinie in ähnlicher Weise überrannt und das Dorf eingenommen. Um die Situation bei Schönfließ wieder unter Kontrolle zu bekommen, wurden daraufhin ein Fahnenjunker-Bataillon der Panzergrenadier-Division »Kurmark« und die 2. Kompanie der Schweren SS-Panzerabteilung 502 aus der Korps-Reserve genommen und Generalmajor von Siegroth unterstellt. Der deutsche Gegenangriff begann um 14.30 Uhr, die »Königstiger« fuhren voran durch eine kleine Schlucht ins Dorf hinein und schlugen zusammen mit der Infanterie die Sowjets in die Flucht. Als die Panzer jedoch im morastigen Gelände jenseits des Dorfes versanken, kam der Vorstoß zum Erliegen, doch die Infanterie konnte den Bahndamm erreichen und bis zum Abend die Hauptverteidigungslinie nach schweren Kämpfen wiederherstellen.[55]

Während sich die der 69. Armee zur Verfügung stehenden Panzerkräfte als zu schwach erwiesen hatten, den anfänglichen Erfolg auszubauen, scheinen die höheren sowjetischen Kommandostellen die Möglichkeit völlig übersehen zu haben, Schukows Alternativplan zu verwirklichen, nämlich die 1. Garde-Panzerarmee im Abschnitt der 69. Armee einzusetzen. Außer den Zufahrtsstraßen zur Hochebene bei Wuhden, Klessin und Lebus befand sich auch die Hauptstraße durch Podelzig bereits seit den frühen Morgenstunden in sowjetischer Hand, so daß man durchaus mit der Räumung von Minen und anderen Hindernissen durch Pioniere hätte beginnen können. Damit wären dann, falls Panzer in der entscheidenden Durchbruchsschlacht eingesetzt werden sollten, wesentlich günstigere Ausgangsbedingungen für einen erfolgreichen Stoß auf Berlin geschaffen worden.

Bis zum Einbruch der Dunkelheit hatte die Armee zwar nur vier Kilometer zurückgelegt und befand sich damit auf der Linie Höhe 66 (300 m nördlich von Mallnow) – Dorfzentrum Mallnow – Höhe 68 –

Schönfließ – Eisenbahnlinie 3 km südöstlich Schönfließ, doch behauptete immerhin, über 2000 deutsche Soldaten getötet und bis zu 120 MGs und 35 Geschütze zerstört zu haben. Außerdem will sie 600 Soldaten gefangen sowie 18 Geschütze, 43 MGs und über 800 Gewehre erbeutet haben.[56]

Die Festung Frankfurt

Die Festung Frankfurt mit dem großen Brückenkopf am Ostufer der Oder blieb von den Sowjets in der Eröffnungsphase der »Operation Berlin« nahezu unbehelligt, da man davon ausging, daß nach erfolgreicher Durchführung des Hauptkampfplans ein Angriff auf die Stadt überflüssig sei, denn diese würde dann ohne weitere Mühe sowieso in sowjetische Hände fallen. So entschieden die Befehlshaber der 69. und 33. Armee bei einem Generalstabstreffen Anfang April.[57]

Die Südflanke

Wie die Karten zeigen, bot das Gelände im Abschnitt der 33. Armee keine gute Operationsbasis. Der größte Teil des Gebiets um den Brückenkopf war für Panzer ungeeignet, da es bis zum Oder-Spree-Kanal, der selbst ein gewaltiges Hindernis darstellte, aus morastigem Untergrund bestand. Der überarbeitete sowjetische Plan schien hier darauf abzuzielen, mit zwei Dritteln der verfügbaren Kräfte den Gegner zu binden und gleichzeitig vom nördlichsten Punkt des Bogens Schwetig–Wiesenau aus einen Schlag zu führen, der ihm Zugang zur Autobahn Frankfurt–Berlin verschaffen sollte.

Neben Einheiten des 119. Befestigten Raumes, die den Abschnitt Fürstenberg überwachten, und Einheiten des 115. Befestigten Raumes zur Sicherung der Südflanke plazierte Generaloberst W. D. Swotajew sechs Divisionen in der ersten Staffel. Die Aufstellung seiner Truppen von Norden nach Süden war wie folgt:

1. Staffel	2. Staffel
38. Schützenkorps	
129. Schützendivision	
39. Schützendivision	64. Schützendivision
16. Schützenkorps	
383. Schützendivision	
339. Schützendivision	323. Schützendivision
62. Schützenkorps	
49. Schützendivision	
362. Schützendivision	222. Schützendivision
Armee-Reserve	
	2. Garde-Kavalleriekorps
	95. Schützendivision

Seine gepanzerten Truppen bestanden aus einem Panzer- und zwei SflPG-Regimentern, die offenbar alle dem nördlichen Brückenkopf zugeteilt waren.[58]

Der genannte Schlag wurde von einem äußerst kleinen Brückenkopf aus geführt, der bei Tageslicht für deutsche Beobachter aus kurzer Entfernung voll einsehbar war. Luftbilder, nur wenige Tage zuvor aufgenommen, zeigen Panzerspuren in den Feuchtwiesen am Westufer südlich des Eichwalds, die darauf hindeuten, daß Panzer bei Nacht über den Fluß geschafft und für den bevorstehenden Angriff unter Bäumen verborgen worden waren.[59]

Angesichts der hier vorhandenen Schwierigkeiten ging dem Eröffnungsfeuer ein geräuschloser Angriff voraus, bei dem die Linien des Volkssturm-Bataillons Oberdonau, das die Ortschaft Lossow abschirmte, infiltriert und das nördlichste Geschütz der 37-mm-Flakbatterie an der südwärts nach Brieskow führenden Straße genommen wurde, bevor Alarm geschlagen werden konnte.[60]

Die Absicht der Sowjets wurde jedoch bald vom Gegner durchschaut, der dieser Entwicklung durch den Einsatz der Reserven des V.

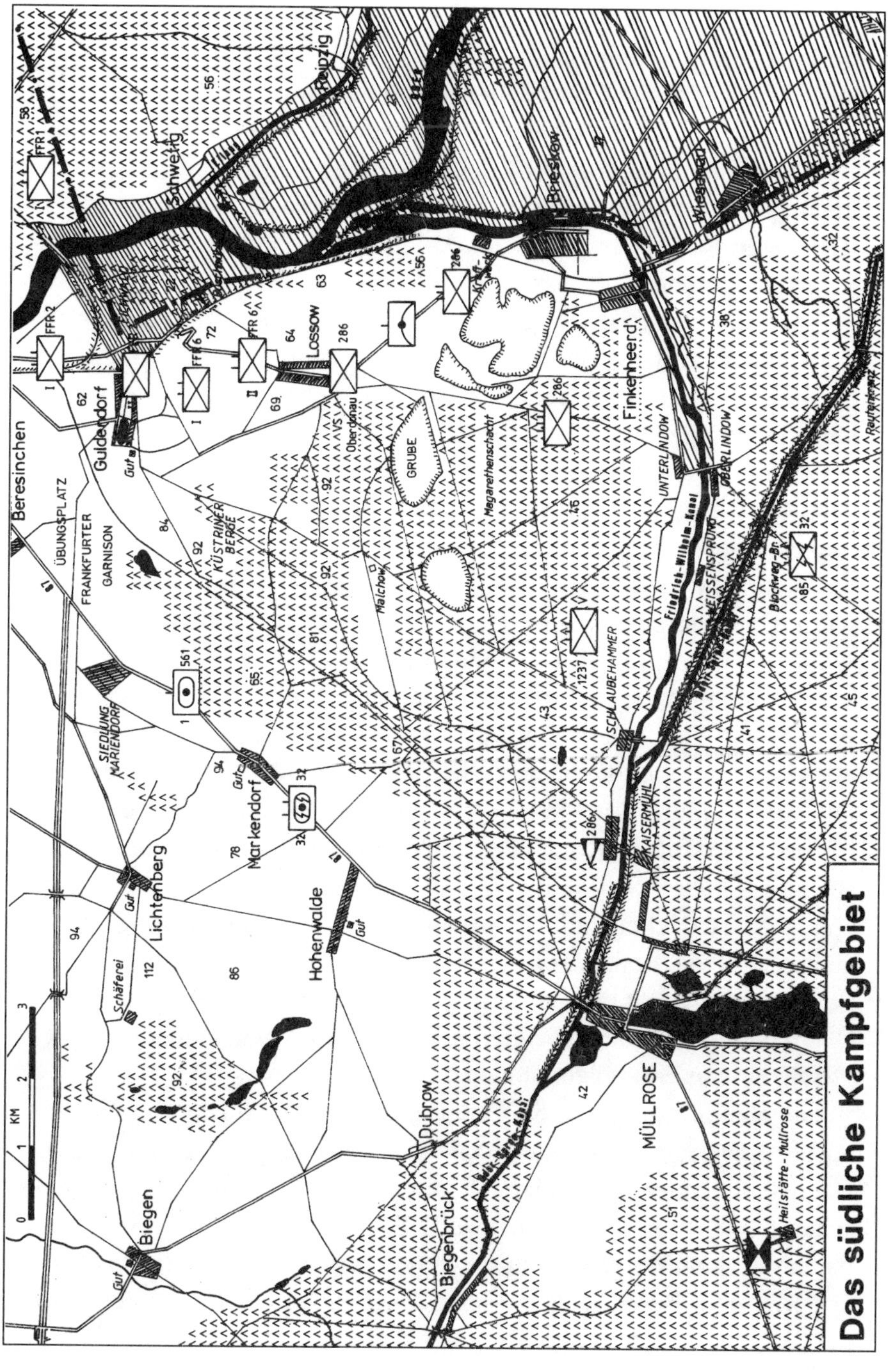

Das südliche Kampfgebiet

SS-Gebirgskorps begegnete. Die schwachen Kräfte der 286. Infanterie-Division, die dem Hauptstoß der Sowjets gegenüberstanden, hatten so gut wie keine Chance; die Dörfer Lossow und Brieskow fielen in den ersten Stunden. Gegen Mittag hatten sowjetische Angriffsspitzen den Wald durchquert und mehrere Breschen in die zweite Verteidigungslinie entlang der Reichsstraße 87 geschlagen, und gegen 17.00 Uhr waren bereits einige bis zur Autobahn in der Nähe von Lichtenberg vorgestoßen.

Nach dem Lagebericht der 9. Armee für diesen Tag konnten die Stützpunkte entlang der Tagebau-Gruben unmittelbar südlich von Lossow, wie z. B. am Margarethenschacht, gehalten werden, doch gelang es den Sowjets entlang den Ufern des Friedrich-Wilhelm-Kanals vorzustoßen und Finkenheerd, Unterlindow und Oberlindow einzunehmen, wenn sie auch von dort nach wenigen Stunden wieder vertrieben wurden.[61]

Sobald die sowjetische Offensive begonnen hatte, marschierten, wie im Verteidigungsplan vorgesehen, automatisch die drei Kampfgruppen z. b. V. von SS-Hauptmann Jakob Lobmeyers SS-Jagd-Panzer-Abteilung 561, die auf der Kompanie-Struktur der Einheit basierten, auf. Die 2. und 3. Kompanie bezogen zur Unterstützung des 88. SS-Freiwilligen-Grenadier-Regiments und der 391. Sicherungs-Division Stellung im Raum Brieskow/Finkenheerd bzw. gegenüber Fürstenberg. Die 1. Kompanie unter SS-Oberleutnant Haukelt marschierte auf der Reichsstraße 87 nach Norden, teils um den Zugang zur Autobahn zu decken, teils um weiter vorn die 286. Infanterie-Division zu unterstützen. Letztere Gruppe stieß beim Vorwerk Malchow auf die Sowjets, was den Kompaniechef dazu bewog, die Nordgruppe in den Raum Güldendorf umzudirigieren, um die Sowjets auf beiden Flanken gleichzeitig angreifen zu können.[62]

Die Kampfgruppe von SS-Hauptmann Paul Krauß, die aus Hetzern und Sturmgeschützen seiner SS-Panzer-Jagd-Abteilung 32 und zwei Heereskompanien bestand, hielt die zweite Verteidigungslinie zwischen Markendorf und Hohenwalde bemannt. Sie geriet zum erstenmal am frühen Morgen durch schwere sowjetische Artillerie und Luftangriffe unter Beschuß, in dessen Schutz einige Überläufer der Seydlitz-Truppen mit dem Ruf »Nicht schießen, Kameraden« die Frontlinie zu überschreiten versuchten und damit beträchtliche Verwirrung stifteten. Als die Seydlitz-Truppen jedoch auf Sturmgeschütze und Panzerabwehrkanonen der Kampfgruppe zu feuern begannen, wurden sie niedergeschossen. Diesem Zwischenfall folgte ein sowjetischer Infanterieangriff in Regimentsstärke, der mit Hilfe der Sturmgeschütze und Panzerabwehrkanonen zurückgeschlagen werden konnte.[63]

Inzwischen war das SS-Freiwilligen-Grenadier-Regiment 88 um Wiesenau in heftige Kämpfe verwickelt, das Dorf selbst wechselte im Verlauf der folgenden Tage 21mal den Besitzer.[64]

Für diesem Tag konnte die 33. Armee Fortschritte von bis zu sechs Kilometern und somit eine Frontverschiebung bis zur Linie nordwestlicher Waldrand 3 km westlich von Güldendorf – westlicher Waldrand 0,5 km östlich von Markendorf – Malchow – Ostrand Unterlindow – Ostrand Oberlindow – Rautenkranz vermelden. Angesichts der Aktivitäten des SS-Freiwilligen-Grenadier-Regiments 88 um Wiesenau erscheint der letzte Punkt jedoch zweifelhaft. Weiterhin wurde die Tötung von bis zu 2000 deutschen Soldaten, die Zerstörung von 50 Maschinengewehren und die Erbeutung von 23 Geschützen, 14 Granatwerfern, 60 MGs, 550 MPs und Gewehren, 80 Panzerfäusten, 2 Lokomotiven, 100 Waggons mit Ladung, 9 verschiedene Lager, 7 Kfz mit Ladung sowie die Gefangennahme von bis zu 1000 deutschen Soldaten gemeldet.[65]

Die deutschen Gegenmaßnahmen führten zu einer Verschiebung der Nahtstellen an diesem Nachmittag. Das Frankfurter Festungs-Regiment wurde nach Norden zurückgezogen, wodurch das gesamte anerkannte Operationsgebiet der 286. Infanterie-Division unterstellt wurde. Reserven der 286. Infanterie- und der 32. SS-Freiwilligen-Grenadier-Divisionen »30. Januar« wurden dann von Süden her in die entstandene Lücke geschoben. Am selben Abend kam das III. Bataillon des SS-Grenadier-Regiments »Falke« gerade noch rechtzeitig, um Oberleutnant Haukelts konvergierenden Angriff im Abschnitt Güldendorf-Malchow zu unterstützen, bei dem einige sowjetische Kräfte auf offenem Feld eingeschlossen und vernichtet wurden. Die Sowjets schoben jedoch immer neue Verstärkungen in die Bresche bei Lossow, so daß der Kampf um den Zugang zur Autobahn die ganze Nacht fortdauerte.[66]

Bilanz des Tages aus deutscher Sicht
General Busse schrieb über den ersten Kampftag:

> »Der 16. war in Anbetracht des ungleichen Kräfteverhältnisses ein großer Abwehrerfolg. Nirgends war der Feind zum Durchbruch, ja nicht einmal zum entscheidenden Einbruch in die Höhenstufe gekommen. Bedenklich war aber der Zustand der Truppe im Schwerpunktabschnitt, welche schon vier schwerste Kampftage hinter sich hatte. Die Verluste an Menschen und Waffen waren nicht mehr auszugleichen, eine Ablösung der stark mitgenommenen Verbände unmöglich. So sah das AOK dem folgenden Tag mit Sorge entgegen. Die Luftwaffe hatte unter vollem Einsatz (rd. 300 Maschinen) die Erdtruppe wirksam unterstützt, aber nicht verhindern können, daß die Russen den Luftraum beherrschten. Ihr Betriebsstoffvorrat würde außerdem höchstens noch zwei Tage einen annähernd gleich starken Einsatz gestatten.«[67]

Die deutsche Luftwaffe hatte an diesem Tag tapfer gekämpft und ihr Äußerstes gegeben, um den sowjetischen Ansturm mit Angriffen von jeweils 15–20 Flugzeugen abzuwehren; nach sowjetischer Schätzung wurden insgesamt 600 Einsätze, überwiegend von Focke-Wulf-190, geflogen, hauptsächlich gegen Brückenköpfe und Flußübergänge. In der Abenddämmerung wurden fünf »Fliegende Bomben« und vier Ju-88-Bomber gegen die sowjetischen Streitkräfte eingesetzt. Fähnrich Ernst Beichl, Angehöriger einer besonderen Luftwaffeneinheit aus Freiwilligen, die es den japanischen »Kamikaze«-Fliegern nachmachte, zerstörte um 17.35 Uhr die Pontonbrücke bei Zellin mit einer an seiner FW-190 befestigten 500-Kilogramm-Bombe, wie sein Jagdschutz bezeugte.[68]

Da sich die Flugbedingungen im Lauf des Tages verbesserten, griff auch die sowjetische Luftwaffe stärker in das Gefecht ein. Die deutsche Seite zählte anschließend ungefähr 2000 Einsätze, doch hatte es das 9. Erdkampf-Luftkorps nicht geschafft, die deutsche Artillerie auf den Seelower Höhen zum Schweigen zu bringen.[69]

An diesem Abend telefonierte Oberst Eismann mit General Fiebig, dem Kommandeur des III. Luftkorps. Der wichtigste Punkt ihrer Unterhaltung war die Frage, ob angesichts des akuten Mangels an Flugbenzin die Einsätze eher gegen Panzer oder gegen sowjetische Brücken gerichtet werden sollten. Dann sprach Generaloberst Heinrici mit General Fiebig, und dieser ließ daraufhin noch in derselben Nacht vier Brücken angreifen und am folgenden Nachmittag einen einheitlichen Angriff gegen sämtliche sowjetischen Brücken im »Kamikaze«-Verfahren fliegen.[70]

Um 16.45 Uhr sandte Oberst Hans-Georg Eismann, Operationschef der 9. Armee, folgende Meldung an das OKH:

> »Der große Angriff gegen die 9. Armee hat nach sehr zähem, erbittertem Ringen an drei Stellen zu einer äußerst gespannten Lage geführt:
> 1. südlich von Frankfurt,
> 2. südöstlich von Seelow und
> 3. ostnordöstlich Wriezen.
> Im allgemeinen sieht die Lage so aus:
> Obwohl die 9. Armee sämtliche Reserven eingesetzt hat, um allgemein in sofortigen Gegenangriffen den eingebrochenen Gegner hinauszuwerfen, konnte die Hauptkampflinie in ihrer Masse nicht behauptet werden. Von allen Reserven ist zur Zeit die 25. Panzergrenadier-Division nicht im Einsatz. Aufgrund der Entwicklung der Lage muß sie zum Gegenangriff eingesetzt werden.
> Die Heeresgruppe bestimmt, daß die 18. Panzergrenadier-Division heute Nacht in den Raum östlich von Müncheberg hineinzuführen ist, um mit ihr den Durchbruch des Feindes über Seelow zu verhindern.«

Er beschreibt dann einige bereits erwähnte Einzelheiten und schließt:

> »Eigener Verlust an gepanzerten Fahrzeugen nicht unerheblich. Insbesondere beim XI. SS-Panzerkorps rund 54% der 1. Ausstattung. Hauptlast trugen die Infanterie und die gepanzerten Truppen. Erwarten morgen die Fortsetzung dieses Angriffs. Aufgrund der eigenen Verluste wird der Tag noch schwerer werden. Schwerpunkt südlich Küstrin, Raum Seelow und Raum Wriezen.«[71]

Wie Oberst Hölz, Stabschef der 9. Armee, Oberst Eismann im Hauptquartier der Heeresgruppe berichtete, waren die deutschen Truppen durch die verheerenden sowjetischen Angriffe schwer angeschlagen und ein deutliches Nachlassen ihrer Leistungen zu beobachten.[72]

Um 19.10 Uhr stimmte die Heeresgruppe »Weichsel« dem an das OKH gerichteten Antrag zu, Oberst Rauchs 18. Panzergrenadier-Division an die 9. Armee zu überstellen. Diese Division verließ daraufhin sofort ihren Bereitstellungsraum im Abschnitt der 3. Panzerarmee und machte sich auf den Weg zum Raum Buckow/Müncheberg.[73]

Bilanz des Tages aus sowjetischer Sicht

Der Tag hätte für Schukow nicht schlimmer verlaufen können. Er war Heinrici in die Falle gegangen, indem er einen Großteil seines Eröffnungsfeuers auf bereits geräumte Stellungen verschwendet, mit dem Einsatz der Scheinwerfer vollkommen versagt, mit dem Entschluß, seine Panzerarmeen frühzeitig ins Gefecht zu werfen, eine taktische Katastrophe herbeigeführt und außerdem entsetzliche Verluste an Soldaten und Waffen erlitten hatte. Und nun hatte er großen Ärger mit Stalin. Er selbst schrieb dazu:

> »Gegen 13.00 Uhr [Moskauer Zeit] war mir klar, daß die Verteidigung des Gegners auf den Seelower Höhen in der Hauptsache unversehrt geblieben war und daß wir in der Gefechtsordnung, in der wir den Angriff begonnen hatten, die Seelower Höhen nicht nehmen konnten.
>
> Um den Vorstoß zu verstärken und die Stellungen des Gegners unbedingt zu durchbrechen, entschieden wir nach einer Beratung mit den Armeebefehlshabern, zusätzlich die beiden Panzerarmeen einzusetzen. Um 14.30 Uhr sah ich bereits von meiner Beobachtungsstelle, wie die ersten Staffeln der 1. Garde-Panzerarmee vorstießen. Gegen 15.00 Uhr rief ich im Hauptquartier an und meldete, daß wir die erste und die zweite Stellung des Gegners durchbrochen hatten und die Front bis zu sechs Kilometern vorverlegen konnten, jedoch auf ersten Widerstand bei den Seelower Höhen gestoßen seien, wo offenbar die Verteidigung des Gegners im wesentlichen unversehrt

geblieben war. Zur Verstärkung des Stoßes der allgemeinen Armeen hatte ich die beiden Panzerarmeen eingesetzt. Weiter meldete ich, daß wir meiner Meinung nach am Abend des nächsten Tages die Stellungen des Gegners durchbrechen würden.
Stalin hörte mir aufmerksam zu und sagte ruhig: ›Vor Konjew hat sich die Verteidigung des Gegners als schwächer erwiesen. Er hat ohne Schwierigkeiten die Neiße überquert und dringt ohne besonderen Widerstand vor. Unterstützen Sie den Vorstoß Ihrer Panzerarmeen durch Bomber. Rufen Sie mich abends an und sagen Sie, wie sich die Sache entwickelt.‹
Abends meldete ich ihm erneut die Schwierigkeiten, die wir im Vorgelände der Seelower Höhen hatten, und sagte, daß es uns nicht gelingen würde, diese Höhen vor dem nächsten Abend zu nehmen. Diesmal war Stalin nicht so ruhig wie bei meinem ersten Anruf.
›Sie hätten die 1. Panzerarmee nicht am Abschnitt der 8. Gardearmee einsetzen sollen, sondern dort, wo das Hauptquartier es wollte.‹ Dann fügte er hinzu: ›Sind Sie überzeugt, daß Sie die Stellungen auf den Seelower Höhen morgen nehmen?‹ Ich zwang mich zur Ruhe und erwiderte: ›Morgen, am 17. April, wird die gegnerische Verteidigung auf den Seelower Höhen gegen Abend durchbrochen sein. Ich meine, je mehr Truppen der Gegner uns hier entgegenwirft, desto rascher werden wir Berlin nehmen, da es leichter ist, ihn auf offenem Feld zu schlagen als in der befestigten Stadt.‹
›Wir werden Konjew die Anweisung geben, seine Panzerarmeen unter Rybalko und Leljuschenko von Süden gegen Berlin einzusetzen, und Rokossowskij, schneller über die Oder vorzustoßen und von Norden gleichfalls zur Umgehung Berlins loszuschlagen‹, sagte Stalin.
Ich erwiderte: ›Konjews Panzerarmeen sind durchaus in der Lage, schnell vorzudringen, und man sollte sie gegen Berlin einsetzen. Rokossowskij hingegen kann seine Offensive von der Oder aus nicht vor dem 23. April beginnen, da er mit der Überquerung der Oder nicht so rasch zurechtkommen wird.‹
›Auf Wiederhören‹, sagte Stalin trocken und legte auf.«[74]

Im weiteren Verlauf der Schlacht war Stalin für Schukow nicht mehr zu sprechen, ein deutliches Zeichen dafür, daß der Verlauf der Ereignisse ihm äußerst mißfiel.

In ihren Memoiren führten sowohl Schukow als auch Tschuikow ihr Versagen, die gesteckten Ziele für den ersten Kampftag zu erreichen, darauf zurück, daß sie die Stärke der deutschen Verteidigung unterschätzt hatten.[75] Demgegenüber schrieb General Babadschanjan, Kommandeur des 11. Garde-Panzerkorps:

> »Schon auf der Beratung am 5. April hatten einige Generäle den Frontoberbefehlshaber nachdrücklich darauf aufmerksam gemacht, daß der gegnerische Hauptverteidigungsstreifen über die Seelower Höhen verlaufe. Demzufolge müßten sich das Feuer der Artillerie und die Schläge der Fliegerkräfte vor allem auf diese Höhen konzentrieren. Leider wurden ihre Hinweise nicht beachtet.«[76]

Zweiter Kampftag

Die Nordflanke

An der äußersten Nordflanke im Abschnitt der 3. Panzerarmee verstärkte das 80. Schützenkorps der 61. Armee seinen Brückenkopf auf den Deichen drei Kilometer südwestlich von Schwedt und setzte damit sein Täuschungsmanöver fort.

Wichtigstes Manöver der 61. Armee an diesem Tag, dem 17. April, war es jedoch, mit zwei Regimentern des 89. Schützenkorps um 4.15 Uhr im Schutz schweren Artilleriefeuers und künstlichen Nebels über die Oder hinweg anzugreifen und den Brückenkopf bei Neu Glietzen auszubauen. Neu Glietzen selbst wurde zwar genommen, doch gelang es dem Jägerregiment 56, den nur wenig erweiterten Brückenkopf in Schach zu halten und seine weitere Ausdehnung vorläufig zu verhindern. Das 9. Garde-Schützenkorps versuchte mit zwei Regimentern und Teilen des 89. Schützenkorps etwas weiter südlich ebenfalls die Oder zu überqueren, doch wiederum gelang es der 5. Jäger-Division, den Einbruch auf einen kleinen Brückenkopf zu beschränken. Die 61. Armee verzeichnete, 300 Deutsche getötet und vier Angehörige der 5. Jäger-Division gefangengenommen zu haben.

Deren größtes Problem lag an ihrer Südflanke, wo am Vortag die 606. Infanterie-Division zusammengebrochen war. Die neu eingetroffene 6. Polnische Infanterie-Division hatte während der Nacht den Druck aus ihrem Brückenkopf an der Alten Oder aufrechterhalten, und an diesem zweiten Kampftag kam es zu besonders heftigen Gefechten, als die Polen versuchten, ihre Stellung in diesem Teil des Oderbruchs auszuweiten. Neun polnische Angriffe in Bataillons- und Regimentsstärke wurden im Gebiet südlich von Alt Mädewitz und Alt Reetz sowie westlich von Neu Lietzegöricke von der Kampfgruppe »Sparrer« und dem I. Bataillon des 75. Jäger-Regiments zurückgeschlagen.

Die Polen verzeichneten einen Vorstoß von fünf Kilometern bis zu einer Linie von einer Scheune 2 km südöstlich von Alt Küstrinchen –

Ostrand Neu Ranft – Ostrand Neu Küstrinchen – Alt Reetz – Punkt 4,6 (4 km nördlich Wriezen) – hinauf zum Ostufer der Alten Oder gegenüber Wriezen. Dabei wollen sie 500 Deutsche getötet, 23 Geschütze und 30 Maschinengewehre zerstört, 16 Soldaten gefangengenommen sowie zwei Depots mit Pionier- und medizinischer Ausrüstung erobert haben.[1]

Wiederum läßt uns Oberleutnant Erich Hachtel das Kampfgeschehen aus deutscher Sicht miterleben:

»Nachdem die Nachrichten immer undurchsichtiger wurden und der Kontakt zur 606. Inf. Division abgebrochen war, war die Lage im Süden für uns unklar!
Von meinem Regimentskommandeur Oberstleutnant Liebmann erhielt ich den Auftrag, Verbindung zum Divisionsstab der 606. Inf. Division aufzunehmen. Ich nahm noch ein paar Leute mit MG und Maschinenpistolenbewaffnung mit, und so rasten wir mit dem Kettenkrad nach Süden durch die eigene Linie in Richtung des Gutshofes bei Alt Gaul, der nach den letzten Angaben der Divisionsgefechtsstand der 606. Inf. Division sein sollte. Wir waren uns bewußt, jederzeit auf die Russen zu stoßen und angeschossen zu werden, doch wir mußten unseren Auftrag erfüllen und damit nichts wie hindurch! Gegen Mittag erreichten wir den Gutshof, um den Stellungen ausgehoben waren, die von Infanteristen besetzt waren. Wir fuhren bis zum Gutsgebäude vor, und ich begab mich die Treppe hinab zu einem größeren Kellerraum, der der Gefechtsstand dieser Division war. Ich betrat diesen Raum, in dem um einen großen länglichen Tisch mehrere Offiziere saßen und an dessen Ende sich ein Oberst befand, der der Kommandeur dieser Division war. Erstaunt wurde ich angesehen, während ich dem Oberst meinen Auftrag meldete. Allem Anschein waren die Herren im Glauben, eingeschlossen zu sein, und warteten auf die Ankunft der Russen, denn der Oberst frug mich in freundlichem Ton: ›Kamerad, wie sind Sie zu uns noch durchgekommen?‹ Ich klärte die Herren über die derzeitige Lage auf und forderte sie auf, sich mir anzuschließen. Man kam meiner Aufforderung nach, und so ging man auf unsere Frontlinie zurück, während ich weiter zu meinem Regimentskomman-

deur fuhr, um ihm die Erfüllung meines Auftrages zu melden und die neue Lage zu erklären.«[2]

Die 47. Armee

Die Lücke, die durch den Zusammenbruch der 606. Infanterie-Division am ersten Tag entstanden war, wurde nun durch Einheiten der 25. Panzergrenadier-Division und das II. Bataillon des Panzergrenadier-Regiments 118 der 18. Panzergrenadier-Division geschlossen, die während der Nacht aus der Heeresgruppen-Reserve nach vorn gebracht worden waren. Zusammen besetzten sie die Verteidigungslinie Wriezen–Bliesdorf–Kunersdorf.

Der Tag begann mit einem heftigen Angriff der 47. Armee von der Linie Thöringswerder – Alt Lewin, an dem Infanterie-, Panzer- und Kavalleriekräfte beteiligt waren. Anschließend verhinderten sowjetische Flugzeuge wirksame deutsche Gegenangriffe, dennoch verzeichnete die 47. Armee zwei von 15 Panzern und Selbstfahrlafetten unterstützte Gegenangriffe in Bataillonsstärke, die zurückgeschlagen wurden.[3]

Die 25. Panzergrenadier-Division hatte jetzt folgende Aufstellung: Links das Panzergrenadier-Regiment 35, dessen II. und III. Bataillon am Ortsrand von Wriezen, das I. Bataillon bei Bliesdorf standen. Das II. Bataillon wurde im Tagesverlauf aus seiner vorgeschobenen Stellung geworfen, konnte sie aber während der Nacht zurückgewinnen. Das Panzergrenadier-Regiment 119 stand weiter südlich in der Vormarschrichtung der 3. Stoßarmee. Alle diese Einheiten wurden von der Panzerabteilung 5 und der Panzer-Jäger-Abteilung 25 der Division unterstützt.

Inzwischen wurde der Divisionsgefechtsstand nach Haselberg verlegt, acht Kilometer westlich von Wriezen. In den Berichten der Division ist vermerkt, daß es zu diesem Zeitpunkt noch möglich war, die Truppen mit Lebensmitteln und Munition zu versorgen und bei Nacht die Verwundeten zu evakuieren.[4]

Den ganzen Tag hagelte pausenlos sowjetisches Artilleriefeuer auf die deutschen Linien und die frontnahen rückwärtigen Stellungen nieder. Nach intensiver Artillerievorbereitung griff die sowjetische Infanterie immer wieder die deutschen Stellungen an, bis sie auf keinen Widerstand mehr stieß.

Die 1. Kompanie von SS-Oberstleutnant Lirk wurde südlich Wriezen von starken sowjetischen Panzerkräften angegriffen, die einen Durchbruch zu erzwingen suchten. Durch den mutigen Einsatz der erfahrenen »Hetzer«-Besatzungen wurde den sowjetischen Panzer und Infanteriekräften jedoch erheblicher Schaden zugefügt. Bei Einbruch der Dunkelheit suchten die letzten deutschen Infanteristen Zuflucht bei den »Hetzern«, in deren Schutz sie sich samt einer geretteten 8,8-cm-Flak und einigen SPW auf die neue Verteidigungslinie zurückzogen.[5]

Im täglichen Lagebericht der 1. Weißrussischen Front heißt es, die 47. Armee sei sechs Kilometer weit vorgerückt, und das 77. Schützenkorps halte eine Linie vom Bahndamm 500 m nordöstlich Wriezen – Scheune 500 m östlich Wriezen – Knick im Friedländer-Strom-Kanal einen Kilometer östlich Wriezen besetzt. Teile des 125. Schützenkorps bezwangen den Friedländer-Strom-Kanal, und bei Tagesende hatte die linke Flanke den Bahndamm 1500 Meter südöstlich von Wriezen besetzt, während das 129. Schützenkorps bis auf die Linie Bahnhof 2 km südöstlich Wriezen – Nordostecke Kunersdorf vorstieß. Dabei wurde der 47. Armee die Tötung von 500 und Gefangennahme von 136 deutschen Soldaten und Offizieren sowie die Zerstörung von 11 Geschützen und 38 MGs zugeschrieben.

Zur Vorbereitung der Durchbruchsphase setzte das 7. Garde-Kavallerie-Korps zum Westufer der Oder über und bezog im Raum Ortwig / Neu Barnim / Posedin Stellung, obwohl deutschen Berichten zufolge ein Teil der Kavallerie auch an diesem Tag bereits in Kämpfe verwickelt worden sein soll.[6]

Die 3. Stoßarmee

Auch für die 3. Stoßarmee verlief dieser zweite Tag zermürbend und ohne spektakuläre Gewinne.

Nach den offiziellen Aufzeichnungen der 3. Stoßarmee wurden die vorrückenden Truppen mit Artilleriekonzentrationen von 250–270 Geschützen pro Frontkilometer unterstützt, die ein jeweils 30- bis

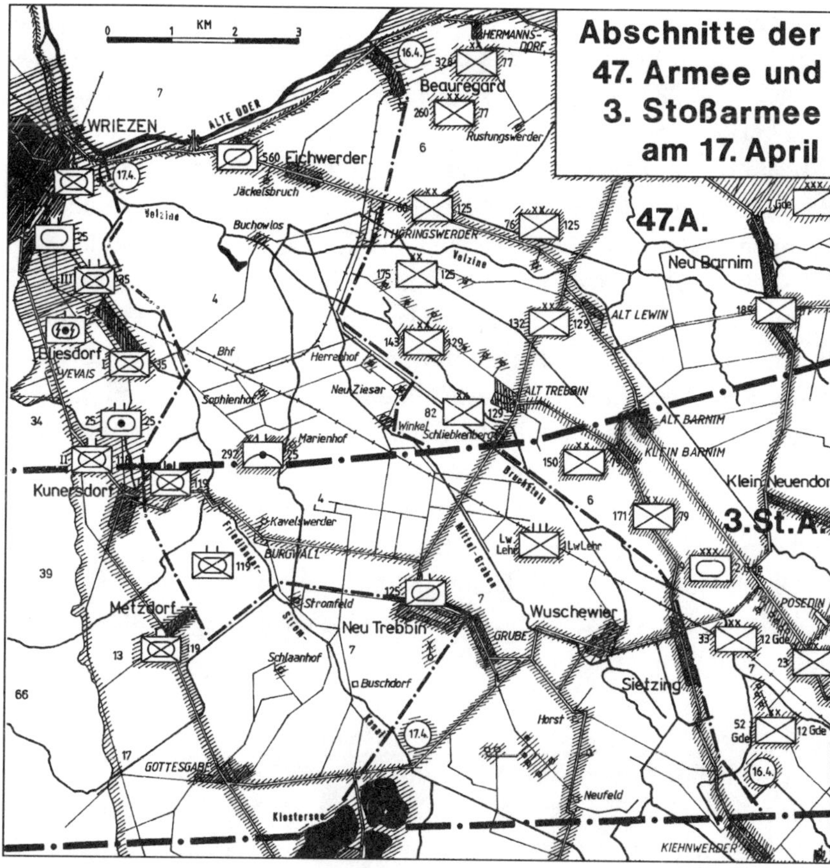

40minütiges Trommelfeuer lieferten. Sie bezwangen den Friedländer-Strom-Kanal und hatten am Abend die verteidigten Ortschaften Kunersdorf und Metzdorf erreicht, die von der 150. bzw. 171. Schützendivision angegangen wurden, doch dauerte es danach noch einige Zeit, bis alle Truppen und die unterstützende Artillerie nachgerückt waren. Das 9. Panzerkorps, das die 171. Schützendivision unterstützte, mußte erst warten, bis das 221. selbständige Pionier-Bataillon die notwendigen Brücken errichtet hatte, um den Panzern den Übergang über den Kanal zu ermöglichen. Die Kämpfe wurden absichtlich die ganze Nacht fortgesetzt, weil man hoffte, zu den dahinterliegenden Höhen durchzubrechen, doch stellte sich der gewünschte Erfolg nicht ein. Im Verlauf des Tages setzte das 7. Schützenkorps über die Oder, um eine näher an der Front gelegene Reservestellung westlich von Letschin zu beziehen. Die Erfolgsmeldungen dieses Tages beliefen sich auf 1200 getötete und 287 gefangene deutsche Soldaten, die Vernichtung von 5 Geschützen, 15 Granatwerfern, 10 Kfz, 12 MGs und 4 Sfl sowie die Erbeutung von 47 MGs, 7 Granatwerfern, 12 Geschützen, einer Sfl, 12 Kfz und bis zu 500 Gewehren. Die Tatsache, daß noch immer deutsche Truppen in dem Dorf Neu Trebbin aushielten, das mitten in der Vormarschroute der Armee lag, wurde im Lagebericht verschwiegen.[7]

Die Verteidigung dieses Gebiets lag im wesentlichen in Händen des II. und III. Bataillons des Panzergrenadier-Regiments 119, ergänzt durch Reste der Luftwaffen-Ausbildungs-Regimenter 4 und 5, zehn »Hetzer« der Panzer-Jagd-Abteilung 25 sowie die Heeresflakabteilung 292, die sich vom Gebiet um das Gut Marienhof in neue Stellungen fünf Kilometer westlich von Kunersdorf zurückgezogen hatten und den ganzen Tag über in der Bodenkampfrolle fochten.[8]

Oberleutnant Gerhard Hahn, Kompaniechef der 8. (schweren) Kompanie des II. Bataillons des Panzergrenadier-Regiments 119, notierte dazu in seinem Tagebuch:

»Um 6 Uhr greift das Btl. im topfebenen Gelände des Oderbruch bei Gutshof Kunersdorf, 5 km südl. Wriezen, an, drängt den Russen über den ›Friedlandkanal‹ zurück. Im schweren feindlichen Artilleriesperrfeuer bezieht das Btl. Verteidigungsstellung in den Entwässerungsgräben südl. Gutshof Kunersdorf. in Richtung Metzdorf.

Wiederholte Feindangriffe mit starkem Art.Feuer und Panzerunterstützung werden abgewehrt. Russen und Deutsche liegen sich in den parallel verlaufenden Gräben gegenüber. Am Nachmittag stellt der Feind seine Angriffe vor der Btl.Front ein, kaum Art.Feuer, aber Ausfälle durch russ. Scharfschützen. Der Tag brachte dem Btl., besonders der 5. und 7. Kp., hohe Ausfälle. Der Kp.Führer 7. Kp. wird schwer verwundet.

Li. und re. des Btl. ist der Russe durchgebrochen bis zu den Seelower Höhen, Feindpanzer stoßen nach W vor, am Abend sieht man dort in etwa 5 km Entfernung brennende Gehöfte.

Die Gefahr besteht, daß das Btl. eingeschlossen wird. In der Nacht

zum 18. 4. 45 können die Kp. noch verpflegt und munitioniert werden, die Gefallenen und die Verwundeten werden zurückgebracht.
Kp.Chef 8. (schwere) Kp. wird beim Btl.Führer vorstellig.
Dieser möge in der Nacht den Befehl zum Lösen und Absetzen an die Kompanien geben, da es am kommenden Tag dafür zu spät sei und katastrophale Folgen haben müsse. Der Btl.Führer kann sich dazu ohne Weisung des Regiments oder der Division nicht entschließen.
Gegen Morgen fällt die Funkverbindung zu den rückwärtigen Teilen des Btl. und zum Regiment aus, Kp.Chef 8. Kp. hat keine Verbindung mehr zur Feuerstellung seines s.Gr.W.Zugs.«[9]

Trotz der niederschmetternden Ergebnisse des Vortags leistete die deutsche Verteidigung weiterhin erbitterten Widerstand. Friedhelm Schöneck, ein Überlebender des Grenadier-Regiments 652, der, wie bereits erwähnt, in der Nacht Wuschewier erreichte, beschreibt nun seine Erlebnisse an diesem zweiten Kampftag:

»Es ist 4 Uhr morgens am 17. 4. 45, als wir uns am Westausgang des Dorfes hinter den letzten Häusern zum Ausbruch sammeln. Detonationen von Handgranaten zerreißen den jungen Morgen. Wie wild schießen wir in das diffuse Dunkel, in dem wir den Iwan vermuten. Postwendend kommt auch seine Antwort. Schweres Maschinengewehrfeuer zwingt uns in das Dorf zurück.
Während eine Gruppe aus dem Dorf heraus das Feuer erwidert, schleichen sich einige von uns von hinten an die MG-Stellung der Russen heran. Wieder platzen die Handgranaten gleichzeitig von rechts und links. Die MGs schweigen. Wir stürmen vorwärts, quer über die Felder, in Richtung Grube.
Zwischen den wenigen Häusern stellen wir kurz verschnaufend fest, daß wir glücklich der russischen Zange entwichen sind. Über Neu Trebbin steigen Leuchtkugeln auf, dort scheinen noch deutsche Truppen zu sein.
Wir spüren die Hektik, mit der hier Befehle erteilt werden. Reste verschiedenster Einheiten sind so durcheinandergewürfelt wie das Offizierkorps, das hier bestimmt. Zum Verschnaufen bleibt uns kei-

ne Zeit. An einer Hausecke können wir kurz neue Munition fassen, und dann werden wir auch schon in neue Stellungen eingewiesen, die am Mittel-Graben, etwas außerhalb des Dorfes, in nordöstlicher Richtung liegen. In den Schützengräben stehen wir bis zu den Knöcheln im Grundwasser.

Die Kälte des frühen Morgens kriecht mit ihrer Feuchtigkeit in unsere Uniformen. Wir sind übernächtigt und hungrig. In kurzen Abständen schlagen Granaten ein und schleudern Dreckfontänen aus dem sumpfigen Gelände hoch in die Luft. Der Iwan scheint überall zu sein. Zirpend fliegen uns seine MG-Garben um die Ohren. Aus der Deckung ist kaum herauszusehen. Auch der russische ›UvD‹ ist wieder da. Brummend fliegt er wie ein riesiges Insekt, zum Greifen nahe, über unsere Stellungen. Wir können ihm nichts anhaben, das weiß er. Nur die Vierlingsflak könnte das tun, aber die hat man nach Berlin abgezogen.

Erschöpft lehnen wir an der Grabenwand. Meine Augen wollen nicht offen bleiben, dabei sind sie wund und entzündet. Doch meinen Kameraden geht es genauso. Die letzten Tage haben tiefe Spuren in unsere Gesichter geschnitten.

Ich muß wohl im Stehen eingeschlafen sein, als ich plötzlich durch ein Geräusch eines ins Wasser fallenden Körpers hellwach werde. Vielleicht war es nur ein Erdklumpen, der von einem Granateinschlag auf die Grabensohle geschleudert worden war.

Wenige Minuten später steht plötzlich wie aus dem Boden gewachsen ein fremder Feldwebel neben mir. Als er mein auf ihn gerichtetes Sturmgewehr sieht, spricht er beschwichtigend auf mich ein: ›Mensch, ist das eine Scheiß-Stellung!‹ oder so ähnlich meint er, und dann weiter: ›Jetzt habe ich in dem ganzen Durcheinander auch noch die Parole vergessen!‹ Ein Einschlag in unmittelbarer Nähe zwingt mich für einen Augenblick in Deckung. Wie ich wieder hochkomme, ist der Fremde wie ein Spuk verschwunden. Sein Verhalten macht mich stutzig. Etwas später kommt ein Landser aus der nahen SMG-Stellung zu mir und will mir ein ähnliches Erlebnis schildern. Wir sind beide erschrocken über die Gleichheit unserer Geschichten. Dann finden wir auch eine Erklärung: Das sind ›Seydlitz-Truppen‹, die der Iwan zur Erkundung eingesetzt hat. Flugblät-

ter, die uns zum Überlaufen auffordern, hatten wir in den letzten Tagen genug gefunden, und die Lautsprecherpropaganda hatte uns an der Oder ständig begleitet. ...
Unsere Stellungen am Wassergraben müssen wir plötzlich auf Befehl aufgeben. An der Ostseite des Dorfes versucht der Russe uns in den Rücken zu fallen. Quer durch das Dorf, am Friedhof vorbei, rennen wir mit unseren Waffen zum neuen Einsatzort, der bei der Windmühle liegt. Von der Mühle selbst ist nicht mehr viel übrig. Ihr Dach ist zerschossen, die Flügel zerrissen und geknickt.
Erschöpft vom Laufen sinken wir an ihrem Steinsockel auf die Erde. Um mich herum unbekannte, vom Kampf gezeichnete Gesichter, Infanteristen, Luftwaffenangehörige und SS-Soldaten. ...
Artilleriefeuer flammt auf. Die Einschläge fallen dicht und dichter um die Mühle, die von den Russen als markanter Punkt in ihre Operationsüberlegungen eingeplant ist. Wir haben, noch bevor die russische Infanterie angreift, von einer Minute auf die andere viele Ausfälle.
Aus Richtung Grube schieben sich quer über das Gelände die russischen T-34 Panzer näher. Ihre Granaten fetzen in die Reste der Windmühle und machen die Stellung unmöglich.
Wir müssen sie aufgeben und ziehen uns in das Dorf zurück. In dem Gelände einer Gärtnerei verschanzen wir uns. Von den Treibhäusern stehen nur noch die Gerippe. Die ganze Nacht durch tobt der Kampf. Wir verteidigen verbissen buchstäblich jeden Meter. Mit unseren Panzerfäusten schießen wir erfolgreich Panzer ab, doch die Reserven der Russen scheinen uferlos. Bis zum Morgen wird Neu Trebbin von unserem wilden Haufen gehalten. Der Iwan kommt nicht einen Schritt vorwärts.«[10]

Man sagt der Panzer-Aufklärungs-Abteilung 125 nach, sie habe im Kampf um Neu Trebbin ihr Letztes gegeben.[11]

Die 5. Stoßarmee

Die 5. Stoßarmee scheint unter Schukows sämtlichen Armeen an diesem zweiten Tag die größten Fortschritte erzielt zu haben. Sie eröffnete den Kampf mit einem 20minütigen Sperrfeuer über die gesamte Breite von General Bersarins Frontabschnitt.

An der Nordflanke überquerte als erste die 266. Schützendivision die Alte Oder südöstlich von Quappendorf und stieß nach Neu Hardenberg vor, eine Operation, bei der sich Gardeoberst Grinjow vom 1028. Schützenregiment besonders ausgezeichnet haben soll. Quappendorf wurde von Oberst Kondratenkos 288. Garde-Schützenregiment eingenommen, das dabei 180 Soldaten des Fallschirmjäger-Feldersatz- und Ausbildungs-Bataillons 9 im Wald westlich des Dorfes gefangennahm.

Zwar überquerte auch das 1. (mech.) Korps der 2. Garde-Panzerarmee später die Alte Oder bei Quappendorf und drang einige Kilometer weit in die Wälder hinter Neu Hardenberg vor, doch fehlte es in diesem Gebiet an Flußübergängen, so daß das 12. Garde-Panzerkorps erst flußaufwärts nach Platkow fuhr, dort übersetzte und dann zurück nach Neu Hardenberg rollte.

Es waren jedoch die Geländegewinne von General Roslys 9. Armeekorps an der Südflanke, die den Erfolg des Tages ausmachten. Hier brach die 248. Schützendivision an der äußersten Flanke durch, um Gusow von hinten zu umfassen, während Oberst Antonows 301. Schützendivision das Dorf frontal angriff. Gusow fiel gegen 13.00 Uhr, dann ging die 301. Schützendivision, unterstützt von Teilen des 11. Panzerkorps der 1. Garde-Panzerarmee, auf Platkow los, das bereits vom 1038. und 1040. Schützenregiment der 295. Schützendivision frontal angegriffen wurde. Auf diese Weise wurde die deutsche Verteidigung von Süden her aufgerollt und, nachdem Platkow genommen war, ebenso die Flanke der Stein-Stellung.

Das Fallschirmjäger-Regiment 27, das dieses Gebiet verteidigte, erlitt hohe Verluste, das II. Bataillon wurde nahezu vollständig aufgerieben. Die Überlebenden zogen sich nach Wulkow zurück, wo sie sich erneut sammelten. Gleichzeitig zog sich die III. Abteilung des Fallschirmjäger-Artillerie-Regiments 9, die den ganzen Tag über bei Platkow gekämpft hatte, in den Raum Hermersdorf zurück.

Die Sowjets rückten beidseits von Neu Hardenberg durch den dichten Nadelwaldgürtel weiter vor, unter dem sich ein sanfter Anstieg vom Oderbruch zu einem abrupten, 30–40 Meter hohen Abhang ver-

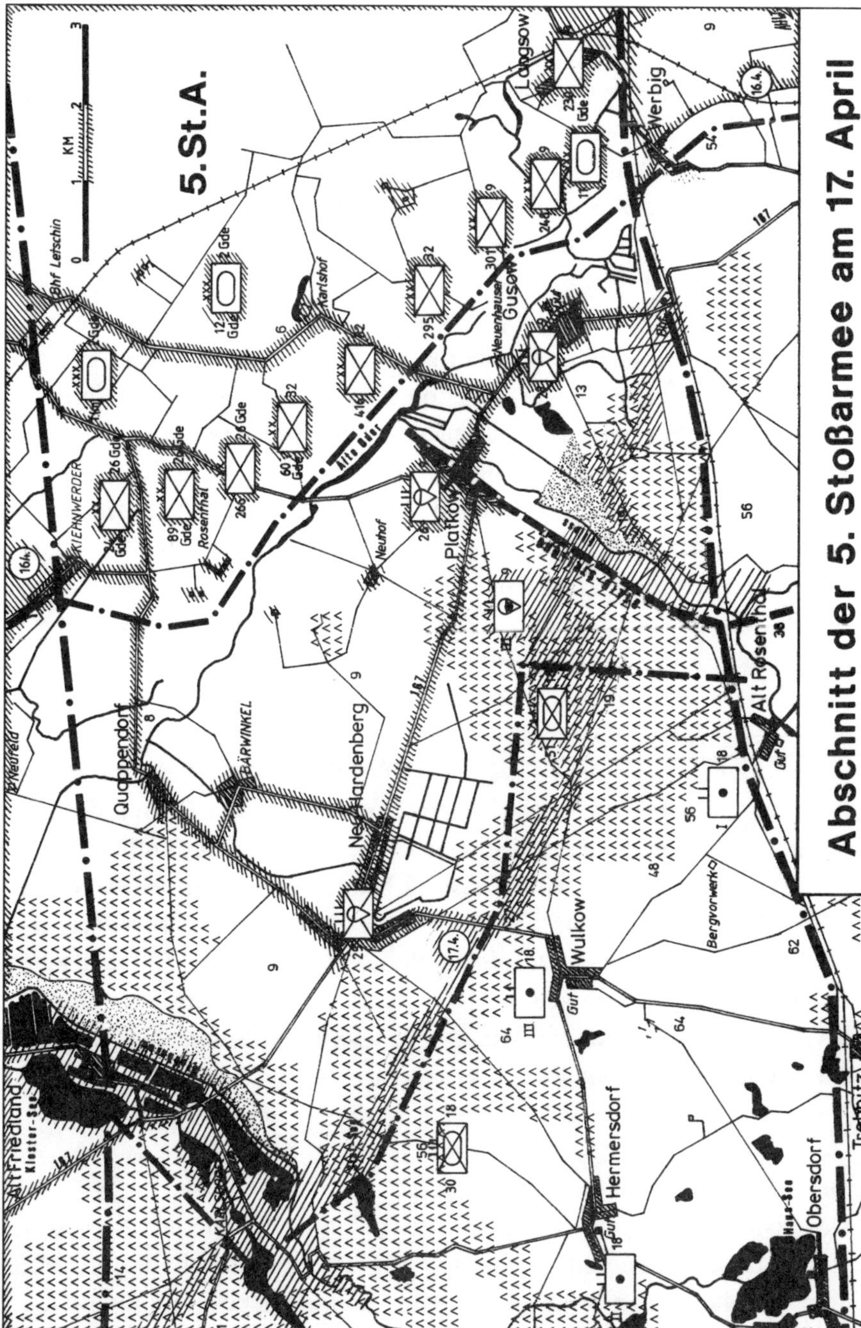

Abschnitt der 5. Stoßarmee am 17. April

barg, an den sich dann auf der Höhe eine offene, leicht gewellte Landschaft anschloß. Zur Rechten führt das Tal des Flüßchens Stobberow an Alt Friedland vorbei in die dicht bewaldete, von tiefen Tälern und Seen durchzogene Märkische Schweiz, eine malerische, aber sehr zerklüftete Gegend, die möglichst gemieden werden sollte. Doch die Straße nördlich des Flüßchens führte nach Ringenwalde und auf die Hochebene, das nächste Ziel der 2. Garde-Panzerarmee auf dem Durchbruch nach Berlin.

Inzwischen war die 18. Panzergrenadier-Division eingetroffen, um die bedrohliche Lücke hinter der rasch zerbröckelnden Verteidigungslinie der 9. Fallschirmjäger-Division zu schließen. Die Panzergrenadier-Regimenter 30 und 51 hatten sich beiderseits Wulkow im Wald verteilt, und hinter ihnen war die Divisionsartillerie in Stellung gegangen. Als kurzfristig eingeschobene Verstärkung kannten sie zu ihrem Nachteil weder das Gelände, noch konnten sie vorbereitete Stellungen beziehen. Außerdem konnte das dichte Waldgebiet, in dem sie sich befanden, leicht von Spähtrupps der Roten Armee durchdrungen werden. Folglich erwiesen sich die Stellungen der 18. Panzergrenadier-Division, obwohl sie an diesem Tag anscheinend gar nicht in Kämpfe verwickelt wurde, als unhaltbar.

Die Gebietsgewinne, die im Lagebericht der 1. Weißrussischen Front vom 17. April sowie in Generalleutnant Bokows Buch für die 5. Stoßarmee in Anspruch genommen werden, sind offensichtlich übertrieben, wenn letzterer zum Beispiel behauptet, die Armee habe bis 18.00 Uhr den Abschnitt Ringenwalde/Hermersdorf/Obersdorf erreicht. Dem Lagebericht zufolge sollen an diesem Tag 1500 deutsche Offiziere und Soldaten getötet, 10 Geschütze, 12 Granatwerfer und 47 MGs vernichtet sowie 250 weitere Offiziere und Soldaten gefangengenommen worden sein.[12]

Die 8. Gardearmee

Der sowjetische Angriff auf den zentralen Abschnitt der Seelower Höhen dauerte den ganzen zweiten Tag unvermindert heftig an. Mit dem Morgengrauen kam ein weiteres schreckliches Trommelfeuer, gefolgt von einer Serie von Luftangriffen.

Ihr früher Erfolg bei Gusow ermöglichte es den Sowjets, die Linien der 20. Panzergrenadier-Division, deren Überlebende sich nachts in der Hardenberg-Stellung bei Seelow neu formiert hatten, von dieser nördlichen Flanke her aufzurollen, von wo aus die sowjetischen Panzer die Höhen erklimmen konnten. Feldwebel Averdieck vom Panzergrenadier-Regiment 90 berichtete:

»Um 4.00 Uhr früh am 17.4. wurde unser Gef.-Stand mehr in die Mitte des Abschnitts, zum Bahnhof Gusow, verlegt. Kaum hatten wir die Wagen getarnt und uns in den Kellern des Bahnhofes umgesehen, als es auch schon Panzeralarm gab. Ohne Schießerei waren sie auf der Straße herangekommen. Zugleich kamen auch schon wieder die Bombengeschwader, wieder ging der Teppich etwas hinter uns nieder. Wir zogen uns in einen Hohlweg hinter dem Bahnhof zurück. Zu allem Unglück kamen nun auch alarmierende Funksprüche von den Batl. Der Feind war im Rücken des I. und II. mit Panzern und Infanterie, das III. wich zurück.
Um 9.00 Uhr setzte wieder Trommelfeuer auf unsere vorderen Stellungen ein, durch das beim I. Batl. der Funk-SPW ausfiel, beim III. Batl. die Besatzung unseres dritten Funk-SPW durch Baumkrepierer verwundet wurde. Der am schwersten verwundete Truppenführer fuhr trotzdem den Wagen noch selber zum Troßraum zurück. Das Regiment war nun so durcheinander, z.T. ohne jede Verbindung und Anschluß, daß wir uns, von Sturmgeschützen und Panzern gedeckt, auf die nächste Stellung, die ›Stein-Stellung‹ bei Görlsdorf, zurückziehen mußten. Es war inzwischen höchste Zeit geworden, denn unterwegs wurden wir schon aus der Flanke beschossen und in einem Wäldchen, in dem wir uns vorübergehend sammelten, sehr übel mit Baumkrepierern bedacht. Als wir mit dem Rest des Rgts. am Nachmittag die Stein-Stellung bezogen hatten, lag diese aber schon unter Beschuß, und der Russe zog gegenüber Panzer und Infanterie zusammen.
Von unserem I. und II. Batl. waren nur einige versprengte Gruppen zurückgekommen, die zu einem schwachen Batl. zusammengezogen wurden. Am Hinterhang der Stellung nahm der Gef.-Stand Aufstellung. Während die Kommandeure die Abschnittsgrenzen fest-

legten, wurde das feindliche Art.- und Werferfeuer immer heftiger. Granatwerfer- und Orgelsalven gingen mehrfach in unmittelbarer Nähe von uns nieder, es wurde immer ungemütlicher. ...
Wieder gab es plötzlich Alarm. Irgendwo war der Russe über die Stellung und damit in unseren Rücken gelangt. Noch ehe man Klarheit über die Lage hat, ist die Stellung von den Soldaten verlassen. In wilder Jagd brauste der Stab an, um ausholend die Landser aufzufangen und im Gegenangriff die Stellung wiederzugewinnen. Aus allen möglichen Richtungen gab es unterwegs schon MG- und Panzerbeschuß.
Bei einbrechender Dunkelheit gingen wir mit Unterstützung von 2-cm-Flak und einigen Panzern zum Gegenangriff über, jedoch konnten die schweren Waffen im Wald nicht viel bewirken. Mit dem SPW bezogen wir eine Sicherung an einer Waldecke. Bis in die Nacht hinein ging der Kampf, die alte Stellung wurde aber nicht wieder erreicht.«[13]

Feldwebel Waldmüller (Panzerabteilung 8) war mit seinem Panzer auf den Höhen bei Seelow im Einsatz. Er schrieb:

»Sicherung auf den Seelower Höhen. Die Russen greifen mit Infanterie-Massen zum Teil betrunken und eingehängt in Linie bis zu 3 Gliedern an. Wir wehren uns mit MG und Sprenggranaten. Russische Infanterie-Scharfschützen nehmen den Sehschlitz unseres Fahrers aufs Korn. 6 Treffer liegen daneben, der 7. Treffer geht in die tiefstehende Kanonenmündung, aus der im gleichen Moment geschossen wird. Ergebnis: zum Glück nur eine Rohraufbauchung durch die im Rohr explodierende Sprenggranate. Durch die Hitze brennt das Tarnnetz. Die Kanone ist unbrauchbar. Wir fahren zurück in unsere Werkstatt über Müncheberg nach Hoppegarten. Unterwegs halten uns mehrfach Generäle und hohe Offiziere an, die meinen, wir wollten uns wegschleichen. Wir verpflegten uns aus verlassenen Häusern. ... Die Panzerwerkstatt ist im Wald. Es regnet, und wir schlafen unter dem Panzer auf dem Boden, immer wieder durch nahe Artillerie-Einschläge aufgeschreckt.«[14]

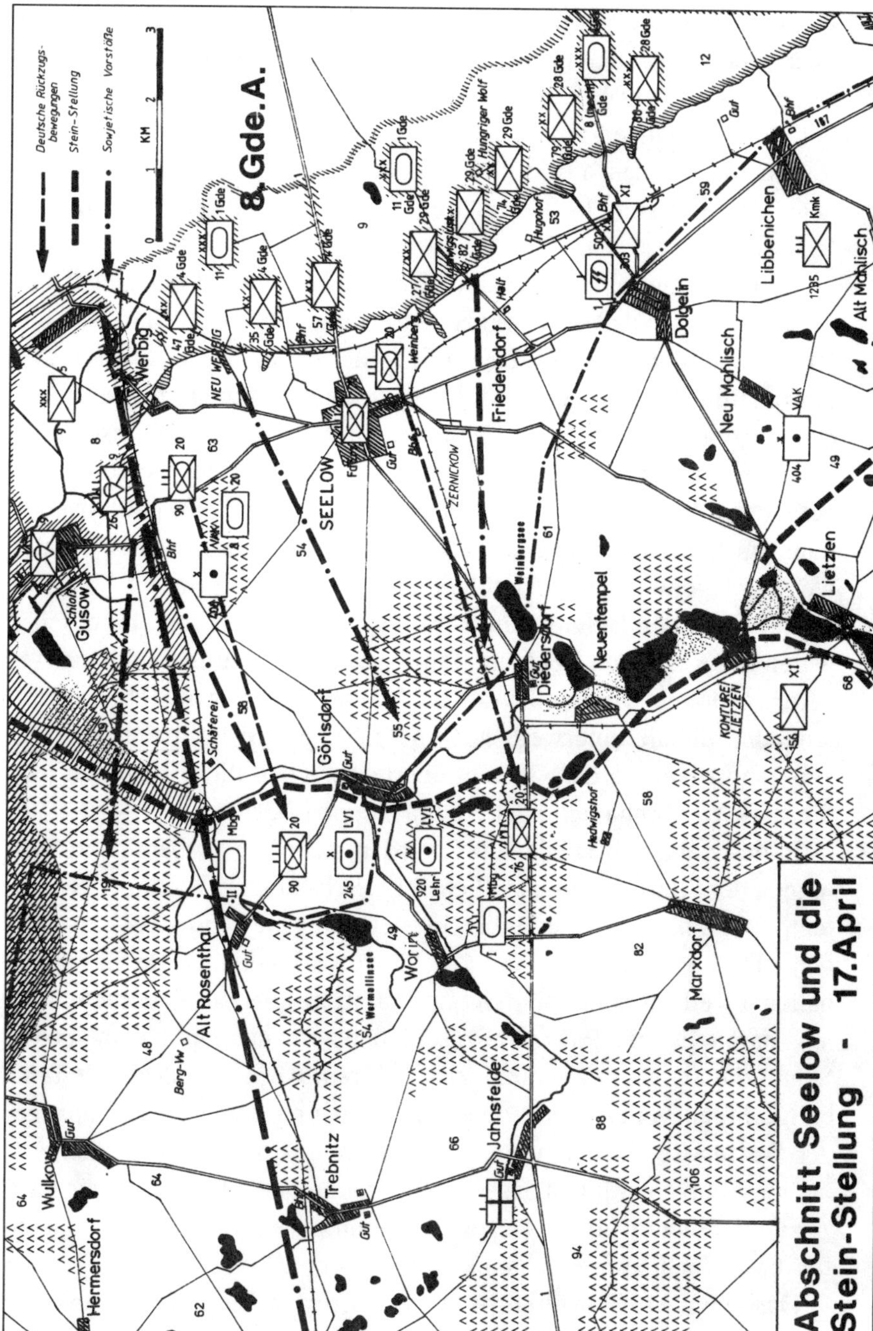

Abschnitt Seelow und die Stein-Stellung - 17. April

In Seelow selbst wurde inzwischen Leutnant Tams darüber informiert, daß seine Kompanie jetzt Teil der Kampfgruppe »Rosenke« sei, die unter dem Befehl des gleichnamigen Hauptmanns des I. Bataillons des Panzergrenadier-Regiments 76 stand. Die Reste dieses Regiments standen augenblicklich südlich der Stadt, der Kommandeur, Oberst Reinhold Stammerjohann, sollte an diesem Tag im Gefecht fallen.

Tams' 3. Zug auf der linken Flanke war während der Nacht verschwunden, so daß sich Tams aufmachte, um beim Bataillonsgefechtsstand den Reserve-Zug anzufordern. Doch die sowjetischen Panzer fuhren bereits von Norden nach Seelow hinein, und er wurde den ganzen Weg von ihrem Feuer gejagt; drei Panzer fuhren sogar direkt hinter ihm in den Bauernhof ein, in dem sich der Gefechtsstand befand, doch der war bereits verlassen. Tams fand den Bataillonskommandeur kurz darauf in der Nähe des Bahnhofs der Schmalspurbahn, wo er sich gerade einen Überblick über die Lage verschaffte. Vom ihm erhielt Tams den Befehl zum Rückzug nach Diedersdorf. Inzwischen waren die Reste von Leutnant Tams' vorderem Zug ins Stadtzentrum zurückgedrängt worden. Diese vier Männer nahm er mit, ebenso weitere acht, die sie unterwegs noch aufgabelten. Bisher hatte nur einer von zehn Männern das Gefecht überlebt, so daß diese 13 Mann jetzt die stärkste Kompanie in der Kampfgruppe bildeten.

In der Nähe von Diedersdorf wurden sie in die vorbereiteten Stellungen der Stein-Stellung südlich der Reichsstraße 1 Richtung Neuentempel befohlen, wo sie 30 bis 50 Meter tief im Wald zwei eingegrabene und gut getarnte 8,8-cm-Geschütze vorfanden. Beide Geschütze hatten jeweils nur noch fünf Schuß Munition, aber die Kanoniere hofften, damit je vier Panzer abzuschießen, um dann mit dem letzten Schuß die eigenen Geschütze zu zerstören. Kurz darauf erhielt Tams einige Mann Verstärkung sowie Unterstützung durch drei Jagdpanzer der Waffen-SS. In der Abenddämmerung eröffneten die beiden 8,8-cm-Geschütze vor ihnen das Feuer auf herannahende sowjetische Panzer und erzielten sieben Treffer, wodurch der sowjetische Vormarsch für diese Nacht zum Erliegen kam.[15]

Das vom 11. Panzerkorps unterstützte 4. Garde-Schützenkorps konnte somit an diesem Tag beachtliche Erfolge vorweisen und beendete den Tag auf der Linie Alt Rosenthal – Nordufer Wermelinsee – Görlsdorf – Nordrand Diedersdorf; Teile der Panzerkräfte gelangten im Norden sogar bis Wulkow.[16]

Die Reste der 303. Infanterie-Division hielten zusammen mit dem II. Bataillon des Panzergrenadier-Regiments »Kurmark« das Gebiet unmittelbar nördlich und östlich von Dolgelin, sahen sich aber nach und nach gezwungen, eine Front nach Norden zu bilden, als sowjetische Kräfte durch die Bresche bei Friedersdorf auf das Hochplateau strömten.

Schon am Nachmittag des Vortags hatte Hauptmann Zobel von der 1. Abteilung des Panzerregiments »Müncheberg« von seiner Stellung nahe der Reichsstraße 1 aus beobachtet, wie die Kolonne sowjetischer Panzer auf der schmalen, kopfsteingepflasterten Allee, die durch die Felder führte, auf den am Fuß der Höhen unterhalb von Friedersdorf gelegenen Weiler Ludwigslust zurollte. Aber auf direkten Befehl von General Mummert und auch aus Mangel an Munition mußte er sein Feuer auf die unmittelbar seine Front bedrohenden sowjetischen Panzerkräfte konzentrieren. Die deutsche Stellung bei Ludwigslust war von Natur her gut zu verteidigen, denn die gepflasterte Straße nach Friedersdorf führte durch einen engen Einschnitt hinauf, dessen Zugang durch eine massive, aus Backsteinen erbaute Eisenbahnbrücke blockiert wurde, durch die nur eine kleine, tunnelartige Öffnung führte, und die steilen Böschungen beiderseits waren gut befestigt. Dennoch wurde diese Stellung möglicherweise von den Sowjets mit Hilfe einiger Panzer aufgerollt, die bereits am Vortag bis zum Bahndamm bei Dolgelin vorgedrungen waren und sich von dort nordwärts nach Seelow gewandt haben sollen.[17]

In der Morgendämmerung des 17. April wurden die sechs Tiger II der 1. Kompanie der schweren SS-Panzerabteilung 502 mit Raketen beschossen und dann von sowjetischer Infanterie angegriffen. Diese konnte der Flak-Zug mit seinen 2-cm-Vierlingen abwehren, einer sehr wirkungsvollen Waffe, wenn sie im Direktfeuer gegen geschlossene Infanterieformationen eingesetzt wurde. Mit derart konzentrierter Feuerkraft konnte sich die Kompanie trotz wiederholter Luftangriffe den ganzen Tag behaupten, bis sie sich am späten Nachmittag durch eine starke sowjetische Infanterie- und Panzermassierung in nördlicher Richtung gezwungen sahen, sich allmählich nach Westen abzusetzen.[18]

Am Vormittag hatten sie noch alle Angriffe abwehren können, doch am Nachmittag zwang ein 45minütiges Trommelfeuer, gefolgt von einem starken sowjetischen Vorstoß, die Deutschen bei Friedersdorf, Dolgelin und Libbenichen zum Rückzug. Das I. Bataillon des Panzergrenadier-Regiments »Kurmark« 1 unterstützte die verbliebenen Teile der 303. Infanterie-Division »Döberitz« entlang der Bahntrasse in Dolgelin. Im Verlauf des Vormittags konnte durch einen erfolgreichen Gegenangriff eine neue Verteidigungslinie eingerichtet werden, die westlich von Friedersdorf und durch die Ortsmitte von Dolgelin verlief.[19]

Oberstleutnant Weber vom Grenadier-Regiment 301 berichtet:

»Am Morgen des 17.4. setzte das übliche Artilleriefeuer ein. Aus unserer Kelleröffnung wurde der Gegner durch Gewehrfeuer auf Distanz gehalten. In einer Feuerpause verließ der fremde Bataillonsstab den Keller. Kurz darauf setzte ich mich mit meinem Stab auch ab. Panzer und Kompanie fehlten vorne, sie waren dem Feuerschlag ausgewichen. Hinter dem Gehöft sahen wir parallel zum Ort eine russische Schützengruppe, die in ca. 70 m Entfernung als Aufklärer, aber im Gleichschritt in Reihe nach Westen strebte. Um unser Gewehrfeuer kümmerten sie sich nicht. Wir mußten sie nun schleunigst überholen; da die nach Westen führende Dorfstraße laufend unter genauem Artilleriefeuer lag, mußten wir die Höfe der Gehöfte durchqueren. Zu unserem Glück waren die Steinmauern durchbrochen, und wir kamen unbehelligt aus dem Ort. Das Gelände stieg nach Westen an. Auf einem Feldweg rechts von uns fuhr ein leichter russischer Panzer mit aufsitzenden Schützen. Da auf die Entfernung von 600 m Freund und Feind schwer zu unterscheiden war, täuschten wir durch Anschlagen der Gewehre nach Westen vor, daß wir auch Russen wären. Nach 1 km trafen wir auf einer Höhe die Tigerpanzer mit einem zu ihnen gehörenden Schützenzug. Ihr Auftrag lautete, unser Dorf wieder zu nehmen. Der fremde Bataillonsstab war auch wieder vor uns da. Wir wurden aufgefordert, die Panzer frontal zu schützen, das geschah unter meiner Führung. Wei-

tere Russen tauchten vor uns nicht auf. Nach längerem Herumschießen mußten die Panzer ihren Angriff einstellen. Inzwischen bot sich mir am Horizont ein einmaliges Schlachtenpanorama. Wie bei einer Fata Morgana in der Wüste sah ich eine ungeheure Truppenmasse im Nordosten, die sich nach Westen in Richtung auf die Seelower Einbruchstelle bewegte.
Gegen Abend beim Divisionsstab eingetroffen, gab es eine Anzahl Neuigkeiten. Die Division hatte die Fernsprechleitung zum erwähnten Gefechtsstand der Artillerie-Abteilung wieder in Betrieb. Dort hatte sich mein linker Bataillonskommandeur eingefunden, und ich konnte ihn kurz sprechen. Nach der gestrigen Feuerwalze fand er oben auf seinem Bunker bereits Russen, die wohl in einer freigehaltenen Feuergasse dorthin gelangt waren und die er niederkämpfte. Bei der Division hatte sich auch mein 1. Ordonnanz-Offizier mit einem einäugigen Melder eingefunden, die wir nicht aus ihrem Bunker herausbekommen hatten. Beide hatten sich in dem auch von mir benutzten Graben den Weg mit Handgranaten freigekämpft. Ferner erhielt ich die Nachricht, daß das entweder geflohene oder aufgelöste Nahtregiment behauptete, ich hätte Befehl zum Absetzen erteilt. Mit meinem Ordonnanzoffizier konnte ich das sofort widerlegen. Der Korpskommandeur, gerade bei der Division, wollte schon gegen mich vorgehen. Verdreckt, wie ich war, wollte ich mich sofort rechtfertigen. Der Ia hielt mich mit Mühe zurück. Die Angelegenheit wurde dann erledigt. Dagegen traf das unbekannte Nahtregiment eine wohl seltene Strafe: Dem Regiment wurden sämtliche Orden und Ehrenzeichen abgesprochen; der Regimentskommandeur erschoß sich daraufhin. Ob ihn ein Verschulden traf, blieb unbekannt. – Ich blieb nun als Z. b. V. beim Divisionsstab.«[20]

Das 29. Garde-Schützenkorps konnte den Vorstoß bis auf die Linie Nordostrand Diedersdorf – Nordufer Weinbergsee – Nordrand Dolgelin melden, während vom 8. (mech.) Gardekorps berichtet wurde, daß es auf dem Vormarsch von Friedersdorf nach Diedersdorf sei, wo für den nächsten Tag mit einem Großangriff zu rechnen war. Südlich von Diedersdorf verhinderte das künstlich geflutete Tal jeglichen Vormarsch gepanzerter Kräfte in diese Richtung.

An der Südflanke der 8. Gardearmee hatte das 28. Gardeschützenkorps geringere Fortschritte erzielt und war nur bis auf die Linie Dolgelin – Ostrand Libbenichen – Wäldchen 2 km südöstlich Libbenichen vorgerückt. Das Ergebnis war dennoch befriedigend angesichts der relativen Stärke der sich dort gegenüberstehenden Kräfte sowie des Umstands, daß die deutschen Kräfte in diesem Teil der Hardenberg-Stellung gebunden und somit daran gehindert wurden, in der Hauptvorstoßrichtung aktiv zu werden.

Tschuikows 8. Gardearmee und Katukows 1. Garde-Panzerarmee wollen am 17. April zusammen rund 3200 deutsche Offiziere und Soldaten getötet sowie 18 Geschütze, 86 MGs, 19 Panzer und Sfl, darunter 7 »Tiger« und »Panther«, vernichtet haben. Erbeutet wurden 16 Geschütze, 60 MGs, 4 Panzer, und 450 deutsche Offiziere und Soldaten wurden gefangengenommen.[21]

Die 69. Armee

Die 69. Armee nahm am 17. April um 8.30 Uhr nach 30minütigem Bombardement ihren Angriff wieder auf, obwohl sie ohne ihre schwere Artillerie, die an diesem Tag zur Verstärkung der 8. Gardearmee eingesetzt war, nicht ihre volle Schlagkraft besaß. Das 25. Schützenkorps, unterstützt von etwa 60 Panzern, konnte die 169. Infanterie-Division aus Mallnow und ihren Stellungen vom Vortag verdrängen. Dagegen verliefen die Operationen des 61. Schützenkorps bei Schönfließ weniger erfolgreich, denn die 712. Infanterie-Division, unterstützt von einigen »Tiger« II der 2. Kompanie der schweren SS-Panzer-Abteilung 502, widerstand allen Angriffen, wobei sie 25 sowjetische Panzer zerstörte und sämtliche örtlich begrenzten Durchbrüche eliminierte.[22]

Der 69. Armee wurden an diesem Tag 1200 getötete deutsche Offiziere und Soldaten sowie 40 zerstörte Maschinengewehren zugeschrieben, außerdem gerieten 56 deutsche Offitziere und Soldaten in Gefangenschaft.[23]

Die Südflanke

Die Ausschaltung der sowjetischen Kräfte im Kessel von Güldendorf-Malchow am Tag zuvor bei deren Versuch, die Autobahn zu erreichen, hatte den Druck auf diesen Abschnitt nicht vermindern können. Die ganze Nacht über wurden sowjetische Verstärkungen in den Brückenkopf bei Lossow gepumpt, von wo aus sie ständig nachdrängten. Mit Unterstützung von etwa 30 Panzern konnten diese Kräfte schließlich nördlich von Markendorf zur Bahnlinie Frankfurt-Müllrose vordringen, wo sie auf SS-Oberleutnant Haukelts 1. Kompanie der SS-Jagd-Panzer-Abteilung 561 stießen. Deren »Hetzer« waren jedoch, auf sich allein gestellt, trotz wiederholter Gegenangriffe außerstande, den sowjetischen Vormarsch aufzuhalten.

Im Verlauf des Tages erlitt die Kampfgruppe »Krauß« schwere Verluste in den Kämpfen um Markendorf. Zwar wurden eiligst eine Kompanie des SS-Feld-Ersatz-Bataillons 32 und die 3. Kompanie des SS-Grenadier-Regiments »Falke« herangeführt, aber auch sie konnten die zahlreichen Breschen in der deutschen Front nicht mehr schließen.

Auch der sowjetische Vorstoß entlang dem Friedrich-Wilhelm-Kanal wurde am 17. April wieder aufgenommen. Unterlindow fiel, und Schlaubehammer am Nordufer geriet unter Druck, doch blieb das südlich davon zwischen Friedrich-Wilhelm- und Oder-Spree-Kanal gelegene Dreieck Weißenspring-Oberlindow in deutscher Hand.

In der Nacht vom 16. zum 17. April trafen deutsche und sowjetische Truppen überraschend auf der Brücke von Rautenkranz aufeinander, für die keine Verteidigungsvorbereitungen getroffen worden waren. Die Deutschen konnten die Sowjets schließlich zurückdrängen und die Brücke sprengen. Den ganzen Tag über herrschte starker sowjetischer Druck in dieser Richtung, von Wiesenau ausgehend westwärts, doch das SS-Grenadier-Regiment 88 hielt stand.

Der Tagesbericht der 1. Weißrussischen Front konnte für den 17. April keine weiteren Fortschritte der 33. Armee verzeichnen, und auch hier hatte sich nur beim 62. Schützenkorps etwas bewegt. Der mangelnde Erfolg des 16. und 38. Schützenkorps ermöglichte es, die Kräfte der 32. SS-Grenadier-Division zur Hälfte abzuziehen und an anderen Stellen einzusetzen.

Dennoch konnte die 33. Armee über 900 getötete Offiziere und Soldaten sowie die Vernichtung von 12 MGs, 2 Geschützen, 3 Granatwerfer- und 2 Artilleriebatterien sowie 4 Sfl melden. 18 Geschütze, 2 Sfl, 2 Lager mit Treibstoffen und Munition konnten erbeutet sowie 54 deutsche Offiziere und Soldaten gefangengenommen werden.

Unterdessen konzentrierte sich das 2. Garde-Kavallerie-Korps in den Wäldern südlich und südöstlich von Pulverkrug am Ostufer der Oder für seinen Einsatz beim Durchbruch.[24]

Bilanz des Tages aus deutscher Sicht

In seiner vorgeschobenen Gefechtsstelle bei Dammühle westlich von Strausberg besprach Generaloberst Heinrici mit seinem engsten Stab die Lage am Ende des zweiten Kampftags und die verbleibenden Verteidigungsmöglichkeiten, die allerdings kaum noch Erfolg versprachen. In einem Telefongespräch zwischen Oberst Eismann von der Heeresgruppe »Weichsel« und Major Schwarz vom OKH meldete ersterer: »Schlacht der 9. Armee hat ihren Höhepunkt erreicht. Gekennzeichnet durch Auftreten beider Garde-Panzerarmeen (1. und 2.) und sieben Infanterie-Armeen. 9. Armee hat sich tapfer geschlagen ...« Die Heeresgruppe »Weichsel« meldete die Vernichtung von 721 gepanzerten Fahrzeugen seit Beginn der Schlacht, erwähnte aber die deutschen Verluste nicht.[25]

Die »Kamikaze«-Piloten der Luftwaffe hatten ihre Angriffe auf die sowjetischen Brücken an diesem Tag mit 30 Einsätzen fortgeführt und die Zerstörung von 17 Brücken verzeichnet, einschließlich einer der Küstriner Eisenbahnbrücken, wobei 22 Piloten samt ihren Maschinen geopfert wurden.[26] Tatsächlich aber hatten sie sogar beide Küstriner Eisenbahnbrücken zerstört, wie General Antipenko, Kommandeur von Schukows Rückwärtigen Diensten, später berichtete:

> »In der Nacht zum 18. April, als die Arbeit an den Eisenbahnbrücken über die Oder und die Warthe beendet war, flog der Gegner einen schweren Angriff und zerstörte beide Brücken. Truppen der 29. Eisenbahnbrigade und der Brückenbauzug Moskaljows setzten beide Brücken unter ununterbrochenem Bombardement in einer Woche wieder instand; am 25. April waren sie fertig. So konnte

> gleichzeitig mit dem Eindringen unserer Truppen in Berlin am 25. April um 18.00 Uhr auch der erste Zug mit schwerer Artillerie in Berlin-Lichtenberg einfahren.«[27]

Heinricis ursprüngliche Absicht, die 18. und die 25. Panzergrenadier-Division als Hauptkräfte für den Gegenangriff einzusetzen, war von Hitler vereitelt worden, der ihre Verlegung in die Nähe von Seelow bzw. Wriezen befahl, wo sie infolge russischer Luftüberlegenheit und wegen verstopfter Straßen erst sehr spät eintrafen und deshalb sofort in den Kampf gegen die vorstoßenden Sowjettruppen gezogen wurden.[28]

Mit Zustimmung der Heeresgruppe forderte General Busse weitere Reserven an, um die kritische Lage bei Wriezen und Seelow in den Griff zu bekommen. Anfänglich war Hitler nicht bereit, die SS-Panzergrenadier-Divisionen »Nordland« und »Nederland« aus der Heeresgruppen-Reserve freizugeben, doch auf nachdrückliche Bitten wurden diese Divisionen im späteren Verlauf des Tages doch noch der 9. Armee überstellt. Um Mitternacht verließen sie den Abschnitt der 3. Panzerarmee, wobei die »Nordland«, die das 503. schwere SS-Panzer-Bataillon mitbrachte, dem XI. SS-Panzerkorps und die »Nederland« dem V. SS-Gebirgskorps zugeteilt war.[29]

Um die Verteidigungsvorkehrungen an der Reichsstraße 1 im Raum Müncheberg zu verstärken, wurden einige in Berlin in Bereitschaft stehende Alarmbataillone in der Nacht zum 18. April mit Berliner Stadtbussen in den Raum Buckow gebracht und dort dem LVI. Panzerkorps unterstellt. Weitere Verstärkungstruppen, jedoch von zweifelhafter Qualität, trafen ein, wie General Busse berichtet:

> »Einige hundert, der Armee gegen ihren Willen und ohne vorherige Unterrichtung zugewiesene Hitlerjugend teilte das AOK erfahrenen Pionieren in der weit hinter der Front gelegenen Waldsperrzone zu und bewahrte sie so vor dem von Hitler befohlenen Einsatz im Kampf.«[30]

General Busse sorgte sich auch um die Entwicklung an seiner Südflanke, wo sich Marschall Konjews Truppen durch General Fritz-Herbert Gräsers 4. Panzerarmee Bahn brachen. Später berichtete er:

»Am 17. abends zeichnete sich bereits die Bedrohung der eigenen tiefen Südflanke ab, welche in Kürze zu einer solchen des Rückens werden mußte. Nochmals versuchte das AOK, voll unterstützt von der Heeresgruppe, unmittelbar beim OKH zu erreichen, daß die Armee sich angesichts dieser Lage, unter Festhalten des Anschlusses an die 3. Panzerarmee, absetzen durfte, ehe ihre Front zerbrach. Es erhielt nur wiederum den scharfen Befehl Hitlers, seine Front zu halten und die Lage im Schwerpunkt durch Gegenangriffe wiederherzustellen.«[31]

Bilanz des Tages aus sowjetischer Sicht

Trotz der generellen Vormarscherfolge war der 2. Kampftag für die 1. Weißrussische Front ebenso katastrophal verlaufen wie der erste. Die Verlustzahlen waren weiterhin alarmierend gestiegen, so daß der rückwärtige Raum nach jeder Art Personal durchforstet werden mußte, das geeignet erschien, als Infanterie die Lücken in den Fronteinheiten zu schließen. Dazu wuchs die Sorge um die Konsequenzen der Fehler, die bei der Planung und Ausführung dieser Operation begangen worden waren.[32] Wie es scheint, gelangte man zunehmend zu der Erkenntnis, daß die traditionelle Taktik des Massenansturms mit dem nur begrenzt zur Verfügung stehenden Material nicht länger aufrechtzuerhalten war. In diesem Zusammenhang gewinnen die Äußerungen von Oberst A. Kh. Babadschanjan, Befehlshaber des 11. Panzerkorps der 1. Garde-Panzerarmee, über General Telegin, die »rechte Hand« Marschall Schukows, besondere Bedeutung:

»In der Nacht zum 18. April, als der zweite Verteidigungsstreifen durchbrochen war und unsere Truppen den Angriff fortsetzten, erschien General N. I. Gerko auf meinem Gefechtsstand. Er teilte mir mit, ich hätte sofort mit ihm zurück nach Seelow zu fahren, um an einer Beratung beim Mitglied des Kriegsrates, Telegin, teilzunehmen. ...

Ich meldete meine Bedenken an, die Truppen während des Angriffs zu verlassen, fand aber kein Gehör. General Gerko zuckte nur mit den Schultern und meinte, Befehl ist Befehl.

Auf einer stark in Mitleidenschaft gezogenen Straße quälten wir uns nach Seelow. Im Ort schien kein Stein auf dem anderen geblieben zu sein. Nach langem Suchen fanden wir das wie durch ein Wunder unversehrt gebliebene Haus, in dem die Beratung stattfinden sollte. Das trübe Licht einiger Grabenfunzeln fiel auf die Gesichter der Versammelten. Telegins Gesichtsausdruck war streng, konnte aber seine Niedergeschlagenheit nicht verbergen.
Ich kannte ihn schon seit 1942. Selbst in komplizierten Situationen blieb Telegin für mich stets ein Muster an Parteilichkeit und Prinzipienfestigkeit. ... Und nun diese Niedergeschlagenheit. Zweifellos hatte auch er sich für die Verzögerung vor den Seelower Höhen einiges anhören müssen.
Die meisten der Versammelten kamen von den Panzertruppen. Das sieht ja fast so aus, als wären sie letzlich daran schuld, daß ihre Panzer nicht die nötige Bewegungsfreiheit in der Tiefe hatten, dachte ich.
Erst weit nach Mitternacht erhielten wir endlich die Erlaubnis, zu unseren Verbänden zurückzukehren. Schweigend fuhren wir wieder nach vorn zu meinem Gefechtsstand.«[33]

Etwas mehr Licht auf die Anstrengungen der sowjetischen Panzerkräfte wirft der Bericht von General Katukow, Oberbefehlshaber der 1. Garde-Panzerarmee. Wie er schrieb, meldete Oberst Babadschanjan erst am Abend, daß sein 11. Garde-Panzerkorps die 2. Verteidigungslinie nach nördlicher Umgehung von Seelow durchbrochen habe und weiter auf dem Vormarsch sei. Katukow befahl sofort die 64. Garde-Panzerbrigade, zwei Sfl-Regimenter und andere Truppenteile aus seiner Reserve nach vorn, um diesen Erfolg zu festigen. Dann wurde Babadschanjans linke Flanke jedoch von Süden her angegriffen, woraufhin Katukow Generalmajor Dremow, Befehlshaber des 8. (mech.) Gardekorps, befahl, unter Zurücklassung nur einer Brigade zur Sicherung seine Hauptstreitkräfte nach vorn zu bringen, um Babadschanjans Flanke zu sichern.[34] Am nächsten Tag war daher die Masse beider Panzerkorps im Begriff, beiderseits Seelow nach Westen vorzustoßen.

Die sowjetische Luftwaffe hatte an diesem Tag aufgrund schlechter

Flugbedingungen weniger Erfolg. Die 16. Luftarmee verzeichnete an diesem Tag 1597 Einsätze, von denen jedoch die Hälfte auf Nachtflüge mit den alten PO-2-Doppeldeckern entfiel, die ihre leichtgewichtigen Ladungen aus Phosphor- und Sprengbomben abwarfen. Acht Flugzeuge waren von ihrem Kampfeinsatz nicht zurückgekehrt und zwei bei der Landung verunglückt. Demgegenüber konnten neun Abschüsse deutscher Flugzeuge verbucht werden.[35]

Dritter Kampftag

Für diejenigen, die dafür Augen hatten, war der 18. April 1945 ein herrlich warmer Frühlingstag, was jedoch bedeutete, daß die Sowjetischen Luftstreitkräfte endlich alles, was ihnen zur Verfügung stand, gegen die deutsche Verteidigung aufbieten konnten.

Verstärkungen für die 9. Armee

Die SS-Panzergrenadier-Divisionen »Nordland« und »Nederland« hatten am 17. April um Mitternacht begonnen, aus dem Abschnitt der 3. Panzerarmee auszurücken und zur Verstärkung der 9. Armee zu eilen, wobei sie hofften, ihre jeweiligen Bestimmungsorte noch vor Tagesanbruch zu erreichen. Es standen dafür zwei fast parallele Routen zur Verfügung. Die eine führte über Niederfinow, Harnekop, Prötzel und Müncheberg gefährlich nah an der Kampffront vorbei, die andere über Eberswalde, Heckelberg, Gielsdorf und Strausberg ließ einen größeren Sicherheitsabstand. Schwierig waren allerdings wegen überfüllter Straßen und zerstörter Brücken beide Routen gleichermaßen.

Aber auch sonst fand die Truppenbewegung unter erschwerten Bedingungen statt: zum einen durch fehlende Transportmittel für die Infanterie – so daß manche Einheiten marschieren mußten –, ferner durch Treibstoffmangel für die vorhandenen Fahrzeuge – einem Teil der »Nordland« ging zwischen Heckelberg und Tiefensee der Treibstoff ganz aus –, und schließlich war der vorhandene Kraftstoff auch noch verunreinigt, denn er war aus Tankern geborgen worden, die im Stettiner Haff versenkt worden waren – immer wieder mußten die Fahrer anhalten, um die Vergaser zu reinigen.

Infolgedessen geriet die Marschordnung völlig durcheinander, und die Fahrzeuge trudelten schließlich nur einzeln nach und nach an ihren Bestimmungsorten ein. Inzwischen hatte sich auch die Lage an der Front geändert, und entsprechend waren neue Befehle an diese Divisionen ergangen. Die 11. SS-Freiwilligen-Panzergrenadier-Division »Nordland«, die nun dem LVI. Panzerkorps unterstellt wurde, war folgendermaßen zusammengesetzt:

- SS-Panzer-Regiment 11
  - SS-Panzer-Abteilung 11 »Hermann von Salza«
  - schwere SS-Panzer-Abteilung 503
- SS-Panzergrenadier-Regiment 23 »Norge«
- SS-Panzergrenadier-Regiment 24 »Danmark«
- SS-Panzer-Aufklärungs-Abteilung 11

Die 23. SS-Freiwillige-Panzergrenadier-Division »Nederland« wurde dem XI. SS-Panzerkorps zugeteilt. Sie bestand im wesentlichen aus dem SS-Panzergrenadier-Regiment 48 »General Seyffarth« mit nur einem Bataillon aus zwei Infanteriekompanien sowie den Regimentskompanien mit schweren Waffen. Das zweite Panzergrenadier-Regiment und das Artillerie-Regiment der Division hatten aus Mangel an Transportmitteln zurückgelassen werden müssen. Folglich wurde die »Nederland« von diesem Zeitpunkt an nur noch als Regiments-Kampfgruppe eingestuft.[1]

Der Durchbruch bei Wriezen

Bei Wriezen spitzte sich die Lage mehr und mehr zu, denn im Verlauf der hektischen Kämpfe des 18. April brachen hier die Verteidigungslinien des CI. Armeekorps völlig zusammen. Nicht nur die 5. Jäger-Division war am Abend zu einem umfangreichen Rückzugsmanöver aus dem Oderbruch auf die die Alte Oder beherrschende »Wotan-Stellung« gezwungen, sondern auch die »Hardenberg-Stellung« wurde im Zentrum und an der Südflanke, in den Abschnitten der 606. und der 309. Infanterie-Division, durchbrochen.

Im Verlauf der Gefechte zwischen der 1. Polnischen Armee und der 5. Jäger-Division wechselten einzelne Dörfer mehrmals den Besitzer, und die Verluste waren auf beiden Seiten sehr hoch. Im Laufe des Tages rückten die polnischen Truppen bis an den Abschnitt der Alten Oder unterhalb der Höhen unmittelbar nördlich von Wriezen vor, doch erwies sich dieses Hindernis, das erst nach schwierigem Marsch über wassergetränkte Weiden zu erreichen war, dann wohl doch als zu übermächtig. Immerhin geriet das 1. Wachbataillon der »Leibstandarte Adolf Hitler« an der Alten Oder nahe Gaul so sehr in Bedrängnis, daß es sich im Schutze der Nacht nach Westen zurückziehen mußte. Im nördlichen Abschnitt gegenüber Bad Freienwalde verteidigte die 5. Jäger-Division den ganzen Tag lang erfolgreich das Gebiet zwischen den beiden Flußläufen (Alte Oder und Güstebieser Alte Oder) mit den Ortschaften Alt Reetz, Neu Küstrinchen und Neu Glietzen, doch gegen Abend wurde die Gefahr, umfaßt und im Oderbruch isoliert zu werden, so groß, daß die Division sich zurückziehen mußte.[2]

Oberleutnant Erich Hachtel berichtet über diesen Tag:

»Am 18. April waren wir in schwere Abwehrkämpfe verwickelt. Der Druck kam vor allem vom Süden her, und es bestand die Gefahr, daß unsere Oderfront aufgerollt werden könnte. So fuhr ich am späten Nachmittag dieses Tages die Straße nach Reetz entlang und sah meinen Feldwebel Roth auf seinem Pferd im Trab entgegenkommen, dahinter ein Geschütz. Ich hielt ihn an und bekam von ihm die Meldung, daß der Russe im Süden durchgebrochen sei, und da sah ich aus der Richtung braune Massen auf den Feldern entgegenkommen. Sofort befahl ich links der Straße abzuprotzen und in der unteren Winkelgruppe einige Abpraller zu schießen, die ihre Wirkung nicht verfehlten. Es kam bei den Angreifern Unordnung auf, und sie liefen zurück, so daß für kurze Zeit Ruhe eintrat. Dem Feldwebel Roth wurde ein neuer Raum für seine Feuerstellung befohlen, und er marschierte dorthin ab.

Abends am selben Tag gegen 22 Uhr wurde ich zu einer Kommandeurbesprechung in den Regimentsgefechtsstand befohlen, um nach der neuen Lage die weiteren Einsatzbefehle zu bekommen. Mitten in diese Besprechung kam ein Posten hereingerannt und rief, die Russen stehen kurz vor unserem Gefechtsstand! In aller Ruhe gab Oberstleutnant Liebmann den Befehl, ›Alles hinaus, um den Gegner abzuwehren‹, der bis auf 25 m an den Gefechtsstand herangekommen war. Nach etwa zehn Minuten war der Gegner abgewiesen und die Lage wieder fest in unserer Hand. Ohne weitere Unter-

brechung wurde die Besprechung zu Ende geführt und die Rücknahme der Hauptkampflinie entlang der Straße Wriezen – Bad Freienwalde befohlen. Dieser Befehl wurde sofort in die Tat umgesetzt, und damit begann die geordnete Absetzbewegung nach Westen zur Elbe.
So fuhren wir durch das nächtliche, im Feuerschein der brennenden Häuser erleuchtete Wriezen in unsere befohlenen Räume. Es war ein schauriges Bild, durch die durch den Feuersturm sengende Straße dieser Stadt zu fahren, um wieder aus dem Gewirr der zerberstenden Fassaden herauszufinden.«[3]

Am neuen Gefechtsstand in Neu Gersdorf übernahm Generalleutnant Blaurock den Befehl über die 5. Jäger-Division von Generalleutnant Sixt, der seinerseits General Berlin als Korpskommandeur ersetzte.[4]

Wriezen hielt sich noch den ganzen Tag, wurde dann aber am Abend evakuiert. Lediglich die etwa 150–200 Überlebenden des II. und III. Bataillons des Panzergrenadier-Regiments 35 unter Hauptmann Baumann verschanzten sich in der Malz-Mühle an der nördlichen Ortsausfahrt.[5]

Nachdem nun die 47. Armee die Stadtdurchfahrt kontrollierte, entschied General Poplawskij am selben Abend, am nächsten Tag das Hindernis der Alten Oder und die »Wotan-Stellung« zu umgehen und das Gros der Truppen durch die Stadt zu führen.[6]

Das I. Bataillon des Panzergrenadier-Regiments 35 bei Bliesdorf wurde um 4.00 Uhr angegriffen und praktisch aufgerieben. Nur etwa 50 Überlebende schlugen sich über die Höhen via Bliesdorf nach Wolkenberg durch.[7]

Die 1. Kompanie der SS-Panzer-Jagd-Abteilung 560 kämpfte mit ihren »Hetzern« südlich von Wriezen den ganzen Tag weiter, dabei verlor sie innerhalb von drei Tagen den dritten Kompaniechef und geriet so unter Druck, daß sie sich im Schutz der Dunkelheit gerade noch zurückziehen konnte.[8]

Das Panzergrenadier-Regiment 119 verteidigte sich hartnäckig entlang der Linie des Friedländer-Strom-Kanals östlich von Kunersdorf. Um 8.00 Uhr gab der Regimentskommandeur über Funk Befehl an die Bataillone, sich um 9.00 Uhr im Schutz einer von der Artillerie geleg-

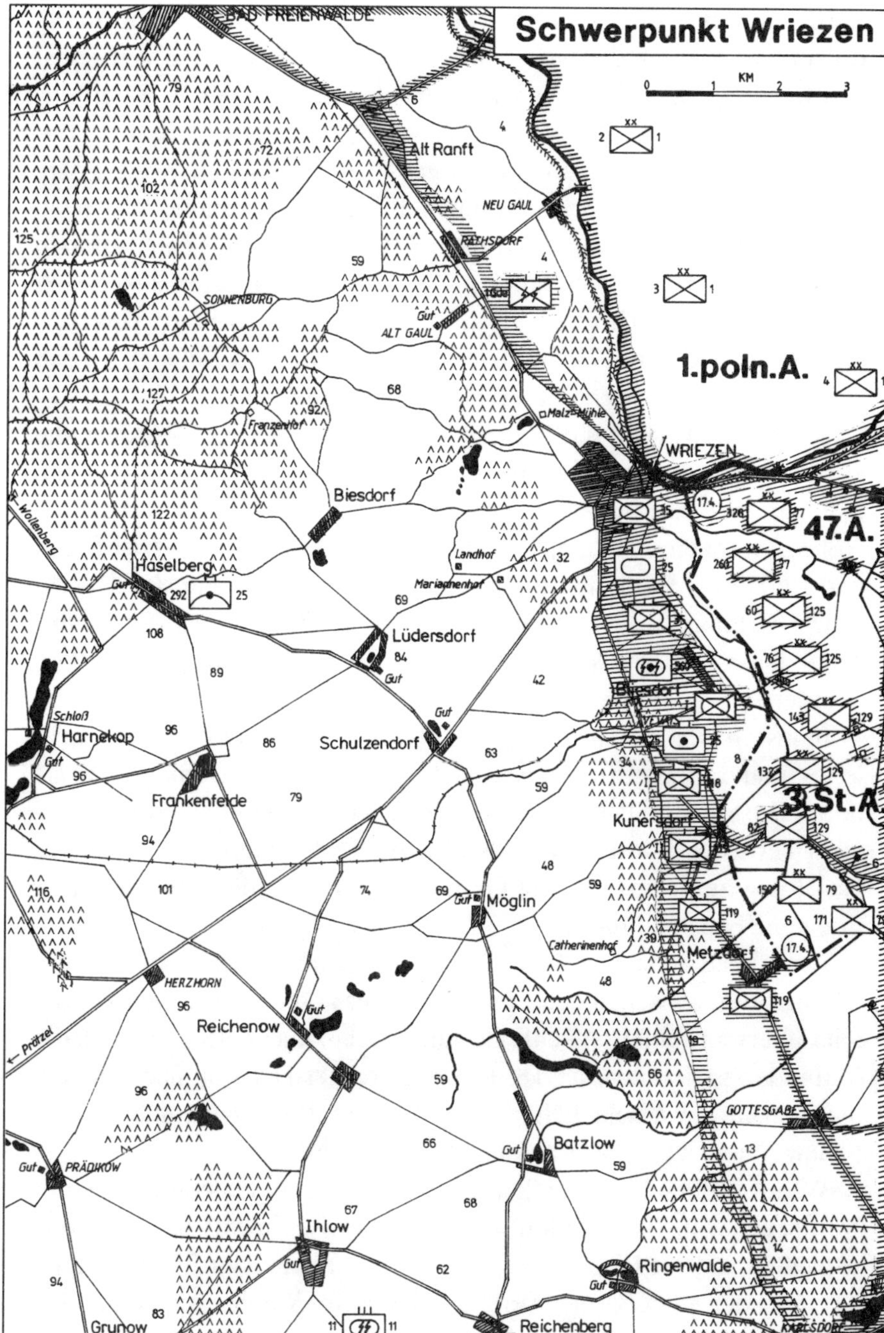

Schwerpunkt Wriezen
KM
BAD FREIENWALDE
Alt Ranft
NEU GAUL
RATHSDORF
SONNENBURG
ALT GAUL
Malz-Mühle
Franzenhof
1.poln.A.
WRIEZEN
47.A.
Biesdorf
Landhof
Mariannenhof
Haselberg
Lüdersdorf
Schloß
Harnekop
Schulzendorf
Frankenfelde
3.St.A.
Kunersdorf
Möglin
Catherinenhof
Metzdorf
HERZHORN
Reichenow
Prötzel
Wollenberg
GOTTESGABE
Batzlow
PRÄDIKOW
Ihlow
Ringenwalde
Grunow
Reichenberg
KARLSDORF

ten Nebelwand zurückzuziehen. Der Befehl kam zwar nicht durch, doch beim Anblick der Nebelwand leiteten die Bataillone von selbst den Rückzug ein, allerdings waren drei Kompanien des II. Bataillons entweder zu heftig ins Gefecht verwickelt, oder der Befehl ihres Bataillonskommandeurs erreichte sie gar nicht, so daß sie in der Folge verlorengingen. Die übrige Kompanie und der Bataillonsstab zogen sich unter schwerem Beschuß nach Gut Möglin zurück und gruben sich ein. Dort waren sie weiteren sowjetischen Angriffen ausgesetzt, bei denen sie mit Hilfe zweier Selbstfahrlafetten mehrere T-34 zerstören konnten. Am Nachmittag zogen sich die Überlebenden noch zwei Kilometer in Richtung Frankenfelde zurück.[9]

Auch die 151. und die 171. Schützendivision der 3. Stoßarmee, die es bei Kunersdorf und Metzdorf ebenfalls mit diesem Regiment zu tun hatten, kam dieser Tag teuer zu stehen, aber schließlich hatten sie die Höhe gewonnen und kämpften nun um den Besitz der Dörfer Möglin und Batzlow – wiederum die ganze Nacht hindurch. Für den Durchbruch Richtung Sternebeck wurde Oberst W. M. Asafows 207. Schützendivision aus der zweiten Staffel des 79. Schützenkorps nach vorn beordert.[10]

Indessen war die Heeres-Flak-Abteilung 292 fortwährenden Artillerie- und Luftangriffen ausgesetzt, darunter auch Bombardements durch Boston-Bomber aus dem Leih-Pacht-Vertrag, die zu beträchtlichen Verlusten führten. Der Abteilungsgefechtsstand mußte sich aus Haselberg zurückziehen, die Geschütze der Abteilung richteten hier ihre neue Feuerstellung ein.

Am Abend versuchte die 25. Panzergrenadier-Division eine Verteidigungsfront zwischen den zwei Kilometer auseinanderliegenden Orten Lüdersdorf und Frankenfelde aufzubauen; man hoffte, dadurch die Verbindung zu Teilen der 18. Panzergrenadier-Division herzustellen, die man im etwa acht Kilometer entfernten Prötzel vermutete, aber Schulzendorf war bereits an die 47. Armee verloren.[11]

Weiter südlich floh Friedhelm Schöneck, der mit den Resten seiner Kompanie vom II. Bataillon des Grenadier-Regiments 652 und Versprengten anderer Einheiten die ganze Nacht über Neu Trebbin gegen das Gros der 3. Stoßarmee verteidigt hatte, im Morgengrauen mit den Überlebenden nach Westen. Ihr erstes Ziel war ein Bauernhaus, das den Bataillonsgefechtsstand beherbergt hatte, aber dort erfuhren sie von der Nachhut, daß der Gefechtsstand nach Gottesgabe zurückverlegt worden sei. Sie setzten ihre Flucht fort, ununterbrochen sowjetischem Artillerie-, Panzer-, Flugzeug- und Maschinengewehrbeschuß ausgesetzt, bis sie den breiten Friedländer-Strom-Kanal erreichten. Einige durchschwammen den Kanal, doch Schöneck und ein paar andere ruderten auf einem umgestürzten Baumstamm hinüber. Vom anderen Ufer gaben sie den letzten Kameraden Feuerschutz, als sich bereits sowjetische Panzer, umschwärmt von Infanterie, von Neu Trebbin her näherten.

Die deutschen Soldaten rannten zum Schlaanhof weiter, wo sie sich in einer flachen Senke mit bloßen Händen und Bajonetten verzweifelt Deckungslöcher schaufelten. Sie zählten 20 oder mehr sowjetische Panzer, die sich dem Kanal näherten und von denen dann einige auf der Suche nach einer Brücke Richtung Süden schwenkten. Die unterstützende Infanterie aber überquerte den Kanal, genau wie sie es getan hatten, und kam immer näher, bis Maschinengewehrsalven aus den deutschen Stellungen ihren Vormarsch jäh stoppten. Die Deutschen zogen sich weitere 2000 Meter bis Gottesgabe zurück, wo die Häuser in Flammen standen, aber auch hier war der Bataillonsgefechtsstand nicht zu finden.

Schöneck war mit einem Freund von den übrigen getrennt worden, als sie sich um einen verwundeten Kameraden kümmerten, für den sie glücklicherweise noch einen Krankentransport auftreiben konnten. In den Wäldern westlich von Gottesgabe stießen sie auf ein verlassenes Verpflegungsdepot, in dem sie sich bedienten, und schliefen dann völlig erschöpft ein. In der Nacht stießen die Sowjets an ihnen vorbei bis zum Fuß der Höhen vor.[12]

In der Tat drangen Teile der 2. Garde-Panzerarmee, unterstützt vom 26. Garde-Schützenkorps der 5. Stoßarmee, sogar bis auf die Hochebene vor, wo sie sich mit der 309. Infanterie-Division erbitterte Kämpfe lieferten, und zwar um Batzlow, das zweimal den Besitzer wechselte, Ringenwalde, das an die Sowjets fiel, und Reichenberg, das von schätzungsweise 60 Panzern angegriffen wurde.[13]

Der Vormarsch auf Müncheberg

Am 18. April, dem dritten Tag der Offensive, entwickelte sich zwar der sowjetische Hauptstoß, vor allem durch die 5. Stoß- und die 8. Gardearmee, auf den Zufahrtsstraßen nach Müncheberg, doch gleichzeitig mußten die Panzerkräfte hinter ihnen, die 1. und 2. Garde-Panzerarmee, das Hindernis der Märkischen Schweiz beiderseits umfahren.

Im Verlauf des Vormittags traf SS-Oberstleutnant Kausch, Kommandeur des SS-Panzer-Regiments 11, ein und wurde von Offizieren der 9. Fallschirmjäger-Division instruiert. Er sollte seine Panzer in einer langen Erosionsrinne in Stellung bringen, doch Kausch weigerte sich und legte mit ihnen, nachdem sie eingetroffen waren, statt dessen hinter einem Hügelkamm westlich von Reichenberg, sechs Kilometer nördlich von Buckow, einen Hinterhalt. Um die größtmögliche Feuerkraft zu erzielen, hatte Kausch seine Panzereinheiten im russischen Stil organisiert und ausgebildet, indem er ein oder zwei »Tiger« der schweren SS-Panzer-Abteilung 503 mit drei oder vier Selbstfahrlafetten der SS-Panzer-Abteilung »Hermann von Salza« kombinierte, sie jeweils durch Infanteriekompanien oder -züge sichern ließ und so kleine Kampfeinheiten bildete. Kaum hatten sie sich in ihre Hinterhalt-Stellungen begeben, als auch schon 70 sowjetische Panzer von Ringenwalde her auf sie zurollten. Im offenen Gelände überrumpelt, waren schnell um die 50 von ihnen zerstört.[14]

Nach ihrem Eintreffen bezogen die ersten Kompanien des SS-Freiwilligen-Panzergrenadier-Regiments 23 »Norge« in den Wäldern der Märkischen Schweiz nordöstlich und östlich von Buckow Stellung, wo sie sich der ständigen Bedrohung durch sowjetische Panzer ausgesetzt sahen, die sie bei der Einrichtung jeder neuen Stellung von hinten oder von der Flanke her unter Beschuß nahmen. Bald wußte niemand mehr, wo eigentlich die Front verlief, da der dichte Wald und der aufgewühlte Boden jeglichen Überblick verwehrten.[15]

Die inzwischen stark dezimierte 9. Fallschirmjäger-Division hatte sich zum größten Teil auf die durch Wälder führenden Zufahrten in die Märkische Schweiz zurückgezogen. Das Fallschirmjäger-Regiment 27 an der Südflanke versuchte, die Ortschaft Wulkow zu verteidigen, von wo sich Straßen und Wege nach Westen und Süden in Richtung

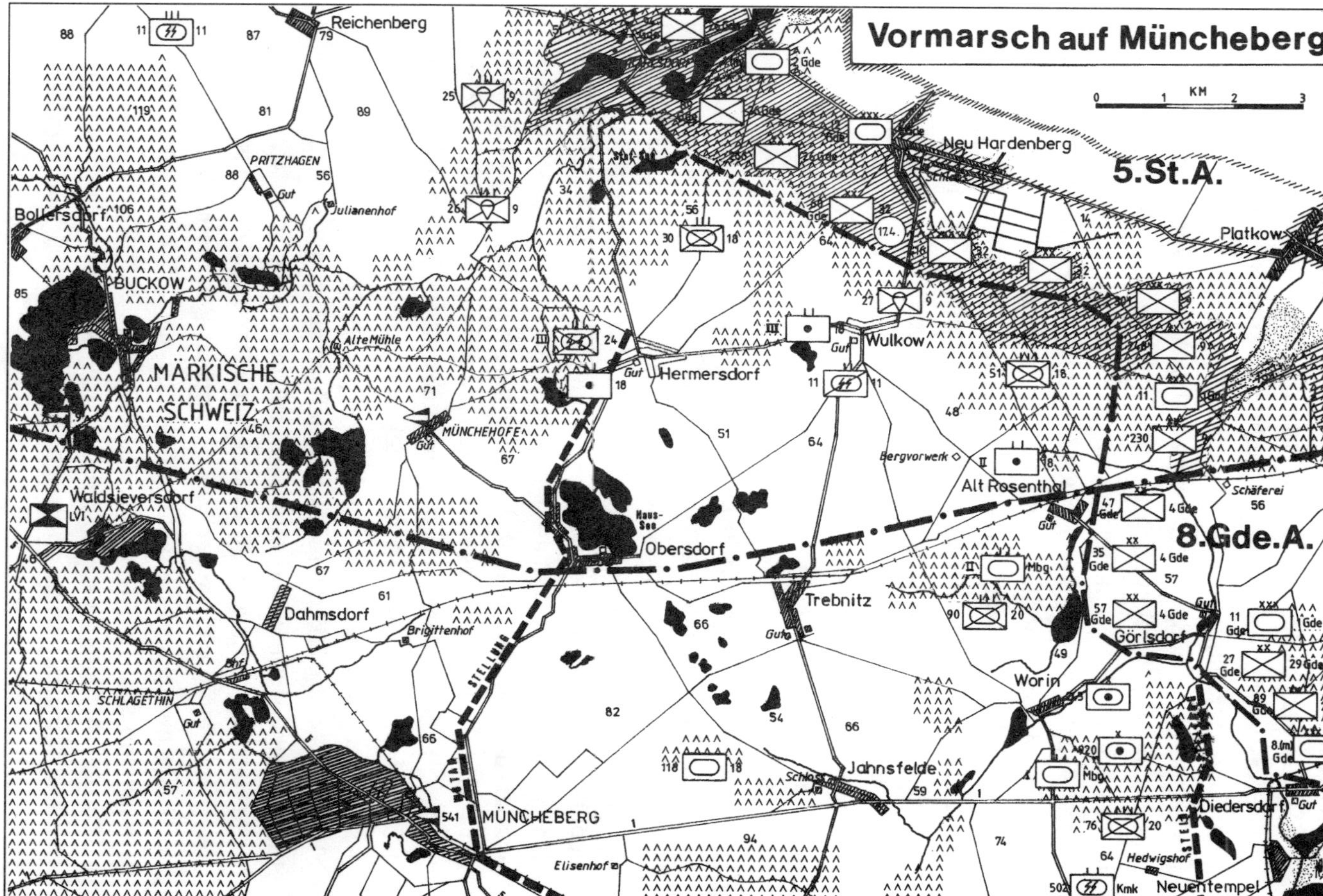

Vormarsch auf Müncheberg
0 1 KM 2 3
5.St.A.
8.Gde.A.
Reichenberg
PRITZHAGEN
Julianenhof
Bollersdorf
BUCKOW
MÄRKISCHE SCHWEIZ
Alte Mühle
MÜNCHEHOFE
Waldsieversdorf
Dahmsdorf
Brigittenhof
SCHLAGETHIN
MÜNCHEBERG
Elisenhof
Neu Hardenberg
Platkow
Hermersdorf
Wulkow
Obersdorf
Haus-See
Bergvorwerk
Alt Rosenthal
Schäferei
Trebnitz
Görlsdorf
Worin
Jahnsfelde
Diedersdorf
Hedwigshof
Neuentempel
STELLUNG
WOTAN

Müncheberg und Reichsstraße 1 gabelten, die dann ihrerseits durch den Waldgürtel weiter nach Berlin führte.

Die SS-Panzer-Aufklärungs-Abteilung 11 stieß sogleich nach ihrem Eintreffen im Kampfgebiet nach Wulkow vor, geriet aber unter schweren Artilleriebeschuß, als die Sowjets ihren Angriff vorbereiteten, und erhielt daraufhin Befehl, sich in leichter zu haltende Stellungen zurückzuziehen. Der Kommandeur des Fallschirmjäger-Regiments 27, Oberst Menke, fiel während eines sowjetischen Panzerangriffs, und Hauptmann von Majer übernahm das Kommando.[16]

Das Einsickern sowjetischer Truppen führte dazu, daß die provisorischen Stellungen der Panzergrenadier-Regimenter 30 und 51 beiderseits Wulkow nicht länger gehalten werden konnten und infolgedessen die gesamte 18. Panzergrenadier-Division verlegt werden mußte. Ihr Kommandeur, Oberst Rauch, mußte um 9.00 Uhr seinen Gefechtsstand aus Münchehofe zurücknehmen, weil ein Angriff unmittelbar bevorstand.[17]

Danach geriet Hermersdorf unter Beschuß. Der Ort lag auf dem Gürtel der Panzerhindernisse der »Wotan-Stellung«, dessen Ausläufer bei Neu Hardenberg bereits am Vortag durch den Vormarsch der 5. Stoßarmee aufgerollt worden war. Deshalb fiel Hermersdorf jetzt eine Schlüsselstellung zu. Welche Bedeutung die »Wotan-Stellung« für den Verlauf der Kämpfe in diesem Gebiet hatte, ist nicht bekannt, doch wurden die Elemente der 9. Fallschirmjäger-Division und eine 8,8-cm-Flakeinheit (möglicherweise die I. Abteilung des Artillerie-Regiments 18), die das Dorf verteidigten, während des Nachmittags durch nach und nach in den Wäldern östlich von Buckow eintreffende Teile des III. Bataillons des SS-Freiwilligen-Panzergrenadier-Regiments 24 »Danmark« verstärkt. Der Flak ging jedoch bis zum Abend die Munition aus, und Hermersdorf mußte aufgegeben werden.[18]

Als der Tag zu Ende ging, war die 9. Fallschirmjäger-Division heillos zersplittert; die Reste des Fallschirmjäger-Regiments 25 und Teile des Fallschirmjäger-Regiments 26 waren nach Norden abgedrängt worden und damit der Kontrolle des LVI. Panzerkorps entglitten.[19]

Die I. Abteilung des Panzer-Regiments »Müncheberg« hatte den zweiten Kampftag zum Auffrischen von Munition und Kraftstoff außerhalb der Front in den Wäldern westlich von Diedersdorf verbracht, und die II. Abteilung war an ihre Stelle getreten. Am 18. April war die I. Abteilung wieder einsatzbereit, wurde aber vorerst zur Sicherung ihres Sammlungsraums eingesetzt. Dann erhielt Hauptmann Zobel Befehl, mit seinen Panzern das Dorf Trebnitz zurückzugewinnen, in das soeben sowjetische Panzerkräfte eingedrungen waren. Als sie sich dem Dorf näherten, wurde offensichtlich, daß sich bereits sowjetische Infanterie dort befand und die deutschen Panzer das Dorf ohne eigene Infanterieunterstützung nicht würden angreifen können. Statt dessen ging das Bataillon unmittelbar östlich des Dorfes entlang der Bahnlinie in Verteidigungsstellung. Da tauchte plötzlich aus dem Wald nördlich von ihnen ein Schwarm sowjetischer Panzer auf und lief ihnen direkt ins Schußfeld. Nach wenigen Minuten hatte das Bataillon ewa 50 Panzer zerstört, von denen allein 17 auf das Konto von Hauptfeldwebel Königs Panzer gingen, bevor er selbst schwere Gesichtsverletzungen erlitt. Anschließend kehrte die Abteilung in ihren Sammlungsraum zurück. Sie geriet am Abend unter massiven Artilleriebeschuß, bis der Befehl eintraf, sich nach Müncheberg abzusetzen.[20]

Wie Feldwebel Averdieck berichtet, war das Panzergrenadier-Regiment 90 der 20. Panzergrenadier-Division beim nahegelegenen Worin im Einsatz:

»Als am Morgen des 18.4. Panzer von links in unsere Flanke stießen, wurden der SPW und die übrigen Fahrzeuge 1 km zurück nach Worin geschickt. Das kleine verlassene Dorf lag so friedlich da, aber kaum hatten wir uns an ein Haus gestellt, als auch schon ein Feuerüberfall aus Panzerkanonen auf unsere Ecke niederging. Da wir an einer Wegekreuzung standen, bekamen wir noch mehrfach Feuer von schweren Werfern und Art., wobei eine Anzahl Soldaten, die einige Meter hinter dem Wagen an einer Scheune standen, verwundet wurden. Unser Nachr.-Zug hatte in diesen beiden Tagen 17 Ausfälle. Während des Vormittags kamen die Komp. bis vor Worin zurück, der Gef.-Stand lag in vorderer Linie, der Kdr. war durch Verwundung ausgefallen. Wir standen beim Div.Gef.-Stand einige hundert Meter weiter im Dorf. Zu unserem Verhängnis hatten wir ein Gemisch von Benzin und Diesel im Tank, so daß der SPW nur noch ganz langsam fahren konnte und der Motor dauernd stehen

blieb. Ein junger Leutnant, der vor einigen Tagen zum Regt. gekommen war, hatte den kühnen Plan, den SPW bis zum Gef.-Stand über einzusehendes Gelände zu führen. Da der Weg bergab ging, kamen wir auch rasch ohne Zwischenfall an eine Kuhle, sollten aber gleich wieder zurück. Auf der Fahrt bergan gerieten wir dann in ein wahres Sperrfeuer von Granatwerfern, dazu kroch der Wagen im Schrittempo, mehrfach abbockend, voran, so daß wir unseren Geist bereits aufgegeben hatten. Nach schier endlos währenden Minuten hatten wir den schützenden Hohlweg erreicht und fuhren wieder hinter eine Scheune, an der sich alle möglichen Kfz. angesammelt hatten, was seltsamerweise die Schlachtflieger gar nicht reizte.
Mit schweren Koffern belegte der Russe unsere Versorgungsstraßen, über die wir uns später auch zurückziehen mußten. Als Panzer in Worin eindrangen, entschloß ich mich, mit dem lahmen SPW den Ort zu verlassen und, nach glücklich überstandenem ›Kriechen‹ den Hügel hinauf, am Waldrand der kommenden Dinge zu warten. Baumkrepierer zwangen uns dann noch etwas weiter in den Wald hinein. Schwer wurde die Flak am Waldrand, die dort eine beherrschende Stellung hatte, eingedeckt. Nachmittags sollte sich alles bis vor Müncheberg absetzen, unsere Div. sollte wieder die Nachhut übernehmen. Fahrzeugkolonnen rollten durch den Wald nach Jahnsfelde, um auf die Rollbahn nach Müncheberg zu gelangen. Kurze Zeit später kam aber der letzte Teil davon zurück mit der Nachricht, wir waren eingeschlossen. Bis zu den russ. Stellungen und Panzern in unserem Rücken – Jahnsfelde war bereits feindbesetzt – wären es nur etwa 2 km Waldweg. MG-Beschießung aus der Richtung wurde hörbar. Daß rechts und links von uns schon lange gekämpft wurde, war uns bekannt, es gab keinen Ausweg mehr. Die Div.-Funkstelle, die trotzdem auf eigene Faust einen Durchbruch wagen wollte, fiel am Waldausgang mit 3 Leuten von der fünfköpfigen Besatzung in Russenhand. Mit dem durch falschen Kraftstoff fast lahmgelegten SPW war mir die Situation besonders ungemütlich, zumal wir in unserem Rücken keine eigenen Stellungen hatten. Wir machten uns gefechtsbereit und sicherten mit unserem Bord-MG in die gefährdete Richtung. Außerdem bereiteten wir den SPW zur Sprengung vor.

Gegen Abend zogen sich unsere Komp. aus Worin zurück, um sich nach Müncheberg abzusetzen. Im Wald versammelte sich alles, Infanterie, Panzer und Fahrzeuge. Die einzige Möglichkeit war, über eine unbekannte Strecke zu unseren Linien durchzubrechen. Unser Rgt.-Führer, ein Oberltn., organisierte die Fußtruppe. Der SPW wurde hinter einen Tiger gehängt. Bei Dämmerung nahmen wir am Waldrand Aufstellung. Von Worin her war uns der Iwan schon in den Wald gefolgt, wie die Schießerei hinter uns bewies. Als es genügend dunkel war, brachen wir aus dem Wald hervor – ohne auf Widerstand zu stoßen. Durch das brennende Jahnsfelde ging es, ohne Zwischenfall erreichten wir die Chaussee nach Müncheberg und etwas später die neue Linie, die gleich von uns besetzt wurde. Der SPW wurde weiter in die Stadt geschleppt, von dort aus in unseren Troßraum zur I-Staffel, wo der Tank geleert und neuer Treibstoff nachgefüllt wurde.«[21]

Leutnant Tams wurde während der Kämpfe in der Stein-Stellung am rechten Bein und Fuß verwundet und mußte zum Hauptverbandsplatz in Jahnsfelde gebracht werden. Über seine Erlebnisse dort berichtet er:

»Nachdem ich auf dem Hauptverbandsplatz fachgerecht verbunden und versorgt worden war, wurde ich auf einer Trage ›draußen‹ abgestellt; ›draußen‹ war ein Platz von der Größe eines Fußballfeldes, voll mit Verwundeten, in Reihen auf Tragen. Wie aus heiterem Himmel ein Blitz, so griffen plötzlich zwei russische Jagdbomber im Tiefflug den Hauptverbandsplatz an und sägten mit ihren Maschinengewehr-Garben Schneisen in die Haufen hilfloser Menschen. Aus reiner Mordlust drehten die Flugzeuge ein paarmal ihre Runden und flogen immer wieder neue Angriffe.
Da ich bemerkte, wie langsam der Abtransport erfolgte, weil nur vier Kraftfahrzeuge zu Verfügung standen, setzte ich mich mit Zustimmung des Fahrers auf den vorderen linken Kotflügel eines Wagens, Rücken zur Fahrtrichtung, und hielt mich am Außenspiegel fest. In Königs Wusterhausen wurden wir im Reserve-Lazarett abgeliefert.«[22]

Wie erwartet erfolgte der sowjetische Hauptstoß nach Westen entlang der Reichsstraße 1, und hier, an der Stein-Stellung, konnten die Deutschen den Vormarsch der Sowjets mit wilder Entschlossenheit auch kurzfristig zum Halt bringen. Nicht nur versperrten die Reste der 20. Panzergrenadier- und der Panzer-Division »Müncheberg« den Weg, auch das Gros der Panzergrenadier-Division »Kurmark« einschließlich der schweren SS-Panzer-Abteilung 502 war unmittelbar südlich der Reichsstraße um Neuentempel und Marxdorf konzentriert. Als Panzer und Infanterie der Sowjets von den Seelower Höhen nach Diedersdorf herunterkamen, wobei ein Großteil der Panzer dicht an dicht auf der Straße hintereinanderher fuhr und die ganze Fahrbahn blockierte, wurden sie von einem Feuerhagel empfangen, an dem auch die Luftwaffe ihren Teil hatte. Die Lage war so ernst, daß Generaloberst Tschuikow sogar seine Reserveformation, die 39. Garde-Schützendivision, nach vorn bringen mußte, um den Durchbruch zu erzwingen, der schließlich nur unter größten Verlusten gelang.[23]

General Katukow, Oberbefehlshaber der 1. Garde-Panzerarmee, berichtet, wie das 7. Garde-Kavallerie-Korps aufgrund der Schwierigkeiten auf der Reichsstraße 1 in den Kampf geführt wurde:

> »Die Gegenangriffe ließen nicht nach. Mit einem nennenswerten Vordringen des mechanisierten Korps war, wenn es so weiterging, nicht zu rechnen. Es mußte etwas geschehen. Ich informierte Schukow telefonisch über die Lage und bat ihn, uns irgendwelche Truppen zu schicken, um unsere Flanke sichern und Dremows Korps entlasten zu können. Schukow antwortete nicht sofort. Anscheinend suchte er nach einer Lösung.
> ›In meiner Reserve befindet sich ein Kavalleriekorps. Ich gebe sofort Befehl. Die Kavalleristen kommen zu Ihnen. Und noch eins: Verteidigen Sie bis zu ihrem Anmarsch hartnäckig Ihre Flanke. Andernfalls wird es nicht nur der Panzerarmee, sondern auch den anderen Truppen der Front schlecht ergehen.‹
> Das Kavalleriekorps ließ nicht lange auf sich warten; es löste wenig später die an der Flanke eingesetzten Brigaden des mechanisierten Korps ab und erleichterte damit dessen Lage merklich.«[24]

Artillerist Hans Hansen berichtet über die Vorgänge auf der Reichsstraße 1 aus seiner Warte:

»Doch am 18.4. morgens ging es wieder los. Wir wurden in einen Frontabschnitt etwas weiter nördlich hineingeworfen, zwischen Seelow und Müncheberg. Von Front konnte eigentlich kaum die Rede sein, denn außer zwei schweren Flakbatterien unserer Abteilung und einigen versprengten Infanteristen war nichts vorhanden. In diese Lücke wurden wir hineingesteckt mit dem Auftrag, den Infanterieschutz für eine der beiden Flakbatterien zu übernehmen. Gerade als wir ankamen, griffen die Russen frontal mit einem großen Panzerverband an. Es sah gefährlich aus, wie die feuerspeienden Kolosse langsam auf uns zurollten. Aber die 8,8-cm-Flak war überlegen, der Angriff blieb im konzentrierten Feuer der schweren Geschütze liegen. Doch die Russen verlegten die Stoßrichtung weiter nach links, fanden dort kaum nennenswerten Widerstand und rollten an uns vorbei. Es gab keinen Zweifel, wohin sie rollten: nach Berlin!
Wir hielten die Stellung trotz schwersten Feuers bis in die Nacht hinein, während das Heulen der Panzermotoren und das Rasseln der Ketten tief in unserer linken Flanke, fast schon im Rücken war. Die Gefahr einer Einschließung wurde schließlich zu groß, und wir mußten zurückgehen.«[25]

Der Druck auf die linke Flanke des XI. SS-Panzerkorps wurde noch stärker, als sich der sowjetische Hauptstoß Müncheberg näherte. Sechzehn sowjetische Panzer rollten südlich der Reichsstraße 1 durch den Wald, um im Rücken des Korps Verwirrung zu stiften, doch ein Trupp Kosakenkavallerie, der wegen seiner größeren Beweglichkeit für solche Notfälle bereitstand, griff ein und zerstörte sie alle bis zum Abend.[26]

Am Nachmittag begann der deutsche Widerstand zu zerbrechen; einzelne Widerstandsnester wurden entweder überrannt oder mußten aufgegeben werden. Die Dörfer Wulkow, Hermersdorf, Münchehofe, Alt Rosenthal, Trebnitz, Görlsdorf, Worin, Diedersdorf und Neuentempel fielen an diesem Tag alle in Feindeshand, während Obersdorf dreimal den Besitzer wechselte, wobei zwölf sowjetische und vier deutsche Panzer zerstört wurden.[27]

Auf dem Gefechtsstand von General Helmut Weidlings LVI. Panzerkorps empfand der neu ernannte Korpsartilleriekommandeur (Arko), Oberst Wöhlermann, die mangelhaften Informationen, die über das Telefon- und Funksprechnetz kamen, als äußerst beunruhigend und den Ort selbst als gefährlich nahe der Front für einen Kommandoposten. Im Laufe des Tages verlangte Reichsaußenminister von Ribbentrop einen Lagebericht von General Weidling, und dieser bat Wöhlermann, der gerade von einer Frontbesichtigung zurückgekehrt war, die Lage unverblümt zu beschreiben, was er auch tat. Ribbentrop unterbrach mit ein oder zwei Fragen und war dann am Ende des Berichts völlig niedergeschlagen.

Kurz darauf erschien Reichsjugendführer Axmann auf dem Gefechtsstand, um Weidling die Einsatzbereitschaft der Hitlerjugend-Panzerjagd-Abteilung zu melden, die er hinter der Front in Stellung gebracht hatte. Verärgert über diese Neuigkeit, schwor Weidling dem Reichsjugendführer, daß er die 15- bis 16jährigen auf keinen Fall in den Kampf schicken werde. Axmann, der als Offizier an der Front selbst einen Arm verloren hatte, erkannte dann wohl die Tragweite seines Plans und versprach, seinen Einsatzbefehl zu widerrufen.

Dennoch berichtete Wöhlermann:

> »Eine besonders erschütternde Tragik bleibt es daher, daß kurz darauf, während die kämpfende Truppe auf Strausberg zurückgeht, überall Panzerjagdtrupps der Hitlerjugend im Gelände herumstreifen und in den Wäldern von Buckow, ungenügend ausgebildet, von unerfahrenen Führern falsch und unkriegsmäßig eingesetzt, den Untergang durch Tod oder Gefangenschaft finden. Ich zweifele nicht daran, daß Axmann den zugesagten Gegenbefehl gegeben hat. Er scheint nicht mehr rechtzeitig durchgekommen zu sein, oder die begeisterungsfähige Jugend hat den ihr unverständlichen Befehl nicht mehr befolgt.«[28]

Immerhin war es ja Axmann selbst gewesen, der die Kinder des Reichs erst im Monat zuvor mit den Worten ermuntert hatte:

»Es gibt nur Sieg oder Untergang. Kennt keine Grenze in der Liebe zu eurem Volk, gleichermaßen, kennt keine Grenze in eurem Haß gegenüber dem Feind. Es ist eure Pflicht, hellwach zu sein, wenn andere schlafen, stark zu sein, wenn andere schwach werden. Eure größte Ehre muß eure unverrückbare Treue zu Adolf Hitler sein.«

An diesem Tag traf auch ein Volkssturm-Bataillon als Verstärkung für das LVI. Panzerkorps ein, von Goebbels in einer theatralischen, aber völlig sinnlosen Geste nach vielen Diskussionen über Nacht mit Berliner Stadtbussen an die Oderfront entsandt.[29]

An diesem Tag wurde außerdem Luftwaffen-General der Fallschirmjäger Bruno Bräuer als Kommandeur der 9. Fallschirmjägerdivision durch Oberstleutnant Harry Herrmann abgelöst. General Bräuer gab man anscheinend die Schuld daran, daß die Division ihre Stellung nicht hatte halten können. Auch hatte, wie Major Knappe berichtet, General Weidling bei Übernahme des Korps Bräuer als zu alt für diesen Posten gefunden und daher um seine Ablösung gebeten.[30] Oberst Eismann von der Heeresgruppe »Weichsel« wiederum protokollierte als Grund für die Ablösung Bräuers folgendes Telefonat von Reichsmarschall Hermann Göring:

»Überprüfung der Angelegenheit der 9. Fs.Jg.Div hat folgendes ergeben: Div.Kommandeur General Bräuer hat die Äußerung, seine Div. würde das Schlachtfeld verlassen, nicht getan. Er hat allerdings gemeldet, daß seine Verbände völlig durcheinander wären und nach den harten Kämpfen nicht mehr so standhaft hielten wie bisher. Dann hat er die dumme Frage getan, ob seine Div. nicht für 24 Stunden herausgelöst werden könne. Ich habe ihn abgelöst und durch Oberstleutnant Herrmann ersetzt. Dieser ist ein besonders guter Führer. Außerdem habe ich der Div. Verstärkungen in Form von Marschersatz zuführen lassen und hinten eine besondere Auffanglinie eingerichtet.«[31]

Herrmann traf am selben Abend ein und unterhielt sich lange mit General Bräuer, den er schon viele Jahre kannte, mit dem er gemeinsam gedient hatte und den er sehr schätzte. Die Division befand sich tatsächlich nach all den Prügeln, die sie bezogen hatte, in einem erbärmlichen Zustand, hatte sich aber trotz allem tapfer geschlagen.[32]

Das deutsche Bollwerk

Während das, was nördlich des XI. SS-Panzerkorps von der Front noch übrig war, nach und nach völlig zerbröckelte, behauptete sich diese Formation noch relativ gut. Das überschwemmte Tal, das quer durch Lietzen verlief, war Abschreckung genug, um das Gros der sowjetischen Panzerkräfte fernzuhalten, allerdings fiel der 8. Garde- und 69. Armee hier weiterhin die Aufgabe zu, Druck auszuüben, um einer Verlegung der dortigen Kräfte in die Hauptvorstoßlinie vorzubeugen. Als die sowjetischen Truppen durch Friedersdorf strömten, stießen flankierende Einheiten südwestlich nach Lietzen vor.

Der Widerstand der 303. Infanterie-Division »Döberitz« an der linken Flanke des XI. SS-Panzerkorps ließ merklich nach, und die Frontlinie wurde an mehreren Stellen durchbrochen.[33]

Das II. Bataillon des Panzergrenadier-Regiments »Kurmark«, das seit dem 16. April der 303. Infanterie-Division zugeteilt war, konnte, obwohl von drei Seiten eingeschlossen, die Ortschaft Dolgelin bis Mitternacht halten. Am Vormittag wurde es noch von der I. Abteilung des Artillerie-Regiments »Kurmark«, das aus der Nähe von Lietzen feuerte, unterstützt, doch dann mußten die Geschütze gegen die sowjetischen Panzer eingesetzt werden, die sich Neuentempel und Lietzen näherten, und erhielten schließlich Befehl zum Rückzug nach Hasenfelde, südlich von Heinersdorf.[34]

In Lietzen, an der Gabelung der Stein-Stellung, sahen sich die jungen Rekruten und Veteranen des Ersten Weltkriegs, die in der 156. Infanterie-Division vereinigt waren, plötzlich einem unerwarteten Gegner gegenüber, wie Helmut Altner beschreibt:

»Der Feldwebel stürzt mit bleichem Gesicht herein. ›Raustreten! Die Russen!‹ Wir greifen nach unseren Waffen. Es gibt kein Zaudern. Es darf kein Zögern mehr geben. Von vorn kommen flüchtende Soldaten. Die Waffen sind meist weggeworfen. Dazwischen Soldaten mit schwarzweißroter Armbinde und Russen. ›Seydlitz-Trup-

pen!‹ gellt der Schrei durch die Linien. Und wir zielen und drücken ab, wie wir es gelernt haben. Immer hinein in die Leiber. Von hinten kommen Panzer. Verstärkung rückt im Laufschritt heran. Immer schießend gehen wir vor. Die Russen und die Seydlitz-Truppen gehen zurück. Erst langsam, dann schneller, schließlich flüchtend. Wir zielen schon gar nicht mehr. Ich leere Magazin um Magazin. Der Lauf ist schon heißgeschossen.
Ein Verwundeter hebt die Hand: ›Hilf mir, Kamerad!‹ Auf seiner Brust glänzt das EK. Ein fremder Orden hängt daneben. Um den Arm trägt er die schwarzweißrote Armbinde. Wir stoßen weiter vor. ...
Wir liegen in der ersten Linie. Weiter wollen wir nicht. Die Verstärkung rückt in die Gräben. Manchmal hallt noch verloren ein Schuß. Der Kompanieführer kommt und sammelt uns. Wir gehen zurück. Zwischen den Trichtern liegen Tote. Viele in feldgrauer Uniform. Fast alles Deutsche. Die einen mit dem Hoheitsadler auf der Brust, die andern mit der schwarzweißroten Binde.«[35]

Die 69. Armee, nun wieder mit Unterstützung ihrer schweren Artillerie, übte weiterhin starken Druck auf die 169. und 712. Infanterie-Division aus. Das 25. Schützenkorps stieß auf Niederjesar vor, so daß die Deutschen eine Sperrfront zwischen diesem Dorf und Carzig errichten mußten. Trotz mehrmaliger Angriffe im Tagesverlauf gelang es dem 61. Schützenkorps nicht, die Stellung der 712. Infanterie-Division im Raum Schönfließ zu erschüttern.[36]

Dadurch, daß nun beiderseits Frankfurts Druck ausgeübt wurde, konnte dessen Festungskommandant, Oberst Biehler, die Erlaubnis erlangen, seinen Brückenkopf am Ostufer der Oder zu räumen, um dafür seine Stellungen am Westufer zu verstärken. Die Truppen wurden dann in der Nacht zurückgenommen und die einzige Brücke, die die Altstadt mit der Dammvorstadt verband, um 5.29 Uhr des folgenden Morgens gesprengt.[37]

Die Südflanke

Die SS-Panzer-Jagd-Abteilung 561 wurde nun an der Nordflanke des V. SS-Gebirgskorps im Gebiet zwischen Rosengarten und dem Ende der Autobahn eingesetzt und konnte dort alle sowjetischen Durchbruchsversuche verhindern.[38]

Die Stellungen, in denen sich der Gefechtsstand und das I. Bataillon des neu eingetroffenen SS-Grenadier-Regiments »Falke« befanden, wurden im sowjetischen Hauptangriff dieses Tages überrannt, wobei das Bataillon schwere Verluste erlitt. Das III. Bataillon dieses Regiments hatte, von Lichtenberg her kommend, im Raum Markendorf/Hohenwalde, kurz vor der Reichsstraße 87, Stellung bezogen. Ein Versuch, aus dieser Stellung weiter vorzurücken, wurde mit schwerem Feindbeschuß beantwortet, so daß das Bataillon schließlich in seine Ausgangsstellung mit Blick über die Straße zurückkehren mußte.[39]

Die Sowjets griffen Markendorf jetzt massiert an. SS-Oberleutnant Krauß, dessen Kampfgruppe die Frontlinie in der Nähe des Ortes verteidigte, wurde im Verlauf des Gefechts mit einem Teil seiner Infanterie eingeschlossen. Sie konnten nur noch eine Igelstellung um das Gutshaus einnehmen, das sie dreimal zurückerobern mußten, was ihnen beim vierten Versuch nicht mehr gelang, denn die Sowjets warfen ständig neue Reserven nach vorn. Schließlich brachen Krauß und neun Überlebende um 21.00 Uhr aus und stießen auf einen ihrer »Hetzer«, über den die Kampfgruppe den Funkbefehl erhielt, auf die Linie »C« bei Hohenwalde zurückzugehen und dort neu Stellung zu beziehen. Es stellte sich jedoch heraus, daß die Linie »C« nur auf dem Papier existierte, obgleich dort eineinhalb Alarm-Kompanien als Reserve für den Gegenangriff unter einem SS-Oberst versammelt waren. Gemeinsam gruben sich dann alle auf der vorgeschriebenen Linie ein. Diejenigen »Hetzer«, deren Geschütze beschädigt waren, wurden zur Reparatur in die Lichtenberger Schäferei geschickt und kamen danach wieder zum Einsatz.[40]

In ihrem Lagebericht vom Abend dieses Tages schätzte die 9. Armee, daß allein in diesem Abschnitt fünf sowjetische Infanterie-Divisionen, ein Panzer- und ein Kavalleriekorps im Einsatz waren. Es kann sehr wohl sein, daß zu diesem Zeitpunkt bereits das 2. Garde-Kavalleriekorps über die Oder gebracht worden war, um den erwarteten Durchbruch auszubauen.

Die 12. Kompanie des SS-Panzergrenadier-Ausbildungs- und Ersatz-Bataillons 1 rückte am Nordufer des Oder-Spree-Kanals ostwärts vor, bis sie östlich von Schlaubehammer auf den Gefechtsstand des II. Bataillons des SS-Grenadier-Regiments 88 stieß. Die Kompanie unterstützte daraufhin die Reste dieses Bataillons beim Vorstoß in den Raum nordwestlich Rautenkranz. Sowjetische Kräfte, die sich dort in der dritten deutschen Verteidigungslinie festgesetzt hatten, wurden vertrieben und alle weiteren sowjetischen Angriffe abgewehrt.[41]

Um den Kanal als Verteidigungslinie zu gewinnen, erhielt das Fahnenjunker-Regiment 1237, das sich am Vortag mit Teilen des 32. SS-Feld-Ersatz-Bataillons vereinigt hatte, den Auftrag, bis zum Oder-Spree-Kanal bei der Rautenkranzbrücke aufzuschließen. An diesem Einsatz nahm außerdem eine auf dem 32. SS-Pionier-Bataillon basierende Kampfgruppe teil, der ein Teil des 32. SS-Feld-Ersatz-Bataillons (darunter auch einige erst kürzlich eingegliederte Luftwaffen- und Marinesoldaten, die noch ihre alten Dienstuniformen trugen) sowie einige »Hetzer« der SS-Panzer-Jagd-Abteilung 32 zugeteilt waren.

Der Einsatz begann um 10.00 Uhr im Feuerschutz von sechs leichten Feldhaubitzen, doch antworteten die Sowjets mit starkem Artilleriefeuer, als die deutschen Truppen noch 100 Meter vom Kanal entfernt waren. Während die Deutschen durch das Feuer niedergehalten wurden, konnten weitere sowjetische Truppen den Kanal überqueren, um die eigene Front zu verstärken.

Auf deutscher Seite war beabsichtigt, um 15.00 Uhr erneut anzugreifen, doch kurz davor griffen die Sowjets selbst in solcher Stärke an, daß die Deutschen einen halben Kilometer zurückgeworfen wurden und Gefahr liefen, durch tiefes Eindringen der Sowjets in die Wälder auf beiden Flanken eingekreist zu werden.[42]

Bilanz des Tages aus deutscher Sicht

Hitlers Zaudern, der 9. Armee Verstärkungen zukommen zu lassen, führte dazu, daß diese zu spät eintrafen, um die vorbereiteten Stellungen zu besetzen, und nun reichten die wenigen verfügbaren Mittel nicht mehr aus, um eine neue Blockadefront in der Mitte aufzubauen, wo die deutschen Formationen der vordersten Linie vernichtet worden waren.

Um 12.30 Uhr an diesem Tag hatte Hitler mit General Fiebig, Kommandeur des 1. Luftkorps, telefoniert und von ihm stärkere Luftunterstützung gegen den Aufmarsch der sowjetischen Panzerkräfte bei Seelow verlangt. Die Luftwaffe tat ihr Möglichstes, aber aus Mangel an Treibstoff konnten die wenigen noch fliegenden Einheiten in einem von der Luftwaffe der Roten Armee beherrschten Luftraum nicht mehr viel ausrichten. Trotzdem verzeichnete die Luftwaffe an diesem Tag die Vernichtung von 61 sowjetischen Panzern und 78 Flugzeugen, und die 9. Armee vermeldete ihrerseits 157 zerstörte sowjetischen Panzer.[43]

Bilanz des Tages aus sowjetischer Sicht

Der Tag hatte den Sowjets, wenn auch wiederum unter erheblichen Verlusten, beträchtliche Fortschritte an den Hauptstoßlinien beschert. Besonders die Diedersdorf-Episode zeigte die vorhandenen Führungsprobleme auf, die Marschall Schukow veranlaßten, noch am selben Abend folgende Direktive herauszugeben:

> »1. Jeder Kommandeur einer Armee, eines Korps oder einer Brigade hat seine vordersten Einheiten aufzusuchen und sich persönlich ein Bild zu machen über die Positionen und die Art der Verteidigung des Gegners, die Positionen der eigenen Kräfte einschließlich der Unterstützungskräfte sowie über die von diesen ausgeführten Aktionen. Darüber hinaus muß Klarheit über die Munitionslage bei den Unterstützungskräften sowie über die Organisation des Feuerleitsystems geschaffen werden.
> 2. Bis zum 19. April, 12.00 Uhr, sind Gliederung und Organisation der Einheiten wiederherzustellen, die Aufgaben der Verbände klar zu definieren und die Koordination zwischen den einzelnen Verbänden herbeizuführen. Der Munitionsnachschub ist sicherzustellen. Um 12.00 Uhr wird ein kombinierter Luft- und Artillerieangriff erfolgen, nach dem der Gegner in Abstimmung mit der Artillerie mit

allen Kräften planmäßig angegriffen wird. Für die Koordination der Aktionen im Bereich der 3. Stoßarmee und der 2. Garde-Panzerarmee ist der Kommandeur der 3. Stoßarmee verantwortlich, für den Bereich der 8. Gardearmee und der 1. Garde-Panzerarmee trägt der Kommandeur der 8. Gardearmee die Verantwortung.
3. Ein Verkehrsleitdienst wird eingerichtet, um Ordnung und Disziplin auf den Straßen sicherzustellen.
4. Sämtliche Transportmittel der gepanzerten Korps und Brigaden sowie der rückwärtigen Dienste müssen sofort die Straßen und Wege verlassen und gedeckt unterziehen. In Zukunft werden die Truppen der mechanisierten Verbände zu Fuß vorrücken.
5. Um das Zusammenwirken zwischen den Schützendivisionen und den Panzerbrigaden zu gewährleisten, stellen der Militärrat der 3. Stoßarmee und der 8. Gardearmee nur ihnen verantwortliche Offiziere mit eigenen Fernmeldemitteln in die Panzerbrigaden der 1. und 2. Garde-Panzerarmee ab.
6. Jeder Offizier, der sich als unfähig erwiesen hat, seine Aufgaben zu erfüllen, oder es an Entschlußkraft hat fehlen lassen, wird durch einen fähigen und tapferen Offizier ersetzt.«[44]

Tschuikow, der diesen Maßnahmen sehr kritisch gegenüberstand, berichtet hierzu:

»Dieser Befehl erreichte unsere Armee erst am Morgen des 19. April, und bis mittags hatte niemand etwas ausführen können. Es war unmöglich, die Empfehlungen zur Organisationskoordination zwischen den Panzerarmeen und den gemischten Armeen innerhalb weniger Stunden auszuführen. Schließlich bedeutete es, daß alles völlig neu umgestaltet werden mußte. Diese Maßnahmen hätten vom Hauptquartier der ›Front‹ durchgeführt werden sollen, als sich die Operation noch in der Planungsphase befand und noch reichlich Zeit dafür vorhanden war; auch blieb die Hauptfrage, was die Panzerarmeen eigentlich tun sollten, ungeklärt: Sollten sie unabhängig voneinander vorgehen und den Befehlen des Frontkommandos folgen, oder sollten sie als Unterstützungskräfte den gemischten Armeen zugeordnet werden? Die Verantwortung für die

Koordinationsausführung in einer kritischen Entwicklungsphase der Operation den Befehlshabern der Armeen aufzuerlegen, bedeutete einfach, die eigene Verantwortung abzugeben und sie anderen zu überlassen.«[45]

Tatsächlich deutet die Tatsache, daß diese Direktive erst in einem so späten Stadium der Operation erteilt wurde, darauf hin, daß Schukow ursprünglich beabsichtigte, seine Panzerkräfte unabhängig vom Gros seiner 1. Weißrussischen Front einzusetzen. Das Fehlen einer angemessen organisierten Koordination zwischen Panzer- und Infanteriekräften während dieser ersten drei Tage zeigt auch, wie verwirrend die Lage bei den Bodentruppen gewesen sein muß.

Ein weiterer von Schukow am Abend herausgegebener Befehl wird von Tschuikow zitiert:

»Der Oberbefehlshaber der Front befiehlt:
1. Dem Angriff ist unverzüglich mehr Zielstrebigkeit zu verleihen. Verzögerungen in der Entwicklung der Berliner Operation bedeuten, daß die Truppen sich erschöpfen und ihre materiellen Reserven verausgaben, ohne Berlin genommen zu haben.
2. Alle Armeeoberbefehlshaber haben auf den Beobachtungsstellen der Kommandeure jener Korps zu sein, die in der Hauptrichtung kämpfen. Ich verbiete ihnen kategorisch, sich im Hinterland der Truppen aufzuhalten.
3. Die gesamte Artillerie, auch die überschwere, ist an die erste Staffel heranzuziehen, ihr Abstand zu der im Gefecht stehenden Staffel darf nicht mehr als zwei bis drei Kilometer betragen. Der Einsatz der Artillerie ist auf die Abschnitte zu konzentrieren, die für den Durchbruch entscheidend sind.
Es ist zu beachten, daß der Gegner bis Berlin Widerstand leisten und sich an jedes Haus und an jeden Strauch klammern wird. Die Panzer und Selbstfahrlafetten wie die Schützen dürfen daher nicht darauf warten, bis die Artillerie allen Widerstand ausgeschaltet hat und man nur in einen leeren Raum vorzustoßen braucht.
4. Wenn wir den Gegner schonungslos schlagen und Tag und Nacht auf Berlin vorrücken, wird es bald unser sein.«[46]

Oberst Babadschanjan, Kommandeur des 11. Garde-Panzerkorps, der gerade seine Liaison mit der Infanterie bewerkstelligte, wurde Zeuge einer interessanten Begebenheit:

»Nach erbitterten Kämpfen um die Seelower Höhen erreichten unsere Truppen den dritten Verteidigungsstreifen im Abschnitt Müncheberg/Diedersdorf.
Mit einigen Offizieren des Korps fuhr ich zum Gefechtsstand des 29. Schützenkorps von General Schemenkow, um mit ihm die weiteren Handlungen abzustimmen. Sein Stab hatte in einem schloßähnlichen Gutshaus Quartier gemacht. Wir durchschritten einige große Räume ... und gelangten endlich in die Räumlichkeit, in denen der Stab des Schützenkorps arbeitete.
Gleich bei der Begrüßung eröffnete mir Schemenkow, er könne nicht, wie befohlen, um 08.00 Uhr angreifen. Er habe den Angriffsbeginn auf 09.00 Uhr verschoben.
›Das muß aber Tschuikow gemeldet werden!‹
Doch Schemenkow schenkte meinen Einwänden kein Gehör.
Am frühen Morgen erschienen Tschuikow und Katukow. ›Sind die Truppen angriffsbereit?‹ erkundigte sich Tschuikow.
Schemenkow versuchte zu begründen, warum er den Angriffsbeginn verlegt habe.
›Was heißt das, *verlegt*‹, brauste Tschuikow auf.
Wie sich das Gespräch weiterentwickelte, kann ich nicht sagen, denn Katukow nahm mich beiseite und flüsterte: ›Hier gibt es für dich nichts mehr zu tun. Fahre so schnell wie möglich zurück zu deinen Leuten! Der Befehl muß termingerecht ausgeführt werden!‹«[47]

Vierter Kampftag

An diesem bewölkten, kühlen und windigen Tag sollte die 9. Armee unter den mächtigen Vorstößen der sowjetischen Panzerarmeen zerschmettert werden.

Der Oberbefehlshaber der Heeresgruppe, Generaloberst Heinrici, verließ seinen Gefechtsstand in Dammühle bei Strausberg und kehrte in sein Prenzlauer Hauptquartier hinter den Verteidigungslinien der 3. Panzerarmee zurück. Nach drei Kampftagen war er sich sicher, daß es der 9. Armee nicht mehr gelingen würde, die Sowjets an ihrem weiteren Vordringen zu hindern. Als einzig sinnvoller Ausweg blieb der sofortige Rückzug.

Der Gefechtsstand von General Weidlings LVI. Panzerkorps war bereits in die Kolonie Herrenhorst, drei Kilometer südlich von Strausberg, zurückverlegt worden.[1]

Der Durchbruch im Norden

Auf Befehl des CI. Armeekorps hatte sich die 5. Jägerdivision in der Nacht auf die »Wotan-Stellung« zurückgezogen und damit die sogenannte »Insel« und das Oderbruch der sowjetischen 61. Armee und der 1. Polnischen Armee überlassen.[2]

Doch General Poplawskij befahl seiner 3., 4. und 6. Polnischen Infanterie-Division, zusammen mit dem Gros der Panzerkräfte der 1. Polnischen Armee am 19. April durch Wriezen zu passieren und nach Nordwesten vorzustoßen, um für die 2. Division den Übergang über die Alte Oder bei Neu Gaul freizumachen. Hierdurch wurde effektiv die Flanke der 5. Jägerdivision aufgerollt. Dann setzte die 1. Polnische Armee in der Aufstellung – von Norden nach Süden – 1. Division, 2. Division, 3. Division, 1. Polnisches Panzerkorps, 6. Division sowie die 4. Division in der zweiten Staffel zum Schlag direkt nach Westen an und trieb die zurückweichenden deutschen Truppen vor sich her.

Dies ermöglichte es den Polen auch, bei Alt Ranft die Alte Oder zu überqueren, wodurch Bad Freienwalde von Süden her unmittelbar bedroht war.[3]

Oberleutnant Erich Hachtel, der jetzt auch für die Nachhut des Jäger-Regiments 75 verantwortlich war, berichtet über diesen Tag:

> »Nachdem der Gegner nun auch für uns spürbar im Süden mit seiner Übermacht durchgebrochen war, war auch diese neue Stellung nur von vorübergehender Dauer, so daß wir uns bereits am Abend des darauffolgenden Tages auf die Linie Straße Bad Freienwalde – Werneuchen zurückzogen und unseren Kompaniegefechtsstand in Gersdorf bezogen. Wie verworren die Lage war, zeigt folgender Vorfall. Ich hatte meinem Posten den Befehl gegeben, er solle die Panzerkompanie unter der Führung von Ritterkreuzträger Oberleutnant Kercher anhalten, da ich mit ihm einiges zu besprechen hatte. Der Posten meldete kurz, daß Panzer die Straße entlang kämen. In Erwartung, daß es sich um Oberleutnant Kerchers Kompanie handeln würde, unternahmen wir nichts. In schneller Fahrt ratterten drei Panzer an unserem Posten vorbei, den man gottlob nicht erkannte. Außer Atem kam der Posten in den Raum, der spärlich beleuchtet war, und meinte, er hätte noch einmal Glück gehabt, denn es wäre nicht die Kompanie von Oberleutnant Kercher gewesen, sondern russische T-34 Panzer. Nach einer halben Stunde kamen diese Panzer wieder durch unseren Ort zurück. Allem Anschein nach hatten sie sich verfahren und glaubten, auf der Straße nach Berlin zu sein!«[4]

Der Gefechtsstand des CI. Armeekorps war jetzt bei Tuchen, zehn Kilometer südlich von Eberswalde. Dort organisierte man den Rückzug und plante, sich in einem Brückenkopf um Eberswalde neu zu formieren. Die Nachhut wurde der 25. Panzergrenadier-Division und der SS-Jagdpanzer-Abteilung 560 überlassen.[5]

Der Gefechtsstand der 25. Panzergrenadier-Division zog nach Kruge-Gersdorf um, wohin auch die Kampfeinheiten der Division zwecks Neuformierung beordert worden waren.[6] Das Panzergrenadier-Regiment 119, dem die Verfolger dicht auf den Fersen waren, marschierte in nordwestlicher Richtung über Haselberg und Wölsickendorf Richtung Brunow, wo es am Abend auf die Reste des I. Bataillons des Panzergrenadier-Regiments 35 traf. Das II. und III. Bataillon dieses Regiments waren in Wriezen isoliert, hielten aber in hartem, erbittertem Nahkampf weiter die Stellung in den dortigen Walzwerken.

Die Heeres-Flak-Abteilung 292 mußte sich den Rückzug in den Raum Steinbeck erkämpfen. Den ganzen Tag über waren ihre Batterien in schwere Kämpfe verwickelt und erlitten starke Verluste. Am Abend ging die Abteilung bei Brunow in Stellung, wo man hoffte, einer von Süden her drohenden Umschließung zu entgehen.[7]

Schöneck und sein Kamerad trafen am frühen Morgen in Batzlow ein und wurden zusammen mit anderen, die die Kämpfe bisher überlebt hatten, sowie mit Verstärkungen in Gestalt von Matrosen, die erst vor wenigen Tagen von ihren Schiffen geholt worden waren, alten Männern in Zivilkleidung mit Volkssturm-Armbinden, jeder von ihnen mit einem französischen Karabiner und 15 Schuß Munition ausgerüstet, sowie kampfhungrigen Hitlerjungen, in die Verteidigung eingegliedert. Nach offiziellen sowjetischen Berichten wurde Batzlow von Generalleutnant A. F. Kasankins 12. Garde-Schützenkorps bereits am 18. April um 21.00 Uhr massiv angegriffen und um 3.00 Uhr am nächsten Morgen eingenommen. Doch Schöneck zufolge waren die Stellungen gut, und die Truppe konnte sich trotz der eher sporadischen Unterstützung durch schwere Waffen bis zum Abend der bald aus der einen, bald aus der anderen Richtung kommenden Angriffe erwehren. Doch dann ging die Munition zur Neige, und die Verluste waren hoch gewesen. Daraufhin setzten sich die Überlebenden in ziemlicher Unordnung nach Ihlow ab, wo sie von der Feldgendarmerie eingesammelt und in Alarmeinheiten organisiert wurden. Jedoch auch diese Stellung hielt sich nicht lange, und schon bald befanden sie sich wieder auf dem Rückzug, diesmal in Richtung Prädikow durch Wälder, in denen sie von Einheiten der dort liegenden 11. SS-Panzergrenadier-Division kontrolliert wurden. Schöneck und sein Kamerad wurden jedoch durchgelassen und erreichten Prädikow. Hier begegneten sie dem Wachtmeister, der Kompaniechef und zugleich Batterieführer der 13. Batterie des Artillerie-Regiments 309 war, sie erkannte und als Kanoniere übernahm.[8]

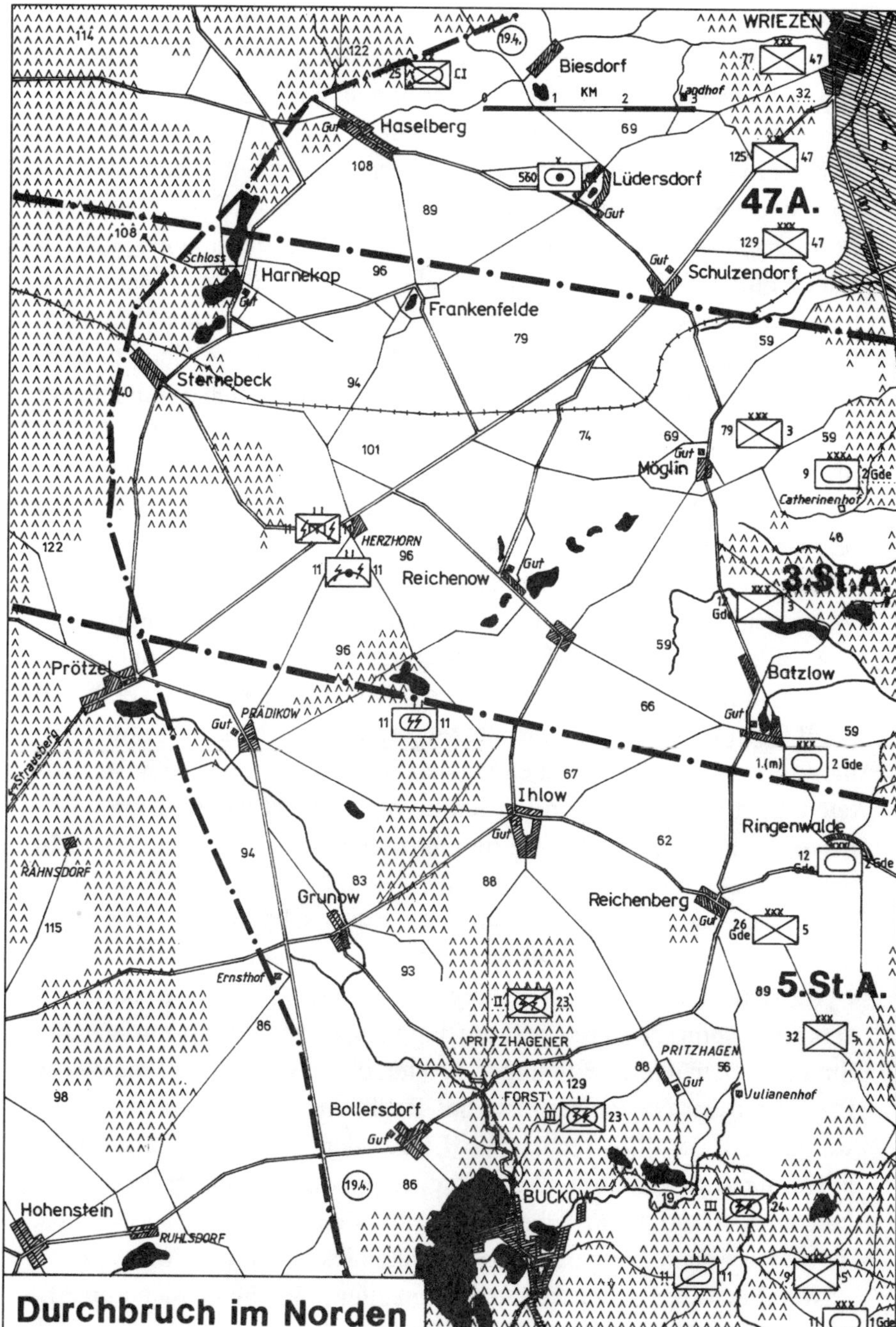

Durchbruch im Norden

Während der Nacht und in den frühen Morgenstunden des 19. April stießen Teile der 11. SS-Panzergrenadier-Division »Nederland« zu den offensichtlich gefährdeten Stellungen entlang der Linie Prötzel–Pritzhagen ein und verstärkten sie. Um 8.00 Uhr erreichte die Spitze einer sich von Wriezen her nähernden, scheinbar endlosen sowjetischen Panzer- und Kraftwagenkolonne den fünf Kilometer vor Prötzel gelegenen Weiler Herzhorn. Hier stießen die Sowjets auf den linken Flügel der Division »Nordland«, deren Pionier- und Flakbataillone mit einigen Panzern und Sfl des SS-Panzer-Regiments 11 im Hinterhalt lagen. Die Kämpfe dauerten den ganzen Tag an, doch gewannen die Sowjets am Nachmittag die Oberhand und stießen mit solcher Macht nach Westen und Südwesten vor, daß sich die deutschen Kräfte im Schutz der Dunkelheit nach Strausberg zurückziehen mußten. Gegen Abend hatte die 2. Garde-Panzerarmee die Linie Frankenfelde–Sternebeck–Prötzel erreicht.[9]

Doch in Prötzel, einem wichtigen Verkehrsknotenpunkt auf dem Weg nach Strausberg und Berlin, bekamen es die Sowjets mit einem alten »Panther« vom SS-Panzer-Regiment 11 zu tun, der unterwegs zur Verstärkung des LVI. Panzerkorps liegengeblieben war. Während die Besatzung versuchte, ihr Fahrzeug wieder in Gang zu bringen, bemerkte sie die herannahenden sowjetischen Panzer. Die Männer warteten, bis die sowjetischen Panzer sie fast erreicht hatten, dann eröffneten sie das Feuer und zerstörten in rascher Folge zwanzig T-34. Mit der letzten Granate machten sie den eigenen Panzer zum Wrack, bevor sie sich aus dem Staub machten. Der sowjetische Vormarsch war jedenfalls für diese Nacht wirkungsvoll zum Stehen gebracht.[10]

Im Lauf des Vormittags gelang sowjetischen Infanterie- und Panzerkräften einiger Fortschritt in der Hauptstoßrichtung entlang der Straße Reichenberg–Pritzhagen–Bollersdorf, wo in der Nähe von Pritzhagen das SS-Panzergrenadier-Regiment 23 »Norge« eingesetzt war, das III. Bataillon rechts, das II. links der Straße. Pritzhagen mußte aufgegeben werden, und das Regiment bezog vorübergehend Stellung am Ostrand des Pritzhagener Forsts, wo es, um Zeit zu gewinnen, die sowjetischen Truppen in ein hinhaltendes Gefecht verwickelte.

Als die sowjetischen Panzer auftauchten, hielten sie sicheren Abstand zu den Panzerfäusten, den einzigen Panzerabwehrwaffen, die

die deutschen Truppen mit sich führten, und schossen statt dessen in die Baumwipfel, so daß herabfallendes Geäst die Deutschen aus ihren Stellungen trieb. Darauf zogen sich die Deutschen etappenweise durch den Wald entlang der Straße von Pritzhagen nach Bollersdorf zurück, gefolgt von sowjetischen Panzern und Infanterie, bis sie die »Wotan-Stellung« erreichten.

Noch einmal näherten sich sowjetische Panzer. Ein einzelner »Hetzer« stellte sich ihnen entgegen, wurde aber zerstört. Schließlich brachte ein »Königstiger« Rettung, der zwei T-34 vernichtete und die restlichen vertreiben konnte. Die Stellung wurde bis zum Abend gehalten, dann aber brachen die Sowjets unmittelbar nördlich von Bollersdorf durch.

Das III. Bataillon des SS-Panzergrenadier-Regiments 24 »Danmark« und einige Kampfeinheiten der Hitlerjugend hielten sich im Wald östlich von Buckow auf. Der Wald brannte, und niemand wußte mehr, wo die Front verlief.

Andere Panzer und Selbstfahrlafetten des SS-Panzer-Regiments 11 waren zur Unterstützung der Infanterie entlang der Divisionsfront in Stellung, während die SS-Panzer-Aufklärungs-Abteilung 11 die Reste der 9. Fallschirmjäger-Division auf der rechten Flanke verstärkte. Zwei Kompanien dieser Einheit, deren Fahrzeuge nach Westen abgezogen worden waren, lagen mit einer 75-mm-Pak an einer Straße nördlich von Müncheberg in Stellung.[11]

Die 9. Armee forderte immer noch Verstärkung an, so daß fünf Berliner Volkssturm-Bataillone nach Strausberg und Fürstenwalde auf den Weg geschickt wurden. Zusätzliche Verstärkung kam von drei schwachen Bataillonen der wiederaufgefüllten 15. SS-Grenadier-Division (1. lettische), die im Raum westlich von Müncheberg Stellung bezogen, dazu eine Alarmkompanie von Matrosen des Kreuzers »Blücher«.[12]

Der Durchbruch bei Müncheberg

Die III. Abteilung des Artillerie-Regiments 18 wurde bei Tagesanbruch auf dem Marsch nach Heinersdorf in Jahnsfelde von einer Gruppe sowjetischer Panzer überrascht, die durch das Dorf strömten. Hastig ging die Abteilung ungefähr einen Kilometer südwestlich der Straßenkreuzung im Dorf vor einem Wald in Stellung und eröffnete das Feuer auf die sowjetischen Panzer, die die Verfolgung aufgenommen hatten. In dem folgenden Gefecht verlor die Abteilung acht Offiziere, 163 Soldaten und sämtliche Geschütze, konnte aber ihrerseits an die 100 sowjetische Panzer zerstören.[13]

Am 19. April erhielt Erich Wittors der Panzer-Aufklärungsabteilung »Kurmark« angehörende Schwadron Befehl, sich aus der Nähe von Neuentempel nach Marxdorf zurückzuziehen, doch war dieses Dorf bereits von den Sowjets besetzt, und in den umliegenden Wäldern tobten heftige Kämpfe. Die Schwadron bezog dann an einem Waldrand südlich des Dorfes Stellung, von wo aus man einen guten Überblick hatte. Wittor berichtet:

> »An einem Waldeck am rechten Flügel meiner Schwadron hatte der Königstiger der Waffen-SS Stellung bezogen. Wie wertvoll das war, konnten wir bald erfahren. Am späten Nachmittag versuchten Panzer vom Typ T-34 aus einem seitlich gelegenen Waldstück nach Marxdorf vorzustoßen. Mit einer unglaublichen Genauigkeit schoß die 8,8-cm-Kanone des Tigers Panzer auf Panzer ab. Jede Granate ließ den glühenden Rest von einem eben noch zügig angreifenden Panzer übrig. Da wurde kein Fehlschuß getan, und unsere Begeisterung war unbeschreiblich. Die ausgezeichnete Stellung unseres Panzers ließ den Russen nicht einmal die Möglichkeit zur Gegenwehr. Erst bei Dunkelheit konnten sie mit Panzern nach Marxdorf vordringen.«[14]

Eine Kampfgruppe der SS-Panzergrenadier-Division »Nederland«, bestehend aus dem Divisionsstab, mehreren Divisionseinheiten und dem SS-Panzergrenadier-Regiment 48, hatte am Vorabend des 19.4. die Umgebung von Marxdorf erreicht. Es war der Gruppe jedoch unmöglich, ihren Auftrag, die Verbindung zwischen dem LVI. Panzerkorps und dem XI. SS-Panzerkorps aufrechtzuerhalten, weisungsgemäß durchzuführen, denn bereits um 9.00 Uhr, als der Stabschef der 9. Armee an Oberst Eismann im Hauptquartier Heeresgruppe »Weichsel« meldete, daß die »Nederland« südwestlich von Marxdorf im

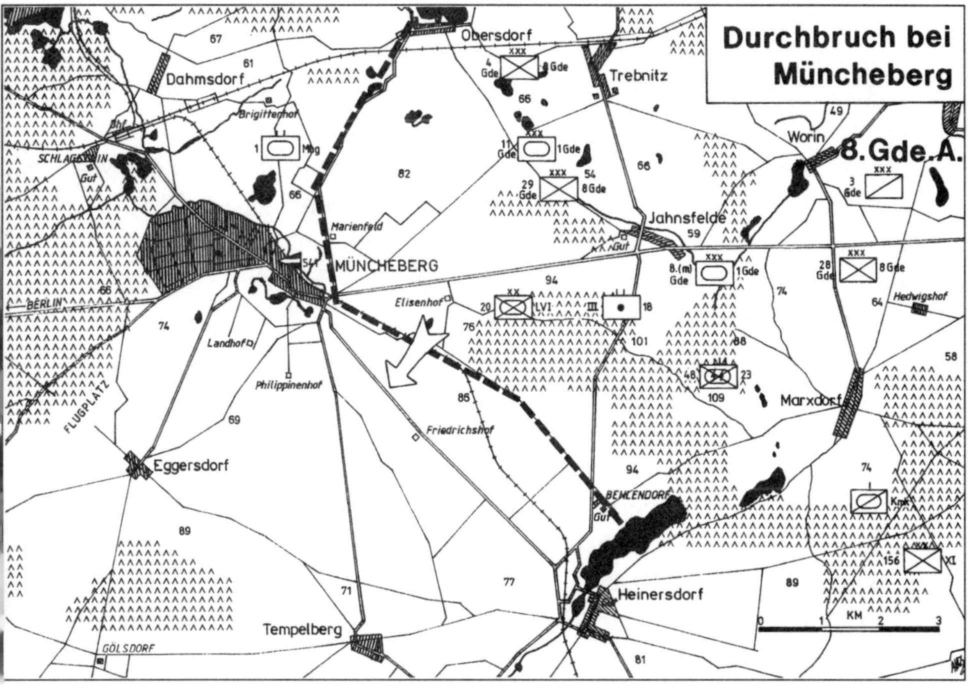

Kampf stehe, waren die Sowjets bereits auf der Reichsstraße 1 bis zum Elisenhof vorgedrungen, einem großen Gut unmittelbar südlich der Hauptstraße und zwei Kilometer vor Müncheberg.

Die »Nederland« griff nach Norden in Richtung Reichsstraße 1 an. Das Trüger-Bataillon des Panzergrenadier-Regiments 48 warf die Sowjets mit einem Überraschungsangriff aus Marxdorf hinaus und eroberte dabei einige Stücke deutscher Flakartillerie zurück, die es zur Abwehr sowjetischer Panzer einsetzte. Dann stieß das Bataillon auf der Höhe nördlich von Marxdorf weiter vor, geriet aber noch südlich der Hauptstraße in starkes Abwehrfeuer. Schließlich wurde die Division durch sowjetische Gegenangriffe gezwungen, sich nach Süden in den rückwärtigen Raum des XI. SS-Panzerkorps zurückzuziehen.[15]

Zwar hielten die Panzersperren um Müncheberg den Angriffen fast den ganzen Tag stand, doch hatten sich gegen 17.00 Uhr genügend sowjetische Kräfte in der Nähe des Elisenhofs versammelt, um sich mit Macht einen Weg durch die letzte der deutschen Verteidigungsstellungen in südwestlicher Richtung nach Tempelberg und Buchholz zu bahnen. Nach dem Tagesbericht der Heeresgruppe »Weichsel« kostete sie dies allerdings etwa 60 Panzer.

Um 18.00 Uhr brach dann eine sowjetische Übermacht von Nordosten nach Müncheberg ein. Sie gewann bald die Kontrolle über die kleine, alte ummauerte Stadt, die bereits den ganzen Tag unter schwerem Bomben- und Granatenbeschuß gelegen hatte. Innerhalb kurzer Zeit war dann dieser wichtige Verkehrsknotenpunkt an der einzigen Route, die von hier aus durch den Waldgürtel nach Berlin führte, in sowjetischer Hand.[16]

Über die Eroberung der Stadt berichtete General Tschuikow:

»In den Kämpfen um Müncheberg zeichnete sich das zur 82. Garde-Schützendivision gehörende 242. Garde-Schützenregiment unter Garde-Oberst Suchorukow aus. Der erfahrene Kommandeur, der bereits an der Wolga gekämpft hatte, faßte einen wohlüberlegten kühnen Entschluß. Das Regiment stieß entlang der von der Oder kommenden Straße auf Müncheberg vor und traf dort auf starke Verteidigungsanlagen des Gegners. Oberst Suchorukow beließ daraufhin an diesem Abschnitt nur eine Kompanie und zog sich mit den Hauptkräften seines Regiments demonstrativ, für die gegnerischen Beobachter deutlich erkennbar, nach Osten zurück. Kaum waren unsere Soldaten außer Sicht, wechselten sie die Richtung, umgingen Müncheberg durch einen Wald im Norden und brachen im Rükken und in der Flanke der Verteidiger in die Stadt ein. Die Schützen kämpften in kleinen Gruppen zusammen mit Panzern und Selbstfahrlafetten. Suchorukow selbst ging mit einer Schützeneinheit in der Mitte des Regiments vor. Der Kampf in den Straßen dauerte einige Stunden. Unsere Soldaten setzten alles daran, entsprechend dem Plan ihres Kommandeurs dem Gegner die Rückzugswege abzuschneiden. Sie stießen zu den entscheidenden Straßenkreuzungen vor und eröffneten von dort überraschend das Feuer, womit sie beim Gegner den Eindruck erweckten, er sei eingekreist. Seine Soldaten liefen auf der Suche nach einem Ausweg kopflos hin und her. Gerade das hatte Suchorukow bezweckt. Durch einen entschlossenen Angriff seiner Hauptkräfte vernichtete er dann die einzelnen Gruppen. Die Stadt wurde ohne größere Verluste genommen.

Nach der Beendigung der Kämpfe um Müncheberg erfuhren wir, daß Oberst Suchorukow schwere Verwundungen an der Brust und an einem Bein davongetragen hatte. Als mir der Regimentsarzt davon berichtete, befahl ich, den Oberst sofort in ein Lazarett einzuliefern. Auf Vorschlag des Armeeoberkommandos wurde er mit dem Titel ›Held der Sowjetunion‹ ausgezeichnet.«[17]

Feldwebel Averdieck vom Panzergrenadier-Regiment 90 beschrieb die Lage um Müncheberg an diesem Tag so:

»Kaum war ich am 19.4. nach ein paar Stunden totenähnlichem Schlaf bei der I-Staffel erwacht, als auch schon sofortige Marschbereitschaft befohlen wurde. Wegen eines Panzerdurchbruchs wurden wir weiter zurückverlegt. Da wir nicht genügend Sprit bekommen konnten, wurde der kleine SPW, dessen Besatzung durch Baumkrepierer verwundet worden war, neu bemannt und nach vorn geschickt. Mittags hatten wir den neuen Troßraum in einem Kiefernwald bezogen und machten unseren Wagen wieder einsatzbereit. Vom kleinen SPW liefen dauernd Sprüche ein, nach denen sie an den Rgt.-Gef.Stand nicht heran könnte und die Lage völlig undurchsichtig sei. Dann bekam ich auf meine Rufzeichen keine Antwort mehr. Später kam die Besatzung zu Fuß an. Der SPW war plötzlich von einigen T-34 angegriffen, verfolgt und abgeschossen worden. Gerade wollten wir nun wieder nach vorn rollen, als auch schon wieder ein eiliger Abmarschbefehl kam, da die feindliche Panzerspitze bis auf 1 km an unseren Standort heran war. Anscheinend stieß der Russe auf kein Hindernis mehr, die riesigen Troßmassen fluteten zurück, ohne auch nur einmal an Widerstand zu denken. Bis 3.00 Uhr nachts ging die Fahrt nach Rüdersdorf, in die Umgebung von Berlin-Erkner. Besonders nahe ging einem das Elend der Flüchtlinge, die sich mitten in der Nacht mit einem Handwagen aufmachen mußten.«[18]

An diesem Abend stieß ein Teil des 8. (mech.) Garde-Korps bereits bis Fürstenwalde vor, wurde dann aber zurückgeschlagen. Dieser Vorstoß erfolgte wahrscheinlich entsprechend Schukows ursprünglichem Befehl für diese Formation, doch inzwischen erforderten die Verluste an Soldaten, Ausrüstung und Zeit der vergangenen vier Kampftage den Einsatz aller Mittel im geballten, frontalen Stoß auf die Hauptstadt.[19]

Die eingeschlossene Festung

Am 19. April wurde aus den Überlebenden der 303. Infanterie-Division unter dem früheren Kommandeur des Grenadier-Regiments 301 eine Kampfgruppe in Bataillonsstärke gebildet, wobei jedes Regiment eine Kompanie stellte, und erteilte ihr den Auftrag, die Nordflanke des XI. SS-Panzerkorps zu sichern. Wie jedoch bereits geschildert, war diese bereits über alle Maßen gestreckt und stand unter mächtigem Druck der Sowjets.[20]

Die Einheit des Kanoniers Hansen, die einer ihrer Flakbatterien Infanterieschutz gab, wurde im Lauf des Morgens von zwei Infanteriekompanien abgelöst und zurück zur Abteilung nach Heinersdorf geschickt, aber die Lage änderte sich jetzt bereits so schnell, daß sowjetische Panzer sie bei ihrem Eintreffen bereits überholt hatten und die Abteilung abgezogen war. Sie versuchten sie einzuholen und schafften es schließlich am nächsten Tag.[21]

Helmut Altner und seine Kameraden von der 156. Infanterie-Division wurden bei Lietzen erneut von gemischten Sowjet- und Seydlitz-Truppen angegriffen. Der Kampf, in dessen Verlauf sie mehrfach unter heftigen Artilleriebeschuß gerieten, dauerte den ganzen Tag an, doch konnten sie sich mit Unterstützung einiger Panzer von der schweren SS-Panzer-Abteilung 502 behaupten. Die Seydlitz-Truppen scheinen dann gegen Abend zurückgezogen worden zu sein, nachdem sie ihnen einen wilden Kampf geliefert hatten.[22]

An diesem Abend verteidigten Hauptmann Vehses Männer vom II. Bataillon des Panzergrenadier-Regiments »Kurmark« Dolgelin bis Mitternacht, dann zerstörten sie fast alle ihre Fahrzeuge und setzten sich, von den Sowjets unbemerkt, entlang der Bahnlinie Dolgelin–Libbenichen ab, um sich dem 1. Bataillon anzuschließen und gemeinsam mit diesem den Rückzug nach Ahrensdorf anzutreten. Bei Libbenichen luden die Soldaten auf einem Feldverbandsplatz Verwundete auf und nahmen sie mit zu den Stellungen der 169. Infanterie-Division bei Carzig.[23]

Die 69. Armee versuchte unterdessen immer noch, die Linie der 169. und 712. Infanterie-Division bei Lebus zu durchbrechen. An diesem Tag drangen die Sowjets bis zum Gut Hohenjesar vor, zwei Kilometer südwestlich von Alt Mahlisch, wurden aber am Ostrand des Dorfs aufgehalten. Auch um das Dörfchen Schönfließ wurde wieder gekämpft, es blieb jedoch in deutscher Hand.[24]

Die Festung Frankfurt meldete verstärkten Druck auf ihre Flanken, konnte aber mehrere kleinere Angriffe erfolgreich abwehren.[25]

Die Südflanke

Die Spitze des sowjetischen Vorstoßes im Gebiet zwischen Markendorf und Lichtenberg brach sich weiterhin an der SS-Jagdpanzer-Abteilung 561, dem SS-Grenadier-Regiment »Falke«, den Resten der 286. Infanterie-Division und Teilen der 32. SS-Freiwilligen-Grenadierdivision.

Am Morgen leitete das III. Bataillon des SS-Grenadier-Regiments »Falke« mit Unterstützung der Kampfgruppe »Krauß« eine Offensive zur Rückgewinnung der Bahnlinie Frankfurt–Müllrose ein. Dabei wurden sie von den Sowjets frontal aus Stellungen angegriffen, die eigentlich Stellungen des Sturmbataillons »AOK 9« hätten sein sollen. Dieses Bataillon war jedoch kurz zuvor von der 286. Infanterie-Division hinunter in die Oberlindow/Finkenheerd-Bresche abkommandiert worden und hatte es versäumt, das Nachbar-Bataillon davon in Kenntnis zu setzen. Derart überrumpelt, gelang es dem III. Bataillon nur unter großen Schwierigkeiten, zu seiner Ausgangsstellung zurückzukehren und diese zu halten.

Zwar wurden bei den Kämpfen einige Fahrzeuge der Kampfgruppe »Krauß« beschädigt, doch konnten alle von der nahen Feldwerkstatt bei Lichtenberg wieder instandgesetzt werden.

Die ganze Zeit über bemühte sich die II. Abteilung des SS-Artillerie-Regiments 32 mit der begrenzten Menge an Munition, die ihr zur Verfügung stand, die deutschen Truppen in diesem Gebiet nach besten Kräften zu unterstützen und ihnen gelegentliche Atempausen zu verschaffen, indem sie die sowjetischen Truppen zum Eingraben zwangen.

Am frühen Abend des 19. April wurden die Panzerkräfte der Kampfgruppe »Krauß« abgezogen und zur Unterstützung des XI. Panzerkorps entsandt. Ihren Platz nahm die Kampfgruppe »Schöttle« ein, die ihren Kommandoposten in der Lichtenberger Schäferei errichtete.

Ein ungarisches Bataillon der Waffen-SS, das Anfang März auf Befehl der 9. Armee entwaffnet worden war und seither Schützengräben aushob, wurde von SS-Major Hengstenberg mit weggeworfenen Waffen geflohener deutscher Soldaten erneut bewaffnet und in die zur Unterstützung des XI. SS-Panzerkorps ausrückende Gruppe eingegliedert.

Südlich des Friedrich-Wilhelm-Kanals hielt die Verteidigung der 32. SS-Grenadier- und der 391. Sicherheits-Division dem hier relativ schwachen sowjetischen Druck stand, nachdem das Grenadier-Regiment 1237 und das SS-Pionierbataillon 32 mit vereinten Kräften einen weiteren Durchbruchsversuch bei Rautenkranz verhindert hatten.[26]

Die Lage des XI. SS-Panzerkorps war jedoch inzwischen so kritisch geworden, daß alle Elemente der 32. SS-Grenadier-Division, die sich herauslösen konnten, zu seiner Unterstützung abkommandiert wurden. Dabei handelte es sich um einen Teil des Divisionsstabs unter SS-Oberst Kempin, den Regimentsstab des SS-Grenadier-Regiments 86 mit einem Bataillon sowie ein Bataillon des SS-Grenadier-Regiments 87, dazu Teile der Nachrichten- und Panzerjäger-Abteilung und die Kommandeure der Nachrichten-Abteilung und des Artillerie-Regiments. Es zeigte sich jedoch, daß die Straßen völlig verstopft waren, und bis man schließlich eine Funkverbindung zum XI. SS-Panzerkorps herstellen konnte, war dessen Stab bereits auf dem Rückzug. Darauf erhielt SS-Oberst Kempin den Befehl, die Linie der Spree zwischen Fürstenwalde und dem Müggelsee in Berlin zu sperren. Dies bedeutete, daß die Division von nun an endgültig gespalten war, da sich die Einheiten, die noch dem Brückenkopf Aurith gegenüberstanden, zu diesem Zeitpunkt auf keinen Fall herauslösen konnten.[27]

Die Überreste der »Kurmark«, die immer noch zwischen Marxdorf und Dolgelin stand, erhielten Befehl, eine Auffanglinie entlang der Autobahn zwischen Berkenbrück und Kersdorf mit Front nach Norden und Osten zu besetzen und den Rückzug anderer Einheiten zu decken, die diesen Punkt von Norden her kreuzten. Die »Kurmark« begann sodann den geordneten Rückzug über Steinhöfel und Berkenbrück in die bezeichnete Stellung, die in einem dichten Waldgebiet lag, sicher flankiert durch die Kersdorfer Seen und die Dahme, mit der Spree im Rücken.[28]

Niederlage und Sieg

Die entscheidende Schlacht im Vorfeld Berlins war vorüber. Die deutsche 9. Armee war gerade zum zweitenmal innerhalb von drei Monaten vernichtend geschlagen worden, alle Reserven waren aufgebraucht, etwa 12 000 Soldaten hatten in vier Kampftagen ihr Leben gelassen, und es gab in diesem Augenblick keine Möglichkeit mehr, dem sowjetischen Ansturm nennenswerte Kräfte entgegenzustellen.

Hitlers hartnäckiges Bestehen auf den Verbleib des rechten Flügels der 9. Armee an der Oder hatte jegliche Flexibilität beim Einsatz der Formationen verhindert, die dem sowjetischen Angriff gegenüberstanden. Das Gros der 9. Armee war nun südlich der sowjetischen Hauptstoßrichtung durch Müncheberg isoliert und nicht mehr in der Lage, den Vormarsch auf Berlin aufzuhalten. Die Überreste des CI. Armeekorps zogen sich nordwestwärts in einen Brückenkopf bei Eberswalde, südlich des Hohenzollern-Kanals, zurück, wo sie vorübergehend Schutz finden würden, während General Weidling im mittleren Abschnitt ein Rückzugsgefecht führte, das ihn über Strausberg zu den Spreebrücken in den östlichen Vororten Berlins bringen sollte, um seinem LVI. Panzerkorps den Anschluß an das Gros der Armee südlich der Spree zu verschaffen. General Busse berichtete über diesen letzten Tag:

> »Die Kämpfe des 19.4. brachten ein weiteres Aufklaffen der Lücken in der Armeefront. ... Die Lücken noch zu schließen, war aussichtslos. Das Ringen von Heeresgruppe und AOK um die Genehmigung zum Absetzen hielt ohne Erfolg an. ... Die Armee faßte daher den Entschluß, das LVI. Pz.Korps in Richtung Spree westlich Fürstenwalde – ostwärts Erkner zurückzunehmen, und erteilte die

entsprechenden Befehle. Sie beabsichtigte, mit dem linken Flügel des XI. SS-Korps und dem LVI. Pz.Korps den Spree Abschnitt von ostwärts Fürstenwalde bis Erkner abzustützen, daß mit ihm als Flankenschutz die Oderfront in Richtung südlich Berlin ausweichen konnte.«[29]

Sicher hatte keiner der an den Kämpfen beteiligten Befehlshaber die Absicht, den Kampf nach Berlin zu verlagern und die Stadt im Straßenkampf zu verteidigen. Sie hatten den entscheidenden Kampf geführt und hatten verloren. Jetzt galt es vorrangig, die verbliebenen Kräfte zu erhalten und zu schützen und sie, wenn möglich, den Westalliierten auszuliefern. Die Furcht, den Sowjets in die Hände zu fallen, blieb die treibenden Kraft.

Die Sowjets hatten gesiegt, sie hatten die letzte deutsche Verteidigung an der Oder zerschlagen, der Weg nach Berlin war frei. Doch unter welch entsetzlichen Opfern war dieser Sieg errungen worden! Offiziell ist von 33 000 Gefallenen die Rede, möglicherweise aber waren es mehr als doppelt so viele, sowie von 743 zerstörten Panzern und Sfl, d.h. jedem vierten rollenden Geschütz, das entspricht einer ganzen Panzerarmee. Überdies waren die Truppen aufs äußerste erschöpft.

Schukow mußte deshalb seine Pläne für die nächste Phase, die Einnahme Berlins, ändern. Die 1. Garde-Panzer- und die 8. Gardearmee sollten weiter als kombinierte Streitmacht auf direkter Linie entlang der Reichsstraße 1 auf die Hauptstadt vorrücken, dort über Spree und Dahme nach Süden schwenken und die südlichen Vororte in einem weiten Bogen von der Spree bis zur Havel umfassen.

Indessen sollten die drei Korps der 2. Garde-Panzerarmee vorübergehend getrennt marschieren. Das 9. Panzerkorps sollte zusammen mit dem 7. Garde-Kavallerie-Korps die 47. Armee verstärken, wenn diese Berlin im Norden umging, um dann nach Süden zu schwenken und die Westseite der Havel zu sichern und die westlichen Zugänge zur Stadt zu sperren. Das 1. (mech.) Korps und das 12. Garde-Panzerkorps sollten die nordöstlichen Vororte angehen und als Speerspitzen der 3. bzw. 5. Stoßarmee dienen. Die 2. Garde-Panzerarmee sollte sich dann wieder mit diesen beiden Panzerkorps vereinen, um die Vororte im nördlichen Bogen zu besetzen, während die 3. Stoßarmee die nordöstlichen und die 5. Stoßarmee die östlichen Vororte übernahm. Die 69. und 33. Armee sollten mit Unterstützung der Frontreserve, der 3. Armee, die Reste der 9. Armee einkreisen und vernichten.[30]

Als Endziel wurde der Reichstag bestimmt, ein markantes, freistehendes Gebäude, das inmitten der Ruinen im zerbombten Stadtzentrum noch immer leicht zu identifizieren war. Welche Formation dann tatsächlich das Gebäude einnehmen würde, blieb dem Schicksal überlassen, denn mit Ausnahme der 47. Armee sollten alle, die die Stadt umzingelt hatten, unter Aufsicht der Front um dieses Ziel eine Art Wettstreit führen.

Schukow war sich bewußt, daß Stalin seinem Rivalen Konjew in der Nacht zum 17. April die Erlaubnis erteilt hatte, seine 3. und 4. Garde-Panzerarmee auf Berlin zu führen, erwartete aber immer noch, die Stadt für sich allein zu haben; zu Tschuikows Aufgaben gehörte es, dafür Sorge zu tragen.[31]

Die Schwäche von Schukows ursprünglichem Einsatzplan für die Panzerarmeen erwies sich im späteren Verlauf der Kämpfe um die Stadt, als der 2. Garde-Panzerarmee buchstäblich die unterstützende Infanterie ausging. Schukow hatte keine sowjetischen Infanteriereserven mehr übrig und mußte deshalb die 1. Polnische Infanterie-Division zu Hilfe rufen.[32]

TEIL 5

NACH DEM DURCHBRUCH

Das Schicksal der deutschen 9. Armee

Der sich nun anschließende Kampf um Berlin ist nicht Gegenstand dieses Buches – ich habe ihn in meinem zuvor erschienenen Buch »Der Kampf um Berlin 1945« behandelt –, doch werden in Zusammenhang mit dem weiteren Schicksal der verschiedenen Elemente der 9. Armee im folgenden auch einige relevante Aspekte dieses Kampfes noch einmal in Erscheinung treten.

Während Schukows Truppen in der nun folgenden Phase der »Operation Berlin« immer dichter an die Stadt heranrückten, wurden die »Seydlitz-Truppen« verstärkt aktiv, indem sie sich unter die im Rückzug begriffenen deutschen Einheiten mischten und mündlich Falschmeldungen über bestimmte Sammelpunkte westlich von Berlin verbreiteten. Hauptmann Finckler, Chef der Stabskompanie des Fallschirmjäger-Regiments 27, vermerkte am 19. April einen derartigen Vorfall:

> »An der Straße von mir aufgestellte Posten melden, daß ein Fallschirmjäger-Leutnant auf einem Beiwagen-Krad vorbeigefahren sei und ihnen zugerufen habe: 9. Fallschirmjäger-Division sammelt in Güterfelde bei Postdam.
> Da aber kein schriftlicher Befehl vorgezeigt worden war und der Leutnant nicht bekannt war, verblieb ich mit meinem Kommando an Ort und Stelle, bis die vorübergehend unterbrochene Verbindung mit der 9. Fallschirmjäger-Division abends in Köpenick wiederhergestellt werden konnte.«[1]

Wie wirksam diese sowjetische Kriegslist war, kann man anhand dessen beurteilen, was jeweils General Weidling und der 20. Panzergrenadier-Division widerfuhr.

Es gibt unterschiedliche Aussagen darüber, wie und wann Weidling erfuhr, daß sowohl Hitler als auch General Busse ihn dafür erschießen lassen wollten, daß er aus einem Gefechtsstand in Döberitz den Rückzug seines Korps nach Westen eingeleitet hatte, doch war dies ganz sicher eine unmittelbare Folge von Falschmeldungen durch die »Seydlitz-Truppen«. Tatsächlich führte Weidling daraufhin ein Rückzugsgefecht durch die östlichen Vororte der Stadt, um sich über Königs Wusterhausen wieder mit der 9. Armee zu vereinen. Ein Besuch in der Reichskanzlei am Abend des 23. klärte die Angelegenheit, führte aber dazu, daß man Weidling mit seinem LVI. Panzerkorps die Verantwortung für die Verteidigung Berlins auf dem Bogen Lichtenberg–Zehlendorf übertrug und er selbst am nächsten Tag zum Verteidigungskommandanten der Stadt ernannt wurde.[2]

Aufgrund der erstgenannten neuen Zuständigkeit verlegte Weidling die 20. Panzergrenadier-Division an seinen rechten Flügel nach Zehlendorf. Bei deren Eintreffen dort am Morgen des 24. April wurde sie sogleich von Konjews Angriff über den Teltow-Kanal überrascht und auf die »Insel« Wannsee zurückgedrängt, wo sie bis zum Ende der Kämpfe effektiv isoliert war. Als Generalmajor Scholz jedoch in Wannsee eintraf, fand er nur noch knapp 100 Soldaten seiner Division vor, denn im Chaos der Umgruppierung quer durch die Stadt hatte sich die Mehrheit der Überlebenden nach Döberitz gewandt, und deren Zahl reichte wiederum aus, um am nächsten Tag bei Kyritz als Panzer-Brigade der 20. Panzergrenadier-Division neu formiert zu werden. Diese Brigade, die aus zwei Bataillonen Infanterie, zwei Abteilungen Artillerie, einer Panzerkompanie mit acht Sturmgeschützen, einer Fla- und einer IG-Kompanie bestand, alles voll motorisiert, schaffte es gerade noch rechtzeitig, sich ohne weitere Kämpfe nach Westen durchzuschlagen und den Amerikanern zu ergeben, bevor sie von den Sowjets abgefangen wurde.[3]

Das Schicksal der Stadt war bereits entschieden, und Weidlings verspätete Ernennung konnte den Lauf der Ereignisse nicht mehr aufhalten, nachdem der Straßenkampf bereits begonnen hatte und das Verteidigungssystem schon vorher festgelegt worden war. In der Besprechung mit seinen Stabsoffizieren am 22. April in Biesdorf waren sich alle Anwesenden einig, daß es selbstmörderisch sei, das Korps tiefer in die Stadt hineinzuführen. Niemand wollte der seit langem leidenden und in Ruinen gefangenen Bevölkerung mit einem Straßenkampf zusätzliches Leid auferlegen. Es war Hitlers und Goebbels' Entschlossenheit, bis zum bitteren Ende zu kämpfen, die das Schicksal der Menschen entschied. Hitlers Größenwahn, seine »Götterdämmerung«, sollte viel unnötiges Blutvergießen, Zerstörung und Leid zur Folge haben: Falls er unterging, sollte, was immer von Deutschland übrig war, mit ihm untergehen.

Entsprechend wurden auch alle Pläne Weidlings abgelehnt, nach Westen auszubrechen. Erst als sein eigenes Schicksal durch den Entschluß zum Selbstmord entschieden war, stimmte Hitler einem Ausbruch zu, sobald die Munition erschöpft sei. Doch kurz nach Hitlers Tod am Nachmittag des 30. April widerrief sein Nachfolger Goebbels diesen Befehl zum Ausbruch, da er sich noch immer der illusorischen Hoffnung auf Verhandlungen mit den Sowjets hingab. Sein Emissär, Generaloberst Krebs, konnte bei den Sowjets nichts ausrichten, und am folgenden Abend vergiftete das Ehepaar Goebbels seine sechs Kinder und beging anschließend Selbstmord.

Inzwischen hatte sich die Lage so sehr verschlechtert, daß an einen organisierten Ausbruch nicht mehr zu denken war. In der Abenddämmerung des 1. Mai konferierte Weidling im Nachrichtenbunker des Bendlerblocks mit allen höheren Kommandierenden, die erreichbar waren. Er teilte ihnen mit, daß er am nächsten Morgen kapitulieren wolle, und erlaubte allen, die dies wünschten, im Schutz der Dunkelheit zu entkommen. Viele seiner Offiziere fühlten sich noch immer durch ihren persönlichen Treueeid auf Hitler zu einer Fortsetzung des Kampfes verpflichtet, doch Weidling war überzeugt, daß Hitler sie alle durch seinen Selbstmord verraten und den Eid von sich aus gebrochen habe, und hielt dies auch ausdrücklich in seinem Kapitulationsbefehl an die Garnison fest, der am 2. Mai von den Sowjets bekanntgegeben wurde.[4]

In der Nacht vom 1. zum 2. Mai kam es dann auch zu vier größeren Ausbruchsversuchen in verschiedenen Stadtteilen, sämtlich begünstigt durch den trunkenen Zustand der sowjetischen und polnischen Soldaten, die den Maifeiertag begingen. Im Reichstag wurde zwar noch gekämpft, doch war die Rote Fahne bereits am Tag zuvor auf dem Gebäude gehißt worden, und Sieg, Friede und die Aussicht, bald nach Hause zurückzukehren, schienen sehr nahe. Allein schon den Krieg bis jetzt überlebt zu haben, war Grund genug zum Feiern.

Der größte Ausbruchsversuch wurde vom Zoobunker aus durch Generalmajor Sydow, 1. (Berliner) Flak-Division, organisiert und von Generalmajor Mummert, Kommandeur der Panzer-Division »Müncheberg«, geleitet. Wer zu Fuß unterwegs war, Soldaten und Zivilisten gleichermaßen, nahm den Weg durch die U-Bahntunnel Richtung Olympiastadion und von dort in den Ostteil Spandaus, wo sich auch die verbliebenen Transport- und Panzerfahrzeuge sammelten, die ebenfalls ungehindert durch die sowjetischen Linien gelangten. Bei Tagesanbruch erkämpften sich die Truppen dann den Weg über die letzten zwei Spandauer Havelbrücken, wobei Hauptmann Zobel die Panzerkräfte auf einem SPW in die alte, ummauerte Stadt führte, nun allerdings gegen wachsenden sowjetischen Widerstand, der den Ausbruch in einem Blutbad enden ließ. Viele erreichten noch das Döberitzer Ausbildungsgelände westlich der Stadt, aber dann sorgten sowjetischer Flieger-, Artillerie-, Werfer- und Infanteriebeschuß sowie der eigene Treibstoff- und Munitionsmangel dafür, daß der ursprüngliche Strom der Überlebenden rasch zu einem Rinnsal verkümmerte. Nur sehr wenigen gelang es tatsächlich, den Westen zu erreichen.[5]

Von der »Insel« Wannsee aus versuchten die Reste der 20. Panzergrenadier-Division und Teile der Potsdamer Garnison ebenfalls den Ausbruch. Zunächst durchbrachen sie die von den Sowjets besetzten Barrikaden am Bahnhof Wannsee nach Osten hin, wandten sich dann nach Süden, überquerten den Teltow-Kanal, überraschten in Schenkenhorst Teile des Stabes der 4. Garde-Panzerarmee, und weiter sollte es dann über den Autobahnring nach Beelitz gehen, um General Wencks wartende 12. Armee zu erreichen. Unterwegs gerieten sie jedoch plötzlich auf ein Flugfeld mit sowjetischen Kampfflugzeugen und wurden in ein Feuergefecht verwickelt, von verfolgenden sowjetischen Kräften eingeholt und auf offenem Gelände eingeschlossen.[6]

SS-Brigadeführer Mohnke organisierte einen Ausbruch aus der Reichskanzlei für die, die gehen wollten. In Intervallen brachen zehn Gruppen durch die U- und S-Bahntunnel auf, die nach Norden zum Bahnhof Friedrichstraße führten. Die erste Gruppe, zu der auch Hitlers berüchtigter Leiter der Parteikanzlei Martin Bormann gehörte, überquerte die Spree auf einer Fußgängerbrücke und wandte sich nach Moabit, wo einige in Gefangenschaft gerieten und Bormann selbst und ein Begleiter Selbstmord begingen. Die anderen Gruppen schlossen sich auf der Weidendammer Brücke ausbrechenden Elementen der 11. SS-Panzergrenadier-Division »Nordland« an, mit denen sie schließlich im Keller einer Brauerei im Wedding eingeschlossen und zur Kapitulation gezwungen wurden.[7]

Ein weiterer Ausbruchsversuch führte über die Schönhauser Allee nach Norden. Hier gelang es lediglich einem Teil, nämlich 68 Männern des Wachregiments »Großdeutschland«, mit fünf Panzern die Stadt zu verlassen, obwohl in Schukows Hauptquartier die Alarmglocken läuteten und verschiedene Formationen hektisch mit dem Befehl, sie aufzuhalten, losgeschickt wurden. Dennoch konnten die Panzer mit dem letzten Tropfen Sprit bis in die Nähe von Oranienburg gelangen, wo sich die Mannschaft in vier Gruppen aufteilte, die zu Fuß weiterflüchteten und schließlich alle die Elbe und Schleswig-Holstein erreichten.[8]

Die vielleicht glücklichsten Überlebenden der ursprünglichen 9. Armee gehörten der 5. Jäger- und der 25. Panzergrenadier-Division an. Diese zogen sich zunächst auf den vom CI. Armeekorps gebildeten Brückenkopf südlich von Eberswalde zurück, von wo aus sie die Südflanke von Hasso von Manteuffels 3. Panzerarmee sicherten, die aber erst am 20. April von Marschall Rokossowskijs 2. Weißrussischer Front angegriffen wurde.

Am 25. April jedoch erhielt die 25. Panzergrenadier-Division von Generaloberst Krebs den Auftrag zu einem Einsatz südwestwärts über den Ruppiner Kanal zur Entlastung Berlins. Diese Operation war Teil eines aberwitzigen Plans, den Hitler zur Rettung der Stadt durch SS-General Felix Steiner entworfen hatte. Die Division durchbrach die schwachen polnischen Linien, wurde aber dann sogleich in einem kleinen Brückenkopf bei Germendorf, vier Kilometer westlich von Oranienburg, festgenagelt, ein weiteres Vordringen erwies sich als unmöglich. Dann durchbrach am Nachmittag des 27. April die 2. Weißrussische Front die Verteidigungslinie der 3. Panzerarmee bei Prenzlau, und die deutsche Front an der Unteren Oder brach zusammen.

Generaloberst Heinrici entschied sich nun für ein Rückzugsgefecht, um sich mit seinen Truppen den Westalliierten zu ergeben, und befahl der 25. Panzergrenadier-Division, in der Nacht den Brückenkopf zu verlassen.

Seite an Seite mit der 5. Jäger-Division zog sich die 25. Panzergrenadier-Division über Neubrandenburg bis an die Elbe südlich von Schwerin zurück, dicht gefolgt von den Sowjets. Dort ergaben sich beide Divisionen, nachdem sie ihre Waffen niedergelegt hatten, den Amerikanern. Die Amerikaner übergaben sie den Briten, die diesen Einheiten in jenem Sommer erlaubten, sich selbst zu verwalten und schließlich ihre eigene Truppenauflösung zu organisieren. Im Gegensatz dazu sollten ihre Kameraden, die in sowjetische Gefangenschaft gerieten, ihre Heimat erst nach weiteren zehn Jahren wiedersehen, sofern sie überhaupt mit dem Leben davonkamen.[9]

Nachdem am 19. April die letzte Verteidigungslinie bei Müncheberg zusammengebrochen war, mußte General Busse Maßnahmen ergreifen, um die Nordflanke seiner gestutzten 9. Armee, so gut er konnte, zu sichern. Der sowjetische Vorstoß auf Fürstenwalde bedrohte die 169. und 712. Infanterie-Division, die zusammen mit der Frankfurter Garnison auf Hitlers hartnäckigen Befehl hin noch immer versuchten, ihre vorgeschobenen Stellungen zu halten, nunmehr von hinten. Um diese exponierte Rückfront zu decken, wobei es hauptsächlich um die Stellung der 156. Infanterie-Division bei Lietzen ging, und um den sowjetischen Vorstößen auf seine eigene Front zu begegnen, standen ihm nur die Reste der Panzergrenadier-Divisionen »Kurmark« und »Nederland« zur Verfügung, doch war letztere in der Schlacht um Müncheberg vom LVI. Panzerkorps abgeschnitten worden. In dieser zunehmend ausweglosen Lage begannen die drei Infanterie-Divisionen den unvermeidlichen Rückzug nach Südwesten, während die Panzergrenadier-Divisionen darum kämpften, die Fluchtwege über die Spree östlich von Fürstenwalde offenzuhalten. Wie bereits früher erwähnt, war ein Teil der 32. Panzergrenadier-Division »30. Januar« aus der Front gelöst worden, um die Linie Fürstenwalde–Müggelsee entlang dem Oder-Spree-Kanal und der Spree abzuschirmen.

Am Abend des 21. April erreichten Aufklärer der 3. Garde-Panzerarmee der 1. Ukrainischen Front von Süden her Königs Wusterhausen und vollendeten damit effektiv die Einkesselung der 9. Armee, obwohl sich die Soldaten der beiden sowjetischen Fronten der Nähe zueinander gar nicht bewußt waren, weil sich die 8. Gardearmee auf der anderen Seite der Seenkette östlich von Königs Wusterhausen befand. Der Befehl aus Moskau verlangte die Einkesselung der 9. Armee bis zum 24. April, weshalb Marschall Konjew die gesamte 28. Armee nach vorne kommandierte, um den Spreewaldkessel abzuriegeln.[10] Seine Befehle an die 28. Armee, der für die Verlegung sämtliche Transportmittel der Front zur Verfügung gestellt wurden, verlangten unter anderem den Einsatz von zwei Infanterie-Divisionen als Gegenangriffskräfte im Raum von Baruth, um einem möglichen Ausbruchsversuch zu begegnen. Abschirmkräfte mußten die Ausfallstraßen mit starken Verteidigungsanlagen gegen Panzer und Infanterie abriegeln, um jeden möglichen Ausbruch nach Westen oder Südwesten zu vereiteln. Konjew war sich darüber hinaus nur allzu bewußt, wie verwundbar seine Hauptverbindungsroute, die Autobahn Dresden–Berlin, war.[11]

Um seinerseits Moskaus Weisungen nachzukommen, warf Marschall Schukow das Gros seiner 69. Armee zusammen mit der 3. Armee aus der Reserve nach vorne. Auf diese Weise übte er nicht nur Druck auf die 9. Armee von Norden her aus, sondern konnte auch die linke Flanke seiner auf Berlin vorstoßenden Truppen schützen. Bis zum Abend des 21. April hatte die 3. Armee einen Brückenkopf am südlichen Spreeufer westlich Fürstenwalde, wo Teile der 32. SS-Panzergrenadier-Division »30. Januar« in aller Eile versuchten, einen Abwehrschirm aufzubauen.[12]

Auf General Busses Truppenansammlung im Spreewald richtete jetzt Luftmarschall Nowikow sein Hauptaugenmerk. Um die eingekesselte 9. Armee rund um die Uhr zu stören, ließ er seine 2., 16. und 18. Luftarmee vermehrt Einsätze fliegen, meist mit 60 bis 100 Flugzeugen gleichzeitig.[13] Neben der 9. Armee hielten sich auch mehrere zehntausend Flüchtlinge aus den Ostprovinzen in den Wäldern auf. Sie hatten hier seit ihrer Ankunft im Winter notdürftig gelagert, und ihre Zahl wurde jetzt durch Bewohner der Kampfgebiete, die aus ihren Häusern geflüchtet waren, noch erheblich vermehrt. Zwar gab es für alle genug zu essen, doch die interne Verständigung verschlechterte sich rapide, Soldaten und Zivilisten gerieten in ihrer mißlichen Lage hoffnungslos durcheinander. Munition und Treibstoff waren besonders knapp, und als der Artillerie am 21. die Munition ganz ausging, empfahl Heinrici General Busse, sich auf irgendeine Weise vom Feind zu lösen und Hitlers Befehl, die Oder zu halten, nicht länger zu beachten.[14]

Am nächsten Tag um 11.00 Uhr teilte Heinrici General Krebs telefonisch mit, daß der südliche Teil der 9. Armee bis zum Abend in zwei Teile gespalten sein würde, wenn sie nicht die Erlaubnis zum Rückzug erhielte. Dieses Mal blieben seine Worte wohl nicht ohne Wirkung, denn um 14.50 Uhr rief Krebs zurück und erteilte der Frankfurter Garnison die Erlaubnis, die Stadt zu verlassen und auf die Linie der 9. Armee zurückzufallen, so daß in der überdehnten Aufstellung der letzteren kleinere Anpassungen vorgenommen werden konnten.

Zu diesem Zeitpunkt stand die Nordflanke der 9. Armee noch fest zwischen Frankfurt und einem Brückenkopf nördlich von Fürstenwalde. Von da an folgte sie dem Verlauf der Spree bis zu einem Punkt nördlich Prieros und schwenkte dann scharf nach Süden zur Seenkette hin ab, wobei die Autobahn Frankfurt–Berlin mit starken Straßensperren versehen war. Am Abend des 19. April erhielt General Busse das Kommando über das benachbarte V. Armeekorps, das effektiv von der 4. Panzerarmee im Süden, zu der es gehörte, abgeschnitten war. Umgehend befahl er dem Korps, nur einen leichten Sicherungsschirm in den Neiße-Stellungen zurückzulassen und eine Verteidigungslinie von nördlich Lübben bis Halbe aufzubauen. Außerdem hatte er dessen 21. Panzerdivision dem direkten Befehl des AOK unterstellt und sie in Marsch gesetzt, um entlang der Seenkette zwischen Teupitz und Königs Wusterhausen eine Verteidigungslinie zu errichten, doch war die 21. Panzerdivision inzwischen von dort zur nächsten Seenkette zwischen Teupitz und Prieros zurückgedrängt worden, wo sie dann allen weiteren Angriffen standhielt.

Hitlers Befehle an die 9. Armee, die Heinrici um 17.20 Uhr empfing, forderten, die bestehende Frontlinie von Cottbus nach Fürstenberg zu halten und sie von dort in einem Bogen über Müllrose nach Fürstenwalde zurückzunehmen. Gleichzeitig sollte zwischen Königs Wusterhausen und Cottbus eine starke Front aufgebaut werden, um von dort aus zusammen mit der 12. Armee wiederholte, heftige und koordinierte Angriffe gegen die tiefe Flanke des Feindes zu führen, der Berlin von Süden angriff.

General Busse hatte jedoch bereits mit den von General Heinrici empfohlenen Ausbruchsvorbereitungen begonnen. Die Umgruppierung der V. Armee bildete einen Teil seines Plans. Hierbei sollten sich, sobald die Frankfurter Garnison in seine Front eingegliedert war, das V. Armee- und das V. SS-Gebirgskorps gleichzeitig aus den Oder-Neiße-Stellungen lösen und in zwei Etappen beiderseits an Friedland vorbei auf die Linie Straupitz – Beeskow – Mündung des Oder-Spree-Kanals in die Spree zurückziehen.[15]

Am 24. April schlossen General A. W. Gorbatows 3. Armee der 1. Weißrussischen Front und die 28. Armee der 1. Ukrainischen Front bei Teupitz zueinander auf und vollendeten damit die Einschließung der 9. Armee gemäß den Stawka-Befehlen.[16]

Am nächsten Tag – drei Tage nachdem sie dafür Hitlers Genehmigung erhalten hatte – gelang Oberst Biehlers Frankfurter Garnison endlich der Durchbruch zur 9. Armee. So war General Busse am Abend des 28. April schließlich soweit, die 9. Armee aus dem Kessel herauszuführen. Seine Formationen waren marschbereit auf einem kleinen Areal, in etwa zwischen Halbe und Märkisch Buchholz, westlich der Dahme, versammelt.[17]

Busse beabsichtigte, so viele Menschen wie nur möglich vor den Klauen der Russen zu retten. Obwohl er erst kürzlich von Hitler die Zustimmung zu dem Marsch in Verkleidung des Befehls erhalten hatte, die 9. und 12. Armee in der Nähe von Jüterbog zum gemeinsamen Vormarsch auf Berlin zu vereinigen, schrieb Busse: »Diese Befehle beachtete und beantwortete das AOK nicht.« Er stand in direktem Funkkontakt mit General Wenck, der ihm seine eigene geheime Marschroute Richtung Beelitz empfahl, da man dort die schwächsten sowjetischen Kräfte vermutete, und beiden Generälen war klar, daß es sich hier um eine reine Rettungsaktion handelte.

Aufgrund von Erkundungen bot sich als Ausbruchspunkt Halbe an, da ungefähr hier die Grenze zwischen den sowjetischen Fronten verlief und Koordinierung am wenigsten wirksam war, zumal der Marsch der 9. Armee durch das Gebiet der einen Front automatisch das Feuer der anderen behindern würde. Die Fluchtstrecke führte dann ungefähr 60 Kilometer durch einen ausgedehnten Waldgürtel westwärts an Luckenwalde vorbei. Es mußte Tag und Nacht marschiert werden, um den unvermeidlichen Gegenmaßnahmen der Sowjets zuvorzukommen, dabei würde der dichte Wald einen wirksamen Einsatz von sowjetischen Panzern und Flugzeugen behindern.

Die Vorbereitungen der 9. Armee waren zugleich gründlich und einschneidend. Alles, was nicht dem Ausbruch diente, wurde vernichtet oder zurückgelassen. Geschütze, für die keine Munition mehr vorhanden war, wurden unbrauchbar gemacht, ebenso Kraftfahrzeuge, deren Tanks geleert wurden, um Treibstoff für die Kampfwagen zu gewinnen. Jeder Soldat, der über eine Schußwaffe verfügte, wurde, egal, welchen Dienst er vorher verrichtet hatte, einer Kampfeinheit zugeteilt.

Es war geplant, in einem konzentrierten Keil vorzurücken, wozu die Aufgaben folgendermaßen verteilt wurden:

XI. SS-Panzerkorps
Aufstellung mit allen Panzerfahrzeugen an der Ausgangslinie, von Halbe aus nordwärts. Ausbruch einleiten und dann die Nordflanke übernehmen.

V. Armeekorps
Sichern der Südflanke der Ausbruchsstelle, dann dem XI. Panzerkorps durch die Bresche folgen, den Ausbruchspunkt übernehmen und gleichzeitig die Südflanke schützen.

V. SS-Gebirgskorps
Ausbruch nach Osten und Nordosten abschirmen und den Ausbruch im Rücken decken.

21. Panzer-Division
Ausbruch gegen Nordwesten sichern und, sobald das V. SS-Gebirgskorps durch die Bresche hindurch ist, auf Halbe zurückfallen und unter dem Kommando des Korps die Nachhut bilden.

Die übriggebliebene Artillerie wurde mit den Resten an Munition bei Halbe zusammengezogen.

Zwischen den Wehrmachtseinheiten scharten sich Zehntausende

von Flüchtlingen, die entschlossen waren, gemeinsam mit den Truppen auszubrechen, obwohl jedem bewußt gewesen sein muß, wie klein seine Überlebenschancen waren. Und die Sowjets, die einen Teil der Vorbereitungen aus der Luft beobachtet hatten, wußten, auf welche Punkte sie ihre Artillerie- und Luftangriffe zu konzentrieren hatten, beispielsweise auf die Übergänge über die Dahme. Und die Verluste unter diesen bedauernswerten Flüchtlingen waren dann auch entsprechend hoch. Dennoch waren die gegenwärtigen Bedingungen und zukünftigen Aussichten für die meisten so trübe geworden, daß der Ausbruch, so gering die Chancen auch sein mochten, sicher über die Elbe zu gelangen, das Risiko lohnend erscheinen ließ.

Bei Einbruch der Dämmerung eröffnete Busse den Ausbruch mit einem kurzen Sperrfeuer auf die vorgesehene Durchbruchszone, und das XI. Panzerkorps begann einen Kampf, der die ganze Nacht andauern sollte.

Unmittelbar gegenüber befand sich der äußerste rechte Flügel der 3. Gardearmee, dessen 21. Schützenkorps im Wald zwischen der Frontgrenze entlang der Straße Halbe–Teupitz und dem Dorf Teurow lag. Von dort folgte die Frontlinie der Dahme bis Märkisch Buchholz, die vom 120. Schützenkorps derselben Armee bemannt war. Das Dahmetal südlich von Teurow, zwecks landwirtschaftlicher Nutzung gerodet, war vollgestopft mit sowjetischer Artillerie. Zusätzlich zur integralen Artillerie der Armee war auch noch die gesamte 1. Garde-Artillerie-Division dieser Operation gewidmet worden, mit dem einzigen Ziel, die 9. Armee zu vernichten. Der sowjetische Aufmarsch wurde durch die Nähe zur Autobahn Breslau–Berlin erleichtert, die als Hauptversorgungsroute für Konjews Truppen in Berlin diente.[18]

Nach einer Nacht verzweifelter Kämpfe gelang es beim ersten Tageslicht, eine Bresche zu schlagen. Noch ehe es ganz hell war, mußten die Kommandeure ihre Leute durch diese Bresche schleusen. Es war ein hektisches Durcheinander, aber das XI. Panzer- und das V. Armeekorps schafften es und kamen davon. Für die Nachhut wurde es schwieriger. Allem Anschein nach konnten die Sowjets die Durchbruchstelle noch vor Erscheinen des V. SS-Gebirgskorps wieder abriegeln, und dieses bekam dann das sowjetische Artilleriefeuer bei seinem eigenen mühsamen Durchbruch voll zu spüren – und das in einem Gelände, das bereits mit Opfern der vorauseilenden Korps übersät war. Indes arbeitete sich das Gros westwärts durch die Wälder vor, erreichte gegen Mittag den sowjetischen Kordon entlang der Straße Zossen–Baruth und hatte auch diese Barriere bis zum Abend durchbrochen.[19]

Die Überlebenden ruhten sich daraufhin in den Wäldern westlich der Straße aus, um für den nächsten verzweifelten Schritt ihres Ausbruchs neue Kräfte zu sammeln. Die Zahl der Flüchtlinge, die mit dem Vorstoß Schritt halten konnten, verringerte sich rasch. Die Verbindung zum V. SS-Gebirgskorps war abgebrochen, und es ist anzunehmen, daß die gesamte Nachhut zusammen mit dem größten Teil der Flüchtlinge in die Hände der Sowjets gefallen war und liquidiert wurde. In der Unübersichtlichkeit der Wälder mögen die Russen – wenigstens zeitweilig – angenommen haben, sie hätten das Gros der 9. Armee erwischt, und als sie später ihren Irrtum erkannten, waren sie wohl nur zu gern bereit, diesen Mythos aufrechtzuerhalten.[20]

Das V. SS-Gebirgskorps und die 21. Panzerdivision kämpften verzweifelt weiter um den Ausbruch aus dem verstärkten sowjetischen Kordon. Dabei fügten sie den Sowjets nicht nur hohe Verluste zu, sondern lenkten auch deren Aufmerksamkeit vom Rest der 9. Armee ab. Obwohl ihnen der Ausbruch aus der Stellung bei Halbe schließlich gelang, konnten sie doch den sowjetischen Kordon nicht durchbrechen und blieben im heftigen Geschütz- und Granatwerferfeuer liegen. Das unerbittliche Ringen dauerte zwei Tage, dann meldeten die Sowjets 60 000 gefallene deutsche Soldaten, 120 000 Gefangene und die Erbeutung von 300 Panzern und Sturmgeschützen sowie 1500 Artilleriegeschützen. Wenig später befuhr ein sowjetischer Schriftsteller die Autobahn nach Norden und beschrieb, wie diese kilometerweit mit zerstörten Fahrzeugen und Ausrüstung übersät war, dazwischen gefallene oder verwundete deutsche Soldaten, um die die Russen sich noch nicht hatten kümmern können.[21]

Dennoch veranlaßte der Zustand der ausgebrochenen Gruppe General Busse zu folgendem Funkspruch an General Wenck:

»Sowohl der physische und psychische Zustand von Offizieren und Mannschaften als auch die gesamte Versorgungslage erlauben weder einen weiteren Angriff noch langen Widerstand. Die Zivilisten, die aus dem Kessel geflohen sind, befinden sich in einer besonders elenden Verfassung. Nur die von allen Generälen getroffenen Maßnahmen haben der Truppe Zusammenhalt gegeben. Die 9. Armee ist offensichtlich am Ende ihrer Kräfte.«[22]

Wenck leitete diese entmutigende Botschaft ans OKW weiter. Dieses hatte inzwischen selbst jeglichen Gedanken auf Entsatz aus dieser Richtung ausgeschlossen, nachdem schon am Nachmittag Aufstellung und Absichten der 12. Armee im Radio bekanntgegeben worden waren. Für die 12. Armee wurde es nun noch schwerer, ihre Stellungen zu halten, und dies in einer Lage, die schon dadurch äußerst prekär war, daß die Sowjets ihnen den Rückzug zur Elbe abzuschneiden versuchten.

Darauf meldete Wenck dem OKW am selben Abend:

»Die Armee und insbesondere das XX. Korps, welches zeitweilig die Verbindung mit der Besatzung von Potsdam hatte herstellen können, ist auf der gesamten Front so in die Abwehr gedrängt worden, daß ein weiterer Angriff auf Berlin nicht mehr möglich ist.«[23]

Während der Nacht erhielt Wenck von Generalfeldmarschall Keitel per Funkspruch die offizielle Bestätigung, daß beide Armeen Berlin nicht mehr entlasten könnten und er (Wenck) selbst die weiteren Entscheidungen treffen müsse.[24]

Währenddessen schoben sich die Reste von General Busses 9. Armee nach Funkanweisungen von General Wenck auf das sechs Kilometer südlich von Beelitz gelegene Dorf Wittbrietzen vor. Am 30. erreichten sie mittags Kummersdorf, wo sie auf einem Artillerieschießplatz im Wald nordwestlich des Dorfes kurz rasteten, ehe sie zur nächsten Etappe ansetzten. Noch eine weitere sowjetische Sperre auf der Straße Berlin–Luckenwalde mußte durchbrochen werden, dann mußten sie sich durch die Nacht weiter nach Westen kämpfen. Die ganze Zeit über waren sie sowjetischen Luftangriffen, Artillerie- und Werferfeuer sowie den Angriffen von Infanterie und Panzern ausgesetzt. Hinzu kamen Täuschungsmanöver und Angriffe durch die »Seydlitz-

Truppen«. Im letzten Dunkel der Nacht mußten sie mehrmals russischen Truppenansammlungen ausweichen und trafen dann im Morgengrauen auf die Stellungen des 5. (mech.) Garde-Korps. Sie durchbrachen dieses letzte Hindernis mit ihrem einzigen verbliebenen »Tiger«-Panzer an der Spitze und erreichten am Morgen des 1. Mai völlig erschöpft die Linien der 12. Armee.[25]

Busse schätzte später, daß etwa 40 000 Soldaten und etliche tausend Flüchtlinge Wencks Linien erreicht hatten. Andere Schätzungen liegen niedriger. Konjew behauptet, daß ungefähr 30 000 der 200 000 Mann, die aus dem »Halbe-Kessel« ausbrechen konnten, das Gebiet um Beelitz erreichten, aber dann durch seine Streitkräfte wieder eingeholt wurden, so daß höchstens 3000 bis 4000 zur 12. Armee gelangen konnten. In jedem Fall war die Vereinigung der 9. und 12. Armee eine glänzende Leistung der beiden Generäle, wenn man berücksichtigt, gegen welche Übermacht sie anzukämpfen hatten.[26]

An diesem Morgen begann Wencks 12. Armee mit dem Rückzug an die Elbe in die Nähe von Tangermünde, nachdem sie ihre Stellung so lange wie möglich gehalten hatte. Mit ihr zusammen zogen Busses 9. Armee und Generalleutnant Hellmut Reymanns Potsdamer Garnison sowie mehrere hunderttausend Flüchtlinge. Wenck entsandte General Maximilian Reichsfreiherr von Edelsheim, um mit der amerikanischen 9. Armee die Kapitulation auszuhandeln. Zwar zeigte sich deren Befehlshaber, Generalleutnant William Simpson, bereit, alle Soldaten aufzunehmen, die es über die Elbe schafften, und den Verwundeten zu helfen, doch lehnte er die Aufnahme der zivilen Flüchtlinge rundweg ab. Diese außerordentliche Entscheidung, wahrscheinlich aus Sorge um die Ernährung so vieler Menschen getroffen, hätte beinahe Tausende der Willkür der verfolgenden sowjetischen Kräfte am Ostufer der Elbe ausgesetzt, wenn nicht die Russen selbst eingegriffen hätten. Ihre Luftangriffe auf die deutschen Übergangsstellen zwangen die Amerikaner so weit zum Rückzug, daß die Deutschen das Übersetzen über die Elbe selbst in die Hand nehmen konnten. Dieses begann am 4. Mai unter dem Schutz des XX. Korps und dauerte bis zum 7. Mai um Mitternacht. Nach Schätzungen von General Wenck wurden bis zu diesem Zeitpunkt ungefähr 100 000 Soldaten und 300 000 Zivilisten evakuiert.[27]

Die Herrschaft Stalins

Wenn man die Gründe für Marschall Schukows uncharakteristische Fehlleistung bei der Planung und Durchführung seines Angriffs auf Berlin untersucht, muß man zunächst seine Stellung und Rolle zu Beginn des Jahres 1945 betrachten. Bei all seinen früheren Erfolgen, Chaos und Unordnung immer wieder in Siegeszüge für die Sowjetarmee zu verwandeln, hatte ihm gerade dies den Neid und die Mißgunst anderer eingetragen.

Stalin selbst ertrug keine Rivalen um die Volksgunst, und sein berüchtigter Geheimdienstchef Lawrentij Berija verstand es geschickt, die Stalinsche Paranoia auszunutzen, indem er bereits 1942 Verdacht gegen Schukows Motivationen und seinen Führungsstil erweckte. In jenem Jahr ließ er Schukows ehemaligen Operationschef bei der Westfront, W. S. Goluschkewitsch, verhaften, ein vergeblicher Versuch, belastende Beweise gegen den allseits beliebten Helden zu gewinnen. 1944 beschloß Stalin, Schukow nicht länger als Stawka-Vertreter einzusetzen, und beauftragte N. A. Bulganin, den damaligen Stellvertretenden Volkskommissar für Verteidigung, einen Irrtum oder eine Nachlässigkeit zu finden, mit der Schukow belastet werden könne. Schließlich fand man zwei Artillerie-Handbücher, die Schukow persönlich genehmigt hatte, ohne sie zuvor durch den Stawka absegnen zu lassen. Daraufhin ging ein Befehl an die oberen Kommandoebenen, durch den Schukow öffentlich gewarnt wurde, bei der Entscheidung wichtiger Angelegenheiten nicht so hastig vorzugehen. Bis zum Herbst 1944 kritisierte Stalin immer offener Schukows Anweisungen an die ihm unterstellten Fronten. Höhepunkt dieser Auseinandersetzung war schließlich Schukows Einsatz als Frontoberbefehlshaber, der einer Degradierung gleichkam.[1]

Vor diesem beunruhigenden Hintergrund brachte es die Moskauer Planungskonferenz Anfang April dann zustande, ihn mit seinem Widersacher Marschall Iwan Konjew in direkten Wettstreit um die Ehre der Einnahme Berlins zu stellen. Überdies schränkten die geographischen Gegebenheiten seines Frontverlaufs seine taktischen Möglichkeiten gerade dort stark ein, wo mit der stärksten Konzentration der deutschen Verteidigung zu rechnen war, für die detaillierte Planung und Vorbereitung der bevorstehenden Operation stand ihm weit weniger Zeit zur Verfügung als üblich.

Unter diesen Umständen führten wahrscheinlich Schukows charakteristische Ungeduld und die skrupellose Verbissenheit, mit der er seine Ziele ohne Rücksicht auf Verluste zu erreichen suchte, zu einigen erkennbaren Fehlern, die sich folgendermaßen zusammenfassen lassen:

1. Die Erwartung, daß sich die Weichsel-Oder-Operation mit dem Erfolg des massiven Aufklärungsvorstoßes und der frühzeitigen Vernichtung der feindlichen Reserven wiederholen und einen schnellen Vormarsch erlauben würde.
2. Die anfängliche Beauftragung seiner Panzerarmeen mit der Einnahme Berlins.
3. Der unrealistische Einsatz von Scheinwerfern.
4. Die Massierung von Soldaten und Panzerkräften in einem kleinen Aufmarschgebiet, die beiden Teilen hohe Verluste brachte.
5. Der übereilte Einsatz seiner Panzerarmeen am ersten Kampftag.
6. Die mangelnde Flexibilität des Massenaufgebots beim Angriff, die zu schweren Verlusten und allgemeiner Erschöpfung führte.

Andererseits verraten die Änderungen seiner Pläne, die er zwischen dem 12. und 16. April vornahm, indem er seine Kräfte auf das Gebiet innerhalb der Grenzen der flankierenden Gewässer konzentrierte und in letzter Minute die vorgesehenen Flankenmanöver strich, die nur die Kräfte der jeweils betroffenen Armeen zerstreut hätten, einen gewissen Grad an Flexibilität.

Das Gespräch mit Stalin am Abend des 16. April, dem ein dreitägiges Schweigen des Diktators folgte, war für Schukow sicher ebenso nervenaufreibend wie die Erkenntnis, daß die erlittenen Verluste viel größer waren, als sie es sich leisten konnten.

Die nächste Phase der Operation sollte noch deutlicher zeigen, wie tief Schukow bei Stalin in Ungnade gefallen war.

Nachdem am Morgen des 24. April die Vorhutformationen von Generaloberst Tschuikows 8. Garde- und die 1. Garde-Panzerarmee die Spree und die Dahme überquert hatten, um laut Schukows revidiertem Plan die südlichen Zufahrten nach Berlin zu umfassen, stieß sie plötzlich auf Teile der 3. Gardearmee von Konjews 1. Ukrainischer Front, die sie auf dem Schönefelder Flugfeld erwarteten. Tschuikow zufolge erfuhr Schukow anscheinend erst am Abend von diesem Zusammentreffen und reagierte so ungläubig, daß er von Tschuikow die Entsendung von Offizieren verlangte, die klären sollten, um welche Einheiten der 1. Ukrainischen Front es sich handelte, wo genau sie stünden und welche Ziele sie verfolgten.[2]

Falls dies, wie es scheint, für Schukow der erste Hinweis darauf war, daß Konjew sich ebenfalls am Kampf um Berlin beteiligte, kann man sich vorstellen, welche Bestürzung dieser Bericht ausgelöst haben muß. Der Vorfall verletzte nicht nur Schukows Stolz, sondern verdeutlichte auch die mangelhafte Kommunikation zwischen den sowjetischen Führern und ihr fortwährendes gegenseitiges Mißtrauen. Nachdem nun die Karten auf dem Tisch lagen, legte Stalin die Nahtstelle zwischen den Fronten fest, die ab 23. April 6.00 Uhr (Moskauer Zeit) gelten sollte und von Lübben über Teupitz, Mittenwalde und Mariendorf bis zum Anhalter Bahnhof verlief. Innerhalb der Stadt bedeutete dies die Bahnlinie von Lichtenrade nach Norden, und bei Verlängerung dieser Linie lag der Reichstag eindeutig westlich davon und somit in Konjews Marschrichtung.

Konjew muß bereits über den Generalstabsbefehl, in dem der Verlauf der neuen Frontgrenzen niedergelegt war, unterrichtet gewesen sein, als er am 24. den Befehl zum Angriff über den Teltow-Kanal gab, da er der 71. Mechanisierten Brigade den Flankenschutz des rechten Flügels übertrug und ihr die Anweisung gab, mit der 1. Weißrussischen Front Kontakt aufzunehmen. Irgendwie war dieser Stawka-Befehl aber Schukow vorenthalten worden. Sowohl seine Truppenverteilung als auch seine überlieferten Reaktionen auf die Nachricht über die Begegnung auf dem Flugplatz von Schönefeld zeigen, wie unvorbereitet er auf diese Möglichkeit war.[3]

Zwar griff Konjew einen vollen Tag vor Tschuikow über den Teltow-Kanal hinweg an, setzte alle zusätzlichen Ressourcen ein, die er aufbringen konnte, und leitete den Vorstoß persönlich, doch waren Tschuikows kombinierte Kräfte stärker und näher am Ziel. Während Konjew im Verlauf der nächsten vier Tage seinen Angriff durch die südlichen Vororte in direkter Linie zum Reichstag vorantrieb und nur eine verstärkte Brigade zur Deckung seiner offenen linken Flanke einsetzte, besetzte Tschuikow den Flugplatz Tempelhof und schwenkte dann mit dem Gros seiner Kräfte nach links über die Nahtstelle hinweg, um am Landwehrkanal vom Zoo bis nach Kreuzberg eine Front zu bilden. Als Konjew folglich am Morgen des 28. April einen massiven Angriff startete, um nach Möglichkeit am Abend in Tiergarten zu sein, wurde bald entdeckt, daß seine Truppen denjenigen Tschuikows in den Rücken feuerten und Gebiete angriffen, die letzterer bereits eingenommen und besetzt hatte. Diesmal war es an Konjew, sich erniedrigt zu fühlen. Gedemütigt überließ er es dem Kommandeur der 3. Garde-Panzerarmee, die Schlacht auf einer modifizierten Vormarschlinie weiterzuführen, die vom Generalstab genehmigt worden war, und zog sich in sein Fronthauptquartier zurück.[4]

Damit war die Bahn frei für Schukow, dessen vorrangiges Ziel es war, die Rote Fahne auf dem Reichstag zu hissen. Dies erreichte er auch kurz vor Mitternacht vor dem 1. Mai, obwohl die deutschen Truppen im Gebäudeinneren bis zum Nachmittag des 2. Mai weiter Widerstand leisteten, als der Oberbefehlshaber des Verteidigungsbereichs Berlin, General Weidling, schließlich mit den Resten der Garnison kapitulierte.

Konjews Truppen zogen sich dann aus der Stadt zurück und überließen es der 1. Weißrussischen Front, bis an die Elbe aufzurücken, wo die amerikanischen und britischen Truppen warteten.

Der Fall Berlins sollte Schukow bald seinen dritten Stern als »Held der Sowjetunion« bescheren, eine Ehre, die Stalin ihm nicht verwehren konnte.

In den frühen Morgenstunden des 7. Mai unterzeichnete Generaloberst Alfred Jodl im Hauptquartier von General Eisenhower in Reims die bedingungslose Kapitulation der deutschen Wehrmacht. Dies genügte Stalin jedoch nicht – er wollte, daß die Kapitulation auf eigenem Terrain unterzeichnet wurde –, und da das Dokument von Reims ein kurzfristiger Entwurf von General Eisenhowers Stabschef war, der vergessen hatte, daß in seinem Safe die offizielle, von den Diplomaten der Europäischen Beratenden Kommission in sechsmonatiger Arbeit angefertigte Kapitulationsurkunde lag, waren die Westalliierten gezwungen, einer zweiten Zeremonie in Berlin zuzustimmen.

Stalin entsandte seinen stellvertretenden Volkskommissar des Äußeren, Andrej Wyschinskij, um das Ereignis vorzubereiten, das unter der Aufsicht Schukows stattfinden sollte. Wyschinskij sollte dann als Schukows politischer Berater für dessen neue Rolle als Oberbefehlshaber der Sowjetischen Streitkräfte in Deutschland bleiben und auch dessen zukünftige Rolle als sowjetischer Vertreter im Alliierten Kontrollrat für Deutschland überwachen. Wyschinskijs Ankunft verbreitete ein leises Unbehagen, da er 1937/38 als Hauptankläger in den Säuberungsprozessen gegen die Führungsspitze der Roten Armee aufgetreten war.

Eisenhower hatte kein Bedürfnis, die Kapitulationszeremonie zu wiederholen, und schickte Sir Arthur Tedder, Marschall der Luftwaffe, der ihn zusammen mit General Carl Spaatz von der US Strategic Air Force und General Jean de Lattre de Tassigny von der 1. Französischen Armee vertreten sollte. Die Zeremonie wurde durch einen von Wyschinskijs Diplomaten verzögert, weil dieser vier Textzeilen verlegt hatte, und nochmals dadurch, daß die handgefertigte französische Fahne neu genäht werden mußte – bei der ersten Fahne waren die rot-weiß-blauen Streifen horizontal wie in der holländischen Fahne ausgerichtet. Sodann erhob Wyschinskij Einwände gegen die Unterschriften der Alliierten. Schukow und Tedder hatten sich bereits auf die Unterzeichnung geeinigt, aber Wyschinskij argumentierte, daß zwar de Lattre für sein Land unterzeichnen könne, Spaatz hingegen nicht, da Tedder bereits die Britisch-Amerikanischen Streitkräfte vertrete. Schließlich einigte man sich, und die Vertreter der Alliierten versammelten sich in Schukows Arbeitszimmer mit der Absicht, in Kürze ihre Plätze in der Halle einzunehmen, die für das Zeremoniell um Mitternacht (Moskauer Zeit) hergerichtet war. Dann wurde die deutsche Delegation, angeführt von Generalfeldmarschall Wilhelm Keitel, Generaladmiral Hans-Georg von Friedeburg und General der Luftwaffe Hans-Jürgen Stumpf, hereingeführt. Schon kurze Zeit später war alles vorüber, die deutsche Delegation verabschiedete sich, und die Feierlichkeiten wurden eröffnet. Generalmajor John R. Deane, Leiter der US-Militärmission in Moskau, war Zeuge des Zeremoniells. Er berichtete, daß Wyschinskij, der neben Tedder und zwei Plätze weiter als Schukow saß, immer wieder aufstand und Schukow Anleitungen ins Ohr flüsterte. Anscheinend kritisierte Stalin später die Rede Schukows als eintöniges Geschwätz.[5]

Am 5. Juni flogen dann General Dwight D. Eisenhower, Feldmarschall Sir Bernard Montgomery und General Jean de Lattre de Tassigny mit der personellen Grundausstattung zur Gründungssitzung der Alliierten Kontrollkommission nach Berlin. Nach ihrer Ankunft wurden sie nach Wendenschloß chauffiert, wo Schukow in einer Villa am Ufer der Dahme residierte. General Eisenhower verlieh Schukow den Orden der American Legion of Merit. Daraufhin wurden den westlichen Delegationen Villen zugeteilt, in denen sie dann mit wachsender Ungeduld der weiteren Entwicklung harrten. Wahrscheinlich berieten sich Schukow und Wyschinskij inzwischen mit Moskau. Erst als die Delegationen mit der Abreise drohten, baten die Sowjets sie in den Jachtklub, wo dann endlich um 17.00 Uhr die Zeremonie der Vertragsunterzeichnung stattfand. In einer vorangegangenen Diskussion hatte Schukow Eisenhower darauf hingewiesen, daß die Alliierte Kontrollkommission erst dann ihre Arbeit aufnehmen könne, wenn sich Amerikaner und Briten von der vorläufigen Grenze an der Elbe in ihre eigentlichen Zonen zurückgezogen hätten. Montgomery schätzte, daß dafür ungefähr drei Wochen benötigt würden, womit Schukow sich einverstanden erklärte. Das von den Sowjets bei dieser Gelegenheit gezeigte schroffe Verhalten bewog die westlichen Delegationen, die Einladung zu einem für sie arrangierten Bankett abzulehnen und noch am gleichen Tag zurückzufliegen.

Obwohl Präsident Truman Stalin seine Bereitschaft erklärte, am 21. Juni mit dem Rückzug zu beginnen, bat Stalin um eine Verschiebung, da Marschall Schukow zu dieser Zeit in Moskau benötigt würde. Er sollte an einer Sitzung des Obersten Sowjet und am 24. an der Siegesparade teilnehmen. Infolgedessen konnten die Westalliierten erst am 4. Juli ihre jeweiligen Sektoren in Berlin übernehmen.

Eigentlich hätte Stalin als Oberster Befehlshaber der Truppen die

Siegesparade über den Roten Platz anführen müssen. Wie Schukow aber später von dessen Sohn Wassilij erfuhr, konnte Stalin den herrlichen weißen Araberhengst, den Budjonny für den an der Spitze reitenden Offizier der Parade gewählt hatte, nicht im Zaum halten. Natürlich hatte Schukow keinerlei Schwierigkeiten mit dem Pferd und genoß diesen Moment des Triumphes sichtlich. Seine Paradeuniform mußte mit einer Metallplatte verstärkt werden, um das Gewicht all seiner Ehrenzeichen zu tragen. Es schmückten ihn drei Sterne als Held der Sowjetunion, sechs Leninorden, zwei Siegesorden, der Orden der Oktoberrevolution, drei Rotbannerorden, zwei Suworow-Orden 1. Klasse und zahlreiche ausländische Ehrenzeichen. Zusammen mit den Westalliierten wurde in Berlin nach seiner Rückkehr eine weitere Parade abgehalten.[6]

Als nächstes größeres Ereignis schloß sich im Juli die Potsdamer Konferenz an. Die Sicherheit Stalins ruhte hauptsächlich in den Händen des NKWD, so daß selbst der Vorschlag, ihn mit einer militärischen Ehrenformation am Bahnhof zu begrüßen, abgelehnt wurde. Schukow begleitete den Diktator zu der für ihn gewählten Residenz, blieb aber im weiteren Verlauf der Konferenz nur Beobachter.

Etwas später im gleichen Jahr erschien Viktor Abakumow, einer der Stellvertreter Berijas, unerwartet in der sowjetischen Zone und verhaftete einige Mitarbeiter Schukows. Dieser zitierte Abakumow zu sich und verlangte eine Erklärung; er hätte umgehend bei dessen Ankunft über die Gründe der Verhaftungen informiert werden müssen. Abakumow konnte aber keine befriedigende Antwort geben, so daß Schukow die Freilassung der verhafteten Offiziere anordnete und Abakumow zurück nach Moskau schickte. Dieser Schritt war wohl kaum geeignet, sein Verhältnis zu Berija zu verbessern.[7]

Kurz darauf wurde Schukow bei einer Versammlung im Kreml in Abwesenheit von Stalin beschuldigt, die Siege der Roten Armee während des Krieges für sich allein beansprucht und die Rolle des Stawka heruntergespielt zu haben. Ein paar der Anwesenden schlossen sich mit kritischen Bemerkungen an, und schon wurden gegen Schukow die Messer gewetzt.[8]

Im März 1946 wurde Schukow nach Moskau zurückbefohlen und zum Oberbefehlshaber der Landstreitkräfte ernannt. Prompt geriet er darauf in eine Auseinandersetzung mit Nikolaj Alexandrowitsch Bulganin, dem Ersten stellvertretenden Volkskommissar für Verteidigung, den Schukow in militärischen Angelegenheiten für inkompetent hielt. Die Streitereien verschlechterten Schukows Verhältnis zu Stalin noch mehr. Im Juni folgte dann die Vorladung Schukows vor einen Ausschuß des Obersten Militärrats unter Stalins Vorsitz. Zu den Anwesenden zählten außer Berija, Bulganin und Kaganowitsch vom Politbüro die Marschälle Konjew, Sokolowskij und Rokossowskij sowie die Generäle Golikow, Rybalko und Krulew. Sekretär war Schtemenko. Stalin übergab Schtemenko eine Aktenmappe und befahl ihm, den Inhalt laut vorzulesen. Es handelte sich um einen Brief des Generals der Luftwaffe Nowikow des Inhalts, daß Schukow sich während des Krieges bei Diskussionen über den Stawka und die Regierung häufig wenig schmeichelhaft über Stalin geäußert habe. Weitere Beweismittel lieferten die Aussagen von über 70 inhaftierten Offizieren, die Schukow der Verschwörung gegen die Partei, die Regierung und Stalin anklagten. Zu diesen Vorwürfen befragt, erklärte Konjew, daß die Zusammenarbeit mit Schukow zwar schwierig, doch sein Benehmen an der Front aufrecht und loyal gewesen sei. Schukow sei außerdem immer darauf bedacht gewesen, daß die Befehle des Stawka ausgeführt würden. Ähnliches berichteten auch die übrigen anwesenden Befehlshaber, nur Golikow sprach sich gegen Schukow aus. Dann sprachen nacheinander die Mitglieder des Politbüros und behaupteten, Schukow sei gefährlich und benähme sich wie ein Bonaparte. Als schließlich Schukow an der Reihe war, zu sprechen, gab er zu, seine Verdienste im Sieg über Deutschland übertrieben zu haben, doch als Kommunist habe er gewissenhaft alles getan, was die Partei von ihm verlangt habe. Am Ende der Sitzung befürwortete man Stalins Vorschlag, Schukow zum Befehlshaber des Militärbezirks Odessa zu ernennen.

Nowikow, der nach Stalins Tod rehabilitiert wurde, bezeugte im folgenden Gerichtsverfahren gegen Abakumow, daß er vom 22.–30. April sowie von 4.–8. Mai 1946 Tag und Nacht über Schukow ausgefragt worden sei. Danach sei er ein gebrochener Mann gewesen und habe eingewilligt, die vorbereitete Erklärung über Schukows Verhalten zu unterschreiben. Abakumow wurde erschossen.[9]

Auch nach seiner Abschiebung in den zweitrangigen Militärbezirk

Odessa, dem normalerweise ein Generaloberst vorstand, war Schukow entschlossen, seinen gewohnten Standard beizubehalten. Doch die Erniedrigungen rissen nicht ab. Im Dezember 1947 wurde er zu einer Sitzung des Zentralkomitees der Kommunistischen Partei geladen, bei dem er feststellte, daß sein Name auf einer Liste von sieben Mitgliedern stand, die aus dem ZK ausgeschlossen werden sollten. Er lehnte es ab, sich zu verteidigen, und nachdem die Entscheidung gegen ihn gefallen war, verließ er sofort und ohne ein weiteres Wort den Saal. Er rechnete nun jederzeit mit einer Verhaftung, doch traf es andere, bei denen man versuchte, eine Handhabe gegen ihn zu finden, darunter auch Telegin, der ein Mitglied des Militärrates in der 1. Weißrussischen Front gewesen war. Telegin wurde erst gefoltert und zum Verlassen der Armee gezwungen, dann vor Gericht gestellt und zu 25 Jahren Arbeitslager verurteilt. Erst nach Stalins Tod wurde auch er rehabilitiert.

Auf solche Weise unter Druck gesetzt, erlitt Schukow im Januar 1948 einen Herzinfarkt, und nach einem Krankenhausaufenthalt wurde er in den Militärbezirk Ural versetzt, wiederum nur der Posten eines Generalobersten. Doch war er nicht der einzige bekannte Kriegsheld, der inzwischen von der Propaganda totgeschwiegen wurde. Am dritten Jahrestag des Falls von Berlin brachte die Prawda es fertig, das Ereignis zu kommentieren, ohne Schukows Namen auch nur einmal zu erwähnen.[10]

Zwei Jahre später meinte das Schicksal es wieder etwas besser mit ihm: Stalin war nachgiebiger geworden. Eine örtliche Motorradfabrik wählte Schukow als ihren Vertreter in den Obersten Sowjet, und im Juni 1951 durfte er sogar als Mitglied der offiziellen sowjetischen Delegation den Feierlichkeiten zum polnischen Nationalfeiertag in Warschau beiwohnen. Danach folgte die Wahl zum Delegierten beim XIX. Parteitag im Oktober 1952, bei dem Schukow als Kandidat für das Zentralkomitee nominiert wurde.[11]

Als Stalin 1953 starb, wurde Schukow unter dessen Nachfolger Nikita Chruschtschow schnell zum ersten Stellvertretenden Verteidigungsminister und Befehlshaber der Landstreitkräfte ernannt. Ein weiterer früher Schachzug Chruschtschows war die von ihm in die Wege geleitete Verhaftung Berijas während einer Sitzung des Ministerrats. Da alle Sicherheitsmaßnahmen im Kreml in den Händen des NKWD unter Leitung Berijas lagen, bediente sich Chruschtschow Schukows, um die Verhaftung mit Hilfe einiger Armeeoffiziere durchzuführen, die bis zur letzten Minute keine Ahnung von ihrer Rolle hatten. Berija wurde anschließend von einem Sondergericht unter Vorsitz Konjews verurteilt und erschossen.[12]

Schukow wurde Verteidigungsminister und damit auch Oberster Befehlshaber der sowjetischen Streitkräfte zu einer sehr interessanten und wichtigen Zeit, als der Umfang der konventionellen Streitkräfte beträchtlich reduziert wurde und man sich zum ersten Mal der Bedeutung der nuklearen Kriegführung bewußt wurde.[13]

Während dieser Jahre war Schukow die ergebene Stütze Chruschtschows, was dieser auch zu schätzen wußte. 1956 erhielt Schukow zu seinem 60. Geburtstag sogar statt des gewöhnlich verliehenen Leninordens seinen vierten goldenen Stern eines »Helden der Sowjetunion«. Im Juni 1957 geriet Chruschtschow dann mit der sogenannten »Antiparteigruppe« in Schwierigkeiten, als diese ihn mit Hilfe eines Mehrheitsvotums im Präsidium abwählen wollte. Doch Chruschtschow schaffte es, die Entscheidung bis zu einer Gesamtsitzung des ZK zu vertagen, und Schukow half ihm, das ZK schnell zusammenzutrommeln und die Entscheidung rückgängig machen zu lassen. Als Anerkennung wurde Schukow als erster Berufssoldat in der Sowjetgeschichte in das 15köpfige Präsidium des Zentralkomitees berufen.[14]

Dann jedoch begann Chruschtschow Schukows Stellung ganz in der Manier Stalins als Bedrohung für seine politische Führerschaft zu empfinden, und am 26. Oktober, als Schukow von einem offiziellen Besuch Jugoslawiens und Albaniens zurückkehrte, wurde verkündet, daß Schukow aller seiner Ämter enthoben sei. Wenige Tage später wurden die Gründe, die zu dieser Maßnahme geführt hatten, veröffentlicht. Er habe versucht, die Strukturen und Befugnisse der Parteiorganisationen in den Streitkräften abzubauen und einen eigenen Persönlichkeitskult zu entwickeln. Außerdem habe er seine Rolle während des Kriegs übertrieben, abenteuerliche Neigungen in den äußeren Angelegenheiten der Sowjetunion und in der Führung seines Verteidigungsministeriums gezeigt, und überhaupt fehle es ihm an Parteigeist.[15]

Nachdem er nun seiner Ämter als Mitglied des Präsidiums und des Zentralkomitees sowie des Verteidigungsministers enthoben war, zog Schukow sich auf seine Datscha nahe Moskau zurück, die Stalin ihm während des Krieges auf Lebenszeit geschenkt hatte. Dann veröffentlichte die Prawda einen Artikel von Marschall Konjew, der auf einen scharfen Angriff auf Schukows Rolle während des Krieges und als Verteidigungsminister hinauslief.

Im März 1957 erfuhr Schukow eine weitere Demütigung durch seine erzwungene Versetzung in den Ruhestand als Marschall der Sowjetunion. Dies war eine nie dagewesene Maßnahme, denn Marschälle wechselten normalerweise in die Gruppe der Inspekteure, deren gelegentliche Pflichten die Erhaltung der während ihres aktiven Dienstes genossenen Vorrechte rechtfertigten, was zum Beispiel die Beistellung eines Adjutanten und eines Wagens mit Chauffeur betraf.[16]

Schukow war jetzt Freiwild für seine alten Widersacher. Im März 1964 machte Tschuikow ihm in seinem Buch »Gardisten auf dem Weg nach Berlin« zum Vorwurf, Berlin nicht bereits im Februar 1945 eingenommen zu haben. Bei diesem Buch handelte es sich um die ersten Memoiren eines hochrangigen Generals, die nach dem Krieg veröffentlicht werden durften.[17]

Kurz vor seinem Sturz im Oktober 1964 besuchte ihn Chruschtschow in dem Versuch einer Versöhnung, doch Schukow ließ sich nicht mehr vereinnahmen.

Ein Jahr später, unter der Herrschaft Breschnews, wurde Schukow zu den Feierlichkeiten zum 20. Jahrestag des Sieges über Deutschland eingeladen und mit rauschendem Beifall begrüßt. Tags darauf nahm er zusammen mit seinen alten Kameraden die Siegesparade von der Balustrade des Lenin-Mausoleums ab.[18]

Etwas später bat ein französischer Verleger um die Erlaubnis, ein Buch über Schukow in seine zwanzigbändige Reihe über die Befehlshaber des Zweiten Weltkriegs aufnehmen zu dürfen. Irgendwie fand dieser Antrag den Weg durch das System und führte dazu, daß Schukow seine Memoiren vollendete, an denen er bereits seit Beginn seines Ruhestands schrieb. Obwohl die Zensur das Manuskript erst mit beträchtlicher Verzögerung genehmigte – in der Zwischenzeit erlitt Schukow einen zweiten Herzinfarkt –, wurde das Manuskript schließlich von keinem geringeren als Parteichef Breschnew zur Veröffentlichung freigegeben und konnte ab April 1968 in den Moskauer Buchläden erworben werden. Trotz des von offizieller Seite verhängten absoluten Werbeverbots hatten Schukows Memoiren sofort großen Erfolg. Schukow erhielt über 10000 Leserbriefe, die ihn dazu ermutigten, moralisch gestärkt an einer zweiten Auflage zu arbeiten.[19]

1971 wurde Schukow zum Delegierten beim XXIV. Parteitag gewählt. Von diesem Ereignis erhoffte er sich eine Art Rehabilitation, doch gab Breschnew ihm zu seiner großen Enttäuschung zu verstehen, daß seine Anwesenheit nicht erwünscht sei.

Und so beschäftigte Schukow sich weiter mit der Überarbeitung seiner Memoiren. Einmal besuchte ihn Konjew und entschuldigte sich für sein früheres Verhalten, dann tauschten sie in einem Geist der Versöhnung Kriegserinnerungen aus, den Schukow diesmal voll akzeptierte.

1973 wurde Schukows zweite Frau schwer krank und starb im November. Sieben Monate nach ihr verstarb Schukow am 18. Juni 1974, kurz vor Erscheinen der zweiten Auflage seiner Memoiren. Er wurde eingeäschert und seine Asche mit allen militärischen Ehren, unter anderem einer Parade auf dem Roten Platz, an der Kremlmauer beigesetzt.

Seine drei Töchter, zwei aus erster Ehe und eine aus der zweiten, verteidigten nach dem Tod ihres Vaters viele Jahre lang stolz seinen Namen.[20]

Dieser Bericht hat gezeigt, wie das Geschwür des Stalinismus nicht nur seine unmittelbaren Opfer wie Schukow traf, sondern wie auch die Darstellung der Geschichte innerhalb der Sowjetunion und ihrer Satelliten so zurechtgebogen wurde, wie es der augenblicklichen Linie der Kommunistischen Partei gerade entsprach. Damit bleibt die monumentale Aufgabe, hier Wahrheit und Fiktion zu entwirren, den »Nach-Glasnost«-Historikern überlassen.

ANHANG

Abkürzungsverzeichnis

A.	Armee	mot.	motorisiert
Abt.	Abteilung	Mun.	Munition
A.K.	Armeekorps	Nachr.	Nachrichten-
AOK	Armeeoberkommando	Oberlt.	Oberleutnant
Art.	Artillerie	Oberstlt.	Oberstleutnant
Aufkl.	Aufklärung(s)	OKH	Oberkommando
Bat.	Batterie		– des Heeres
Brig.	Brigade	OKL	– der Luftwaffe
B(a)tl.	Bataillon	OKM	– der Marine
D(iv).	Division	OKW	– der Wehrmacht
F.H.	Feldhaubitze	Pak	Panzerabwehrkanone
Fla(k)	Flugabwehr-	Pf.	Pferde-
	(kanone)	Pi.	Pionier-
Freiw.	Freiwillige(n-)	Pol.	1. Politisch
Fsch.	Fallschirm		2. Polizei-
Füs.	Füsilier-	poln.	polnisch
Gde.	Garde-	Pz.	Panzer-
Geb.	Gebirgs-	RAD	Reichsarbeitsdienst
Gen.	General	Rak.	Raketen
GenLt.	Generalleutnant	Rgt.	Regiment
GenMaj.	Generalmajor	s.	schwer
GenOberst	Generaloberst	SA	Sturmabteilung
GFM	Generalfeldmarschall	San., Sani	Sanitäts-, Sanitäter
Gr.Werf.	Granatwerfer	Schtz.	Schützen-
Gren.	Grenadier-	Sfl.	Selbstfahrlafette
HGr.	Heeresgruppe	Sich.	Sicherungs-
HJ	Hitlerjugend	SPW	Schützenpanzerwagen
Hptm.	Hauptmann	SS	Schutzstaffel
Inf.	Infanterie-	Stu.	Sturmgeschütz
Jg.	Jäger-	Stuka	Sturzkampfflieger
K.	Korps	Tr.	Truppe
Kav.	Kavallerie	Transp.	Transport-
Kp.	Kompanie	V.	Volks-
l.	leicht	Vern.	Vernichtung(s-)
Lt.	Leutnant	Vers.	Versorgung(s-)
Mar.	Marine	Vert.	Verteidigung(s-)
mech.	mechanisiert	Verpfl.	Verpflegung(s-)
MG	Maschinengewehr	Vet.	Veterinär-
MPi	Maschinenpistole	z. b. V.	zur besonderen
MWf.	Minenwerfer		Verwendung

In den Karten verwendete Symbole

26  9	FschJägRgt 26 9. FschJägDiv		Hauptverbandsplatz
76  20	PzGrRgt 76 20. PzGrDiv	292 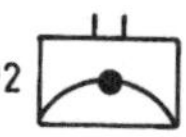 25	Heeres Flak Abt 292 25. PzGrDiv
11  11	SS PiBtl 11 11. SS PzGrDiv	11 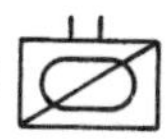 11	SS PzAA 11 11. SS PzGrDiv
27 Gde  29 Gde	27. GdeSchtzDiv 29. GdeSchtzKorps	7 Gde 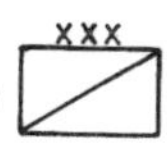	7. GdeKavKorps
1  560	1. Kp. JagdPzAbt 560	III 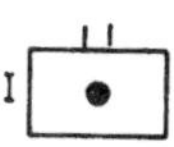 18	III. Abt ArtRgt 18
920 Lehr 	StuGesch LehrBrig 920	11 Gde 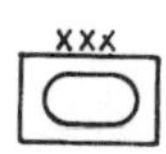 1 Gde	11. GdePzKorps 1. GdePzArmee

I. Gliederung einer Schützendivision der Roten Armee 1945

Schtz. Div.

Oberst/GenMaj.

- Schtz.Rgt
- Schtz.Rgt
- (1) Art.Rgt. (3xBtl.) 12 × 12,0 cm FH, 21 × 7,4 cm
- Pak.Btl. 12 × 5,7 cm
- Pz.büchsen.Kp. 27 × 4,5 cm
- Flak-Kp. 18 × 3,9 cm
- Pi.Btl.
- Nachr.Btl.
- Vers. Nachschub, San., Vet.
- Div.Stab, Pol.Abt.

Schtz. Reg.

Oberstlt./Oberst

- Schtz.Btl.
- Schtz.Btl.
- MPi-Kp. (90 Mann) Aufkl.- u. Stoß-Tr.
- Pak.Art.Kp. 6 × 5,7 cm
- Pz.büchsen.Kp. 27 × 4,5 cm
- Art.Kp. 4 × 7,6 cm FH
- s.Gr.Wf.Kp. 6 × 120 mm
- Aufkl.Kp. Pi. Zug, GasVert.Zug, Spähzug, Ber.Spähzug
- Vers. Nachschub, San., Vet.
- Rgt.Stab, NKWD-Abt.

Schtz. Btl.

Maj./Oberstlt.

- Schtz.Kp.
- Schtz.Kp.
- Pak.Art.Zug 2 × 5,7 cm
- Pz.Büchsen-Zug 9 × 4,5 cm
- m.MG-Kp. 9 × m. MG
- Gr.Wf.Zug 9 × 8,2 cm
- San. Zug Arzt + 3 Sani., Pf. Sanka
- Verpfl. Zug Feldküche, Mun. Wagen
- Btl. Stab, Pol. Abt.

Schtz. Kp.

Oberst/Hptm.

- Schtz.Zug
- Schtz.Zug
- m.MG-Abt. 1 × m. MG
- Gr.Wf.Zug 2 × 5,0 cm
- San. Abt.
- Kp. Stab

Schtz. Zug

Lt.

- Schtz.Abt. (9 Mann) 2 × l. MG
- Schtz.Abt. (9 Mann) 2 × l. MG
- Schtz.Abt. (9 Mann) 1 × l. MG
- Schtz.Abt. (9 Mann) 1 × l. MG

[Gde.: = 2 × l.MG]

ANMERKUNGEN:

1. *Mannschaftsstärke und Bewaffnung einer Division.*
   - 11780 Männer u. Frauen
   - 3557 Maschinenpistolen
   - 579 mittlere Maschinengewehre
   - 111 Panzerbüchsen
   - 130 Geschütze
   - 136 Granatwerfer
   - 16 Raketenwerfer
   - 445 Fahrzeuge
   - 1200 Pferde
2. *Stärke und Bewaffnung eines Regiments:*
   - 2389 Männer u. Frauen
   - 198 leichte Maschinengewehre
   - 54 Maschinenpistolen
   - 6 Flugabwehr-MGs
   - 27 Panzerbüchsen
   - 18 8,2-cm-Granatwerfer
   - 6 12,0-cm-Granatwerfer
   - 12 4,5-cm-Geschütze
   - 6 5,7-cm-Geschütze
   - 6 7,6-cm-Geschütze
3. *Schützenkorps = 2–4 Schützendivisionen*
4. *Armee = 2–4 Schützenkorps*

II. Gliederung der gepanzerten und mechanisierten Verbände der Roten Armee 1945

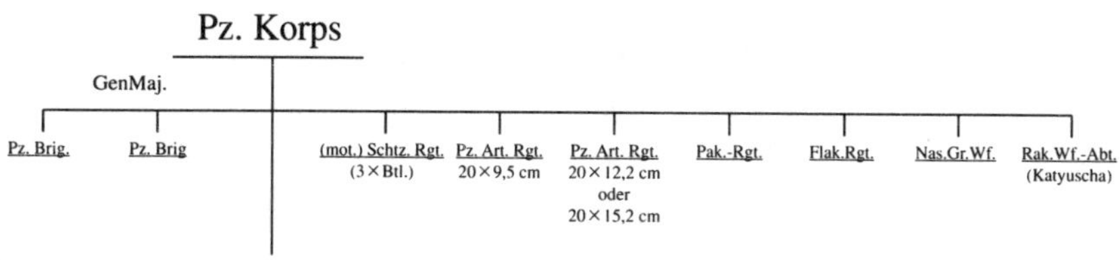

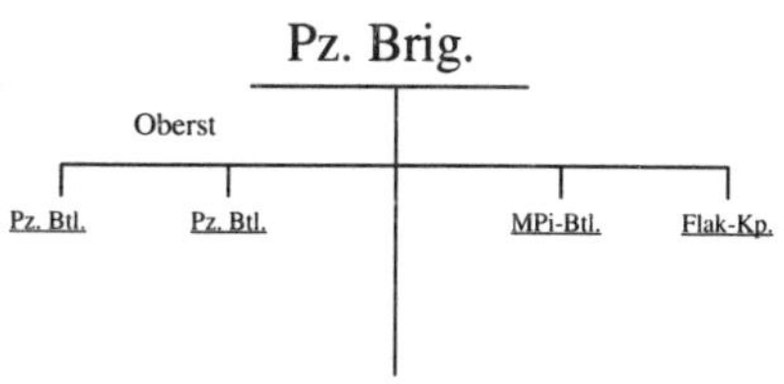

ANMERKUNGEN:

1. *Stärke und Bewaffnung eines Panzerkorps:*
   12000 Männer u. Frauen
   207 Panzer
   63 Selbstfahrlafetten
   182 Geschütze und Granatwerfer
   8 Raketenwerfer
   1500 Kraftfahrzeuge
2. *Der Muster-Panzer war der T-34 von 36 Tonnen mit 8,5-cm-Kanone.*
3. *Leichte Panzer mit 4,5-cm-Kanone zum Schutz der Gefechtsstände.*
4. *Schwere JS-Panzer, 60 Tonnen, in selbständige Garde-Panzer-Regimenter der STAWKA-Reserve gegliedert.*
5. *Panzerarmee = 2 Panzerkorps + 1 (mech.) Korps.*
6. *Stärke und Bewaffnung eines (mech.) Korps:*
   16000 Männer u. Frauen
   183 Panzer
   63 Selbstfahrlafetten
   252 Geschütze und Granatwerfer
   1800 Kraftfahrzeuge

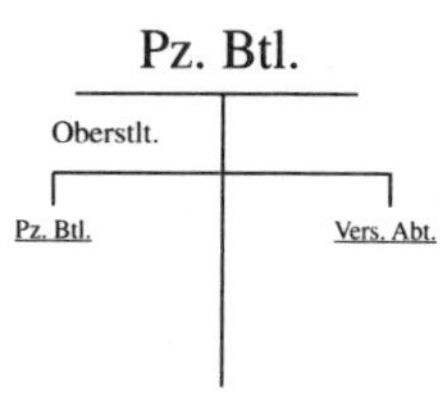

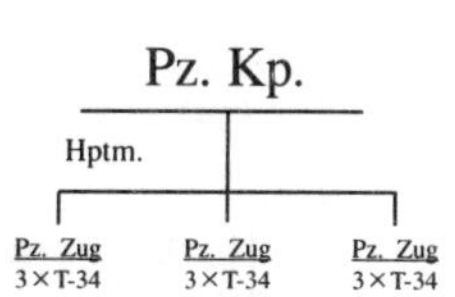

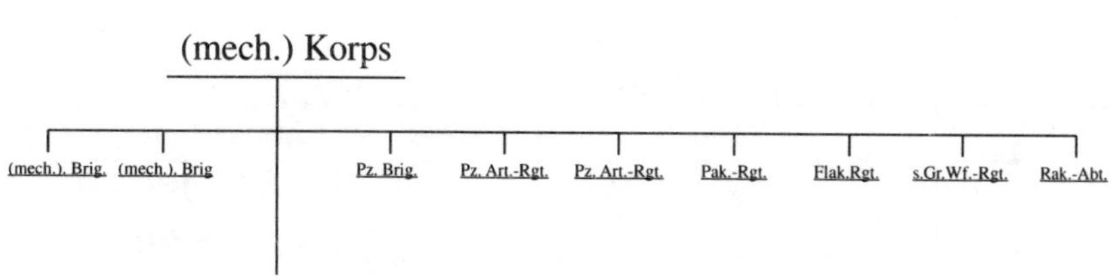

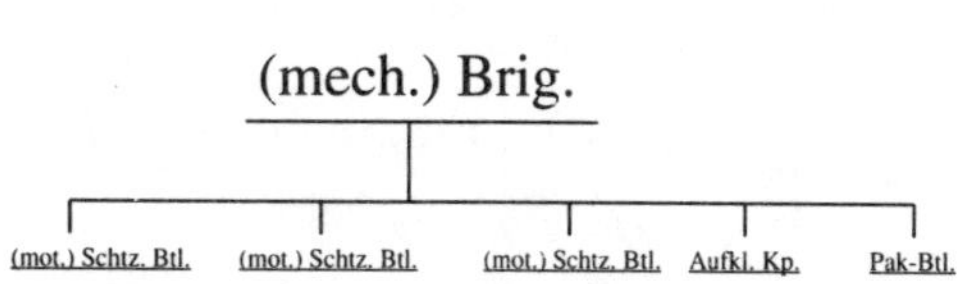

III. Kampfstärke der 1. Weißrussischen Front für die »Operation Berlin«

A – ALLGEMEINE ARMEEN

47. Armee	3. Stoß-A.	5. Stoß-A.	8. Garde-A.	
9	9	9	9	Inf.-Div.
	11	14	8	Pz.Rgt.
1	1	6	4	s. Pz.-Rgt.
6	7	3	9	Sfl.-Rgt.
1	1	1	1	s. Sfl.-Rgt.
		1	1	Minenräumpz.-Rgt.

18	39	58	55	Art.-Rgt.
		2	2	s. Art.-Einheit
7	12	19	13	Pak-Brig.
12	9	11	13	Gr.Wf.-Rgt.
2	6	9	3	Rak.Wf.-Rgt.

5	1	13	13	Flak-Art.-Rgt.

1	1	11	1	Btl. d. chem. Tr.

3	1	3	5	Ponton-Btl.
2		9		Fähr-Btl.
		2		mot. Pi.-Btl.
2	1	2	1	mil. Bau-Btl.

1		1	1	Flammenwf.-Btl.
		1	1	Tornister-Flammenwf.-Btl.

B – FLANKIERENDE ARMEEN

Nordflanke		Südflanke		
61. Armee	1. Poln. Armee	69. Armee	33. Armee	
9	5	11	7	Inf.-Div.
			1	Befestigte Räume
		6	2	Pz.-Rgt.
	1	2		s. Pz.-Rgt.
3	3	8	4	Sfl.-Rgt.
	1			Sfl.-Btl.
1			1	Kav.-Korps
13	12	12	20	Art.-Rgt.
10	6	7	6	Pak.-Art.-Rgt.
1	2	8	5	Gr.Wf.-Rgt.
		5	5	Rak.Wf.-Rgt.
5	1	9	13	Flak-Art.-Rgt.
1		2	1	Btl. d. chem. Tr.
1	1	2	1	Kampf-Pi.-Brig.
2		2	2	Ponton-Btl.
2				Fähr-Btl.
		3		Pi.-Bau-Btl.
2		1	1	mil. Bau-Btl.
		1		Flammenwf.-Btl.
			1	Mot. Fl.Wf.-Btl.
1	1	1	1	Amph.Fz.-Btl.

C – BEWEGLICHE KRÄFTE

1. Gde.Pz.- Armee	2. Gde.Pz. -Armee	
8	7	**Pz.-Brig.**
3	2	**s.Pz.-Rgt.**
4	5	**mech. Brig.**
10	8	**Sfl.-Rgt.**
3	3	**mot.Schtz.-Brig.**
7	7	**Motorrad-Btl.**
6	6	**Art.-Rgt.**
3	3	**Gr.Werf.-Rgt.**
6	6	**Werf.-Abt.**
7	3	**Flak-Art.-Rgt.**
1	1	**Kampf-Pi.-Brig.**

D – FRONT-RESERVEN

3. Armee	Verschiedene Einheiten
7 Inf.-Div.	1 Kav.-Korps
3 Sfl.-Rgt.	4 mech. Rgt.
1 Art.-Rgt.	
1 Pak-Art.-Rgt.	
1 Gr.Werf.-Rgt.	1 Gr.Werf.-Brig.
1 Flak-Art.-Rgt.	16 Flak-Art.-Rgt.
1 Kampf-Pi.-Brig.	1 Kampf-Pi.-Brig.
	1 Ponton-Br.-Brig.

IV. Truppenstärke einer deutschen Infanterie-Division 1945

3 Grenadier-Regimenter je Regiment mit
- 2 Bataillonen zu je
  - 3 Grenadier-Kompanien (Nr. 1-2-3, 5-6-7)
  - 1 schwere Kompanie (Nr. 4 u. 8) mit
    - – 4 l. Infanterie-Geschützen
    - – 6 mittleren Granatwerfern
- 13. Schwere Kompanie mit
    - – 2 s. Infanterie-Geschützen
    - – 8 s. Granatwerfern
- 14. Pak-Kompanie mit
    - – 54 s. Panzerschreck
    - – 18 in Reserve
- 1 Füsilier-Bataillon zu
  - 4 Füsilier-Kompanien auf Fahrrädern
- 1 Panzerjäger-Abteilung mit
  - 1 schweren (mot.) Panzerjäger-Kompanie mit
    - – 12 schweren Panzerabwehrkanonen
  - 1 Sfl.-Panzerjäger-Kompanie mit
    - – 14 Selbstfahrlafetten
  - 1 mittleren (mot.) Flak-Kompanie mit
    - – 9 x 3,7-cm-Flak

1 Artillerie-Regiment mit
- 3 leichten Artillerie-Abteilungen, je Abteilung mit
  - 2 l. Feldhaubitzen-Batterien (Nr. 1-2, 4-5, 7-8) mit
    - – 4 leichten Feldhaubitzen 10,5 cm
- 1 leichten Feldgeschütz-Batterie (Nr. 3, 6 u. 9) mit
    - – 6 x 7,5-cm-Feldgeschützen
- 1 schweren Artillerie-Abteilung mit
  - 2 schweren Feldhaubitzen-Batterien (Nr. 10-11) mit
    - – 6 schweren Feldhaubitzen 15,0 cm

1 Pionierbataillon mit

3 Kompanien (1-3, Nr. 2 u. 3 auf Fahrrädern) mit je
- 2 schweren MG
- 2 mittleren Granatwerfern
- 6 Flammenwerfern

Nachrichtenabteilung mit

1 Fernsprech-Kompanie (teilmotorisiert)

1 Funk-Kompanie (motorisiert)

Feldersatz-Bataillon mit

4 Kompanien mit je
- 6 mittleren u. 4 schweren Granatwerfern
- 1 l. Infanterie-Geschütz und 1 l. Feldhaubitze
- 1 mittlere und 1 schwere Pak
- 6 Panzerschreck-Waffen
- 56 Sturmgewehre

Versorgungs-Regiment

(Quellen: Buchner, Alex: Das Handbuch der deutschen Infanterie 1939-45; Tessin, S. 95/96)

V. Zusammensetzung eines Volks-Artillerie-Korps

Stab mit Stabsbatterie
Beobachtungsbatterie
7,5-cm-Feldkanonen-Bataillon zu
3 Batterien mit je 6 Geschützen
10,5-cm-Feldhaubitzen-Bataillon zu
3 Batterien mit je 6 Geschützen
10-cm-Feldkanonen-Bataillon zu
2 Batterien mit je 4 Geschützen
12,2-cm-Feldhaubitzen-Bataillon zu
2 Batterien mit je 4 Beutegeschützen
15,5-cm-Feldhaubitzen-Bataillon zu
2 Batterien mit je 4 Beutegeschützen
17-cm-Batterie
Feuerleitbatterie
2 schwere Werfer-Batterien mit 21,0-cm-Granatwerfern

(Quelle: Müller-Hillebrand, Das Heer 1933–1945, Bd. 3, S. 176)

VI. Kampfstärke und Panzerkräfte der 9. Armee am 15. April 1945

Mannschaftsstärke

CI. Korps		
5. Jäger-Div.	4970	
606. Inf.Div.	5495	
309. Inf.Div. »Berlin«	5926	
		16391
XXXIX. Panzerkorps/LVI. Panzerkorps		
25. Pz.Gr.Div.	5605	
Pz.Div. »Müncheberg«	1986	
		7591
XI. SS-Panzerkorps		
9. Fallschirmjäger-Div.	6758	
20. Pz.Gr.Div.	4848	
303. Inf.Div. »Döberitz«	3860	
169. Inf.Div.	5956	
712. Inf.Div.	4882	
Pz.Gr.Div. »Kurmark«	4370	
		30654
V. SS-Gebirgs-Korps		
286. Inf.Div.	3950	
32. SS-Freiw.-Gr.Div. »30. Januar«	6703	
391. Sicherungs-Division	4537	
		15190
Angegliederte Verbände		
Festung Frankfurt	13945	
600. (russ.) Inf.Div.	7065	
		21010
	GESAMT	**90836**

(Nach MA DDR, WF-02/7061, Blatt 222 [Stich, S. 38])

Panzerfahrzeuge der 9. Armee am 7. April 1945

(Auf Grundlage einer vom Hauptquartier der Heeresgruppe »Weichsel« am 8. April 1945 gefertigten Aufstellung als Hinweis auf die tatsächliche Stärke bei der Gefechtsaufstellung am 16. April 1945, einschließlich späterer Verstärkungen.)

Einheit	Typ	in Reparatur	einsatzbereit
CI. Armeekorps			
5. Jäger-Div.			
Pz.Jg.Kp. 1005	Pz.(L)A IV	–	10
	Stu. III	1	1
25. Pz.Gr.Div.			
Pz.Abt. 5	Pz. IV	–	1
	Pz.(Flak) IV	–	2
	Pz.(L)A IV	3	6
	Pz. V	6	28
Pz.Jg.Abt. 25	Stu. III	–	30
	Pz.(L)A IV	–	12
	Jagdpz. IV	1	–
560. SS-Jagd-Pz.Abt.	Stu. III	2	6
Kampfgr. »1001 Nacht«	Hetzer 38	7	37
309. Inf.Div. »Berlin«			
Pz.Jg.Abt. »Berlin«	Stu. III	4	8

LVI. Pz.Korps			
9. Fallschirmjg.Div.			
Fallschirm.Pz.Jg.Abt. 9	Stu. III	1	–
	Hetzer 38	–	8
20. Pz.Gr.Div.			
Pz.Abt. 8	Pz. IV	1	15
	Pz.(Flak) IV	–	3
	Pz.(L) IV	–	16

Einheit	Typ	in Reparatur	einsatzbereit
Pz.Div. »Müncheberg«			
Pz.Rgt. »Müncheberg«	Pz. III	–	1
	Pz. IV	2	1
	Pz.(L)A IV	–	1
	Pz. V	3	19
	Pz. VI	5	8
	Jagdpz. IV	–	1

XI. SS- Panzerkorps			
303. Inf.Div. »Döberitz«			
Pz.Jg.Abt. »Döberitz«	Stu. III	2	20
	Pz.(L)A IV	2	7
Pz.Aufkl.Abt. 303	Stu. III	6	2
169. Inf.Div.			
Jagdpz.Kp. 1230	Hetzer 38	–	10
Stu.-Lehr.Brig. 111	Stu. III	–	33
	Stu.(H) III	–	9
	Pz.(L)A IV	1	5
Pz.Gren.Div. »Kurmark«			
Pz.Rgt. »Brandenburg«	Pz. V	1	28
	Hetzer 38	2	15
Pz.Jg. Abt. »Kurmark«	Stu. III	–	12
	Pz. IV	2	1
	Pz. V	1	1
s.SS-Pz.Abt. 502	Pz. VI	3	27

V. SS-Gebirgskorps			
SS-Freiw.Gren.Div. »30. Januar«			
SS-Pz.Jgd.Abt. 32	Stu. III	2	20
	Stu.(H) 42	1	8
391. Sicherungs-Division	Pz. III	–	2
	Pz. IV	1	–

Einheit	Typ	in Reparatur	einsatzbereit
Diverse Einheiten			
Jagdpz.Komp. 1129	Hetzer 38	10	2
Pz.Jagd-Abt. 2	Hetzer 38	24	1
Pz.Jg.Komp. 15	Pz. IV	1	–
	Hetzer 38	15	1
SS-Stu.Gesch.Abt. 105	Stu(It)L 6	10	1
SS-Pz.Komp. 105	Stu.(It)L 6	–	1
	Pz.m.13/40	10	5
18. Pz.Gren.Div.			
Pz.Abt. »Schlesien«	Pz. IV	26	1
Pz.Jagd.Abt. »Schlesien«	Hetzer 38	19	4
Pz.Ausb.Verb. »Ostsee«	Pz. V	2	–
	Jagdpz. IV	2	–
SS-Freiw.Pz.Gr.Div. »Nordland«			
SS-Pz.Abt. 11	Stu. III	24	2
	Pz.(L)A IV	7	1
s.SS-Pz.Abt. 503	Pz. VI	10	2
	Pz.(Flak) IV	7	1
SS-Freiw.Pz.Gr.Div. »Nederland«			
SS-Pz.Jg.Abt. 23	Stu. III	1	–
	Stu. (Haub.)	42	1
Pz.Jagd.Abt. 6	Pz. III	1	–
	Hetzer 38	15	4

VII. Marschall Schukows Direktiven vom 12. April 1945
(zitiert nach K. Stich)

A) Operative Direktive für die 5. Stoßarmee, die 8. Gardearmee, die 1. Gardepanzerarmee und die 2. Gardepanzerarmee für ihre Handlungen im Rahmen der Berliner Operation.

1. Teile der 309., 303., 169. und 712. Infanterie-Division, der 9. Fallschirmjäger-Division, der Panzer-Division »Müncheberg«, verstärkt durch das 5. und 408. Artillerie-Korps der Reserve des Oberkommandos, eine Abteilung der 411. Artilleriebrigade der Reserve des Oberkommandos, die 292. und 770. Panzerabwehrkanonen-Abteilung der Reserve des Oberkommandos und ein Bataillon des 26. P[anzer]R[egiments] »Brandenburg« verteidigen den Abschnitt: Solikante – Rehefeld – Sophienthal – Golzow – Alt Tucheband – Podelzig – ausschl. Lebus.
   Reserven des Gegners in den Räumen: a) 25. Panzerdivision – Buckow – Müncheberg; b) bis zu einer Panzer-Division – ostwärtiger Teil von Berlin; c) bis zu zwei Infanteriedivisionen – Lager Döberitz.
2. Rechts geht die **3. Stoßarmee** zum Angriff über mit der Aufgabe, die Verteidigung des Gegners im Abschnitt Solikante – Punkt 8,7 (3 km südwestlich Kienitz) zu durchbrechen und den Stoß in der allgemeinen Richtung Neu Trebbin – Metzdorf – Vorwerk Herzhorn – Bernau zu entwickeln.
   Trennungslinie: Ludwigsruh – Neudamm – Kalenzig – Letschin – Alt Friedland – Prötzel – Werneuchen – Buch – Heiligensee. Alle Punkte außer Ludwigsruh und Kalenzig für die 5. Stoßarmee ausschließlich.
3. Links geht die **69. Armee** zum Angriff über mit der Aufgabe, die Verteidigung des Gegners im Abschnitt Höhe 62,7 (3 km südostwärts Mallnow) – Höhe 48,4 (2 km südlich Lebus) zu durchbrechen und den Stoß in der allgemeinen Richtung Döbberin – Arens-

dorf – Trebus – Erkner – Rahnsdorf – Britz – Dahlem zu entwickeln.
Trennungslinie: Gleissen – Drossen – Podelzig – Lietzen – Schönfelde – Herzfelde – Karlshorst – Gatow. Alle Punkte für die 8. Garde-Armee einschließlich.

4. Die **5. Stoßarmee** mit der 2. und 14. Artilleriedivision, der 4., 40. und 41. Panzerjägerbrigade, der 4. Korpsartilleriebrigade, dem 295. und 1091. Kanonenartillerieregiment, der 35., 2. und 25. Gardewerferbrigade, dem 92., 94. und 37. Gardewerferbataillon, der 32. und 322. selbständigen Artillerieabteilung, der 2. Gardeflakdivision, der 11. und 67. schweren Panzerbrigade, der 220. Panzerbrigade, dem 244. Panzerregiment, dem 396. schweren SFL-Regiment, dem 1054. SFL-Regiment, dem 92. Minenräumpanzerregiment, dem 1. Pontonregiment, dem 82., 83. und 84. Fährübersetzbataillon, dem 29. Tornisterflammenwerferbataillon (17. Flammenwerferbrigade), dem 2. und 3. mot. Pionierbataillon (1. mot. Pionierbrigade), der 67. und 69. Militärbauabteilung (27. Abteilung von Verteidigungsbauten), dem 10. selbständigen Bataillon der Chemischen Truppen und dem 8. selbständigen Flammenwerferbataillon geht zum Angriff über mit der Aufgabe, die Verteidigung des Gegners im Abschnitt Punkt 9,3 (2 km nördlich Zechin) – Golzow zu durchbrechen und bei gleichzeitiger Entwicklung des Stoßes in der allgemeinen Richtung Zechin – Neuhardenberg – Grunow – Wesendahl – Blumberg – Blankenburg – Tegel folgende Abschnitte einzunehmen:
   a) am 1. Operationstag: ausschließlich Altfriedland – Neuhardenberg – ausschließlich Altrosenthal;
   b) am 2. Operationstag: ausschließlich Prötzel – Ruhlsdorf;
   c) am 3. Operationstag: ausschließlich Löhme – Krummensee – Altlandsberg

   Im weiteren ist der nördostwärtige und nördliche Teil von Berlin zu besetzen, und am 6. Operationstag das Ostufer des Havelsees [Tegeler See, *K.S.*] zu erreichen.
   Mit Beginn der Artillerievorbereitung wird dem Befehlshaber der 5. Stoßarmee das 6. Schlachtfliegerkorps mit den begleitenden Jagdflugzeugen operativ unterstellt.

Trennungslinie links: Landsberg – die Warthe – Küstrin – Gorgast – Werbig – Obersdorf – Strausberg – Altlandsberg – Hohenschönhausen – Spandau. Alle Punkte außer Obersdorf, für die 5. Stoßarmee ausschließlich.

5. Die **8. Garde-Armee** mit der 18. und 29. Artilleriedivision (Rotbanner-Artillerie-Sturmdivision), der 25. und 38. Panzerjägerbrigade, dem 1. Kanonenartillerieregiment (besonderer Leistung), der 2. Gardewerferdivision, dem 59., 311. und 316. Gardewerferregiment, der 34. und 391. selbständigen Artillerieabteilung, der 3. Gardeflakdivision, der 7. schweren Panzerbrigade, dem 65. Panzerregiment, dem 34. schweren Panzerregiment, dem 259. Panzer-Regiment, dem 394. schweren SFL-Regiment, dem 371. und 694. SFL-Regiment, dem 63. und 136. Pontonbataillon (7. Pontonbrigade), dem 6., 8., 9. schweren Pontonbataillon, dem 41. Tornisterflammenwerferbataillon, dem 166. Minenräumpanzerregiment, dem 516. Flammenwerferpanzerregiment (2. Flammenwerferpanzerbrigade), der 72. Militärbauabteilung (27. Abteilung von Verteidigungsbauten) und dem 19. Flammenwerferbataillon geht zum Angriff über mit der Aufgabe, die Verteidigung des Gegners im Abschnitt Station (1 km südostwärts Golzow) – Gutshof (2 km ostwärts Sachsendorf) [Lehngut Hathenow, *T.LeT.*] zu durchbrechen und bei gleichzeitiger Entwicklung des Stoßes in der allgemeinen Richtung Seelow – Trebnitz – Garzau – Dahlwitz – Schlesischer Bahnhof [heute »Hauptbahnhof«, *K.S.*] – Charlottenburg folgende Abschnitte einzunehmen:
   a) am ersten Operationstag: Altrosenthal – Neuentempel – Lietzen;
   b) am zweiten Operationstag: Garzin – Höhe 78,2 – Maxsee;
   c) am dritten Operationstag: ausschließlich Altlandsberg – Ostrand Hoppegarten – Kalkberge [bei Rüdersdorf, *T.LeT.*].

   Im weiteren sind die Vororte Marzahn, Friedrichsfelde, Karlshorst, Kaulsdorf und Dahlwitz sowie der zentrale Teil der Stadt Berlin einzunehmen; am 6. Operationstag ist das Ostufer der Havel zu erreichen.

   Mit Beginn der Artillerievorbereitung wird dem Befehlshaber der 8. Gardearmee das 9. Schlachtfliegerkorps mit den begleitenden Jagdflugzeugen operativ unterstellt.

6. Mit dem Erreichen des Abschnitts Letschin – Gusow durch die Infanterie der 5. Stoßarmee hat die **2. Gardepanzerarmee** mit der 24. Flakdivision in den Durchbruch im Abschnitt Letschin – ausschließlich Gusow einzutreten und bei gleichzeitiger Entwicklung des Stoßes in der allgemeinen Richtung Neuhardenberg – Ihlow – Prötzel – Bernau am 2. Tag der Einführung in den Durchbruch den Raum Birkenwerder – Heiligensee – Rosenthal – Schönwalde zu erreichen.
   Im weiteren sind – mit einem Korps – Übersetzstellen über den Hohenzollern-Kanal (Oranienburger Kanal) im Abschnitt Oranienburg – Henningsdorf und ein Brückenkopf auf seinem Westufer zu besetzen. Mit den Hauptkräften der Armee ist ein Stoß nach Süden zu führen und im Zusammenwirken mit der 1. Gardepanzerarmee der nordwestliche Teil von Berlin bis zur Eisenbahnlinie Bernau – Pankow – Charlottenburg – Station 1 km östlich Wannsee zu besetzen.
   Mit der Artillerie- und Pioniersicherstellung der Einführung der Armee in den Durchbruch wird der Befehlshaber der 5. Stoßarmee beauftragt.
   Für die Sicherstellung der Kampfhandlungen aus der Luft ist der Befehlshaber der 16. Luftarmee verantwortlich.
   Mit der Einführung der 2. Gardepanzerarmee in den Durchbruch wird das 6. Schlachtfliegerkorps mit den begleitenden Jagdflugzeugen dem Befehlshaber der 2. Gardepanzerarmee unterstellt.
7. Mit dem Erreichen des Abschnitts ausschl. Gusow – Seelow – Dolgelin – Alt Mahlisch durch die Infanterie der 8. Gardearmee hat die **1. Gardepanzerarmee** mit dem 11. Panzerkorps und der 4. Gardeflakdivision im Abschnitt Station Gusow – Dolgelin in den Durchbruch einzutreten und bei gleichzeitiger Entwicklung des Stoßes in der allgemeinen Richtung Seelow – Obersdorf – Garzin – Alt Landsberg – Karlshorst am 2. Tag der Einführung in den Durchbruch den Raum Marzahn – Karlshorst – Schöneweide – Köpenick – Friedrichshagen – Hohenhagen einzunehmen.
   Des weiteren sind durch einen Stoß nach Südwesten im Zusammenwirken mit der 2. Gardepanzerarmee der Raum Charlotten-

burg – Wilmersdorf – Zehlendorf – Lichtenrade – Rudow und die Vororte Treptow und Neukölln einzunehmen.

Mit der Artillerie- und Pioniersicherstellung der Einführung der 1. Gardepanzerarmee in den Durchbruch beauftrage ich den Befehlshaber der 8. Gardearmee. Für die Sicherstellung der Kampfhandlungen aus der Luft ist der Befehlshaber der 16. Luftarmee verantwortlich.

Mit der Einführung der 1. Garde-Panzerarmee in den Durchbruch ist das 9. Schlachtfliegerkorps mit den begleitenden Jagdflugzeugen dem Befehlshaber der 1. Gardepanzerarmee zu unterstellen.

Der Befehlshaber der 1. Garde-Panzerarmee hat bei günstiger Entwicklung des Angriffs im Streifen der 69. Armee, bei gleichbleibender Aufgabe, die Möglichkeit der Einführung der Armee in den Durchbruch im Abschnitt Dolgelin – Döbberin vorzusehen.

8. Die Vorbereitung der Angriffsoperation, die Umgruppierung der Truppen und das Beziehen der Ausgangsstellung haben vom Gegner unbemerkt, unter Einhaltung aller Tarnmaßnahmen zu erfolgen, wobei unbedingt das Überraschungsmoment der Handlungen der Armee zu erreichen ist.

9. Ich gestatte, den Chef des Stabes, den Leiter der operativen Abteilung des Stabes der Armee und den Chef Artillerie der Armee mit der Direktive vertraut zu machen.

   Den übrigen Durchführenden sind die Aufgaben im Bereich der von ihnen zu erfüllenden Pflichten zu stellen.

   Den Regimentskommandeuren sind keine schriftlichen Anweisungen zu erteilen, die Aufgaben sind ihnen 3 Tage vor Angriffsbeginn mündlich zu stellen.

   Für die rückwärtigen Dienste sind keine allgemeinen Direktiven herauszugeben, sondern mündliche Anordnungen zu erteilen.

10. Dem gesamten Personalbestand der Truppen der Armeen ist zu erklären, daß unsere Aufgabe in einer standhaften Verteidigung für eine längere Zeit besteht.

    Dem jüngeren Kommandeursbestand und den Rotarmisten ist die Aufgabe für den Angriff 2 Stunden vor dem Sturmangriff bekanntzugeben.

11. Zeit des Angriffsbeginns entsprechend meinen persönlichen Anweisungen.
Ordnung der Durchführung der Artillerievorbereitung entsprechend beigelegter Grafik.
12. Der Plan der Angriffsoperation der Armee ist mir am 14. 04. 45, bis 12.00 Uhr, zur Bestätigung vorzulegen.

B) Operative Direktive für die 47. Armee und die 3. Stoßarmee für ihre Handlungen im Rahmen der Berliner Operation

1. Teile der 606. Infanterie-Division z. b. V., der Infanteriedivision »Kurmark« und der 309. Infanteriedivision, verstärkt durch das 5. Artilleriekorps der Reserve des Oberkommandos, die 707. schwere Artilleriedivision der Reserve des Oberkommandos, eine Artillerieabteilung des 234. Artillerieregiments der Reserve des Oberkommandos und die 682. Panzerabwehrkanonen-Abteilung verteidigen den Abschnitt: Neu Karlshof – Westteil Karlsbiese – Ortwig – Solikante – Rehfeld – Sophienthal – Punkt 10,3 (2 km ostwärts Zechin).
Reserven des Gegners in den Räumen: a) 25. Panzerdivision – Buckow – Müncheberg; b) bis zu einer Panzerdivision – ostwärtiger Teil von Berlin; c) bis zu zwei Infanteriedivisionen – Lager Döberitz.
2. Rechts forciert die 1. Polnische Armee die Oder im Abschnitt Christiansau – Höhe 5,6 (3 km westlich Güstebiese) und entwickelt den Stoß in der allgemeinen Richtung Bad Freienwalde – Klosterfelde – Kremmen – Friesack – Arneburg.
Trennungslinie: Soldin – Babin – Witnitz – Güstebiese – Kanal Alte Oder – Wriezen – Gersdorf – Melchow – Wandlitz – Sandhausen – Dreibrücken – Hohennauen – Schollene – Klietz. Alle Punkte außer Babin, Güstebiese, Wriezen, Wandlitz und Sandhausen für die 47. Armee ausschließlich.
Links geht die 5. Stoßarmee zum Angriff über mit der Aufgabe, die Verteidigung des Gegners im Abschnitt Punkt 9,3 (2 km nördlich Zechin) – Golzow zu durchbrechen und in der allgemeinen Rich-

tung Zechin – Neu Hardenberg – Grunow – Wesendahl – Blumberg – Blankenburg – Tegel anzugreifen.
Trennungslinie: Ludwigsruh – Neudamm – Kalenzig – Letschin – Alt Friedland – Prötzel – Werneuchen – Buch – Heiligensee. Alle Punkte außer Ludwigsruh und Kalenzig für die 3. Stoßarmee einschließlich.

3. Die **47. Armee** mit der 6. Artillerie-Division, der 20. Panzerjägerbrigade, der 16. Gardewerferbrigade (5. Gardewerferdivision), dem 38. und 305. Gardewerferregiment, der 1. Gardewerferbrigade der Polnischen Armee, der 74. Flakdivision, dem 70. schweren Panzerregiment, dem 334. schweren SFL-Regiment, dem 1825. SFL-Regiment, dem 4. Pontonregiment, dem 7. und 10. Fährübersetzbataillon (2. Fährübersetzbrigade), der 121. und 122. Militärbauabteilung (27. Abteilung von Verteidigungsbauten), dem 80. selbständigen Bataillon der chemischen Truppen und dem 20. selbständigen Flammenwerferbataillon geht zum Angriff über mit der Aufgabe, die Verteidigung des Gegners im Abschnitt Karlsbiese – ausschließlich Ortwig zu durchbrechen und bei gleichzeitiger Entwicklung des Stoßes in der allgemeinen Richtung Bliesdorf – Haselberg – Brunow – Grüntal – Basdorf – Zühlsdorf – Velten folgende Abschnitte einzunehmen:
a) am 1. Operationstag: Wriezen – ausschließlich Kunersdorf;
b) am 2. Operationstag: ausschließlich Gersdorf – Steinbeck;
c) am 3. Operationstag: Biesenthal – Albertshof.
d) am 4. Operationstag: Sandhausen – Birkenwerder.
Im weiteren ist in der allgemeinen Richtung Velten – Nauen – Rathenow – Schönhausen anzugreifen und am 11. Operationstag die Elbe im Abschnitt Neuermark zu erreichen.
Trennungslinie links: Neuscheune – Ringenwalde – Bärwalde – Zellin – Ortwig – Kunersdorf – Leuenberg – Ladeburg – Birkenwerder – Bötzow – Tremmen – Premnitz – Fischbeck. Alle Punkte außer Neuscheune, Ortwig und Kunersdorf für die 47. Armee einschließlich.

4. Die **3. Stoßarmee** mit der 5. Artilleriedivision, der 3. und 45. Panzerjägerbrigade, der 22. und 23. Gardewerferbrigade (5. Gardewerferdivision), dem 50. und 318. Gardewerferregiment, dem

9. Panzerkorps, dem 88. schweren Panzerregiment, dem 25. (85.) Panzerregiment, dem 351. schweren SFL-Regiment, dem 1818. SFL-Regiment, dem 138. Pontonbataillon (7. Pontonbrigade), dem 4. und 5. motorisierten Pionierbataillon (1. motorisierte Gardepionierbrigade), der 68. Militärbauabteilung (27. Abteilung von Verteidigungsbauten) und dem 33. selbständigen Bataillon der chemischen Truppen geht zum Angriff über mit der Aufgabe, die Verteidigung des Gegners im Abschnitt Solikante – Punkt 8,7 (3 km südwestlich Kienitz) zu durchbrechen und bei gleichzeitiger Entwicklung des Stoßes in der allgemeinen Richtung Neu Trebbin – Metzdorf – Vorwerk Herzhorn – Bernau folgenden Abschnitte einzunehmen:

a) am 1. Operationstag: Kunersdorf – Gottesgabe – Alt Friedland.
b) am 2. Operationstag: Markgrafensee – Biesow – Prötzel.
c) am 3. Operationstag: ausschließlich Albertshof – Thaerfelde – Löhme.

Im weiteren ist in der allgemeinen Richtung Bernau – Glienicke – Siedlung Schönwalde – Lager Döberitz anzugreifen und am 8. Operationstag der Abschnitt Hennigsdorf – Brieselang – Fahrland – Kladow – Gatow – Spandau einzunehmen.

Mit Beginn der Artillerievorbereitung ist dem Befehlshaber der 3. Stoßarmee die 2. Gardeschlachtfliegerdivision mit den begleitenden Jagdflugzeugen operativ unterstellt.

[Die folgenden Punkte 5 bis 9 entsprechen im Wortlaut den im Dokument A enthaltenen Punkten 8 bis 12 – *T.LeT.*]

C) Operative Direktive für die 1. Polnische Armee für ihre Handlungen im Rahmen der Berliner Operation

1. Teile der 610. und 606. Infanteriedivision z. b. V., verstärkt durch zwei Artillerieabteilungen der Reserve des Oberkommandos, verteidigen den Abschnitt: Hohensaaten – Neuglietzen – Christiansau – Zollbrücke – Neukarlshof – Karlsbiese.
2. Rechts forciert die 61. Armee die Oder im Abschnitt Stolzenhagen – Lunow und greift in der allgemeinen Richtung Lüdersdorf –

Britz – Groß Schönebeck – Löwenberg – Neuruppin – Wusterhausen – Havelberg an.

Trennungslinie: Wuthenow – Rohrbeck – Mantel – Hohenzollern-Kanal – Liebenwalde – Fehrbellin – Wulkau. Alle Punkte, außer Wuthenow, Mantel und Fehrbellin, für die 1. Polnische Armee ausschließlich.

Links durchbricht die 47. Armee die Verteidigung des Gegners im Abschnitt Karlsbiese – ausschließlich Ortwig und greift in der allgemeinen Richtung Bliesdorf – Haselberg – Brunow – Grüntal – Basdorf – Zühlsdorf – Velten an.

Trennungslinie: Soldin – Babin – Witnitz – Güstebiese – Kanal Alte Oder – Wriezen – Gersdorf – Melchow – Wandlitz – Sandhausen – Dreibrücken – Hohennauen – Schollene – Klietz. Alle Punkte, außer Babin, Güstebiese, Wriezen, Wandlitz und Sandhausen, für die 1. Polnische Armee einschließlich.

3. Die **1. Polnische Armee** mit dem 41. Gardewerferregiment und dem 274. Bataillon z. b. V. (Amphibien) geht zum Angriff über mit der Aufgabe, die Oder im Abschnitt Christiansau – Höhe 5,6 (3 km westlich Güstebiese) zu forcieren und am Ausgang des 1. Operationstages mit den Hauptkräften der Armee die Alte Oder zu erreichen und Übersetzstellen einzunehmen.

   Das Forcieren der Oder durch die Truppen ist durch Nebelvorhänge zu sichern. Das Anlegen dieser ist mit dem Befehlshaber der 47. Armee zu koordinieren.

   Am 2. Operationstag ist die Alte Oder zu forcieren und der Abschnitt Ostrand Eberswalde – Gersdorf einzunehmen.

   Im weiteren ist in der allgemeinen Richtung Klosterfelde – Sachsenhausen – Kremmen – Friesack – Arneburg anzugreifen, und folgende Abschnitte sind einzunehmen:

   a) am 3. Operationstag: Marienwerder – ausschließlich Biesenthal;
   b) am 4. Operationstag: ausschließlich Liebenwalde – Zehlendorf;
   c) am 11. Operationstag: die Elbe im Abschnitt ausschließlich Wulkau – Klietz.

[Die folgenden Punkte 4 bis 8 entsprechen im Wortlaut den im Dokument A enthaltenen Punkten 8 bis 12 – *T.LeT.*]

D) Operative Direktive für die 69. und 33. Armee für ihre Handlungen im Rahmen der Berliner Operation

1. Teile der 169., 712. Infanterie-Division, der 32. SS-Infanteriedivision, das 1., 2. und 3. Festungsregiment, die 391. Sicherungs-Infanteriedivision, die 275. Infanteriedivision, die 608. Infanteriedivision z. b. V, die Infanteriedivision »Matterstock« und die 100. Infanteriebrigade, verstärkt durch das 404. Artilleriekorps der Reserve des Oberkommandos, das 359. Artillerie-Regiment der Reserve des Oberkommandos, neun Artillerieabteilungen der Reserve des Oberkommandos, die 111. und 322. Sturmgeschützbrigade der Reserve des Oberkommandos, das 15. selbständige Panzerbataillon, zwei Panzerabwehrkanonen-Abteilungen der Reserve des Oberkommandos und das 188. Granatwerferbataillon verteidigen den Abschnitt: Podelzig – Höhe 54,2 – Höhe 62,7 – Westrand Lebus – Wüste Kunersdorf – Westhänge der Höhe 20,3 (2 km nordöstlich Frankfurt) – Marnenheim – Eisenbahn- und Straßenkreuzung (2 km nordöstlich Frankfurt) – Zschezschnow [Güldendorf, *T.LeT.*] – Lossow – Brieskow – östlicher Waldrand (200 m westlich Wiesenau) – Ziltendorf – Westrand Vogelsang – Fürstenberg – Vorwerk Bruch – Vollwark – Ratzdorf – Breslack – Groß Briesen – Hermesdorf (1,5 km nordöstlich Guben) – Westrand Vorstadt (1 km östlich Guben) – Gubinchen – Groß Gastrose – Grießen.
   Reserven des Gegners in den Räumen: a) 25. Panzerdivision – Buckow – Müncheberg; b) bis zu einer Panzer-Division – ostwärtiger Teil von Berlin; c) bis zu zwei Infanteriedivisionen – Lager Döberitz.
2. Rechts durchbricht die 8. Gardearmee die Verteidigung des Gegners im Abschnitt Station (1 km südostwärts Golzow) – Gehöft (2 km östlich Sachsendorf [Lehngut Hathenow, *T.LeT.*]) und entwickelt den Stoß in der allgemeinen Richtung Seelow – Trebnitz – Garzau – Dahlwitz – Schlesischer Bahnhof – Charlottenburg.
   Trennungslinie: Glassen – Drossen – Podelzig – Lietzen – Schönfelde – Herzfelde – Karlshorst – Gatow. Alle Punkte für die 69. Armee ausschließlich.

Links greift die 3. Garde-Armee der 1. Ukrainischen Front an. Trennungslinie: bis Unruhstadt – bisherige Trennungslinie, weiterhin – Ensdorfer See – Groß Gastrose – Lübben. Alle Punkte, außer Lübben, für die 33. Armee.

3. Die **69. Armee** mit der 12. Artilleriedivision, 8. und 39. Panzerjägerbrigade, dem 293. Granatwerferregiment, der 41. Gardewerferbrigade (22. Artilleriedivision), dem 75. und 303. Gardewerferregiment, der 18. Flakdivision, der 68. Panzerbrigade, der 12. Pionierbrigade, dem 33. schweren Panzerregiment, dem 344. SFL-Regiment, dem 89. schweren Panzerregiment, der 35. Pionierbrigade (21., 25. und 220. Pionierbaubataillon), dem 85. Pontonbataillon, dem 2. Pontonbataillon (11. Pontonregiment), der 154. Militärbauabteilung (7. Abteilung von Verteidigungsbauten), dem 29. und 40. selbständigen Bataillon der chemischen Truppen, dem 6. selbständigen Flammenwerferbataillon und dem 273. Bataillon zur besonderen Verwendung (Amphibien) geht zum Angriff über mit der Aufgabe, die Verteidigung des Gegners im Abschnitt Höhe 62,7 (3 km südostwärts Mallnow) – Höhe 48,2 (2 km südlich Lebus) zu durchbrechen und bei gleichzeitiger Entwicklung des Hauptstoßes in der allgemeinen Richtung Höhe 62,7 – Alt Mahlisch – Höhe 71,2 (1,5 km südlich Lietzen) und der Nebenstöße auf Treplin und Boossen am Ausgang des 1. Operationstages den Abschnitt ausschl. Lietzen – Döbberin – Treplin – westlicher Waldrand (3 km ostwärts Petersdorf) einzunehmen.
   Im weiteren ist in der allgemeinen Richtung Hasenfelde – Buchholz – Trebus – Werlsee – Friedrichshagen – Britz – Dahlem anzugreifen, und folgende Abschnitte sind einzunehmen:
   a) am 2. Operationstag: Schönfelde – Neuendorf im Sande – Berkenbrück;
   b) am 3. Operationstag: ausschließlich Kalkberge [bei Rüdersdorf, *T.LeT.*] – Werlsee – Freienbrink – Neu Latzwall;
   c) am 4. Operationstag: Uhlenhorst – Köpenick – Wendenschloß – Eichwalde;
   d) am 6. Operationstag: südostwärtiger und südlicher Teil von Berlin. Das ostwärtige Ufer der Havel ist zu erreichen.

   Mit Beginn der Artillerievorbereitung ist die 11. Gardeschlacht-

fliegerdivision mit den sie begleitenden Jagdflugzeugen dem Befehlshaber der 69. Armee operativ unterstellt.
Trennungslinie links: Sternberg – Reppen – Frankfurt – Ketschendorf – Lichtenrade – Potsdam – Tremmen – Premnitz – Fischbeck. Alle Punkte, außer Sternberg – Reppen – Frankfurt – Potsdam, für die 69. Armee einschließlich.

4. Die **33. Armee** mit dem 2. Gardekavalleriekorps, dem 115. und 119. Befestigten Raum, der 22. Artilleriedivision (ohne die 41. Gardewerferbrigade), der 33. Panzerjägerbrigade, dem 56. Gardewerferregiment, der 64. Flakdivision, dem 257. Panzerregiment, dem 360. und 361. SFL-Regiment, dem 6. Pontonbataillon (7. Pontonbrigade), dem 1. Pontonbataillon (11. Pontonregiment), der 155. Militärbauabteilung (7. Abteilung von Verteidigungsbauten), dem 283. Bataillon zur besonderen Verwendung (Amphibien), dem 25. selbständigen Bataillon der chemischen Truppen und dem 10. selbständigen motorisierten Flammenwerferbataillon geht zum Angriff über mit der Aufgabe, mit zwei Schützenkorps die Verteidigung des Gegners im Abschnitt Eisenbahn- und Straßenkreuzung (2 km südlich Frankfurt) – ausschl. Lossow sowie mit einem Schützenkorps im Abschnitt Brieskow – Bahnstation Wiesenau zu durchbrechen, den Stoß mit Teilkräften auf Zschezschnow [Güldendorf, *T.LeT.*] – Rosengarten und den Hauptstoß in der allgemeinen Richtung Biegen – Langewahl – Kablow zu entwickeln und folgende Abschnitte einzunehmen:
   a) am 1. Operationtag: Höhe 83,6 – Pillgram – Hohenwalde – Rießen – Schönfließ – Fürstenberg;
   b) am 2. Operationtag: Dehmsee – Neubrück – Ragow – Schneeberg – Grunow – Dammendorf – Kieselwitz – Neuzelle.
   c) am 3. Operationtag: ausschl. Spreenhagen – Neuwaltersdorf – Dahmsdorf – Ahrensdorf – Stremmen – Friedland – Weichensdorf – Groß Mukrow – Bahro – Göhlen – Steinsdorf – Station Koschen.

   Im weiteren ist bei Sicherung der linken Flanke vor Gegenangriffen des Gegners aus Süd und Südwest in der allgemeinen Richtung Königs Wusterhausen – Michendorf – Brandenburg anzugreifen.

[Die folgenden Punkte 5 bis 9 entsprechen im Wortlaut den im Dokument A enthaltenen Punkten 8 bis 12 – *T.LeT.*]

E) Operative Direktive für die 61. Armee für ihre Handlungen im Rahmen der Berliner Operation

1. Teile der Divisionsgruppe »Schwedt«, der 11. SS-Infanteriedivision, der 1. mot. Infanteriedivision, der 610. Infanteriedivision z.b.V., verstärkt durch zwei Artillerieabteilungen der Reserve des Oberkommandos und durch das 503. selbständige Panzerbataillon, verteidigen den Abschnitt: Schwedt – Criewen – Stolpe-Lunow – Hohensaaten – Neu Glietzen.
   Reserven des Gegners in den Räumen: 10. SS-Infanteriedivision – Jamikow – Passow – Stendell.
2. Rechts: 49. Armee (2. Belorussische Front). Trennungslinie: Schneidemühl – Arnswalde – Pyritz – Schwedt – Angermünde – Gransee – Wittenberge. Alle Punkte für die 61. Armee ausschließlich.
   Links forciert die 1. Polnische Armee die Oder im Abschnitt Christiansau – Höhe 5,6 (3 km westlich Güstebiese) und entwickelt den Stoß in der allgemeinen Richtung Bad Freienwalde – Klosterfelde – Sachsenhausen – Kremmen – Friesack – Arneburg.
   Trennungslinie: Wuthenow – Rohrbeck – Mantel – Zehden – Hohenzollern-Kanal – Liebenwalde – Fehrbellin – Strodehne – Wulkau. Alle Punkte, außer Wuthenow, Mantel und Fehrbellin, für die 61. Armee einschließlich.
3. Die **61. Armee** mit dem 7. Gardekavalleriekorps, der 20. Flakdivision, dem 5. und 13. Pontonbataillon, das 81. und 85. Fährübersetzbataillon, die 70. und 71. Militärbauabteilung (27. Abteilung von Verteidigungsbauten), dem 286. Bataillon zur besonderen Verwendung (Amphibien) und dem 17. selbständige Bataillon der chemischen Truppen geht zum Angriff über mit der Aufgabe, die Oder im Abschnitt Stolzenhagen – Lunow – nordostwärts Waldrand (1 km südlich Lunow) zu forcieren und am Ausgang des 16.04.45 den Abschnitt Stolzenhagen – Parstein – Oderberg einzu-

nehmen. Das Übersetzen der Truppen über die Oder ist durch Nebelvorhänge zu sichern.

Im weiteren hat sie unter Sicherung ihrer rechten Flanke vor Gegenangriffen des Gegners von Norden und Nordwesten in der allgemeinen Richtung Britz – Groß Schönebeck – Löwenberg – Neuruppin – Wusterhausen – Havelberg anzugreifen und folgende Abschnitte einzunehmen:

a) am 2. Operationstag: Stolpe – Neukünkendorf – Serwest – ausschließlich Eberswalde;
b) am 3. Operationstag: Angermünde – Joachimsthal – Eichhorst – ausschließlich Marienwerder;
c) am 4. Operationstag: ausschließlich Friedrichswalde – Kurtschlag – Krewelin – Liebenwalde;
d) am 11. Operationstag ist die Elbe im Abschnitt Nitzow – Wulkau zu erreichen.

[Die folgenden Punkte 4 bis 8 entsprechen im Wortlaut den im Dokument A enthaltenen Punkten 8 bis 12 – *T.LeT.*]

VIII. Artillerieressourcen der 8. Garde-Armee

Verteilung der Artillerieressourcen in Unterstützung der 8. Gardearmee – 16. April 1945

Infanterieaufstellung		Div.	Regiments-Artilleriegruppen		Divisions-Artilleriegruppen		
142. GSR	140. GSR	47. GSD	RAG 142	*Art. 142. GSR* *2 Art.-Btl.* *3 Gr.Wf.-Btl.*	DAG 47	*1 Pak-Art.-Rgt. x* *Art. 35. GSD xx* *Art. 140. GSR xx* *1 l. Art.-Rgt. xx* *10 Pak-Art.-Rgt. xx* *9 Gr.Wf.-Rgt. xx*	*2 l. Art.-Rgt.* *1 Art.-Rgt.*
137. GSR			RAG 137	*Art. 137. GSR* *1 Art.-Btl.* *3 Gr.Wf.-Btl.*			
172. GSR	170. GSR	57. GSD	RAG 172	*Art. 172. GSR* *2 Art.-Btl.* *1 Gr.Wf.-Btl.*	DAG 57	*Art. 170. GSR x* *12 Pak-Art.Rgt. x* *1 l. Art.-Rgt. xx* *10 Gr.Wf.-Rgt. xx*	*1 l. Art.-Rgt.* *1 Pak-Art.-Rgt.*
174. GSR			RAG 174	*Art. 174. GSR* *1 Art.-Btl.* *1 Gr.Wf.-Btl.*			
74. GSR	76. GSR	27. GSD	RAG 74	*Art. 74. GSR* *2 Art.-Btl.* *1 Gr.Wf.-Btl.*	DAG 27	*Art. 76. GSR x* *9 Pak-Art.-Rgt. x* *1 l. Art.-Rgt. xx* *1 Gr.Wf.-Rgt. xx*	*3 l. Art.-Rgt.*
83. GSR			RAG 74	*Art. 83. GSR* *1 Art.-Btl.* *1 Gr.Wf.-Btl.*			
240. GSR	226. GSR	74. GSD	RAG 240	*Art. 240. GSR* *2 Art.-Btl.* *1 Gr.Wf.-Btl.*	DAG 74	*Art. 82. GSD x* *Art. 226. GSR x* *9 Pak-Art.-Rgt.* *1 Art.-Rgt. xx* *2 Pak-Art.-Rgt. xx* *1 Gr. Wf.-Rgt. xx*	*1 l. Art.-Rgt.* *1 Art.-Rgt.*
236. GSR			RAG 236	*Art. 236. GSR* *1 Art.-Btl.* *1 Gr.Wf.-Btl.*			
227. GSR	216. GSR	79. GSD	RAG 227	*Art. 227. GSR* *1 Art.-Btl.* *3 Gr.Wf.-Btl.*	DAG 79	*Art. 39. GSD xx* *Art. 216. GSR xx* *9 Pak-Art.-Rgt. x*	*1 F.H.Art.-Rgt.* *1 Art.-Rgt.*
220. GSR			RAG 220	*Art. 220. GSR* *2 Art.-Btl.*			
					DAG 88	*Art. 88. GSD x* *Art. 256., 269. & 271. GSR x* *12 Pak-Art.-Rgt. x*	

GSR = Gardeschützen-Regiment
GSD = Gardeschützen-Division
RAG = Regiments-Artilleriegruppe
DAG = Divisions-Artilleriegruppe
KAG = Korps-Artilleriegruppe
AAG = Armee-Artilleriegruppe

x Nur für den Eröffnungsschlag eingegliederte Einheiten

xx Für den Eröffnungsschlag und die Unterstützung des Hauptangriffs eingegliederte Einheiten, ohne Verlegung

Reserven	Korps-Artilleriegruppen		Armee-Artilleriegruppen		Korps
35. GSD	KAG 4	*1 Korpsart.-Rgt.* *1 Gr.Wf.-Rgt.*	AAG 4	*3 F.H.-Art.-Rgt.* *2 extr.s. Art.-Rgt.* *6 Gr.Wf.-Rgt.*	4. GSK
			Reserve	*3 Pak-Art.-Rgt.*	
82. GSD	KAG 29	*1 Gr.Wf.-Rgt. xx* *3 F.H.-Art.-Rgt.* *1 Gr.wf.-Rgt.*	AAG 29	*1 extr.s. Art. Rgt. x* *1 l. Art.-Rgt. xx* *3 Gr.Wf.-Rgt. xx* *6 F.H.-Art.-Rgt.* *1 Korpsart.-Rgt.* *3 s. Gr.Wf.-Rgt.*	29. GSK
			Reserve	*3 Pak-Art.-Rgt.*	
39. GSD	KAG 28	*9 Pak-Art.-Rgt. x* *9 Gr.Wf.-Rgt. xx* *3 F.H.-Art.-Rgt.* *3 Pak-Art.-Rgt.* *1 Gr.Wf.-Rgt.*	AAG	*1 extr.s. Art.-Btl.* *4 Art.-Rgt.* *3 s. Gr.Wf.-Rgt.* *3 Gr.Wf.-Rgt.*	28. GSK
88. GSD	*Art. GSD =*	*12 x 12,0 cm* *21 x 7,4 cm* *12 x 5,7 cm Pak*	*Art.GSR =*	*4 x 7,6 cm* *6 x 5,7 cm Pak* *6 x 12,0 cm Gr.Wf.*	

Anmerkungen

Marschall Georgij K. Schukow, stellvertretender Oberster Befehlshaber der sowjetischen Streitkräfte (S. 14–26)
Der Inhalt dieses Kapitels wurde hauptsächlich Schukows eigenen *Erinnerungen und Gedanken* entnommen sowie Aufsätzen von Professor John Erickson über Schukow und Konjew in Feldmarschall Sir John Carvers Buch *The War Lords,* ferner Colonel A. L. Sethi *Marshal Zhukov – The Master Strategist,* und Colonel William J. Spahr *Zhukov – The Rise and Fall of a Great Captain.*

1 Nähere Angaben zu der im Text und den Anmerkungen zitierten Literatur im anschließenden Literaturverzeichnis.
2 Eric Larrabee, Commander in Chief, S. 75, der seinerseits Butov, Tojo and the Coming of War, S. 127f., und Ienaga, The Pacific War 1941–45, S. 82, zitiert. Die Niederlage war so demütigend, daß Japan die Zahlen erst 1966 veröffentlichte!
3 Zitiert bei Chayney, S. 307.
4 Spahr, S. 88f. Im Gegensatz zu den 615 000 Mann Verlusten der Wehrmacht im gleichen Zeitraum hatten die Sowjets 2 204 000 Mann verloren, davon 959 000 beim Marsch auf Moskau, 297 000 bei den Kämpfen im Dezember 1941 und 948 000 bei Stalins Gegenoffensive vom 20. Januar bis April 1942.
5 Stich, Dokument 3.
6 Wolkogonow, S. 683, 706. Insgesamt fielen dem Großen Vaterländischen Krieg zwischen 26 und 28 Millionen Sowjetbürger zum Opfer. Daneben können zwischen 1929 und 1953 weitere 19,5 bis 22 Millionen Stalins politischen Maßnahmen zugeordnet werden, von denen ein Drittel durch Hinrichtung, im Arbeitslager oder im sibirischen Exil umkam.
Generaloberst G. F. Kriwoschiew gibt in: Stamped »Removed from Secrecy« – Losses of the Armed Forces in Wars, Battles and Military Conflicts, Militärverlag, MOD, Moskau, S. 219 f., die folgenden Gefallenenzahlen für den Zeitraum 16. April bis 8. Mai 1945:

	Getötet	Verwundet	Vermißt
2. Weißrussische Front	13 070	46 040	2 570
1. Weißrussische Front	37 610	141 880	7 804
1. Ukrainische Front	27 580	86 245	4 949
1. und 2. polnische Armee	2 825	6 067	387

Zieht man die 33 000 bei Seelow Gefallenen sowie weitere 20 000, die in Berlin begraben sind, in Betracht, ganz abgesehen von denen, die zwischen diesen beiden Punkten gefallen sind, so erscheinen diese Angaben eher zweifelhaft.

Die Sowjets (S. 27–34)

1 Seaton [RGW], S. 588f.; Ziemke, S. 71; Wagener, Appx. 2; Butor, S. 127f., und Ienaga [beide zit. aus Larrabee]. Im Rahmen des Leih-Pacht-Vertrags erhielten die Sowjets 1900 Lokomotiven, 11 000 Plattformwagen, 427 000 LKWs und Jeeps, 35 000 Motorräder, 13 000 gepanzerte Kampffahrzeuge (darunter 10 000 Panzer) und fast 19 000 Flugzeuge.

2 Erickson, 1975–83, II, S. 405.

3 Schukow, S. 330.

4 Mackintosh, S. 226.

5 Ebd., S. 228f.

6 Duffy, S. 343.

7 Ebd., S. 345.

8 Mackintosh, S. 226f.; Duffy, S. 322f.

9 Erickson, 1975–83, II, S. 405 [zit. aus Duffy, S. 23].

10 Mackintosh, S. 226.

11 Duffy, S. 349.

12 Mackintosh, S. 224f.

13 Ebd., S. 222ff.

14 Spahr, S. 147; Tolstoy, S. 281f.

15 Mackintosh, S. 222. Bemerkungen zu den Folgen des Alkoholgenusses von Oberst Harry Herrmann.

16 Tolstoy, S. 143, 255.

17 Bokow, S. 115f., 146f.

18 Komornicki, S. 79.

19 Duffy, S. 336.

Die Deutschen (S. 35–45)

Der Beschreibung Hitlers liegen Joachim C. Fest *Hitler,* Alan Bullock *Hitler – Eine Studie in Tyrannei,* John Toland *Adolf Hitler* und David Irving *Hitler's War* zugrunde; die Ereignisse im Führerbunker wurden Trevor-Roper *Hitlers letzte Tage* und James P. O'Donnell *The Berlin Bunker* entnommen.

Georg Tessins mehrbändiges Werk *Verbände und Truppen der deutschen Wehrmacht und Waffen-SS im zweiten Weltkrieg 1939 bis 1945* enthält eine ausgezeichnete Beschreibung der deutschen Streitkräfte auf der Grundlage der Feldpost-Archive. Für die Einzelheiten in diesem Kapitel habe ich mich aber hauptsächlich auf die Lageberichte von General Heinrici und General Busse zur Situation an der Oderfront gestützt.

1 Tieke, S. 22; Ziemke, S. 65; Erich Kempka, Ich habe Adolf Hitler verbrannt, München, 1950, S. 76 und Hans Schwarz, Brennpunkt FHQ – Menschen und Massstäbe im Führerhauptquartier, Buenos Aires, 1950, S. 25 [zit. aus Gosztony, S. 91ff. bzw. 91].

2 Rocolle, S. 13; Trevor-Roper [LDH], S. 104–116.

3 Tieke, S. 62; Trevor-Roper [LDH], S. 135; Tully, S. 40.

4 Rocolle, S. 14.

5 Toland, S. 1118f. Später befand sich in diesen Bunkern das Oberkommando der sowjetischen Streitkräfte in Ostdeutschland.

6 Kuby, S. 86; Toland, S. 955.
7 Guderian, S. 277, 305f.
8 O'Donnell, S. 40–43.
9 Guderian, S. 323–326.
10 Trevor-Roper [LDH], S. 65f., 101.
11 Kuby, S. 87f.; O'Donnell, S. 197f.
12 Tessin, ergänzt durch Informationen über die Volksarmee von Tully. Zu beachten ist, daß bei der deutschen Wehrmacht die Korps (mit Ausnahme der Artilleriekorps) mit römischen Ziffern bezeichnet wurden (einschl. der ungewöhnlichen Zahl XXXX für 40). Die Sowjets verwendeten überhaupt keine römischen Ziffern.
Nach Wilke führte das XI. SS-Panzerkorps den Bestandteil »Panzer« offiziell nicht in seinem Namen, wurde aber so genannt, weil die meisten Stabsangehörigen die schwarze Uniform der Panzertruppen trugen, und das V. SS-Gebirgskorps soll Ende März auf die Bezeichnung »Gebirgs-« verzichtet haben, doch in allen zeitgenössischen Dokumenten finden sich die in diesem Text verwendeten Bezeichnungen.
13 Höhne, S. 540ff. Bei Fraenkel/Manvell heißt es, daß einige höhere SS-Offiziere bereits zwei Jahre Zweifel an einer siegreichen Beendigung des Kriegs unterhielten. Zusätzliches Material über die Waffen-SS wurde Burn, Clark (S. 386) und Quarrie entnommen.
14 Marshall Cavendish's Illustrated Encyclopedia of World War II, New York 1981, Bd. 11, S. 195.
15 LTC Timmons in *Parameters* (Journal des US Army War College).
16 Angaben zu den deutschen Panzerkräften aus Campbell, S. 237; Foss, S. 44–57; White, S. 139–147. Chuikov [1969] erwähnt sieben »Ferdinand«-Panzer, die er in Müncheberg antraf; auf S. 150 u. a. wird erwähnt, daß sowjetische Soldaten mit erbeuteten deutschen Panzerfäusten kämpften.
17 Bericht von Günther Labes an Autor vom 19. 12. 1993; Probleme mit lackierter Munition für Handfeuerwaffen bestätigt von Wolfgang Schiller, M(ember of the Order of the) B(ritish) E(mpire).

Die Weichsel-Oder-Operation (S. 48–65)
1 Duffy, S. 178f.; Tieke, S. 12.
2 Ebd., S. 249ff.
3 MA UdSSR, Bestand 333, Serie 396, Akte 396, Blatt 58 u. 59 [zit. aus Bokow, S. 101]; Tschuikow, S. 371f.
4 Tschuikow, S. 373 – Befehl Nr. 00172 v. 27.1.1945.
5 Katukow, S. 329 ff.
6 Bokow, S. 85; Sokolov, S. 35 [zit. aus Simon, S. 19].
7 Die Handlungen der Artillerie operativer und taktischer Verbände nach den Erfahrungen des Großen Vaterländischen Krieges 1941–1945, Studienmaterial, Militärakademie »Friedrich Engels«, Dresden, Teil II, S. 38 [zit. aus Simon, S. 19].
8 Bokow, S. 102f. [zit. aus Simon, S. 19].
9 Zhukov, S. 322. Wiederholt von vielen Autoren!
10 Bukow, S. 85. Lothar Loewe im direkten Gespräch mit dem Autor; die Dorfbewohner wurden von den Russen evakuiert und fünf Jahre lang gefangengehalten, bis sie in ihre Dörfer zurückkehren konnten. Broschüre Scheel, »Ein Dorf an der Oder«.

11 Einer der Panzer war vom Typ »Sherman«, ein anderer ein »Valentine Mk III« – so Hermann Thrams in einem Brief an den Autor. Drei davon gehörten zum Pz.Jagd-Zug des I. Btl./Art.Rgt. 25 von Uffz. Sommer, das Panzerfäuste benutzte. Die Vorhut der 25. Pz.Gr.Div. (bestehend aus dem II. Btl./Pz.Gr.-Rgt. 35 und aus zwei Kompanien der Pz.Aufkl.Abt. 125) waren kurz zuvor mit dem Zug am Bahnhof Küstrin-Neustadt eingetroffen und mußten noch entladen. – Boehm, S. 275.
12 Gvardeyskaya, S. 160ff. [zit. aus Simon, S. 20]; Melzheimer, S. 181.
13 Bokow, S. 94–100; Tschuikow, S. 366. Tschuikow zufolge sollen alle 3000 Häftlinge hingerichtet worden sein. Doch Bukow, der sich auch mit den Aspekten der Untersuchungen über Kriegsverbrechen befaßt, schreibt, daß nach der Evakuierung des Großteils der Insassen nach Sachsenhausen die über 700 Zurückgebliebenen mit Ausnahme von vier namentlich genannten Überlebenden hingerichtet worden seien.
14 Von Hopffgarten, S. 475; Katukow, S. 341f.; Schneider, S. 26.
15 Tiecke, S. 12; Broschüre Scheel.
16 Tschuikow, S. 368.
17 Tschuikow, S. 367f.
18 Tschuikow, S. 369; Brückl S. 13 [zit. aus Simon, S. 22]; Briefwechsel von Hopffgarten mit dem Autor; Knüppel, S. 21, 42.
19 Liuki, S. 257 [zit. aus Simon, S. 22]. Liuki berichtet, die 40. Gde.Pz.-Brig. habe die Oder am 1. Februar um 22.00 Uhr nahe Göritz erreicht, die 44. Gde.-Pz.-Brig. am folgenden Morgen.
20 Katukow, S. 343.
21 Schukow, S. 306; Erickson, S. 474.
22 Bokow, S. 102; Tschuikow, S. 362, 378: »Der Kommandeur unseres 28. Garde-Schützenkorps, General Ryshow, und der Chef der Artillerie des Korps, General Timoschenko, organisierten, daß Beutewaffen und Beutemunition sichergestellt wurden. Das half uns etwas. Die erbeuteten Geschütze wurden unverzüglich eingesetzt. Bei der Erweiterung des Brückenkopfes verschossen die Artilleristen ungefähr 65 000 Beutegranaten der Kaliber 105 und 150 mm.« Erickson, S. 474; Schukow, S. 305f.: »Zum 1. Februar zählten unsere Schützendivisionen im Durchschnitt 5500 Mann. In der 8. Gardearmee kamen 3800 bis 4800 Mann auf jede Division. Die beiden Panzerarmeen hatten 740 Panzer – die Panzerbrigaden im Durchschnitt je 40, viele von ihnen sogar nur je 15 bis 20.«
23 Duffy, S. 123; Schukow, S. 302f.
24 Schukow, S. 307f.
25 MA UdSSR, Bestand 233, Liste 2307, Akte 194, Blatt 100 und 101 [zit. aus Bokow, S. 109]; Schukow, S. 307f.
26 Knüppel, S. 113.

Der Kampf um die Brückenköpfe beginnt (S. 66–91)
1 Simon, S. 10. Das Flußbett ist heute viel seichter als damals, da in diesem Abschnitt keine Schiffahrt mehr stattfand, seit die Oder nach Kriegsende Grenzfluß wurde. Nach Verbesserung der deutsch-polnischen Beziehungen wurde der Fluß neu vermessen und 1992 für die Flußschiffahrt mit Bojen markiert.
2 Sokolov, S. 36 [zit. aus Simon, S. 10].
3 Die Entwässerungsgräben und Deiche wurden im 18. Jahrhundert unter Friedrich dem

Großen angelegt, um Siedler aus dem ganzen Kontinent anzulocken. Sie trugen mit ihren unterschiedlichen Siedlungs- und Ackerbaumethoden zur Charakterisierung der Landschaft bei.

4 MA DDR, H 10.28.04./1, Bl. 765 [»1945«].

5 Mskr. Lösecke, S. 210.

6 MA DDR, WF-03/5083, Bl. 863 [Simon, S. 32].

7 MA DDR, WF-03/5103, Bl. 412f. [zit. aus ebd., S. 33].

8 Busse, S. 151.

9 Von Hopffgarten; auch *Deutschland,* S. 525f. [zit. aus Simon, S. 34]. Als Teil der ursprünglichen 60. Infanteriedivision war »Feldherrnhalle« die einzige SA-Feldformation.

10 *Deutschland,* S. 520 [zit. aus Simon, S. 36].

11 MA DDR, WF-10/13257, Bl. 668; Groehler, S. 695 [zit. aus Simon, S. 35f.] und MA DDR, WF-03/5103, Bl. 403 [zit. aus Stich, S. 38].

12 Groehler, S. 693 f. [zit. aus Simon, S. 39].

13 1945, S. 211 [zit. aus Simon, S. 39].

14 *Deutschland,* S. 517 [zit. aus Simon, S. 39].

15 1945, S. 211 f.; Seelower, S. 34 [zit. aus Simon, S. 39]. Einige der Angaben zum Einsatz von »Mistel« stammen aus: Die großen Luftschlachten des Zweiten Weltkrieges, Neue Kaiser Verlag GmbH, Klagenfurt (o. J.).

16 MA DDR, WF-03/17398, Bl. 461 und 488 [zit. aus Simon, S. 35]; zu den Fahrschulpanzern s. Knüppel, S. 104.

17 Schrode, S. 82. Die Ju-87G Sturzkampfbomber, als »Panzerknacker« konzipiert, trugen zwei automatische 3,7-cm-Flak 18 unter den Tragflächen seitlich des starren Fahrwerks.

18 BMA RH XII/23, Bl. 352 und RH 19/XV/3 [zit. aus Kortenhaus, S. 105, 107]; Schrode, S. 82.

19 Kroemer und Zobel an Autor.

20 Boehm, S. 275ff.

21 Wewetzer an Autor.

22 Boehm, S. 277f.; Schrode, S. 82.

23 Schrode, S. 82.

24 Broschüre Scheel.

25 Bokow, S. 86: Brückl, S. 11 [zit. aus Stich]; Hahn, S. 6; Schrode, S. 82.

26 Schrode, S. 82.

27 Brückl, S. 11; MA DDR, WF-03/5083, Bl. 820 [zit. aus Simon, S. 20].

28 Boehm, S. 278; Knüppel, S. 94f.; Schrode, S. 85; Broschüre Weber.

29 Bokow, S. 104ff. [zit. aus Simon, S. 36]; Broschüre Scheel; Schukow S. 297f.

30 Bokow, S. 106; Brückl, S. 11; MA DDR, WF-03/5083, Bl. 820 [zit. aus Simon, S. 20]; Schrode, S. 85f.

31 Bokow, S. 107ff.; Schrode, S. 86.

32 Knüppel, S. 115.

33 BMA 10/159 gibt die Stärke der Division am 1. Februar [zit. aus Kortenhaus, S. 106]; Kortenhaus, S. 107.

34 MA DDR, WF-03/5083, Bl. 27, 147 & 950 [zit. aus Simon, S. 37]; Schrode, S. 88; Broschüre Weber.

35 BMA RH 19 XV/3 [zit. aus Kortenhaus, S. 107]; Schrode, S. 88.
36 Bericht Hahn, S. 6f.; Schrode, S. 89. Der 1. Zug der 6. Kompanie, 12 Mann unter einem Leutnant Valentin, wurde um 21.00 Uhr eliminiert.
37 Kortenhaus, S. 108.
38 Tschuikow, S. 369f.
39 Ebd., S. 370; Knüppel, S. 114.
40 Knüppel, S. 115f.
41 Von Hopffgarten. Darüber, ob der Titel »Kurmark« einer Panzer- oder Panzergrenadier-Division zuzuteilen sei, wurde erst im März offiziell entschieden, und zwar zugunsten letzterer.
42 Tschuikow, S. 370; von Hopffgarten.
43 Tschuikow, S. 371; von Hopffgarten, Briefe und Landkarten an den Autor; MA DDR, WF-03/5083, Bl. 875 und 950 [zit. aus Simon, S. 37]. Bei Tschuikow heißt es, die Deutschen seien bis auf 400 m an den Übergang herangekommen; von Hopffgartens Karten geben eine andere Auskunft.
44 Von Hopffgarten.
45 Nach einer markierten Karte, von v. Hopffgarten dem Autor zugesandt.
46 Knüppel, S. 116, 118.
47 Schrode, S. 90.
48 Schneider, S. 6 und ergänzende Aufzeichnungen, sowie Gespräche des Autors mit H.-J. Teller; Wilke.
49 Gädtke, S. 3f.; Wilke bestreitet einige dieser Äußerungen.
50 Wilke, Briefwechsel mit dem Autor.
51 Oder-Zeitung Nr. 31 vom 7.2.1945 [zit. aus Schneider].
52 Wilke.

Der Kampf um die Brückenköpfe geht weiter (S. 92–114)
1 »1945« (vgl. voriges Kapitel, Anm. 4), S. 152–156, Zitat aus Hanns Baron von Freytag-Loringhoven: Das letzte Aufgebot des Teufels.
2 Von Hopffgarten an Autor.
3 MA DDR, WF-03/5083, Bl. 360f. [zit. aus Simon, S. 34].
4 Kohlase, S. 26.
5 Von Hopffgarten; Knüppel, S. 122; Fotografien im Seelower Museum.
6 Für den Besuch waren verschiedene Daten im März angegeben, doch das Datum des 3. März bestätigen Goebbels: Tagebuch 1945. Die letzten Aufzeichnungen, Hamburg 1977, S. 100, 108 und 206; und Schenk: Patient Hitler. Eine medizinische Biographie, Düsseldorf 1989, S. 159 [Dr. Raiber an Autor]. Siehe auch Kohlase, S. 31.
7 Das alte Fort zwischen Gorgast und Manschnow wurde zwar in meinem militärischen Quellenmaterial nie erwähnt, muß aber für die sowjetische Verteidigung in diesem Gebiet von großem militärischem Nutzen gewesen sein. Dieses Fort und andere Außenwerke der Küstriner Festung waren offenbar ursprünglich aus Sicherheitsgründen nicht in den damaligen Karten der Gegend verzeichnet worden, und diese Sitte wurde auch später beibehalten. Sie sind aber auf den 1945 gemachten Luftaufnahmen deutlich zu erkennen. Nach Knüppel (S. 159) wurde das Fort im Lauf des Februar von den Sowjets eingenommen.
8 Kortenhaus, S. 108.

9 Hahn S. 7; Kortenhaus, S. 108 und Korrespondenz mit dem Autor; Schneider betr. Rudel.

10 Bokow, S. 115; Hahn, S. 8.

11 Schöneck, S. 11f.

12 Hahn, S. 9.

13 Von Hopffgarten; Knüppel, S. 124.

14 Von Hopffgarten. Nach Tessin wurden im Februar 1945 aus den Fahnenjunkerschulen der Infanterie folgende Infanterie-Regimenter gebildet, und zwar jeweils aus einem Kern von 25 % = 400 Kadetten, der mit Angehörigen von Heer und Volkssturm aufgefüllt wurde:
I – Dresden = 1235, 1238, 1240, 1247, 1249 und 1256
II – Wien Neustadt = 1236 und 1239
III – Potsdam = 1233, 1234, 1246, 1248 und 1250, evt. auch 1243 und 1244
VIII – Wetzlar = 1237, 1241 und 1242.
Hiervon hatten das 1234., 1235., 1241. und das 1242. Regiment zuerst unter der Panzergrenadier-Division »Kurmark« gedient, wo sie aber statt der Zahl mit dem Namen bezeichnet wurden. Das 1234. Regiment wurde der 309. Infanterie-Division »Berlin« überstellt, das 1235. wurde zum Panzer-Füsilier-Regiment »Kurmark«, und das 1241. und 1242. wurden zum Infanterie-Regiment 745 bzw. 732 der neuen 712. Infanterie-Division. Die genannten Regimenter bestanden jeweils aus nur zwei Bataillonen, im Gegensatz zu herkömmlichen Infanterie-Regimentern, die zusätzlich über zwei Kompanien mit schweren Waffen verfügten. Oberst Langkeit wurde am 20. April 1945 zum Generalmajor befördert.

15 Wilke, Archiv.

16 Nach einer markierten Karte, von v. Hopffgarten dem Autor zur Verfügung gestellt.

17 Von Hopffgarten, nach einer markierten Karte, die er dem Autor zur Verfügung stellte; Knüppel, S. 30.

18 Von Hopffgarten, nach ausführlichen Aufzeichnungen über damalige Kommandoentscheidungen, die später mit den Divisions-Kommandeuren besprochen wurden. Die Nachricht von der Einnahme von Lebus durch die Sowjets veranlaßte Goebbels zu einem Anruf, in dem er von der »Kurmark« verlangte, den Ort umgehend zurückzuerobern, da dort die Berliner Sammlung orientalischer Kulturschätze lagere!

19 Lindner, S. 8.

20 Von Hopffgarten; Erich Wuttze betr. Küstrin [zit. aus Eichholz].

21 Von Hopffgarten; Knüppel, S. 124.

22 Von Hopffgarten.

23 Ebd. Die Besatzungstruppen von Klessin bestanden am 12. März aus der 6. und 7. Kompanie des Grenadier-Regiments 1242 und Teilen von dessen 2., 3. und 5. Kompanie.

24 Ebd.

25 Ebd.

26 Ebd.; Aufsatz von Weber.

27 Von Hopffgarten in einem Bericht, den er als Ia-Offizier der »Kurmark« am 25. März abgefaßt hatte und der von Oberleutnant Schöne gegengezeichnet worden war; MA DDR, WF-03/5086, Bl. 172 [zit. aus Simon, S. 38]. In einer Propaganda-Broschüre, die an das Grenadier-Regiment 1242 gerichtet war, heißt es, 300 deutsche Soldaten

seien in Klessin eingekesselt und bis auf 75, die schließlich kapitulierten, getötet worden. Keinem sei die Rückkehr zu den eigenen Linien gelungen [zit. aus Schneider].

28 Buwert, S. 25 [zit. aus Schneider, S. 4]; Wilke bestreitet diese Zahlen als zu hoch gegriffen, denn viele der in Frankfurt stationierten Soldaten seien Ende Januar weiter nach Osten verlegt worden, um den sowjetischen Vormarsch aufzuhalten.
29 Artikel in der *Märkischen Oderzeitung* vom 13.2.1991 und vom 13.3.1991 [zit. aus Schneider].
30 Gädtke, S. 10f.
31 Wilke, Briefwechsel mit dem Autor.
32 MA DDR, WF-03/5086, Bl. 401, 725 und 993 [zit. aus Simon, S. 40].
33 MA DDR, WF-03/5085, Bl. 993 [zit. aus Simon, S. 40].
34 Bokow, S. 106.
35 Kohlase, S. 25 und 29.
36 Busse, S. 154.
37 Wagner, S. 44f.

Der Korridor und die Festung Küstrin (S. 115–142)

1 Bokow, S. 119; Melzheimer, S. 181–184, ergänzt durch Hermann Thrams, Briefwechsel mit dem Autor.
2 Hahn, S. 9; Kohlase, S. 75f.
3 Melzheimer, S. 183, ergänzt durch Thrams.
4 Bokow, S. 123.
5 Melzheimer, S. 183; Thrams, S. 56.
6 Melzheimer, S. 183; Thrams, S. 38.
7 Bokow, S. 119; Kohlase, S. 75, ergänzt durch Thrams, S. 131f.
8 Bokow, S. 119; Hahn, S. 8; Kohlase, S. 76; Thrams. Die Seydlitz-Truppen werden in einem telefonisch an das Hauptquartier der 9. Armee durchgegebenen Bericht erwähnt (ausgestellt im Seelower Museum).
9 Bokow, S. 123.
10 Kohlase, S. 76f.; Thrams, S. 85, 94–105.
11 Bokow, S. 130f.; Brückl, S. 15 [zit. aus Simon, S. 43]; Melzheimer, S. 184; Thrams, S. 105, spricht von 76 Offizieren und 2698 Soldaten.
12 Bokow, S. 129.
13 Brückl, S. 15 [zit. aus Simon, S. 44]. Die einzige Erhebung von 16,3 m ist ein Hügel in den Kalenziger Wiesen, die bereits von der 60. Garde-Schützendivision besetzt waren.
14 Boehm, S. 280; Kohlase, S. 33; Thrams, S. 113.
15 *Befreier*, S. 12; Kohlase, S. 33f.; MA DDR, WF-03/5086, Bl. 242 u. 292 [zit. aus Simon, S. 44]; Schöneck, S. 31–42.
16 Boehm, S. 280; Hahn, S. 9.
17 Waldmüller, S. 12.
18 *Befreier*, S. 12; MA DDR, WF-03/5086, Bl. 242 u. 292 [zit. aus Simon, S. 44]; Kohlase, S. 33f.
19 Boehm, S. 280; Hahn, S. 9.
20 Befreier, S. 12; MA DDR, WF-03/5086, Bl. 242 u. 292 [zit. aus Simon, S. 44]; Kohlase, S. 33f.

21 Zobel an Autor.
22 Boehm, S. 280; Hahn, S. 9.
23 Unveröff. Mskr., von Dr. Averdieck freundlicherweise zur Verfügung gestellt.
24 Dr. Averdieck.
25 Busse, S. 154; Guderian, S. 353f.; MA DDR WF-03/5086, Bl. 262ff. [zit. aus Simon, S. 48f.].
26 Duffy, S. 243ff.
27 Boehm, S. 280; Hahn, S. 9; MA DDR W–03/5086, Bl. 170 u. 223 [zit. aus Simon, S. 49]. Rogmann an den Autor – die schwere SS-Panzer-Abteilung 502 kam vom II. SS-Panzerkorps, die 503, die weiter unten behandelt wird, vom III. »Germanischen« SS-Panzerkorps.
28 MA DDR W–03/5086, Bl. 261 [zit. aus Simon, S. 50]; Thrams, S. 115. Remer war der verantwortliche Offizier für die Vereitelung des Hitler-Attentats am 20. Juli 1944 in Berlin.
29 MA DDR W–03/5086, Bl. 292f. [zit. aus Simon, S. 50].
30 Boehm, S. 281; MA DDR W–03/5086, Bl. 505f. [zit. aus Simon, S. 50f.].
31 Hahn, S. 9; MA DDR W–03/5086, Bl. 292 u. 313 [zit. aus Simon, S. 51].
32 Dr. Averdieck.
33 Ebd., S. 107.
34 Kohlase, S. 78.
35 Kohlase, S. 43ff.
36 Tschuikow, S. 381f.
37 Kohlase, S. 79; Melzheimer, S. 184f.; Thrams an Autor, und S. 117f.
38 Diese Information gründet sich vornehmlich auf Kohlase, S. 49ff., 79, und Wewetzer, der als Füsilier bzw. Artillerie-Uffz. an dem Ausbruch teilgenommen hatte. Bei Kohlase finden sich die angegebenen Zahlen, MA DDR, WF-03/17398, Bl. 521. Thrams, S. 121, gibt die Zahl mit 32 Offizieren und 965 Unteroffizieren und Mannschaften an.
39 Tschuikow, S. 383.
40 Melzheimer, S. 184ff.; Thrams S. 117, 120ff.
41 Kohlase, S. 79f.; Thrams, S. 122, nennt 637 Gefallene, 2459 Verwundete und 5994 Vermißte, allerdings ohne Quellenangabe.
42 Dr. Averdieck, S. 107f. Die beschriebene »Erscheinung«, die mit »Vater und Sohn« bezeichnet wurde, entspricht tatsächlich der bereits erwähnten »Mistel«, siehe Anm. 15 zu Kap. 5.

Die Ostpommern-Operation (S. 143–149)
1 Schukow, S. 301–308.
2 Duffy, S. 188; Schukow, S. 304f.
3 Duffy, S. 181f.; Guderian, S. 342ff.; Schukow, S. 311.
4 Duffy, S. 182f., ergänzt durch Tessin.
5 Duffy, S. 183.
6 Erickson, S. 520.
7 Duffy, S. 184f.; Erickson, S. 520; Guderian, S. 344.
8 Erickson, S. 520f.
9 Duffy, S. 187f.; Erickson, S. 521.
10 Duffy, S. 186ff.; Erickson, S. 521.

11 Duffy, S. 232–235; Erickson, S. 522.
12 Duffy, S. 236f.; Erickson, S. 522.
13 Duffy, S. 197f.; Erickson, S. 522.
14 Schukow, S. 313f.
15 Erickson, S. 522.
16 Duffy, S. 237f.
17 Guderian, S. 350.
18 Ebd., S. 357.
19 Koniev, S. 56.
20 Duffy, S. 127–147, 252–267; Koniev, S. 54f., 217.
21 Duffy, S. 142–147; Erickson, S. 524ff.; Koniev, S. 61–71.

Planung und Logistik (S. 152-165)

1 Koniev, S. 72–82; Schukow, S. 319–324. Aus den bei Konjew genannten Einzelheiten läßt sich darauf schließen, daß es sich hierbei um Feldmarschall Montgomerys Plan handelte. Er wurde vermutlich durch die sowjetische Mission in Eisenhowers Hauptquartier weitergemeldet, der vielleicht noch nicht wußte, daß der Plan zwischenzeitlich abgelehnt worden war.
2 Schtemenko [SGSW], S. 317f.
3 Schtemenko [SGSW], S. 319f.
4 Eisenhower, S. 397–403; Montgomery-Hyde, S. 525; Ziemke, S. 64; Seaton [RGW], S. 562–565.
5 John Ehrmann: Grand Strategy, October 1944 – August 1945, S. 142 [zit. aus Gosztony, S. 122].
6 Schtemenko [SGSW], S. 320f.
7 Schukow, S. 319–324; The Great Patriotic War of the Soviet Union [GPW], S. 376ff.; Erickson, S. 531–535.
8 GPW, S. 88f.; Erickson, S. 535ff. Die Rolle der Panzerarmeen nach dem Durchbruch ist einer von dem russischen Historiker General Iwanow bei einem Informationsgespräch im Jahr 1993 benutzten Karte entnommen [Chronos-Film].
9 Schukow, S. 329f., Novikov, S. 89.
10 Zu den Lufttransporten siehe Ryan, S. 237. Von der Aufbietung der letzten Reserven ausgenommen blieben selbstverständlich die über eine Viertel Million NKWD-Truppen, die die über zehn Millionen Gefangenen in den GULags bewachten. Siehe hierzu Tolstoy, S. 64 und 248.
11 Koniev, S. 74.
12 Antipenko 1973, S. 279; Leosenia, S. 281ff.; Prosliakov, S. 42; Rotmistrov, S. 45ff. [zit. aus Simon, S. 62ff.]. Zusätzliche Küstriner Brücken sind Luftaufnahmen entnommen.
13 Antipenko 1973, S. 278 [zit. aus Simon, S. 63f.].
14 Bokow, S. 152f.
15 Loktionov, S. 203f., 214f. [zit. aus Simon, S. 64].
16 Worobejew, S. 89; Prosliakov, S. 43: Sovjetskaja, Teil 4, S. 550 [zit. aus Simon, S. 65]; Leosenia, S. 281ff. [zit. aus Stich, S. 96].
17 Leosenia, S. 284; Worobejew, S. 85 [zit. aus Simon, S. 65a].
18 Schukow, S. 329.

19 Tschuikow, S. 390f.; Simon, S. 66.
20 Oberst Glanz' Broschüre *Maskirowka;* Prosliakov, S. 43; Rotmistrov, S. 44f. [zit. aus Simon, S. 66].
21 Kirian, S. 66 [zit. aus Stich, S. 97]. Sogar Professor Graf F. Ziemke hatte sich von dieser Maßnahme täuschen lassen – Briefwechsel mit dem Autor.
22 *Berlinskaya,* S. 80ff.; MA DDR, WF-03/5087, Bl. 426, 500, 551, 614, 629 [zit. aus Simon, S. 66f.].
23 Antipenko, 1980, S. 335; *Berlinskaya,* S. 84; Vislo, S. 73 [zit. aus Simon, S. 67f.]; Schukow, S. 358 und 604. In der Ausgabe von 1975 seines Buches, S. 327, stellt Antipenko den Munitions- und Kraftstoffverbrauch bei der Weichsel-Oder-Operation und der Berliner Operation gegenüber. Danach betrug das Verhältnis beim Munitionsverbrauch 250:2000 Tonnen, beim Kraftstoffverbrauch 333:1430 Tonnen Benzin pro Vormarsch-Kilometer.
24 Schukow, S. 330.
25 Antipenko, S. 280.
26 Poplawskij, S. 289–94.
27 Simon, S. 55f.
28 *Berlinskaya,* S. 80ff.; Die Handlungen, Teil I, S. 43; Poplavski, S. 292ff.; Worobejew, S. 116ff., 126 [zit. aus Simon, S. 55–58, 60]; ViZ, 4/1965, S. 85 [zit. aus Stich, S. 69].
29 Katukow, s. 362 [zit. aus Simon, S. 68].
30 Tschuikows Bunker wurde 1988 von Oberst Diebbert Lang und dessen Sohn kurz vor der Schließung aus Sicherheitsgründen vermessen. Die Wände und Decken der aus dem Lehm gehauenen Gänge waren mit Flammenwerfern getrocknet, und nur ein kleiner Arbeitsbereich, vermutlich von Tschuikow, war mit Holz verkleidet worden. Die Überreste von Schukows und Tschuikows Beobachtungsstellen sowie die vielen Laufgräben und Bunker im umliegenden Gebiet sind noch heute deutlich auszumachen.

Verteidigung in der Tiefe (S. 166–191)
1 Weier, S. 145ff. [zit. aus Stich, S. 28].
2 MA DDR, WF-10/2601, Bl. 326 [zit. aus Stich, S. 29].
3 MA DDR, WF-13433, Bl. 055ff. [zit. aus Stich, S. 32].
4 MA DDR, WF-03/5086, Bl. 366ff. [zit. aus Stich, S. 33]; Tieke, S. 46f.
5 MA DDR, WF-03/5086, Bl. 377 [zit. aus Stich, S. 34].
6 Aufsatz von Col. Timothy A. Wray, German Antitank Tactics in Russia, 1941–45: A Case Study in Doctrinal Failure.
7 Altner, S. 58f.; Briefwechsel mit von Hopffgarten; MA DDR, WF-03/5083, Bl. 305 [zit. aus Stich, S. 35].
8 Schwarz, S. 23ff. [zit. aus Gostony, S. 91ff.].
9 Stich, S. 28ff.
10 Heinrici, S. 47 [zit. aus Gosztony, S. 159]. Heinrici zufolge handelte es sich um den Staudamm bei Ottmaschau, doch Stich (S. 23) erwähnt die Bobertalsperre mit ihrem Fassungsvermögen von 50 Mio. cbm Wasser und bezieht sich dabei auf eine Aktennotiz des Generals der Pioniertruppen vom 23. März 1945 (MA DDR, WF-03/5086, Bl. 192), in der es heißt: »Die aus der Bobertalsperre abgelassenen Wassermengen haben auf der oder in der Höhe von Frankfurt ein allmähliches Steigen des Wassers in der

Zeit vom 17. bis 21. 3. um 32 cm, an der Finow-Schleuse in der Zeit vom 18. bis 23. 3. um 25 cm verursacht. Das Wasser beginnt zu fallen.« Möglicherweise wurden beide Talsperren in ähnlicher Weise benutzt.

11 Busse, S. 158.
12 Enzyklopädie GVK, S. 287; MA DDR, WF-03/5087, Bl. 523 [zit. aus Stich, S. 42].
13 Stich, S. 36.
14 Stich, S. 36 und 43.
15 Stich, S. 41.
16 Stich, S. 39 und 43.
17 Stich, S. 37.
18 Worobejew, S. 32ff. [zit. aus Stich, S. 36].
19 Stich, S. 42.
20 Thorwald, S. 31.
21 Schtemenko [SGSW], S. 300ff.; Ziemke, S. 66f.
22 Heinrici, S. 36ff. [zit. aus Gosztony, S. 91ff.].
23 MA DDR, WF-02/7061, Bl. 222 [Broschüre Stich].
24 MA DDR, WF-003/5103, Bl. 403, und WF-10/13262, Bl. 616 [zit. aus Stich, S. 38].
25 MA DDR, WF-02/7061, Bl. 222 [zit. aus Stich, S. 38]. Die Quelle wurde dem Standard dieses Buchs angepaßt.
26 Leuten, S. 3, 5, 156f., behauptet, das XI. SS-Panzerkorps habe am 1. April seinen Namen in XI. SS-Korps, das V. SS-Gebirgskorps seinen Namen Mitte März in V. SS-Freiwilligen-Korps geändert. Dies wird aber in keinem der zeitgenössischen Dokumente bestätigt. Auch Wilke berichtet von diesen Namensänderungen.
27 Laut Altner, S. 54, handelte es sich bei dem Geschütz in Lietzen um eine 30,5-cm-Kanone, doch war er kein Fachmann auf diesem Gebiet; Knüppel, S. 55 und 159, betr. Geschütz am Schmalspur-Bahnhof in Seelow; Stich, S. 152; Tieke, S. 97.
28 Stich, S. 40.
29 MA DDR, WF-03/5100, Bl. 315 [zit. aus Stich, S. 40].
30 Stich, S. 43f.
31 Einzelheiten zur Artillerie aus MA DDR, WF-03/5100, zur Flak aus MA DDR, WF-03/5103, Bl. 403 [zit. aus Stich, S. 38].
32 Rocolle, S. 19f.; Thorwald, S. 32. Artikel über Sondereinheiten von »S. B.« in *Alte Kameraden*.
33 Tieke, S. 18.
34 Tieke, S. 45.
35 Reinicke, S. 355ff.; Tieke, S. 110.
36 Keilig, S. 278; Klement; Broschüre Sergejew; Tieke, S. 45, 500.
37 Tessin, S. 99; Tieke, S. 45.
38 Tessin, S. 170; Tieke, S. 78, 108.
39 Mskr. Knappe; Tieke, S. 78; Wagner, S. 52. Oberstleutnant von Dufving wurde später in Berlin zum Oberst befördert.
40 Wagner, S. 6–16.
41 Mskr. Dr. Averdieck; Briefwechsel mit dem verstorbenen Kurt Keller II; Tessin, S. 170; Tieke, S. 502. Keilig, S. 304 – Scholz am 20. April 45 zum Generalmajor befördert.
42 Tessin, S. 139; Gespräche mit Oberst Horst Zobel; Forschungen von Prof. Dr. Kroe-

mer. Bericht von Günther Labes über das III. Bataillon des Panzergrenadier-Regiments »Müncheberg« 2.

43 Averdieck; Keller; Mskr. Knappe; Tams; Zobel.

44 MA DDR, WF-03/17398, Bl. 490f. [zit. aus Stich, S. 152]; Briefwechsel mit Kurt Keller II.

45 Broschüre Scheel; ausgestellt im Seelower Museum; Broschüre Tams.

46 Von Hopffgarten; Tieke, S. 45.

47 Mskr. Fritz Kohlase; Tessin, S. 99; Tieke, S. 45.

48 Hansen (1993), S. 1–11.

49 Von Hopffgarten; Keilig, S. 260; Tieke, S. 45. Nach Tessin bestanden die Grenadier-Regimenter 378 und 392 aus jeweils drei Bataillonen, doch auf einer Karte über die Truppenaufstellung am 15. April sind nur zwei zu erkennen.

50 Keilig, S. 318; Tieke, S. 45.

51 Von Hopffgarten: Keilig, S. 191. – Langkeit am 20. April 1945 zum Generalmajor ernannt.

52 Tieke, S. 45; Broschüre Weber.

53 Tieke, S. 45.

54 Tieke, S. 45, 98; Archiv Wilke.

55 Michaelis; Tessin, S. 399; Tieke, S. 45; Archiv Wilke.

56 Keilig, S. 318; Tieke, S. 45; Archiv Wilke.

57 Tieke, S. 102; Archiv Wilke.

58 Archiv Wilke.

59 Heinrici, S. 36ff. [zit. aus Gosztony, S. 154].

60 Altner, S. 35–57; Reinicke, S. 357.

61 Tessin, S. 170.

62 Altner, S. 38; ausgestellt im Seelower Museum.

63 Trevor-Roper [HWD], S. 212f.

64 Rocolle, S. 19f.; Ziemke, S. 76.

Befehle und Aufklärung (S. 192–215)

1 Katukow, S. 359f.; Schukow, S. 324. Das Modell der Hauptstadt ist, zusammen mit anderen Erinnerungsstücken aus dieser Kriegsphase, im ehemaligen Museum der Sowjetarmee, der heutigen »Gedenkstätte Berlin-Karlshorst«, ausgestellt.

2 Tschuikow, S. 126f.

3 Artamanov, S. 75ff.; Vorobe'ev, S. 129ff. [zit. aus Stich, S. 98].

4 Panov, S. 361 [zit. aus Stich, S. 51].

5 Siehe Anhang III nach Stich, S. 52–64.

6 Rotmistrov, S. 45f. [zit. aus Stich, S. 74].

7 Die Nahtstellen der 1. Polnischen Armee in der Operation Berlin sind in einem Ausstellungsstück im ehemaligen Museum der Sowjetarmee (Gedenkstätte Berlin-Karlshorst) festgehalten.

8 *Berlinskaya,* S. 80f. [zit. aus Stich, S. 77].

9 *Die Handlungen,* Teil I, S. 43 [zit. aus Stich, S. 76f.].

10 *Die Handlungen,* Teil I, S. 44; Vorobe'ev, S. 72, die erstgenannte Quelle gibt die Zahl der Fla-Kanonen mit 500, die letztere gibt sie mit 243 an. *Gen.Stab, Die Operationen,* S. 314, Tab. 45 [zit. aus Stich, S. 76f.].

11 *Gen.Stab, Die Operationen,* S. 314, Tab. 44 [zit. aus Stich, S. 75].
12 ViZ, 4/1965, S. 85 [zit. aus Stich, S. 69, 75].
13 *Die Handlungen,* Teil I, S. 43, 75 [zit. aus Stich, S. 76].
14 Simon, S. 64.
15 *Gen.Stab, Die Operationen,* S. 315f.; Vorobe'ev, S. 72f. [zit. aus Stich, S. 77f.].
16 Stich, S. 77f.
17 Kazakov – In den angegebenen 40 000 sind vermutlich alle Kaliber und Lafettenarten von Geschützen und Granatwerfern inbegriffen.
18 Katukow, S. 357f.
19 Panov, Tab. 56 [zit. aus Stich, S. 72].
20 Rotmistrov, S. 45f. [zit. aus Stich, S. 74].
21 *Entw. d. Taktik,* S. 151; MAK Frunze, GdKK, S. 421 [zit. aus Stich, S. 67f.]
22 *Entw. d. Taktik,* S. 198ff., ViZ, 6/1962, S. 26ff.; Vorobe'ev, S. 117, Tab. 5 [zit. aus Stich, S. 71].
23 *Berlinskaya,* S. 80ff.; Poplavski, S. 292ff.; Vorobe'ev, S. 116ff. [zit. aus Stich, S. 66–70].
24 *Geschichte der Kriegskunst,* S. 360f. [zit. aus Stich, S. 51].
25 ViZ, 4/1965, S. 81, Tab. 2; Kosevnikov, S. 208 [zit. aus Stich, S. 79]; Nowikow, S. 89.
26 Zimmer, S. 33; Stich, S. 83f.
27 Nowikow, S. 88f.; Stich, S. 80; Wagner, S. 353.
28 Stich, S. 82.
29 Nowikow, S. 90; Stich, S. 81f.
30 Stich, S. 82.
31 Katukow, S. 367; 16. LA, S. 330 [zit. aus Stich, S. 83].
32 *Die sowj. LSK,* S. 109 [zit. aus Stich, S. 82].
33 *Berlinskaya,* S. 80; Andersen, S. 110f. [zit. aus Simon, S. 60]; Vorobe'ev, S. 77, Tab. 2 [zit. aus Stich S. 84f.].
34 Stich, S. 86.
35 *Entw. d. Taktik,* S. 240f. [zit. aus Stich, S. 87]. Fritz Kohlase, S. 60, berichtet, daß er weibliche Flak-Mannschaften sah.
36 Radziewskij, S. 146 [zit. aus Stich, S. 89].
37 Vorobe'ev, S. 107 [zit. aus Stich, S. 91].
38 Bokow, S. 150; Katukow, S. 357; Klimov, S. 59; Werth, S. 644 [zit. aus Gosztony, S. 58]. Die Rolle Ehrenburgs findet auch bei Ryan und Tolstoy Erwähnung.
39 Die Greueltaten der Roten Armee auf deutschem Boden sind ausführlich beschrieben bei Gosztony, Ryan und Tolstoy. Letzterer vermutet (S. 265–271), daß die Rote Armee zu diesen Taten ermutigt wurde, einmal um die Zeugnisse kapitalistischen Lebens so weit wie möglich zu zerstören oder zu plündern, aber auch um einen unüberwindbaren Graben zwischen den Eroberern und ihren Opfern zu schaffen. Siehe hierzu auch Toland [LHD], S. 9.
40 GPW, S. 383; Ziemke, S. 74.
41 Bakow, S. 160; Tschuikow, S. 140f.
42 Vorobe'ev, S. 127 [zit. aus Stich, S. 100].
43 Schukow, S. 362.
44 Viasankin, S. 36f. [zit. aus Stich, S. 101].
45 Prosliakov, S. 43 [zit. aus Stich, S. 102].

46 Tieke, S. 87.
47 Wagner, S. 52.
48 Tagesmeldung der 9. Armee vom 14. April.
49 Averdieck, S. 108.
50 Washington-Archive T311/169/7221680. Die 20. Panzergrenadier-Division blieb jedoch in der Front und wurde durch verschiedene Einheiten unterschiedlicher Herkunft verstärkt, darunter auch Überlebende der Festung Küstrin.
51 Busse, S. 163. Hier handelt es sich um einen Fehler, denn nicht die »Kurmark«, sondern die Panzer-Division »Müncheberg« war zur Unterstützung der 20. Panzergrenadier-Division herangezogen worden. Bei den angesprochenen zwei Panzergrenadier-Brigaden handelt es sich um die SS-Panzergrenadier-Divisionen »Nederland« und »Nordland«, die bereits auf Brigadestärke geschrumpft waren, als sie in die 9. Armee eingegliedert wurden.
52 Bokow, S. 158 [zit. aus Stich, S. 104].
53 Im A.O.K. 9 herrschte einige Verwirrung darüber, welcher Division das Gebiet zugeordnet war, denn die 20. Panzergrenadier-Division befand sich noch in der Front.
54 Washington-Archive T311/169/7221705.
55 Stich, S. 104ff.
56 Telegin, S. 67ff. [zit. aus Stich, S. 99].
57 Erickson, S. 555; Ryan, S. 345, 351.

Erster Kampftag (S. 218–266)
1 Stich, S. 109.
2 Stich, Dokument 5.
3 Schukow, S. 333f.
4 Tschuikow, S. 392.
Für den Beginn des Eröffnungsbombardements sind unterschiedliche Zeiten genannt worden. Die Sowjets richteten sich nach Moskauer Zeit, also 5.00 Uhr. Die Deutschen richteten sich nach der deutschen (Kriegs-)Sommerzeit, die 1940 eingeführt worden war und vom 1. April bis 6. Oktober dauerte; entsprechend war es für sie 3.00 Uhr. Laut Morgenmeldung der Heeresgruppe »Weichsel« begann der Kampf aber um 2.50 Uhr, also zehn Minuten vor der genannten Zeit in deutscher Sommerzeit. Die zehnminütige Verfrühung taucht auch in anderen deutschen Meldungen auf. Dabei wurde aber der Wechsel von der 25minütigen Eröffnungsphase des Gefechts zur anschließenden zweistündigen Feuerwalze übersehen, die sich 2 Kilometer pro Stunde vorschob. Außerdem verwenden viele zeitgenössische deutsche Berichte verwirrenderweise die mitteleuropäische Normalzeit (+ 1 Stunde).
5 Kazukow.
6 Broschüre Tams.
7 Wagner, S. 57.
8 Schöneck, S. 48f.
9 Schukow, S. 335.
10 Tschuikow, S. 392.
11 Nowikow, S. 302f.; 16.LA, S. 334ff. [zit. aus Stich, S. 112].
12 Altner, S. 61, betr. das Geschütz bei Lietzen; Tieke, S. 96.
13 Tschuikow, S. 392.

14 Stich, Dokument 7; Tieke, S. 110.
15 Komornicki, S. 102–107; Stich, Dokument 7; Tieke, S. 108.
16 Erich Hachtel in einem vom 18. 2. 45 datierten Bericht an den Autor. Bei einem seiner Besuche des Regimentsstabs in Sonnenburg wurde er in einem Haus Ribbentrops untergebracht. Dort zeigte man ihm ein Telegramm des deutschen Botschafters aus Tokio, das so lautete: »Die Japaner hatten bereits Anfang April 1945 ihre Fühler zu Friedensverhandlungen ausgestreckt und waren bereit, den Krieg von sich aus zu beenden!«
17 Tieke, S. 110.
18 Schrode, S. 116ff.; Stich, Dokument 7; Tieke, S. 108–112.
19 Glanz, S. 639; Stich, S. 58.
20 Great Patriotic War of the Soviet Union 1941–1945 (englische Übersetzung der gekürzten Ausgabe), 1974, S. 379.
21 Schöneck, S. 58f.
22 Stich, Dokument 7.
23 Geschichte des Großen Vaterländischen Krieges der Sowjetunion, Band 5 [zit. aus Schöneck, S. 54].
24 Glanz, S. 539; Stich, S. 52f.
25 Bokow, S. 161.
26 Tieke, S. 121; Wagner, S. 58.
27 Bokow, S. 161–166, 168.
28 Kurt Keller II, schriftl. Mitteilung an den Autor.
29 Bokow, S. 161–166
30 Waldmüller, S. 14f.
31 Bokow, S. 161–166.
32 Kurt Keller II, in einem Brief an den Ministerpräsidenten des Landes Brandenburg, Manfred Stolpe, vom 27. März 91. Ein Foto des Zugs befindet sich im Museum von Seelow.
33 Kurt Keller II, schriftl. Mitteilung an den Autor. Keller konnte an diesem Tag noch ausbrechen und kämpfte danach in Berlin.
34 Stich, Dokument 7.
35 Bokow, S. 168f.
36 Breddemann, S. 62f. [zit. aus Stich, S. 112f.].
37 Weber, Aufsätze in *Greif-Rundbrief*, 1991. Bei dem neu eingetroffenen Regiment handelte es sich mit ziemlicher Sicherheit um das I. Bataillon des Panzergrenadier-Regiments »Müncheberg« 1.
38 Tieke, S. 97.
39 Tieke, S. 106, betr. Sfl; Zobel, persönliche Mitteilung an den Autor. Stellung der Sfl. vom Autor geschätzt.
40 Broschüre Tams.
41 MA DDR, WF-10/13256; Vorobe'ev, S. 131 [zit. aus Stich, S. 113].
42 Tschuikow, S. 392ff. Laut Vorobe'ev, S. 73, war nach Erreichen der Linie Werbig – Bahnhof Seelow ein weiteres 15minütiges Bombardement geplant.
43 Tieke, S. 106f.
44 Averdieck.
45 Chuikov, S. 181; Wagner, S. 58.
46 Hansen (1993), S. 14ff.

47 Tieke, S. 104ff.; Broschüren Weber.
48 Von Hopffgarten; Tieke, S. 104ff.
49 Tieke, S. 104ff.; Broschüren Weber.
50 Tieke, S. 107, behauptet, der Befehl zum Einsatz der 1. Garde-Panzerarmee sei von Stalin gekommen, wodurch die Angelegenheit in einem völlig neuen Licht erschiene, doch Schukow berichtet etwas anderes. Unsicherheit besteht anscheinend über die Abmarschzeit der Panzer, aber Rotmistrov, S. 294, und Vorobe'ev, S. 132, bestätigen beide die von Schukow angegebene Uhrzeit (14.30 Uhr) [zit. aus Stich, S. 116].
51 Katukow, S. 364f.
52 Tschuikow, S. 393.
53 Tschuikow, S. 394ff.; Tieke, S. 107.
54 Stich, Dokument 7.
55 Von Hopffgarten; Broschüre Schneider, S. 6; Tieke, S. 103f.
56 Stich, Dokument 7.
57 Bericht von B. M. Tichonrarow [zit. aus Buwert – Schneider, S. 7.].
58 Glantz, S. 539. Mit einer Stärke von etwa 4500 Mann bestand ein Befestigter Raum *(ukreplennyi raion)* aus 4–7 Artillerie- und MG-Bataillonen und diente dazu, die nichtoperativen Bereiche der Front zu binden.
59 Dr. Teller.
60 Wilke.
61 Aktenbestände der Heeresgruppe Weichsel vom 1. März bis 28. April 1945 (National Archives, Washington DC, USA) [zit. aus Gosztony, S. 176ff.].
62 Tieke, S. 102f.
63 Tieke, S. 98–102.
64 Tieke, S. 97.
65 Stich, Dokument 7. Die sowjetische Meldung verwechselt Schwetig mit Güldendorf. Die eroberten Eisenbahnbetriebsmittel sollten rollendes Material der Schmalspurbahn aus dem Tagebau sein, da die Hauptlinie der Bahn schon seit Februar nicht mehr verkehrte.
66 Schneider, S. 24; Tieke, S. 102f.; Wilke.
67 Busse, S. 163f.
68 Bericht in *Alte Kameraden,* entnommen Oberstlt. Ulrich Saft: Das bittere Ende der Luftwaffe, Verlag Saft, Langenhagen.
69 16. LA, S. 336–339 [zit. aus Stich, S. 114f.].
70 Tieke, S. 112.
71 Aktenbestände der Heeresgruppe Weichsel (vgl. Anm. 61) [zit. aus Gosztony, S. 176ff.].
72 Tieke, S. 111.
73 Tieke, S. 112.
74 Schukow, S. 366f.
75 Tschuikow, S. 359f.; Schukow, S. 338f.
76 Babadschanjan, S. 246.

Zweiter Kampftag (S. 267–292)
1 Komornicki, S. 107f.; Stich, Dokument 8; Tieke, S. 123.
2 Hachtel an den Autor.

3 Tieke, S. 121ff.
4 Boehme, S. 285; Schrode, S. 119f.
5 Tieke, S. 122.
6 Stich, Dokument 8.
7 Ebd.
8 Schrode, S. 119f.; Aufsatz von Sergejew.
9 Hahn, S. 11.
10 Schöneck, S. 59ff.
11 Tieke, S. 122.
12 Bolkow, S. 169ff.; Stich, Dokument 8; Tieke, S. 121; Wagner, S. 59f.
13 Averdieck, S. 109f.
14 Waldmüller, S. 16.
15 Tams, S. 198ff.
16 Stich, Dokument 8.
17 Vermutung des Autors nach Inaugenscheinnahme des Geländes und in Anlehnung an Tieke, S. 104.
18 Tieke, S. 119f.
19 Kroemer.
20 Weber.
21 Stich, Dokument 8.
22 Von Hopffgarten; Schneider, S. 6; Tieke, S. 119.
23 Stich, Dokument 8.
24 Stich, Dokument 8; Tieke, S. 116f.
25 Tieke, S. 115 und 128.
26 Oberstlt. Ulrich Saft (vgl. Anm. 68 des vorigen Kapitels).
27 Antipenko, S. 279.
28 Tieke, S. 124.
29 Tieke, S. 124f.
30 Busse, S. 162. Die Hitlerjugend wurde auch von Knappe, S. 13, erwähnt; zwar datiert er das Ereignis auf den 19., doch enthält sein Bericht auch zahlreiche andere offensichtliche Ungenauigkeiten hinsichtlich dieser Zeit.
31 Busse, S. 164.
32 Ziemke, S. 83.
33 Babadschanjan, S. 246f.
34 Katukow, S. 366ff.
35 Stich, Dokument 8.

Dritter Kampftag (S. 293–317)

1 Tieke, S. 125ff.
2 Komornicki, S. 110; Reinicke, S. 357; Tieke, S. 142f.
3 Hachtel an den Autor.
4 Reinicke, S. 357.
5 Boehm, S. 285; Dr. Schmook betr. die Mühle; Schrode, S. 119.
6 Komornicki, S. 110.
7 Boehm, S. 285; Schrode, S. 119f.
8 Tieke, S. 142f.

9 Boehm, S. 285; Hahn, S. 11; Schrode, S. 120.
10 Offizielle Geschichte der 3. Stoßarmee.
11 Klement an den Autor; Schrode, S. 120.
12 Schöneck, S. 61–70.
13 Tagesmeldung des OK der Heeresgruppe Weichsel, Ia/Nr. 5885/45 geh. v. 18. 4. 1945.
14 Tieke, S. 140f.
15 Tieke, S. 141.
16 Tieke, S. 140; Wagner, S. 58.
17 Tieke, S. 138.
18 Engelmann, S. 630; Tieke, S. 141; Wagner, S. 63.
19 Wagner, S. 62. Keine dieser Einheiten nahm am darauffolgenden Kampf um Berlin teil. Das Fallschirmjäger-Regiment 25 erreichte schließlich Schleswig-Holstein, wo es sich den Briten ergab, und das Fallschirmjäger-Regiment 26 kämpfte am Ende südlich von Schwerin gegen die Amerikaner.
20 Zobel an den Autor.
21 Averdieck, S. 110ff.
22 Tams, S. 201.
23 Tschuikow, S. 398; von Hopffgarten; Schukow, S. 607; Nowikow, S. 92 – »Mit Unterstützung der 16. Luftarmee konnten die Sowjets nicht nur ihre Stellungen halten, sondern auch vorrücken.« Laut Tieke, S. 136f., gab die Luftwaffe an, 43 und evtl. 19 weitere Panzer sowie 59 Flugzeuge zerstört zu haben. In der englischen Ausgabe von 1967 schreibt Tschuikow: »Nicht nur war den Panzern ein Durchbruch nach vorn nicht gelungen, sie blieben auch am zweiten und dritten Operationstag hinter den gemischten Armeen zurück.«
24 Katukow, S. 369.
25 Hansen, S. 13.
26 Weber.
27 Knüppel, S. 181; Tieke, S. 136f.
28 Knappe, S. 13f.; Tieke, S. 139.
29 Von Ofen, S. 305 [zit. aus Gosztony, S. 186.].
30 Knappe, S. 10; Tieke, S. 137.
31 *Aktennotiz, Ferngespräch Reichsmarschall mit Ia d. H.Gr. Weichsel. 18.4.45.*
32 Herrmann im Briefwechsel mit dem Autor; Ausschnitt aus einem von ihm geschriebenen Brief in Wagner, S. 60: »General Bräuer war 1933 mein Kompaniechef. Nach Absolvierung der Kriegsschule 1935 wurde ich Zugführer in der 3. Kp. des 1. Regiments ›General Göring‹. Kommandeur: Major Bräuer, im Herbst 1937 sein Bataillons-Adjutant, 1939 sein Regiments-Adjutant. Juli 1940 Rückkehr als Chef der 5. Kp. in das FschJägRgt 1. RgtKdr: Oberst Bräuer.«
33 Tieke, S. 136.
34 Von Hopffgarten; Tieke, S. 136.
35 Altner, S. 64f.
36 Tieke, S. 136.
37 MA DDR, WF-03/5087 Bl. 1909 & 1911 [zit. aus Buwert]; Schneider, S. 6.
38 Tieke, S. 133ff.; Archiv Wilke.
39 Tieke, S. 132f.; Archiv Wilke.
40 Tieke, S. 132.

41 Tieke, S. 130f.
42 Tieke, S. 147.
43 Washington-Archive T311/169/7221855.
44 Front-Direktive Nr. 00566/OP den 18.4.45.
45 Chuikov (Englische Ausgabe von 1967), S. 158f. Dieser Absatz fehlt in der deutschen Ausgabe von 1985.
46 Tschuikow, S. 400.
47 Babadschanjan, S. 247f.

Vierter Kampftag (S. 318-333)
1 Tieke, S. 147, 151.
2 Reinicke, S. 357.
3 Komornicki, S. 111ff.
4 Hachtel an den Autor.
5 Schrode, S. 212.
6 Tieke, S. 156.
7 Klement, persönliche Mitteilung an den Autor.
8 Schöneck, S. 69–79.
9 Tieke, S. 152f.
10 Tieke, S. 140f., fälschlicherweise auf den 18. April datiert.
11 Tieke, S. 152–155.
12 Tieke, S. 156.
13 Engelmann, S. 634–637.
14 Wittor an den Autor.
15 Tieke, S. 150.
16 Tieke, S. 150ff.
17 Tschuikow, S. 400f.
18 Averdieck, S. 112.
19 Tieke, S. 151.
20 Weber Aufsatz.
21 Hansen, S. 14f.
22 Altner, S. 63–69.
23 Spaeter, Großdeutschland, S. 632.
24 Lagebericht der 9. Armee vom 19. April.
25 Tieke, S. 149f.
26 Archiv Wilke.
27 Tieke, S. 148.
28 Tieke, S. 149ff.
29 Busse, S. 165.
30 Skorodumow, S. 93.
31 Chuikov, S. 164; Koniev, S. 701ff.
32 Korminicki, S. 166–175.

Das Schicksal der deutschen 9. Armee (336–349)
1 Wagner, S. 63.
2 Gorlitz, S. 221; Knappe, S. 28f.; Kuby, S. 108; Tieke, S. 216ff.; Weidling Aufsatz, S. 42.

3 »Mook Wi«-Veteranen betr. Wannsee; Averdieck, S. 115–119 betr. Panzerbrigade.
4 Chronos-Film, Interview mit von Dufving, 1993; Chuikov, S. 241–244; Kuby, S. 108, 201ff.; Tieke, S. 216f., 245, 357; Weidling, S. 115, 169–74.
5 Altner, S. 210–245; Tieke; S. 415, 419 – möglicherweise nahmen an diesem Ausbruch 10 000 Mann teil; Zobel im Austausch mit dem Autor.
6 Koniev, S. 189, gibt hier den 30. April an; Schöneck, S. 125–334.
7 O'Donnell, S. 217f., 221–237, 256–261; Trevor-Roper [LDH], S. 243–246.
8 Borkowski, S. 136f.; Helmut Spaeter: Die Geschichte des Panzerkorps Großdeutschland, Bd. 3, S. 748 [zit. aus Gosztony, S. 383].
9 Boehm, S. 285–294; Reinecke, S. 357–360.
10 GPW, S. 381.
11 Koniev, S. 120f.
12 GPW, S. 381.
13 Novikov, S. 95; Wagner, S. 355f.
14 Thorwald, S. 88f.
15 Busse, S. 166f.
16 Koniev, S. 161f.; Schukow, S. 610.
17 Tieke, S. 204–213.
18 Domank, Aufsatz und Karte; Koniev, S. 153.
19 Tieke, S. 204–213.
20 Busse, S. 168.
21 GPW, S. 383; Kuby, S. 211; Ziemke, S. 110 – der Autor war Konstantin Simonow.
22 Thorwald, S. 190.
23 Gellermann, S. 93f.; Wenck, S. 66.
24 Gellermann, S. 176.
25 Busse, S. 168: Tieke, S. 309–345.
26 Busse, S. 168; Koniev, S. 180ff.; Wenck, S. 68f.
27 Gellermann, S. 105–119.

Die Herrschaft Stalins (S. 350–361)

1 Spahr, S. 197.
2 Chuikov, S. 164; Koniev, S. 135, legt dieses Ereignis irrtümlicherweise auf den 23.; Kuby, S. 52f.; Tieke, S. 201, gibt als Begegnungszeit 9.00 Uhr an. Schukow erwähnt sie nicht einmal!
3 Koniev, S. 131.
4 Chuikov, S. 183ff., 196f.; Dragunsky, S. 61f., 93, 120; Koniev, S. 184–187.
5 Spahr, S. 182f.
6 Ebd., S. 192ff.
7 Ebd., S. 196f.
8 Ebd., S. 198.
9 Ebd., S. 200–203.
10 Ebd., S. 208.
11 Ebd., S. 209f.
12 Ebd., S. 213ff.
13 Ebd., S. 216–220.
14 Ebd., S. 232f., 235.

15 Ebd., S. 235–241.
16 Ebd., S. 243f. und 252–258.
17 Ebd., S. 165.
18 Ebd., S. 259f.
19 Ebd., S. 260–263.
20 Ebd., S. 263f.

LITERATURVERZEICHNIS

Bücher

Altner, Helmut: Totentanz Berlin. Tagebuchblätter eines Achtzehnjährigen, Offenbach 1947

Antipenko, N. A.: In der Hauptrichtung, Berlin (Ost) 1975

Artamanov, I. D.: Prozektory i ich primenenie, Moskau 1957

Babadschanjan, A. H.: Hauptstoßkraft, Berlin (Ost) 1981

Bieller, Seweryn: Stalin and His Generals, New York 1969

Blond, Georges: Death of Hitler's Germany, New York 1954

Boehm, Erwin: Geschichte der 25. Division, Stuttgart o. J.

Bokow, F. J.: Frühjahr des Sieges und der Befreiung, Berlin (Ost) 1979

Borkowski, Dieter: Wer weiß, ob wir uns wiedersehen. Erinnerungen an eine Berliner Jugend, Frankfurt/M. 1980

Breddemann, G.: Der Einsatz der Artillerie der Roten Armee zu Beginn der Berliner Operation, Diplomarbeit, Dresden 1987

Buchner, Alex: Das Handbuch der deutschen Infanterie 1939–1945, Friedberg 1989

Bullock, Alan: Hitler. Eine Studie über Tyrannei, Düsseldorf [5]1957

Burkert, Hans-Norbert, Klaus Matussek und Doris Obschernitzki: Zerstört, besiegt, befreit. Der Kampf um Berlin bis zur Kapitulation 1945, Berlin 1985 (= Stätten der Geschichte Berlins, Bd. 7)

Burn, Jeffrey: The Waffen-SS, London 1982

Campbell, Christy: The World War II Fact Book, London 1986

Carter, Sir John: The War Lords, London 1976

Chaney, Otto P.: Zhukov, Oklahoma 1971

Chuikov, Vasilii I.: The End of the Third Reich, Moskau 1987

Clark, Alan: Barbarossa. The Russo-German Conflict 1941–45, London 1965

Doernberg, Stefan: Befreiung 1945, Berlin (Ost) 1985

Duffy, Christopher: Red Storm on the Reich, London 1991 (auch deutsch: Der Sturm auf das Reich, München 1994)

Eichholz, Diedrich: Brandenburg in der NS-Zeit, Berlin 1993

Eisenhower, Dwight D.: Crusade in Europe, London 1948

Erickson, John: The Road to Berlin, London 1983

Fest, Joachim C.: Hitler. Eine Biographie, Frankfurt/M.–Berlin–Wien 1973

Fey, Willi: Panzer im Brennpunkt der Fronten, München o. J.

Foss, Christopher F.: World War II. Tanks and Fighting Vehicles, London 1981

Fraenkel, Heinrich und Roger Manvell: Heinrich Himmler. Kleinbürger und Massenmörder, Berlin 1965

Gellermann, Günter W.: Die Armee Wenck. Hitlers letzte Hoffnung, Koblenz 1983

Glantz, David M.: Soviet Military Deception in the Second World War, o. O., o. J.

Gosztony, Peter (Hg.): Der Kampf um Berlin in Augenzeugenberichten, Düsseldorf 1970
Great Patriotic War of the Soviet Union 1941–1945, Moskau 1974
Guderian, Heinz: Panzer Leader, New York 1965
Katukow, M. J.: An der Spitze des Hauptstoßes, Berlin (Ost) 1979
Kazakov, V. I.: Always with the Tanks, Always with the Infantry, Moskau o. J. (Titel aus dem Russischen übersetzt)
Kirjan, M. M.: Vnezapnost v nastupatelnych operacijach Velikoj Otecestvennoj vojny, Moskau 1986
Keegan, John: Waffen SS. The Asphalt Soldiers, London 1972
Keilig, Wolff: Das deutsche Heer 1939–1945. Gliederung, Einsatz, Stellenbesetzung, Abschnitt 211: Die Generalität des Heeres im 2. Weltkrieg 1939–1945 (Truppenoffiziere), Bad Nauheim 1956–1970
Klimov, Gregory: The Terror Machine, London 1953
Knappe, Siegfried und Ted Brusaw: Soldat. Reflections of a German Soldier, England 1993
Knüppel, Fritz: Kreis Lebus. Ein leidgeprüftes Land, Eigenverlag Heimatkreis Lebus 1990
Koch, Hans-Joachim W.: Geschichte der Hitlerjugend. Ihre Ursprünge und ihre Entwicklung 1922–1945, Percha am Starnberger See 1975
Kohlase, Fritz: Mit dem Füsilier-Bataillon 303 in Küstrin, Berlin 1993
Komornicki, Stanislaw: Polnische Soldaten stürmten Berlin, Warschau o. J.
Konew, I. S.: Das Jahr Fünfundvierzig, Berlin (Ost) [5]1989
Koniev, I. S.: Year of Victory, Moskau 1969
Kortenhaus, Werner: Lothringen, Elsaß, Ostfront. Der Einsatz der 21. Panzer-Division, unveröff. Mskr. an Verfasser
Kuby, Erich: Die Russen in Berlin 1945, München 1965
Larrabee, Eric: Commander in Chief – Franklin Delano Roosevelt, His Lieutenants & their War, New York 1987
Leosenia, E.V., und V.P. Andreev: Inzenernye vojska v Berlinskoj operacii, in Inzernernye vojska sovetskoj armii v vaszenjsich operacijach Velikoi Otecestvennoj vojne, Moskau 1958
»Liuki« (= Babadschanjan, A. H., N. K. Popel und M. A. Salin): Ljuki otkryli v Berline, Moskau 1973
Luethen, Hanns, und Horst Wilke: Am Rande der Straßen. Arbeitsgemeinschaft Suchdienst – Archiv – Dokumentation, März 1991
Mackintosh, Malcolm: Juggernaut, London 1967
Melzheimer, Werner, Die Festung und Garnison Küstrin, Berlin 1989
Michaelis, Rolf: Kampf und Untergang der 32. SS-Freiwilligen- Grenadier-Division »30. Januar«, Erlangen 1993
Montgomery-Hyde, H.: Stalin. The History of a Dictator, London 1971
Nicolaevsky, Boris L.: Power and the Soviet Elite, New York 1964
Oven, Wilfried van: Mit Goebbels bis zum Ende. 2 Bde., Buenos Aires 1949/50
Panow, B. W., I. I. Kisseljow und A. G. Chrakow: Geschichte der Kriegskunst, Berlin (Ost) 1987
Poplawski, S. G.: Berlin Victoria, Warschau o. J.
Pykathov, B. V. K., K. S. Belov und S. S. Frolov: Die Geschichte der 3. Stoßarmee, Moskau 1976

Quarrie, Bruce: Hitler's Samurai, Cambridge 1984
Reimann, Viktor: Goebbels, New York 1976
Reinicke, Adolf: Die 5. Jägerdivision, Friedberg o. J.
Rocolle, Pierre: Götterdämmerung. La Prise de Berlin, Paris 1954
Ryan, Cornelius: Der letzte Kampf, München 1966
Salisbury, Harrison E.: Marshal Zhukov's Greatest Battles, London 1969
Scheel, Klaus: Hauptstoßrichtung Berlin, Berlin (Ost) 1983
Schramm, Percy Ernst (Hg.): Das Kriegstagebuch des Oberkommandos der Wehrmacht (Wehrmachtführungsstab) 1940–1945, geführt von Helmuth Greiner und Percy Ernst Schramm, Bd. 4: 1944/45, Frankfurt/M. 1961
Schrode, Wilhelm: Die Geschichte der 25. Division. Die Wiederaufstellung der 25. Panzergrenadier-Division, Herbst 1944 bis Kriegsende, Ludwigsburg 1980
Schukow, Georgij K.: Erinnerungen und Gedanken, Bd. II, Berlin (Ost) 1987 (s. a. Zhukov)
Seaton, Albert: Der Russisch-Deutsche Krieg 1941–1945, Frankfurt/M. 1973
Ders.: Stalin as a Warlord, London 1976
Sethi, A. L.: Marshal Zhukov. The Master Strategist, Dehra Dun 1988
Shtemenko, S. M.: The Last Six Months, New York 1977
Ders.: The Soviet General Staff at War, Moskau 1970
Simon, Manfred: Die Bildung und Erweiterung des Küstriner Brückenkopfes, Dresden 1987
Spaeter, Helmuth: Die Geschichte des Panzerkorps Großdeutschland, Bd. 3, Duisburg 1958
Strik-Strikfeldt, Wilfried: Gegen Stalin und Hitler. General Wlassow und die russische Freiheitsbewegung, Mainz 1970
Subakov, W.: Der letzte Sturm, Moskau 1975
Suvarov, Viktor: Inside the Soviet Army, London 1982
Tessin, Georg: Verbände und Truppen der deutschen Wehrmacht und Waffen-SS im Zweiten Weltkrieg 1939–1945, 15 Bde., Osnabrück 1977–1988
Thorwald, Jürgen: Das Ende an der Elbe, Stuttgart 1950
Thrams, Hermann: Küstrin 1945. Tagebuch einer Festung, Berlin 1992
Tiemann, Rolf: Die Leibstandarte, Teil IV/2, Osnabrück o. J.
Tieke, Wilhelm: Das Ende zwischen Oder und Elbe. Der Kampf um Berlin 1945, Stuttgart 1981
Toland, John: Adolf Hitler, Bergisch Gladbach 1977
Ders.: Das Finale. Die letzten hundert Tage, München 1968
Tolstoy, Nikolai: Stalin's Secret War, London 1981
Trevor-Roper, Hugh R.: Hitler's War Directives 1931–45, London 1964 [HWD]
Ders.: The Last Days of Hitler, London 1972 [LDH]
Tschuikow, Wassilij: Gardisten auf dem Weg nach Berlin, Berlin (Ost) 1985
Tully, Andrew: Berlin. Story of a Battle, New York 1963
Vorbeyev, F. D., I. V. Propotkin und A. N. Shimansky: The Last Storm, Moskau 1975
Wagener, Ray: The Soviet Air Forces in World War II, New York 1973
Wagner, Gerd: Die 9. Fallschirmjägerdivision im Kampf um Pommern, Mark Brandenburg und Berlin, Köln 1985
Waldmüller, Wolfdieter: Von Böblingen bis Magdeburg. Die letzten 130 Tage, unveröff. Mskr., Geislingen/Steige 1982

Weier, K.: Die Entwicklung der Ansichten in den höheren Führungsorganen des faschistischen Heeres zur Rolle der Stellungsverteidigung an der deutsch-sowjetischen Front unter den Bedingungen der strategischen Defensive, Diss., Militärgeschichtliches Institut der DDR, Potsdam 1986

Werth, Alexander: Rußland im Krieg 1941–1945, München 1965

White, B. T.: Tanks and other Armed Fighting Vehicles 1942–45, Poole 1975

Wolkogonow, Dimitri: Stalin. Triumph und Tragödie. Ein politisches Porträt, Düsseldorf 1989

Zhukow, Marshal Georgi K.: Reminiscences and Reflections, Moskau 1974 (engl. Übersetzung 1985)

Ziemke, Earl F.: Die Schlacht um Berlin, Rastatt 1982

Zippel, Martin: Untersuchungen zur Militärgeschichte der Reichshauptstadt Berlin von 1871–1945, Berlin 1982

Zeitschriftenartikel

Berlinskaya operacija v cifrach, in: *Wojennoistoritscheskij schurnal* (im folgenden zit. als *Militärgeschichtl. Journal*), Moskau, April 1965

Busse, Theodor: Die letzte Schlacht der 9. Armee, in: *Wehrwissenschaftliche Rundschau,* Heft 4/1955

Buwert, Wolfgang: Anmerkung zum Stand der DDR-Geschichtswissenschaft und zur Befreiung und Zerstörung Frankfurts 1945, in: *Mitteilungen des Historischen Vereins zu Frankfurt (Oder) e. V.* 1991

Chernyayev, V.: Some Features of Military Art in the Berlin Operation, in: *Militärgeschichtl. Journal,* April 1955

Domank, A.: 1st Guards Artillery Division beats off Counterattacks of the Enemy attempting to break out of Encirclement during the Berlin Operation, in: *Militärgeschichtl. Journal,* März 1978

Groehler, O.: Die faschistische deutsche Luftwaffe in der letzten Phase des Zweiten Weltkrieges, in: *Zeitschrift für Militärgeschichte,* Berlin (Ost) 1971

Hahn, Gerhard: Bericht vom 21. Januar 1978

Hopffgarten, Hans-Joachim von: Der Kampf um die Oderbrückenköpfe Lebus und Göritz, in: *Wehrkunde* 11/1955

Matveyev, A. I.: Combat Employment of Artillery in the Berlin Operation, *Soviet Military History Journal,* April 1985

Novikov, A. A.: The Air Forces in the Berlin Operation, in: *Militärgeschichtl. Journal,* Mai 1975

Prosliakov, A. I.: Inzenernoe obespecenie vojsk 1-go Belorusskogo fronta v Berlinskoj operacii, in: *Militärgeschichtl. Journal,* März 1986

Rotmistrov, P. A.: Ispolzovanie tankovych vojsk v Berlinskoy operacii, in: *Militärgeschichtl. Journal,* Moskau, September 1985

Sergeyev, S.: Battle of the 150th Rifle Division for a Fortified Stronghold, in: *Militärgeschichtl. Journal,* Juni 1977

Skorodumov, N.: Manoeuvres of 12th Guards Tank Corps in the Berlin Operation, in: *Militärgeschichtl. Journal,* März 1978

Sokolow, A. M.: Zakreplenie i rassierenie placdarmov v Vislo- Oderskoj operacii, in: *Militärgeschichtl. Journal,* Moskau, April 1986

Telegin, K.: Nad Berlinom. Znamja Pobedy, in: *Militärgeschichtl. Journal,* Moskau 1975
Weber, Helmut: *Greif-Rundbrief,* Nr. 93–98, Oberaudorf, 1990–1992
Weidling, Helmuth: Der Todeskampf der faschistischen Clique in Berlin aus der Erinnerung des Generals Weidling, in: *Wehrwissenschaftliche Rundschau,* 1962
Wenck, Walter: Berlin war nicht mehr zu retten, in: *Stern,* April 1965

Dissertationen

Stich, Karl: Der Durchbruch der Verteidigung der faschistischen deutschen Truppen an der Oder durch die sowjetischen Streitkräfte in der Berliner Operation im Frühjahr 1945 und Schlußfolgerungen für die Kommunistische Erziehung und Ausbildung von Offiziershörern an der Militärakademie ›Friedrich Engels‹ (Behandelt am Beispiel der Stoßgruppierung der 1. Belorussischen Front), Diss., Dresden o. J.

Unveröffentlichte Manuskripte

Averdieck, F.-R.: Mskr. an Verfasser
Engelmann, Joachim: Lohn der Tapferkeit, unveröffentl. Mskr., Oldenburg o. J.
Ders: Geschichte der 18. Panzergrenadier-Division, Teil IV, unveröff. Mskr., Oldenburg o. J.
Gädtke, Ernst-Christian: Von der Oder zur Elbe, unveröff. Mskr., Berlin-Lichterfelde 1992
Hansen, Hans: »... allzeit meine Pflicht zu tun«, unveröff. Mskr., Kropp, überarbeitet 1993
Heinrici, Gotthard: Die Abwehrvorbereitungen an der Oder, Mskr. 1947 [Gosztony]
Knappe, Siegfried: Tagebuch-Aufzeichnungen, unveröff. Mskr. 1985
Lindner, Rudi: Der Tod war unser Begleiter, unveröff. Mskr., Frankfurt/Oder 1993
Lösecke, von: Bericht, dem Autor von Dr. F.-R. Averdieck zur Verfügung gestellt
Schöneck, Friedhelm: Die Zange. Tagebuch und Erlebnisberichte aus dem Jahr 1945, unveröff. Mskr.
Tillery, Gerhard: Hinter uns lag Berlin. Mein Fronteinsatz bei der 309. I.D. Groß-Berlin, unveröff. Mskr.
Wilke, Horst: Wilke Archiv, unveröff. Mskr.

DANKSAGUNG

Ich möchte all jenen ganz herzlich danken, die mir großzügig Quellenmaterial zur Verfügung gestellt und mich bei der Zusammenstellung dieses Buchs unterstützt haben:

Adolf Ayasse, Dr. Fritz-Rudolf Averdieck, Erwin Bartmann, Willi Böse, Heinz Breitscheidel, Frau Heidemarie Daher, Dr. Anton Detter, Dr. Erich Fellmann, Jürgen Fiehne, Hermann Freter, Ernst-Christian Gädtke, Prof. Dr. (med.) Wolfgang Gebhardt, Oberst a. D. Horst Grabow, Erich Hachtel, Gerhard Hahn, Dorothée Freifrau von Hammerstein-Equord, Ludwig Freiherr von Hammerstein-Equord, Major Winfried Heinemann, Dekan a. D. Hartmut Heinrici, Oberst a. D. Harry Hermann, GenLt. a. D. Hans-Joachim von Hopffgarten, Peter von Jena, Alfons Jenewein, Friedrich Kaiser, Kurt Keller II, Frau Marianne Klein, Dr. Hans-Werner Klement, Prof. Dr. Werner Knopp, Fritz Knüppel, Fritz Kohlase, Werner Kortenhaus, Erwin Kowalke, Prof. Dr. Werner Kroemer, Erwin Kruse, Günter Labes, Dr. Richard Lakowski, Oberst a. D. Dibbert Lang, Major Wladimir V. Lukin, Ottmar Weis, Captain Thomas Pike, Heinz Rall, Artur Römer, Oberstlt. a. D. Wolfgang Ruff, Friedhelm Schöneck, Joachim Schneider, Richard Schulte, Julius M. Schultz, Hans-Ulrich Seebohm, Christian Seeger, Oberstlt. Jewgenij Simanowitsch, GenMaj. a. D. Hans Spiegel, Helmut Stahl, Oberst a. D. Dr. Karl Stich, Hans Sturm, Karl-Heinz Tams, Dr. Hans J. Teller, Hermann Thrams, Gerd Wagner, Oberstlt. a. D. Helmut Weber, Lennart Westberg, Horst Wewetzer, Horst Wilke, Oberst a. D. E. Wittor, Colonel Tim Wray, Oberst a. D. Horst Zobel.

Mein Dank gilt auch Chronos-Film für einen Teil der Fotografien.

Besonders danken möchte ich auch dem Stifterverband für die Deutsche Wissenschaft, der mit großzügigen Geldmitteln zur Veröffentlichung der deutschsprachigen Ausgabe dieses Buches beigetragen hat.

Personenregister

Ortsregister

Bildnachweis
Tony Le Tissier 1, 2, 8, 10-15, 17, 19, 22-25, 27, 28;
Gedenkstätte Seelow 3-6, 9, 16, 20, 21;
National Archives, Washington 7;
Ullstein Bilderdienst 18, 26, 29, 30.

Originalausgabe
Ins Deutsche übertragen von Irene Meyer und Friederike Tribukait
Redaktion: Hans-Ulrich Seebohm
Karten: Tony Le Tissier
Die englische Ausgabe erscheint zeitgleich unter dem Titel »Zhukov at the Oder«
bei Praeger Publishers, Westport/Conn., USA

ISBN 3-550-07072-1

Satz: ew print & medien service gmbh, Würzburg
Druck: Wiener Verlag, Himberg bei Wien
Printed in Austria 1995

Gedruckt auf alterungsbeständigem Papier
mit chlorfrei gebleichtem Zellstoff